本书是国家社科基金重大项目“建设面向东北亚开放合作高地与推进新时代东北振兴研究”（项目号：20&ZD098）以及辽宁省社科基金规划项目“自贸区背景下港口企业绿色增长评价研究”（项目号：042223027）的阶段性研究成果，得到了项目的大力支持。

墨香财经学术文库
“十二五”辽宁省重点图书出版规划项目

Research on Coordinating Mechanism of Upstream and Downstream Enterprise Coordinative Innovation Considering Government Subsidies

刘洪春 ◎ 著

考虑政府补贴的上下游企业协同创新协调机制研究

东北财经大学出版社
Dongbei University of Finance & Economics Press
大连

图书在版编目（CIP）数据

考虑政府补贴的上下游企业协同创新协调机制研究 / 刘洪春著．—大连：东北财经大学出版社，2023.12
（墨香财经学术文库）
ISBN 978-7-5654-5035-8

Ⅰ.考…　Ⅱ.刘…　Ⅲ.政府补贴-影响-企业创新-研究-中国　Ⅳ.F279.23

中国国家版本馆CIP数据核字（2023）第224602号

东北财经大学出版社出版发行
大连市黑石礁尖山街217号　邮政编码　116025
网　址：http://www.dufep.cn
读者信箱：dufep @ dufe.edu.cn
大连图腾彩色印刷有限公司印刷

幅面尺寸：170mm×240mm　字数：159千字　印张：11.25　插页：1
2023年12月第1版　2023年12月第1次印刷
责任编辑：李　彬　龚小晖　责任校对：王　丹
封面设计：原　皓　版式设计：原　皓
定价：58.00元

教学支持　售后服务　联系电话：（0411）84710309

举报电话：（0411）84710523
如有印装质量问题，请联系营销部：（0411）84710711

前言

党的十九大以来，以习近平新时代中国特色社会主义思想为指导，我国政府持续重视科技的创新工作，将创新视为第一动力，置于新发展理念之首，加大力度实施创新驱动发展战略，国家战略科技力量不断增强，一系列重大创新成果相继涌现，鼓舞国人。在实施创新过程中，需要加大创新投入，使有限的投入得到有效发挥的办法之一是进行协同创新。

协同创新是指各方参与主体通过建立互信的合作关系，形成风险共担、利益共享的整体。但是企业进行协同创新时具有一定的风险，这就要考虑创新费用承担的问题，即创新费用是由生产企业承担，还是由研发企业承担，抑或是由两者通过契约共同承担的问题。这是实现协同创新面临的关键问题。另外，政府为促进企业进行创新，采取补贴策略，但是针对政府补贴存在较大争议，争议的主要焦点在于该补贴给哪一方（即补贴给研发企业，还是给生产企业）。理论上讲，一般选取不同补贴对象会产生不同的效果。鉴于以上分析，本书在现有研究和相关理论的基础上，基于两种协同创新模式（一是只有研发企业负责研发，二是研发企业和生产企业同时负责研发），构建政府补贴下不同创新费用承担方式的研发企业（上游）与生产企业（下游）的博弈模型，剖析不同政府补贴策略对协同创新的影响，揭示不同创新费用承担方式对协同创新的影响，进而分析上下游协同创新的契约关系，给出实现上下游协同创新的最优协调机制。主要研究内容和结论如下：

首先，在只有研发企业负责研发时，分析不同政府补贴策略下多种创新费用承担方式对协同创新的影响，以及上下游实现协同创新的协调机制，构建政府补贴下不同创新费用承担方式对研发企业与生产企业协同创新影响的博弈模型。基于此模型，分析政府选取不同补贴策略对协同创新的影响，确立政府最优的补贴对象。然后，基于不同创新费用承担方式对协同创新的影响，给出了实现上下游协同创新的协调机制。研究结果表明：政府补贴可以有效促进研发，且政府补贴对象不同对协同创新影响效果相同；当消费者对创新敏感度小于某一阈值时，政府补贴可以降低单位产品零售价格，且政府补贴对象选取不同对单位产品零售价格影响效果一样；集中决策时，创新努力程度最大，即创新积极性最高，生产企业承担创新费用时创新努力程度次之，研发企业承担创新费用时创新努力程度最小；当生产企业承担创新费用时，企业间接承担创新的一部分风险，使研发企业的创新积极性有所提高，最终提高其创新努力程度；当研发企业承担创新费用时，研发企业不仅承担研发的风险，还承担创新费用投资风险，这两方面因素促使其创新努力程度变小。当研发企业承担创新费用时，研发企业为了弥补创新投入，会通过提高产品委托研发费用来增加其收益，即研发企业承担创新费用时，单位委托研发费用最大。成本分摊契约不能使收益整体最优，约束创新成本的成本分摊契约可以使收益达到整体最优。

其次，在研发企业和生产企业同时负责研发时，分析不同政府补贴策略下上下游承担创新费用的方式，构建由一个研发企业和一个生产企业组成的上下游协同创新博弈模型。基于此模型，分析不同政府补贴策略对上下游协同创新的影响，实现上下游协同创新最优化，并研究上下游协调创新机制。研究结果表明：政府补贴可以有效促进上下游协同创新，即提高上下游创新努力程度，而且政府选取不同对象补贴对创新努力程度、产品销售量和收益影响是一样的。但是，政府选取不同补贴策略会影响单位产品委托研发费用和单位产品零售价格。分散决策时，单位产品委托研发费用与创新努力成本系数负相关，且研发企业创新成本系数对单位产品委托研发费用的影响不是很显著，生产企业创新努力成本系数对单位产品委托研发费用影响较显著。集中决策时，单位产品零售价格小于分散决策时单位产品零售价格，产品销售量大于分散决策时产品销售量，创新努力程度大于分散决策时创新努力程度，收益大于分散决策时收益之和。研发企业进行研发时，会通过提高单位产品委托研发费用来转移其创新成本，单位产品零售价格与单位产品创新努力程度正相关、产品需求量与创新努力程度正相关。

最后，为进一步分析时间效应对上下游企业协同创新的影响，本书基于政府不同补贴策略构建研发企业和生产企业的微分博弈模型。基于此模型，获得研发企业和生产企业决策变量和收益的时间函数，并通过对比分析研究集中决策和分散决策对创新努力程度、收益等的影响。研究结果表明：政府补贴使系统稳定点变大，即使创新努力程度稳定点变大，有利于创新。另外，政府补贴有利于降低单位产品委托研发费用，由于单位产品委托研发费用降低，间接降低了单位产品零售价格，单位产品零售价格降低可以提高消费者购买产品的积极性，增加产品销量。同时，政府补贴可以有效促进生产企业努力进行创新投入。集中决策时的单位产品零售价格要小于分散决策时的单位产品零售价格，且分散决策时单位产品零售价格要明显比集中决策时单位产品零售价格高，时间对单位产品零售价格影响的大致趋势是一致的，都是在初期影响单位产品零售价格，之后达到均衡。但是，集中决策时，产品销售量最大，明显大于分散决策时销售量，且时间对产品销售量变化的影响不是很明显。

刘洪春

2023年11月

目录

1 导论

1.1 研究背景与意义

1.1.1 研究背景

企业技术创新是使企业保持长期发展的重要活动，一直受到业界和理论界关注。企业要提升在激烈竞争的市场中的地位，就需要有与自身相匹配的技术创新能力作为支撑。然而企业生存的国际、国内环境变得越来越复杂[1-3]，在进行技术创新时，就面临着较高的风险：一是创新成本较高；二是来自外部[4-7]和内部[8-10]较高的不确定性，使得企业在寻求技术协同创新模式的时候，会采取与上游或下游合作的方式，以获得更好的发展。在企业协同创新环境下，在协同系统内部，参与主体能够通过进行技术、资金、知识和人才等资源的转移、吸收和共享来进行研发[11-13]。各方参与主体通过建立彼此信任的合作关系，形成风险共担、利益共享的一个整体。在协同创新模式中，上下游企业的多样性和异质性，不仅会产生目标上的差异，还会带来研发方式、企业文化、氛围、价值观和管理风格等方面的差异，从而带来各种各样外在和内在的问题和冲突。

从外在问题角度来看，一是协同创新的核心技术有可能与市场需求相脱节。一项科技成果在进行立项和实验研究时，主要以技术创新的先进程度为目标，往往会忽略市场的需求及可能产生的经济效益，而只追求技术创新的项目创立，目标明显脱离了企业实践的轨道，导致技术创新不能很好地适应市场需求，科技的创新并没有有效解决经济问题。根据科学技术部创新发展司的跟踪调查，2014年的9 302个课题中，技术成果没有成功对接课题的有4 907个，占52.75%。截至2019年，我国科技成果转化成功率仍然很低，约为10%，查询2022年6月的公开信息可知，科技成果转化前景分析报告统计有关战略性新兴产业的部分，中国前沿科技成果被应用于实际生产中的只有10%~30%，能够真正形成产业的科技成果仅占其中的20%，与国外经济发达国家30%~40%（甚至50%）的水平相比还是有不小的差距的。二是对于协同创新参与方来说，资金短缺，融资困难。资金是实现技术对接的基础，尤其对于协同创新项目，研发周期长，具有一定的风险性，成果转化到产生效益需要较长时间，因此需要持续的资金支持。在企业协同创新中，高校和科研机构往往不具备技术成果产业化的资金实力，而企业也害怕完全承担研发风险。可见，只依靠企业和学研方去解决是不够的，还需要政府的支持协助。

因此，在企业协同创新的过程中，技术研究应该以市场为导向，充分利用企业的市场信息优势去了解市场需求，研发出切合实际的科研成果，政府应对有市场前景但技术风险高的科技成果加以投资、补贴并承担风险。对于协同创新技术对接中面临的创新成本和风险，政府应该设立相应的专项补助资金，同时完善金融体系，建立合理的科技金融结合机制，为技术对接建立良好的资金保障[14]。

从内在的上下游冲突角度来说，协同创新这种松散组织的合作创新模式下缺乏有效的信任机制。协同创新上下游企业为追求自身利益或追求即期利益无视整体效益的行为，会使协同创新这种模式不够稳定。另外，利益分配机制不健全也将影响成员间的信任。因此，政府补贴企业协同创新需要充分考虑上下游的创新成本分摊问题及由此产生的利益分配问题，把钱花在刀刃上，真正发挥政府补贴的功能作用。

以习近平同志为核心的党中央，把创新放在核心工作位置上，在党的二十大报告中指出，必须坚持“三个第一”，即第一生产力（科技）、第一资源（人才）、第一动力（创新），深入实施科教兴国、人才强国与创新驱动发展三大战略，主动开辟发展新领域新赛道（如新能源汽车），不断塑造发展新动能新优势。为促进企业进行技术创新，中国政府制定了一系列政策，如提出了国家创新驱动发展重要战略并制定了《中国制造2025》行动纲领，明确了坚持走中国特色自主创新道路，实施创新驱动发展战略，必须把科技创新摆在国家发展全局的核心位置。经过改革开放四十多年的高速发展，中国各个产业都取得了巨大的进步，但应看到，中国的技术进步还没有取得质的飞跃，距离由产业技术升级带动产业升级还有很长一段距离要走，那么政府对企业协同创新加以扶持和补贴无疑将成为行之有效的手段。

因此，政府为促进企业技术创新，采取一些措施去解决协同创新存在的问题，比如政府要提供补贴，补贴给协同创新的哪一方合适呢？另外，在企业进行技术创新时，与上游或下游合作进行协同，上游的研发企业会考虑创新费用承担问题，即创新费用是由下游的生产企业承担，还是由上游的研发企业承担，或是由两者通过契约共同承担？什么方式更加有利于创新？这是实现协同创新面临的一个关键问题。同时，进行协同创新时企业如何进行创新费用分摊，使协同创新达到整体最优？是极其值得关注的重要问题，也正是本书研究的问题所在。

1.1.2 研究意义

协同创新已经成为政府、企业和学者关注的重要课题，它是国家和企业实现创新和技术升级的一种重要形式。创新使企业跳跃式发展、使社会跨越式进步、使国家综合实力大踏步提升，使国际竞争力跟着水涨船高，使国家和企业在竞争中处于更为有利的地位。

(1) 理论意义

目前，针对政府对创新的影响研究主要集中在国家政策对创新的影响，鲜有文献针对协同创新模式分析政府不同的补贴策略对协同创新的影响，以及少有文献研究研发企业和生产企业采取不同创新费用承担方式对协同创新的影响。另外，企业在进行创新时，既面临较高风险，又面临较高的创新费用，而鲜有文献研究研发企业和生产企业如何通过协调机制实现上下游同时研发达到整体最优。最后，针对创新带来的效果具有一定滞后性的问题，也即创新带来的效果要经过一段时间才能得以体现，而鲜有文献研究时间效应对上下游协同创新的影响。鉴于此，本书运用博弈方法，借鉴已有研究成果，具体分析政府采取不同补贴策略对协同创新的影响，分别揭示创新费用的不同承担方式对协同创新影响机制以及时间效应对上下游协同创新的影响机制。

首先，针对仅研发企业负责研发这一协同创新模式，分别构建政府补贴（政府不补贴时可视为政府采取补贴为零的策略）给研发企业和政府补贴给生产企业的模型，研究对仅上游研发时的协同创新模式的影响，进一步又分析实现上下游协同创新的协调机制，通过该研究可以为政府提出一些合理的建议。其次，针对研发企业和生产企业同时研发这一协同创新模式，分别构建政府补贴给研发企业和政府补贴给生产企业的模型，研究对上下游协同创新的影响，并给出上下游协同创新协调机制，通过该研究可以为完善上下游协同创新提供理论依据。最后，为分析时间效应对上下游协同创新的影响，构建政府补贴下研发企业和生产企业的微分博弈模型，从动态视角分析政府补贴对上下游协同创新的影响，并获得协同创新的均衡点，通过该研究可以为上下游企业协同创新找到均衡点提供理论依据。

(2) 现实意义

政府采取补贴策略可以有效促进协同创新，但是针对政府补贴，存在较大争议，争议的焦点是政府补贴的对象，也就是政府该补贴给哪一方？另外，研发企业进行研发时，需要一定的创新费用，而创新费用该由哪一方承担呢？最后，研发企业和生产企业如何通过协调契约，实现上下游协同创新？这三个问题都是现实中亟待解决的问题，而本书通过构建政府不同补贴策略下研发企业和生产企业的博弈模型，对比分析政府不同补贴策略对协同创新的影响，确立政府最优补贴策略，即最优补贴对象，可以更有效地发挥政府补贴作用。另外，通过构建创新费用不同承担方式研发企业和生产企业的博弈模型，对比分析创新费用不同承担方式对协同创新的影响，确立最优创新费用承担方式，可以为研发企业和生产企业决策提供科学的依据。最后，研发企业和生产企业应该如何协同，才能使上下游协同创新达到最优？本书通过分析给出上下游协调机制，可以有效避免研发企业和生产边际成本，实现上下游创新整体最优，为研发企业和生产企业协同创新提供科学依据。

同时，协同创新带来的效果具有一定的时效性，研发企业和生产企业协同创新效果在什么时间点达到最优？从时间视角分析政府补贴策略对协同创新的影响是什么？本书通过构建政府补贴下研发企业和生产企业微分博弈模型，确立研发企业和生产企业微分博弈的均衡点，为政府、研发企业和生产企业决策提供科学依据。

综上所述，本书为政府补贴企业协同创新提供理论依据，补贴给哪一方更有利于协同创新？从时间维度看何时达到均衡点？是不是可以从改变补贴方式的角度给出相应的解释。另外，从企业的角度看，哪种创新费用承担方式更有利于促进协同创新？且在什么样的协调机制下能达到收益更优？这些问题的结论对完善我国创新政策体系具有一定的理论意义与实践价值。

1.2 国内外相关研究综述

作为本书的研究基础，对国内和国外已发表的相关研究成果进行整理和评述是有必要的。本书的主要研究内容是政府补贴对协同创新的影响机理及协调机制研究，因此，本书从以下三个方面进行回顾和总结。

1.2.1 企业协同创新模式的相关研究

随着当今科学技术的不断进步，企业之间竞争的态势不断加强，而科学技术的复杂度与技术间相互联系的不断紧密使得企业越来越难以凭借自身的知识生产而保持竞争优势。由此企业之间的创新与合作急需加强。企业的合作创新能够帮助企业有效降低运营成本、提高创新效率，并且通过共同研发可以减小风险，使得企业资源得到有效利用，实现更大的生产价值。所以对企业合作创新采取什么样的策略研究，成为关乎企业未来生存与发展的重要课题。

协同创新，是在产业创新、产品与服务创新、企业管理和企业文化创新三种基本创新基础上提出的一种创新方法和路径。协同创新不再是简单的线性创新，而是各创新要素深度整合的非线性创新，更加强调各创新要素的全方位、多层次、大深度的协作与融合，不仅要求创新主体的协同合作，也要求创新目标、组织、制度和环境等的协调与整合。马蓝等（2016）对企业创新合作的动机与行为进行研究，验证其与绩效的关系[15]。郭宏毅等（2018）利用世界银行中国企业微观调查数据去验证融资约束、企业间协同创新模式与企业研发投入之间存在怎样的关系，得出的结论是：促进企业协同创新，一是有利于促进企业加大对创新的投入，二是有利于国家创新体系的培养[16]。国家工业和信息化部发表文章指出（2019）：培育世界级先进制造业集群是新时代我国实施制造强国战略的重要举措，而促进产业创新是集群发展的要义。创新集群的地方性环境是有利于企业进行自主创新的[17]。Sandeep等（2015）研究指出将基于数字化、信息化的外包工作机会带给边缘人群是重要的创新方式，这种提供信息技术和业务流程外包模式不仅寻求为客户提供业务价值，也能享受全球化成果[18]。Mirvis等（2016）指出企业创新是与社会相关的战略投资，通过创新的形式对社会作出的贡献，涉及公司内、外部各方较为深层次的合作，为解决社会问题提供可持续的方案[19]。Gallouj等（2018）认为为了增加共同创造的价值与社会福利可以通过与多个授权的参与者进行共同生产，与不同合作伙伴的合作才能提高企业的创新能力，在过程创新能力方面，与研究机构和供应商的合作是最重要的因素[20]。

由于行业和组织特征存在着各种差异，各创新主体在实施协同创新的过程中也必然有着一定的差异。Arranz等（2008）认为，相比于容易导致市场“串谋”的横向合作创新，纵向合作创新往往有更好的表现，且可以被广泛应用于实践。现今，已有相关研究开始关注纵向合作进行创新的问题[21]。Walsh等（2016）研究发现，在发明创造中，异质合作和大学-产业合作推动了更高的发明质量。然而，在发明阶段的垂直合作相对来说比大学-产业合作对商业化在实施阶段更为关键。这些研究结果表明，不同形式的合作创新的影响可能因创新过程的阶段而异[22]。柴国荣（2009）研究后指出合作创新主体之间一是有文化差异的，二是拥有的技术能力也是不同的，这两者都会影响共享知识的意愿，这些问题需要去协调解决，否则会使彼此之间产生信任与否的问题，甚至导致产生不愿意共享的思想，也可能会导致产生协作不成功而丧失竞争优势的顾虑。于是需要针对合作确立出相应的保障机制，以此来增进知识共享的幅度和程度，去提高合作创新效率，与此同时也能降低创新失败的风险[23]。杜元伟等（2013）在研究依据知识网络理论的基础上，指出有些企业结成的团体或联盟实际上形成了网络型组织，网络中的每一个协同主体本身既是传播知识的本源，又是接受和学习、使用知识的网络节点，这使得知识可以像电流在电网上传输一样超越组织界限流动，这样既提高了知识相互传播的效率，又节省了去发现知识的成本费用[24]。吴绍波等（2014）提出了战略性新兴产业创新生态系统，从系统的治理、激励等方面对战略性新兴产业创新生态系统协同创新机制进行研究[25]。张敬文等（2017）针对战略性新兴产业集群的知识属性，运用演化博弈理论对产业集群的知识协同特征进行了分析，并探究了产业集群行为创新主体的知识协同演化行为[26]。

对于协同创新模式，国内外学者的研究大多是在演化博弈理论的基础上进行的，演化博弈理论即认为博弈各方不是超级理性的个体，而是各方通过不断的试错而达到一种均衡的状态。陈红花等（2013）基于互联网的视角，研究两个及以上利益相关者在知晓其创新供求信息后，会根据自身条件作出相应的反应，选择对自身效益最大化的策略与企业进行合作，从而利益相关者形成合作博弈[27]。徐占东等（2018）运用演化博弈理论构建了牵头高校，协同企业，协同院校两两协同创新博弈矩阵对各方投入不同创新资源下的博弈矩阵状态进行仿真模拟；结果表明，协同创新中心绩效与协同体单位创新资源投入力度，协同激励机制，各个主体收益有关[28]。吴卫红等（2018）探究了影响协同创新稳定的构成要素，运用演化博弈分析的方法并在国家新驱动发展战略纲要要求的基础上，构建多元主体协同下的环境和创新双驱动的运行机制，其研究最终揭示：在满足各创新主体利益诉求的情况下，多主体协同系统的运行才能够保持稳定，创新主体相互之间知识势差和协同创新运行稳定性呈反比关系，另外良好的协同效应与独立的内部监督监管机制能有效促进协同创新系统的稳定运行[29]。马永红等（2018）通过建立三方博弈模型以及支付矩阵，将合作分成创新研发和成果转化两个阶段，得出政府参与创新的概率与创新产品的扩散量的增长率呈正比例关系；企业承担创新成本提高可促使第一阶段创新研发的合作；当技术转让费用在企业的可控范围内时，企业降低所得的利润能促进第二阶段成果转化的合作；当预期的市场容量一定时，创新技术转让价格越高，则愈发提高成果转化阶段合作的概率[30]。

蔡翔等（2013）选取剖析中小企业自主创新与模仿创新的内在机理这一视角，运用演化博弈分析影响收益参数变化时企业是选择自主创新还是选择模仿创新这一选择过程，得出了一些有意义的结论[31]。蒋雪琳等（2016）构建了演化博弈模型，并基于知识投入研究企业合作创新的路径问题，研究得到，经过长期演化，企业有两种策略选择：合作策略与不合作策略[32]。李高扬等（2014）基于协同创新过程中的选择过程，构建出产学研协同创新演化的博弈模型，分析后进行了协同创新的均衡策略组合，据此组合适当激励或惩罚[33]。Youssef等（2013）研究知识溢出在创新中的作用，构建双寡头博弈模型，研究得到当博弈双方具有不同的利益目标时，协同创新是不稳定的[34]。张华（2016）基于演化博弈，构建企业、大学和科研机构之间协同创新演化稳定策略，研究得到，在长期的协同创新中，“合作”策略是使其保持稳定的策略[35]。龙跃等（2017）通过构建AJ模型，研究了知识转移对知识投入和创新收益增量产生影响的机理，研究后得出，对成员收益增量及知识转移演化均衡的影响比较大的是知识转移系数[36]；张喜征等（2017）构建企业创新下供应链博弈模型，对比分析企业采取合作策略与采取不合作策略对企业收益的影响，研究结果表明，创新可以增加企业供应链利润，创新投入成本与利润之间边际收益呈负相关关系[37]；张帆（2017）从多因素的角度，运用博弈论分析技术创新激励的创新传导机制[38]；王发明等（2017）运用动态博弈模型，研究中小企业及创新企业合作创新的竞争机制，研究得到创新生态系统中的领导企业可以采取优化分配机制、提高自身声誉和选择吸收能力强的中小企业，促进其合作实现[39]。杨剑钊等（2016）揭示后发企业处于竞争劣势时如何达到超越在位企业进行技术创新策略的选择，建立了博弈模型[40]。

1.2.2 政府补贴对协同创新影响机理的相关研究

当然，只有企业之间的协同创新是远远不够的，政府的行政政策和财政政策对企业协同创新也起着至关重要的作用。诸如美国、日本等经济发达国家，其政府在扶持企业的协同创新中的作用，概括起来主要有两方面：第一方面，政府为企业创新提供法律政策的支持，如《综合贸易和竞争力法》的出台，促使美国政府强化在发展科技产业中的调节作用，加强政企间、企业间、校企间的创新合作。第二方面，政府在为企业创新提供各种优惠政策，特别是在财政和税收上。比如，美国政府曾规定：为了促进高技术研发，特别强调用于高技术研究开发的投入部分在连续三年内享受30%的减税[41]。我国政府对企业协同创新愈发重视，出台一系列扶持促进政策，主要包括以下几个方面：第一，加大财政资金支持力度，落实扶持企业发展的各项优惠政策，重点支持企业的技术创新、技术改造、专利申请、高新技术企业培育等；第二，着力解决企业的融资问题，地方政府在企业的融资方面应加强和改善金融服务，搭建融资服务平台，建立起地方政府、商业银行、担保机构和中小微企业合作机制，开展多方面的对接活动；第三，强化人才培养意识，建立有效健全的激励机制；第四，完善协同创新的全方位服务体系，强化对企业的公共服务保障；第五，扶持企业拓展国内外市场[42]。

在政府对企业协同合作产生的影响上，国内外学者进行了多方面的论述。

第一，通过实例、数学模型和博弈等验证了政府政策在企业协同创新上是必不可少的。Chesbrough（2011）从理论层面提出产学研协同创新是开放式创新模式的理论模型，阐述了开放式创新生态系统理论以及政府在推动和引领开放式创新生态系统运行中发挥的重要作用与功能[43]。丁荣贵等（2012）构建了一个产学研各个参与方形成的社会网络，该网络呈现双中心的结构。其对该网络进行分析后提出，政府具有信息中转站的功能，并能控制网络中的知识信息流向，为官产学方所应承担的项目信息交流和知识沟通责任提供相应的定量基础[44]。Marge等（2014）基于欧洲比较视角研究了政府的激励措施对大学与产业的协同创新，从政策工具和跨国比较视角采取定量分析方法对欧洲23个国家政府推动大学与企业协同创新的政策措施做了实证研究[45]。BIS（2015）在《企业与大学科研协同评论》的一份报告中对英国政府推动大学和企业协同创新的相关政策及其实施进行了较为全面系统的研究[46]。王玮等（2015）考虑了企业创新的横向和纵向技术溢出效应的存在，分别对供应商补贴模型和政府研发投入补贴模型进行了对比研究[47]。张汉江等（2015）研究供应链减排问题时，发现企业合作创新的减排量大于单独创新时的减排量，指出政府能够通过税收优惠来激励企业合作创新[48]。单汨源等（2016）构建了合作创新的博弈模型，并选取一对一的制造商和零售商作为主体博弈，从电子渠道和传统渠道两方面构建需求函数模型，指出政府补贴对供应链企业合作创新具有积极的拉动作用，存在政府最优补贴系数使得整条供应链利润整体最大[49]。Lin等（2016）通过来自91个国家的706家电信公司在2007年至2015年期间的纵向数据集，发现公有制与专利活动呈正相关关系。同时还发现，无论是国有企业还是民营企业，制度质量都与企业层面的专利申请呈正相关关系，而且这种关系在公有制下更为显著[50]。魏守道等（2016）指出了政府的税收优惠政策有利于促进企业的合作创新活动[51]。刘权等（2017）构建集群合作创新趋势演化博弈模型，探讨了政府对集群合作创新的激励与否，以及激励程度的变化会产生多大程度的效果，给出了博弈均衡的条件[52]。李新功（2016）利用政府资助行为数据回归分析得出结论，无论政府直接还是间接提供研发资助，尽管效果有一定差异，但均能促进技术创新的发展[53]。陈朝月等（2019）研究后指出，就平均效应而言政府研发资助政策是可以提高企业的研发投入的[54]。

第二，政府政策是如何来影响企业协同创新的。Banal-Estañol（2013）利用英国主要的大学工程部门提供的数据进行分析，明确了产学研协同创新组织的创新成果在政府资助下都会有所增加，尤其是在实用性能、创新数量和综合影响力等方面[55]。Ryu等（2016）探讨了政府资助研发绩效的决定因素，对10 612个韩国政府资助研发项目的回归分析表明，内部（政府和企业资金、研究能力、研发类型）和外部（行业、地区）资源是学术和商业产出的主要决定因素。研究结果还表明，在更广泛的背景下，商业产出的主要决定因素是创新研发合作[56]。Krzysztof等（2017）发现，有了政府对研发活动的各项资助，企业的创新绩效显著提高[57]。郭斌（2007）通过研究后发现，政府部门有三方面的行为：产学研协同创新行为的引导、各类所需资源的大力投入、各类优惠补贴政策的制定，都能很好地进行产学研协同创新[58]。张震宇等（2008）利用合作博弈模型说明，足够强度的政府激励对产学研协同创新有促进作用[59]。吕静等（2011）从技术、资金与规模等角度出发，改进了中小企业协同创新的理论模型，并对政府行为影响中小企业协同创新作出了研究[60]。龙静等（2012）分析后得出，政府的科技服务机构主动引导和帮助的情况下，中小企业进行创新活动的绩效会有显著的提升[61]。邢虎松等（2013）采用演化博弈理论方法，构建在政府支持下的多地区非对称物流企业合作的博弈模型，确定政府支持影响非对称物流企业合作的状况[62]。Kasahara等（2014）考察了政府的支持对企业技术创新的影响，并围绕政府支持是“刺激”还是“挤出”了企业创新投入进行了研究[63]。吴文清等（2015）研究了消费者学习和政府投入补贴对供应链中企业合作创新活动的影响[64]。肖利平（2015）利用演化博弈模型分析了政府的不同干预强度（强干预、中度干预与弱干预）下知识转移效率的差异，并认为政府干预强度应该根据产学主体知识能力匹配度做相应调整[65]。吴勇等（2011）针对企业研发中选择合作与否的情形构建了博弈模型，分析政府提出的不同补贴内容对并行研发模式的影响[66]。方海燕等（2011）基于政府对产品的创新补贴政策，研究四种研发策略下，企业的市场绩效情况[67]。陶丹等（2016）的研究利用博弈模型经过分析得出结论，一是创新成本协同，二是政府补贴是改善企业创新研发资金不足的可能方式[68]。张碧菱等（2017）引入了企业创新风险厌恶，基于此得出政府提高研发补贴的效率应依据企业的研发投入规模进行选择性补贴[69]。郑烨（2017）对政府支持企业创新进行了初步分析，认为政府提供的支持行为中政策引导和服务是企业最需要的[70]。马永红等（2018）得出：只要政府采取补贴企业研发创新政策，企业加大创新投入规模的可能性就会提高，企业研发投入的提高则使企业增加了产量和收益，也会提高社会福利[71]。

第三，对政府如何促进企业协同创新提出了建议。张义芳等（2008）通过梳理了美国、日本等国家关于产学研合作联盟研发创新的经验后提出，产学研协同组织包含政府与私企之间的合作，它的维持与发展与政府的促进和支持作用是不能分离的，并呼吁政府应该制订重大产业技术研发协同创新组织专项计划，升级产业结构，推动区域性协同创新组织的组建[72]。张力（2011）以科技和教育规划纲要为依据，提出三个政策建议：一是加快建立平台共享机制，传播知识和经验；二是建议通过财税减免、金融辅助等推动协同创新的快速发展；三是建议制订相应的支持协同创新战略组织的计划[73]。李忠云等（2011）研究高校协同创新面临的困境，提出相应的政策建议：对学科交叉科研项目要加强支持力度；针对多种学科交叉研究建立交流和共享平台；对高校协同创新科研项目的经费投入需要加大；高校协同创新研究的指导和服务组织需要建立；高校协同创新研究的监督和评价体系需要完善[74]。李祖超、聂飒（2012）针对目前产学研协同创新不够完善的政策环境提出了：一是通过深化企业相关体制的改革，确立企业的自主地位于技术创新中；二是深化科技体制改革，逐步增加对科学研究的投入及其成果转化的扶持力度等这些政策来完善科技创新政策环境[75]。

综上，关于政府对协同创新的影响机理方面，有的研究通过实例、数学模型和博弈等方法验证了政府政策在企业协同创新上是必不可少的，有的学者聚焦于政府政策是如何来影响企业协调创新的，但基本都是将政府政策等作为一个整体的、固定的因素来作为研究对象的，鲜少考虑到政府策略的差异化及动态性所产生的不同的影响效果和协调机制。

1.2.3 政府补贴协同创新的相关研究

围绕政府补贴对创新效果的研究主要有投入和产出两个方面[76-78]。研究结论均出现不完全一致的情况，且随着研究的不断深入，该领域研究热点逐渐由是否该补贴给企业，向政府补贴在何种方式或内容下，才会对企业创新研发产生的效果更好过渡[79-80]。

企业创新协调机制的形成，需要政府给予政策支持及政府补贴。郑绪涛等（2008）发现企业创新协调机制的形成需要由政府的政策来调节，而仅仅依靠市场对企业创新协调机制形成的促进可能会失灵，即企业的创新协调机制无法只依靠市场机制来促进和形成[81]。Hottenrott等（2014）的研究结果表明，针对性的公共补贴会增加研发支出，特别是在国际合作的中小企业中，同时进一步评估了私人融资和公开诱导的研发投资对创新绩效的不同影响[82]。Broekel等（2015）研究表明提供合作式研发（R&D）补助是刺激区域创新效率提高的合适政策方法，证明拥有低创新能力的区域，从区域厂商和非区域性的公共研究机构之补助联结中受益最多[83]。Boeing等（2016）研究发现在补贴分配方面，企业选择主要取决于优先赠款、高质量发明和少数民族国家所有权。以市场为导向的省级政府发放补助金的频率较低，而位于发达省份的企业获得补助金的频率较高[84]。苏剑等（2019）基于协同创新视角，探究了供给侧结构性改革的理论基础，并对供给侧与需求侧二者之间的内在联系与逻辑进行了分析，提出供给侧协同创新这一发展理念[85]。

政府补贴是影响企业技术创新的最为主要的因素，一旦企业获得政府补贴，企业就可以引入新的合作研究，从而就能够获得更多后续的政府资金补助以外的其他资源[86-88]。古利平等（2006）研究发现，政府补贴对中国企业技术创新水平有显著的正向作用，政府在促进国家技术创新体系发展中扮演着重要角色[89]。Czarnitzki等（2007）将合作和补贴视为异质处理，并进行经济计量匹配，以分析公司层面的研发和专利活动，研究发现创新政策与研发合作之间呈正相关关系[90]。Zhang和Liu（2010）研究表明公共研发补贴对企业创新有显著的正向影响，但对企业绩效没有直接影响。同时表明，公共研发补贴通过促进企业创新支出间接地对企业绩效作出贡献[91]。Fabio等（2018）研究了接受政府资助的创业企业的就业和销售增长，结果表明政府的资助显著促进了受益人的就业和销售[92]。刘蕾等（2016）研究了我国产业集群一定时期内的发展趋势，并通过信息流通、能源利用、制造成本视角，分析影响产业发展的主要因素，并提出了一些相对合理的建议[93]。Xu等（2019）研究结果表明，收入分配、背叛者的补偿、政府补贴和监督对协同创新网络的持续稳定起到了积极作用。但对不同规模的网络，其影响机制是不同的[94]。

政府补贴对企业协同创新在一定程度上起到了协调作用。桂良军等（2012）研究了我国煤电企业的收益协调问题，设计了政府规制下的框架及补贴机制[95]。潘启亮等（2013）研究协同创新的利益划分机制，从共生的视角探索，并从这一视角提出了协同创新的有效方法[96]。张钦朋（2014）提出了产学研协同创新的政府引导机制组合成一个引导系统，包括五个方面的机制：政策协调、利益实现、创新激励、风险控制和绩效评估，指明了产学研协同创新清晰的发展方向，并为产学研协同创新提供长久动力[97]。张俊霞（2015）研究后提出建立以需求为导向的动力机制，以政府为中心的协调组织机制，以企业为中心的学习机制以及以政府为引导的联合攻关机制、针对动力机制来克服导向不明确、组织机制协调性欠缺、学习机制中心不清晰、联合攻关缺乏组织等问题[98]。宋春艳（2015）研究了知识共享基础上的产学研协同创新利益协调机制，认为利益分配应从系统角度出发，综合考虑各种因素，进行利益分配、风险分担和信息沟通[99]。陶丹等（2016）利用博弈模型进行分析认为创新成本协同与政府补贴是改善创新研发投入不足的可能方式[100]。王海军等（2018）研究了产学研进行协同创新时的知识转移协调机制，提出了模块化的方式，并对这种方式对产学研三方的协同创新是否有利进行了阐述[101]。张倩肖等（2019）将技术创新与产业升级之间的协同演进关系构建了一个评价模型，测算了两者之间的协同度，并采用TVP-VAR模型进一步检验了两者之间协同关系的具体动态特征[102]。

综上所述，对于协同创新的内涵、理论模式、战略意义、政策构想、组织模式、绩效评价和影响因素，以及政府补贴策略对企业创新的积极作用，针对政府补贴策略给出具体的相应改进建议等方面，都有了些许的研究结论和成果，尽管如此，也还存在着一些不足。政府补贴对创新主体的创新努力程度等的影响鲜有研究，即政府补贴对企业协同创新过程中的企业创新努力程度影响，且不同的创新费用承担方式下政府补贴对创新努力程度影响也少有研究，如何确立最优的创新费用承担方式是企业需要解决的一个现实问题。基于此，本书在已有研究基础上，基于政府补贴构建研发企业和生产企业集中和分散决策模式，通过对比分析集中决策和分散决策对企业的创新影响，给出具体的协调机制。

1.3 基本概念界定

1.3.1 企业协同创新

协同创新包含两个内容，即“协同”和“创新”。美国生物学家贝塔朗菲于20世纪40年代，将系统认定为是诸多要素的综合体的一个科学体系[103]。到60年代时，德国物理学家哈肯发现系统中存在大量相互作用的子系统。相互作用会产生协同的发生有两层含义：第一层含义是子系统之间的协同产生宏观的有序结构；第二层含义是序参量之间的协同合作决定着系统的有序结构。协同理论认为系统从无序到有序转化的关键，是系统有序结构的内部作用结果。目前国内外与协同相关的内容主要有四个方面：一是协同机制研究。通过研究可知协同效应结果是一个可正可负的概念。协同既可以带来1+1>2的正协同效应，也可能会产生1+1<2的负协同效应。二是协同管理研究。协同管理运用的是协同学的思想为了完成同一任务或目标将各种资源关联起来，并最大化开发利用这些资源，旨在消除或避免在协同的过程中产生的障碍或壁垒，实现利益最大化[104]。三是协同优化方法研究。该方法的研究是为了降低问题求解的规模，减少编程和调试的工作量，适合于分布式并行计算，并有利于根据子问题的特点选择合适的求解技术[105]。四是协同设计研究。协同设计重点研究行为学、社会学、心理学等学科，具体包括信息共享与协调机制，协同过程的冲突管理等。

早在1912年，奥地利经济学家熊彼特（J. A. Schumpeter）在《经济发展理论》一书中就创立了新的经济发展理论，即经济发展是创新的结果。“创新”一词代表的是广义的在不加以限定的前提下，包括国家创新、组织创新、市场创新等多种形式的非技术创新。目前人们提到创新一词，更多的是关注技术创新。广义上的创新包括技术创新和非技术创新，狭义上的创新指技术创新。熊彼特认为创新是一种新的生产函数，实现生产要素和生产条件的一种新组合，旨在获取超额利润。发展至今，国内专家学者对创新的定义主要聚焦在技术创新层面上。代表性学者傅家骥（1998）认为技术创新是企业高层抓住市场机遇赢得潜在利益的手段，需要重新组织生产要素，也需要建立更强的生产经营系统[106]。吴贵生（2000）强调技术创新也可以认为是新的技术构想，经过某种研究设计或者对某些技术进行组合，最终将技术构想成果应用于商业化社会活动中去创造收益[107]。

近年来，国内把协同思想引入与企业创新有关的研究中，许多学者对高校、科研机构与企业之间的协同思想进行了相关的结合研究，将创新资源和要素融合在一起，采取相应的措施突破各个创新主体间的障碍，将具有创新活力的人才、资本、信息、技术等元素释放出来，进而实现深入的协作创新。许箫迪[108]（2005）、王子龙等[109]（2006）建立企业协同创新模型，对主体间的协同关系进行分析，得出了进行协同创新的价值基础是风险分担与利益共享的结论。万幼清与邓明然（2007）通过分析得出，产业集群内协同创新可以通过知识重组来进行[110]。陈劲等（2012）提出协同创新是一种创新组织模式且其是大跨度整合的，其中主体由企业、政府、知识生产机构、中介机构和用户组成，其最终目的是实现重大科技创新[111]。张在群等（2014）认为协同创新是多个组织共同参与而形成的合作关系，其目的是推动技术转移和知识共享，加速创新进程[112]。侯二秀等（2015）提出协同创新是指企业与高校、中介机构及金融机构等组织协同合作，为了提升效率、创造价值而进行的资源共享的过程[113]。参考已有文献及研究成果，本书将企业协同创新定义为：以市场需求为基础，具有强大发展实力的企业能够与具有与该企业相关的创新能力、创新成果的企业、科研机构或高校交流合作，由企业部门组织领导，政府和相关中介机构进行支持配合，各方参与主体通过建立相互信任的合作关系，形成风险共担、利益共享的整体，从而实现技术创新和转移的产学研联合发展模式（为便于研究，书中将具有与该企业相关的创新能力、创新成果的企业、科研机构或高校简化为研发企业）。

1.3.2 政府补贴

协同创新作为重要的创新模式中的一种，在世界众多国家的创新体系中占有重要地位。正因如此，政府如何有效通过加强协同创新而推动产业优化升级，也成为学术界与世界各国政策制定者们关注的焦点问题。政府补贴是政府补助的一种，是指企业从政府那里无偿取得货币性资产或非货币性资产，但不包括政府作为企业所有者投入的资本。目前我国政府补助的主要方式有：财政贴息、研究开发补贴、政策性补贴。随着技术创新带来的激烈的市场竞争，各国政府对企业技术创新活动进行补贴，旨在提升企业技术创新能力。

政府补助的形式主要有财政拨款、财政贴息、税收返还和无偿划拨非货币性资产等。财政拨款是政府为了支持企业而无偿拨付的款项，这类拨款通常具有严格的政策条件，只有符合申报条件的企业才能申请拨款，并在拨款时就规定了资金的具体用途。比如，财政部门拨付给相关企业的粮食定额补贴以及鼓励企业安置职工就业的奖励款等都属于财政拨款。财政贴息是指政府为支持特定领域或区域的发展，根据国家宏观经济形势和政策目标，对承贷企业的银行贷款利息给予的补贴。贴息主要有两种方式：一种是财政将资金直接支付给受益企业；另一种是财政将贴息资金直接拨付给贷款银行，由贷款银行以低于市场利率的优惠利率向企业提供贷款。税收返还是政府按照国家有关规定采取先征后返（退）、即征即退等办法向企业返还的税款，是一种以税收优惠的形式给予的政府补助。直接减征、免征、增加计税抵扣额、抵免部分税额等形式的税收优惠体现的是政策导向，政府未直接向企业提供资产，不作为政府补助准则规范的内容。无偿划拨非货币性资产主要包括无偿划拨土地使用权、天然林等。

政府补贴已经成为我国引导产业快速发展，促进企业加速成长演进的重要手段，对促进我国产业发展起到了积极的正向作用。但是，在企业协同创新中政府补贴发挥何种作用，在何种政府补贴机制下，企业协同创新更有效，这是具有重要意义的问题。为便于研究，本书中将政府补助简化为将资金直接支付给相关企业的政府补贴。

1.3.3 协调机制

协调机制由两部分组成：“协调”和“机制”。其中机制包含两大方面的内容，一方面是机器组成部分，另一方面是机器如何工作，即工作原理。机制的本义与各个领域结合，将产生不同的内容，表示各构成要素之间相互联系、相互作用的关系与功能。首先需要存在构成联系的要素，其次协调各个部分的关系，以一定的运作方式使其协调运行而发挥作用。体制和制度是机制协调运行并发挥作用的保障，通过与之相应的体制和制度的建立（或者变革），机制在实践中才能得到体现[114]。企业协同创新机制则是指涉及相关利益者的协同关系和利益分配机制。协同创新机制的研究受到国内外学者的热切关注。国内研究学者有：徐建中等（2014）[115]分析协同创新系统主体间的协同关系，从博弈论角度出发，研究参与主体间如何通过博弈，采取策略达到各自利益最优化问题。潘启亮等（2013）[116]研究后指出，在处理协同创新的收益分配和风险承担的时候，利益冲突就容易发生，应有合理的协调机制。李伟和董玉鹏（2014）[117]对与协同创新有关的知识产权归属问题的法律以及政策进行了分析，指出目前多数协同创新主体之间倾向于采取通过协议约定知识产权的归属的方式或者“契约式”的共享模式，已经不符合实际发展的需要，并提出采取“章程化”归属模式对知识产权归属进行固化，同时行政机关也应制定相关法律政策对产权归属加以保障。殷翔文（2012）[118]指出，各个创新主体间的不同价值追求组合在一起构成了创新的驱动力，而有效协同的关键问题是怎样把不同创新主体的价值实现了。赵哲（2014）[119]认为，理想状态的协同创新是各主体自愿构建起基于利益驱动的模式，创新收益分配机制基于贡献与所创收的收益。Ghosha等（2015）[120]与Song等（2018）[121]分别对制造商和零售商的绿色供应链的产品决策问题进行协调，首要协调内容是目标；其次协调的是运作，具体包括业务运作，包含生产制造与设计开发过程的协调，主体企业之间利益冲突、文化的协调等，采取多种协调机制，促使上下游企业提升整体绩效和收益。Goh和Eldridge（2019）[122] 认为协调机制可以看作是企业组织间通过管理活动的协商，对目标、关系利益等的冲突提出解决方案或者协商达成一些契约。本书中的协调机制是指在协同创新活动中，上下游协同创新企业对过程中出现的冲突问题（如目标冲突、关系冲突、利益冲突等）采取相应的协调办法或者达成契约，利用政府和企业自身的各项条件去解决问题，在收益最大化的基础上实现上下游创新最优。

1.4 研究问题与研究内容

1.4.1 研究问题

企业在进行技术创新时，面临高成本和高风险的问题，为共享利益、共担风险，企业寻求协同创新，而协同创新过程中主体间存在着冲突，冲突的协调需要政府的支持。本书首先分析协同创新中的各种挑战与冲突，在第2章至第6章给出相应的协调机制，同时对国内外相关政府支持创新的政策进行了梳理，对政府补贴作用的必要性和功能性给出了相应的模型和分析，并阐述企业不同协同创新模式（一般有两种模式：一是研发企业和生产企业相互独立，即研发企业只负责研发，生产企业只负责生产；二是研发企业和生产企业同时研发，即生产企业不仅负责生产，还进行一部分研发，这样，不仅可以使生产企业拥有部分技术，还可以降低研发企业的创新成本和风险），构建政府补贴时、创新费用不同承担方式下的研发企业和生产企业博弈模型，用来分析政府不同补贴策略对研发企业和生产企业协同创新的影响，进一步地，分析如何实现上下游协同创新契约。与此同时，企业进行协同创新时，创新费用不同承担方式对协同创新的影响也需要进一步分析。最后，协同创新所带来的收益具有一定的滞后性，本书构建上下游协同创新的微分博弈模型，不仅分析政府补贴对协同创新的影响，还分析时间效应对其产生的动态影响。因此，本书主要采用演化博弈模型研究的方法进行研究，在具体方法使用上采用数理解析和仿真分析结合的方法。本书的研究核心和主体可以分解为以下方面并给出了研究框架图，如图1-1所示。

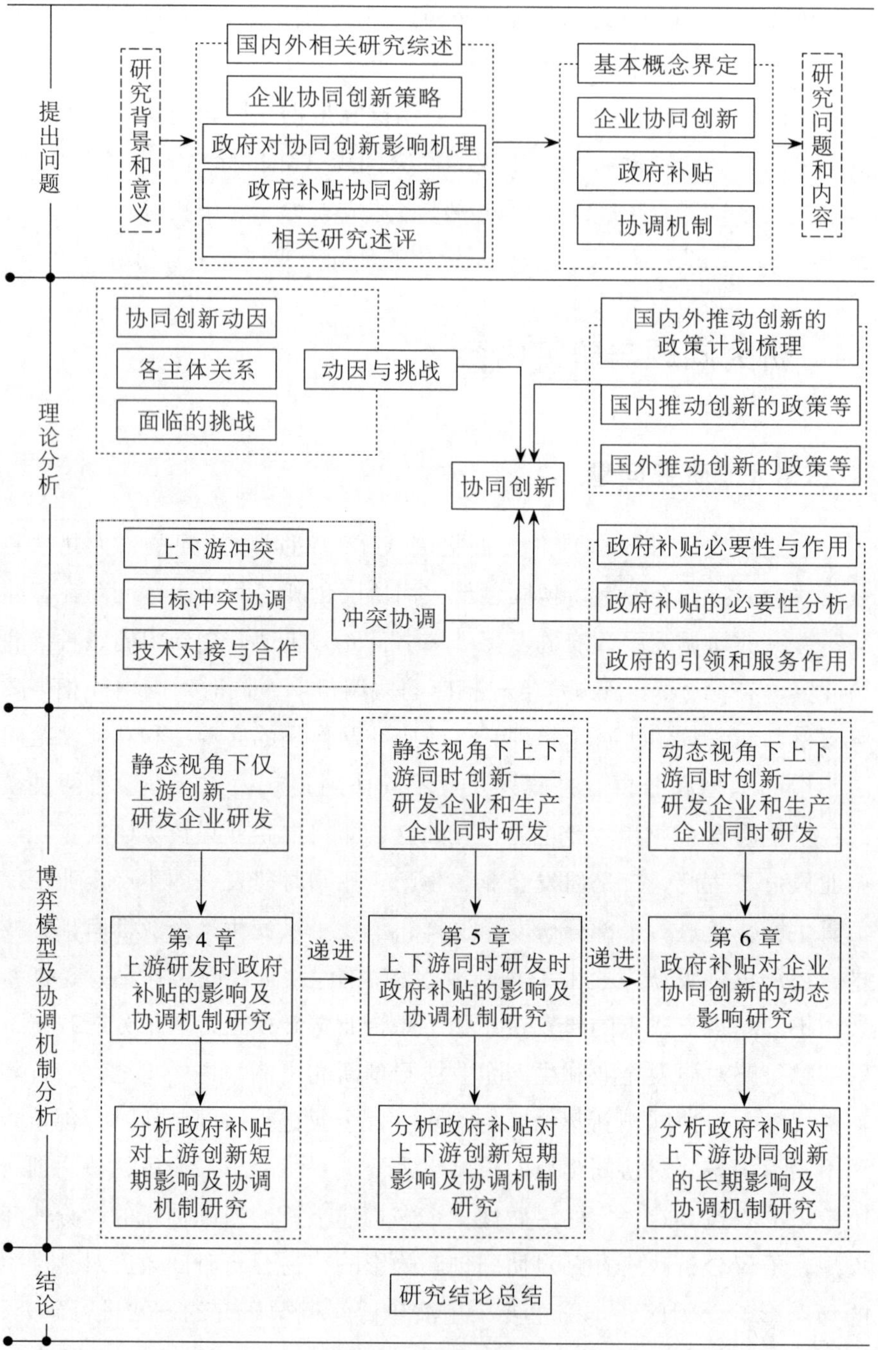
提出问题
研究背景和意义
国内外相关研究综述
企业协同创新策略
政府对协同创新影响机理
政府补贴协同创新
相关研究述评
基本概念界定
企业协同创新
政府补贴
协调机制
研究问题和内容
理论分析
协同创新动因
各主体关系
面临的挑战
动因与挑战
国内外推动创新的政策计划梳理
国内推动创新的政策等
国外推动创新的政策等
协同创新
上下游冲突
目标冲突协调
技术对接与合作
冲突协调
政府补贴必要性与作用
政府补贴的必要性分析
政府的引领和服务作用
博弈模型及协调机制分析
静态视角下仅上游创新——研发企业研发
第4章 上游研发时政府补贴的影响及协调机制研究
分析政府补贴对上游创新短期影响及协调机制研究
递进
静态视角下上下游同时创新——研发企业和生产企业同时研发
第5章 上下游同时研发时政府补贴的影响及协调机制研究
分析政府补贴对上下游创新短期影响及协调机制研究
递进
动态视角下上下游同时创新——研发企业和生产企业同时研发
第6章 政府补贴对企业协同创新的动态影响研究
分析政府补贴对上下游协同创新的长期影响及协调机制研究
结论
研究结论总结

图1-1 研究框架

问题1：在整个协同创新的过程中，有哪些现实冲突且针对冲突问题应该有怎样的协调机制，针对这一问题本书给出了一些解决办法，并对部分发达国家政府推动创新的政策和计划进行了梳理，给出了对中国创新的启示，对政府补贴对协同创新的必要性进行了建模分析，并对政府作用进行了总结（对应于本书的第2章和第3章）。

本部分从理论和现实两方面分析企业参与协同创新的动因，并在梳理各参与主体复杂的协同关系的基础之上，探索上下游企业的冲突和困境，针对冲突给出一系列冲突协调机制。在推动创新发展的过程中，部分发达国家的政策计划起到了很大的作用，对其进行了相应的梳理，并对中国推动创新的启发进行了概括。在协调企业协同创新过程中，对政府的政策和补贴措施的必要性和作用进行了分析，由此得出政府补贴的必要性，进而分析针对不同情形的补贴策略（得出问题2，问题3和问题4）。

问题2：仅上游研发时，不同政府补贴策略下不同创新费用承担方式对协同创新的影响，以及如何实现上下游协同创新的协调？（对应本书的第4章）。

目前，国内外对政府补贴对技术创新的影响做了一定研究，并取得了一定的成果。但是，鲜有分析政府补贴下，创新费用不同承担方式对研发的影响，以及政府补贴下上下游如何实现协同创新。因此，本书基于仅上游企业进行研发时，构建政府补贴下创新费用不同承担方式研发企业和生产企业的博弈模型。首先，分析政府不同补贴策略对协同创新的影响；其次，分析创新费用不同承担方式对协同创新的影响；最后，给出上下游协同创新的契约，实现上下游协同创新。

问题3：上下游同时进行研发，不同政府补贴策略下不同创新费用承担方式对协同创新的影响，以及如何实现上下游协同创新的协调？（对应于本书的第5章）

为进一步分析政府补贴对上下游同时研发时的影响，以及创新费用不同承担方式对上下游同时创新的影响，也即在已有研究的基础上，构建上下游同时创新博弈模型，本书基于此博弈模型，不仅分析了政府不同补贴策略对上下游协同创新的影响，还进一步分析了创新费用不同承担担方式对上下游协同创新的影响。最后，给出实现上下游协同创新契约。

问题4：上下游同时研发时（第二种协同创新模式），从时间视角分析政府补贴策略对上下游协同创新的影响，以及如何实现上下游协同创新的协调？（对应于本书的第6章）

本部分从动态视角构建研发企业和创新企业的微分博弈模型，深入研究政府补贴对上下游协同创新的影响。随着时间的变化，政府补贴企业协同创新的效果在某一阶段，可能达不到更好的效果，那意味着补贴的策略也需要进行一定的变化，促使创新持续地进行下去，迎来更好的技术创新突破，这是本部分研究的重点所在，引入时间，研究这种情况下的协调问题。

1.4.2 研究内容

按照研究设置的基本框架，本书将内容划分为7个章节，其内容简单陈述如下：

第1章：导论。首先，在理论与现实双重背景下提出本书研究的具体问题，并据此说明研究的目的与意义。其次，从企业协同创新、政府补贴对协同创新的影响等方面出发，全面、深入地梳理国内外相关研究成果，通过对现有文献的分析与评述，寻求可借鉴的理论基础，并找出现有研究的不足，界定清楚相关的概念，最后提出研究的问题和具体内容。

第2章：企业协同创新影响的理论分析。首先，从理论和现实两方面来分析企业协同创新的动因，分析参与企业协同创新的多个主体极其复杂的协同关系，从目标、关系和利益三方面梳理协同创新上下游企业之间的冲突，并调研企业协同创新的现实困境。其次，从目标协调、技术对接、双向约束、利益分享（这一内容在后面章节详细阐述）等方面分析了企业协同创新的协调机制。

第3章：政府推动创新的相关政策计划梳理。本章首先对国内推动创新的政策进行了梳理，从三个方面进行展开，国内的现有重大政策及计划，政策及计划的实施情况及一些问题，政策实施的效果和不足，接着对发达国家推动创新的相关政策进行了梳理，分别对美国、英国、日本、德国推动技术创新的相关战略和措施进行了概括，通过总结提出对中国推动创新的启示。最后，对政府补贴的必要性进行了博弈分析，并说明了政府对企业协同创新的引领、支持、协调和服务作用。

第4章：仅上游研发时政府补贴的影响及协调机制研究。本章首先分析政府不采取补贴时，仅上游研发对协同创新的影响。构建了在政府不补贴的情况下创新费用的承担模型，细分了哪种费用承担方式有利于创新，并进一步给出促进协同创新的协调机制。其次，研究政府选取不同补贴策略对协同创新的影响，确立最优补贴对象，并对构建的模型进行相应的仿真分析。

第5章：上下游同时研发时政府补贴的影响及协调机制研究。第4章重点研究仅上游研发时，政府补贴对协同创新的影响及协调机制，而为更有效地实现创新，抑或在应对某些突发情况时，需要上下游同时创新。因此，本章首先建立政府不采取补贴时，上下游如何实现协同创新，以及实现最优协同创新的协调机制。其次，构建政府补贴下上下游协同创新的博弈模型，研究政府选择不同补贴策略对上下游协同创新的影响，确立政府最优补贴对象，并对构建的模型进行相应的仿真分析。

第6章：政府补贴对企业协同创新的动态影响研究。第5章从静态角度分析政府补贴对上下游协同创新的影响，而创新一般会随时间变化而变化，为分析时间变化对上下游协同创新的影响，本章在第5章的基础上，构建动态的上下游协同创新微分博弈模型。同时，由第5章可知政府补贴对象不同不会影响协同创新的努力程度、销售量等。因此，本章只考虑政府补贴给研发企业时，上下游协同创新微分博弈模型，分析时间效应对其的影响，并给出相应的仿真分析结果。

第7章：研究结论与展望。首先，总结本书的主要结论并针对性地提出相应的政策建议。其次，给出本书的主要创新点。最后，指出本书不足之处与展望未来可做的补充研究。

1.4.3 研究方法

根据本书的研究内容，主要用到了以下研究方法。

（1）博弈方法。书中首先选用了静态博弈，根据需要又选用动态博弈的方法，且博弈是双方博弈，主要应用在两个部分：一是同质企业在市场上具有一定的竞争关系，运用博弈方法，通过构建博弈模型，分析和识别政府补贴对持续创新的重要促进作用。二是上下游企业协同创新时，会采取不同的委托研发费用，创新努力程度，运用博弈方法，构建模型，分析政府补贴对协同创新的影响。通过博弈分析，得到一些重要的结论。

（2）仿真分析法。对构建的博弈模型进行求解分析后得出了一些结论，为了更形象地展现结论，本书运用MATLAB进行了仿真分析，不仅可以形象化展现结果，还可以进一步挖掘未知的一些结果，从而完善本书的研究。

2 企业协同创新影响的理论分析

企业协同创新是指以市场需求为基础，具有强大发展实力的相关企业能够与高等院校主动交流合作，由企业部门组织领导，政府和相关中介机构进行支持配合，共同实现技术创新和转移的产学研的联合发展模式。企业协同创新要求企业必须有一定的资本支撑，保证为科研人员在研究过程中提供足够的研发经费和其他资源。资金雄厚的大型企业同时拥有着市场信息丰富、研发接近市场前沿的优点和知识局限性、体制复杂等弱点。因此，企业就有了在某一方面寻找科研实力强的高校或科研院所等研发单位进行协同创新的动机和意愿。协同创新过程中会产生相应的冲突和挑战，需要政府的政策和补贴支持。

2.1 企业协同创新的动因与挑战

企业协同创新是在市场经济发展影响下的经济活动形式，企业是实践技术成果应用的主体，如果技术脱离了生产部门，知识将不再能为社会进步提供服务，也就失去了创新的意义。企业的自身性质决定了其对利益追求最大化的必然，而利益最大化又需要在竞争与合作的环境中得以实现。

如图 2-1 所示，在激烈的市场竞争中每一个企业都希望与其进行协同创新的高校或科研院所能够按照自己的实际需求进行研发，这是由企业的本质所决定的，企业需要在协同创新中占据主导地位。这种主导地位不仅有利于企业在科学技术研究方向和进展方面有主要决策权，还能使企业在合作伙伴选择、联系程度和利益分配等方面占据主动地位。当然，作为协同创新的主导者，在享受相应权利的同时，也应承担相应的义务，在整个协同过程中企业作为主导者要承担更大比例的风险。

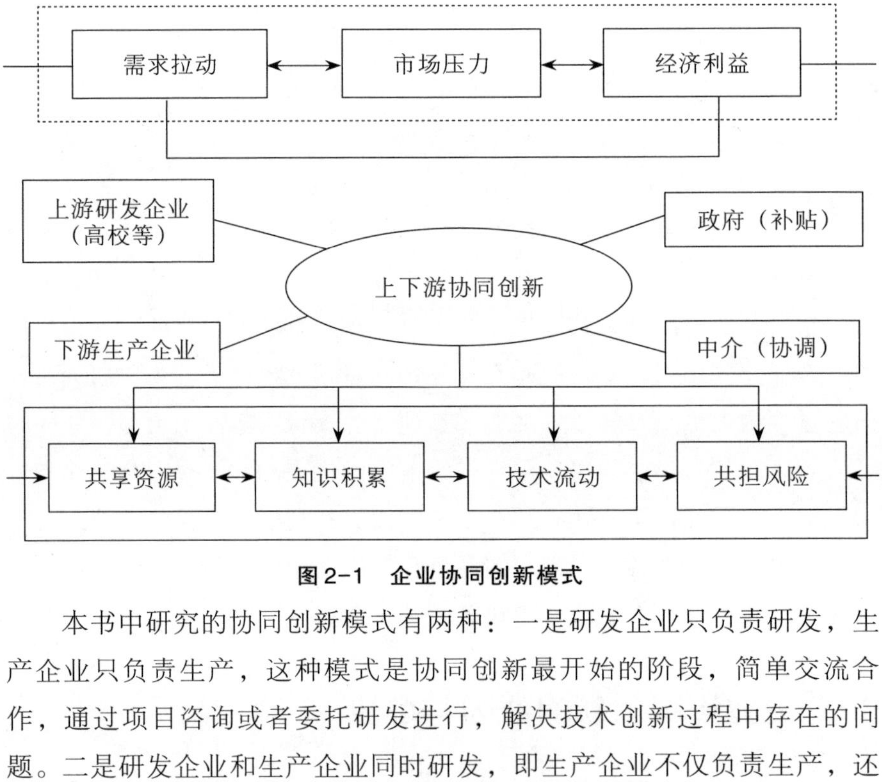

图 2-1 企业协同创新模式

本书中研究的协同创新模式有两种：一是研发企业只负责研发，生产企业只负责生产，这种模式是协同创新最开始的阶段，简单交流合作，通过项目咨询或者委托研发进行，解决技术创新过程中存在的问题。二是研发企业和生产企业同时研发，即生产企业不仅负责生产，还进行一部分研发，这种协同创新模式是随着时间的推移产生的，既能应对更多的复杂情况，又可以使生产企业拥有部分技术，可以降低生产企业创新成本和风险。将创新资源和要素相融合，以实现深入的协作促进创新。作为一项复杂的创新组织方式的协同创新，其核心要素是产学研各方以及政府等在不同的状况下，既可以主导，又可以辅助，从而形成的多元主体协同交互的网络创新模式，通过知识创造主体（高校、研发机构）和技术创新主体（企业）间的深入合作和资源的整合与融合，产生叠加效应。协同创新从系统的角度来看其主要特点有两方面：①整体性，协同创新生态系统是各种要素（官产学研用）的有机集合而不是简单相加，其存在的方式、目标、功能等方面，都表现出统一的整体性；②动态性，创新生态系统是不断动态变化的，因此协同创新的内涵本质上是官产学研用等各方主体等为了实现科技创新，而整合起来的创新组织模式，协同创新有一些情况是通过国家意志的主动引导和机制安排的，其目的是促进企业、高校、研究机构发挥各自的实力与优势整合互补性资源，做到优势互补，加速研发设计、技术推广应用和产业化，协同合作开展技术创新和创新成果产业化、实现社会价值，是当今科技创新的最新范式。得当的协同创新能够带来1+1>2的效果，发挥了协同的重要作用。

2.1.1 企业协同创新的动因

(1) 理论动因

动因是引发行为的根源，深入理解企业协同创新行为产生的根源，对探究政府补贴对协同创新的影响具有重要的意义。协同创新的动因是复杂多样的，主要包括以下方面：为了获得接触和掌握新技术的途径与方式、获取互补性技术和知识资源、降低创新所带来的风险和开发时的成本投入、促进新技术快速进入新市场、促进技术标准的建立、赢取在市场中的竞争优势地位、尽快通过技术创新的规模经济效应产生利益等。结合国内外现有文献，通过以下理论对协同创新产生的原因进行解释。

一是战略性行为理论。该理论认为协同合作创新能够提升参与方成员自身的竞争能力。Shan等（1990）最早提出战略性行为理论，认为战略性行为模型是以企业长期利润最大化为目标，通过不断提高企业竞争优势而实现的[123]。Chou（2010）则进一步从不同角度对此观点进行了检验[124]。

二是协同性理论。该理论是指参与协同创新的主体间形成一种类似共生的关系，通过这种关系使所有协同主体均从中获得收益，主要体现在资源共享、技术互动、降低风险以及实现规模经济等方面（Chongvilaivan A等，2013[125]；Aust等，2014[126]）。其协同作用主要体现在制定战略时，企业力求利用已具备的机器工具设施、专利技术、生产设计技术、销售网络渠道、企业商标等，进行合理的组合，以形成相互协同作用。既要实现各协同主体之间的本身优势融合达到相互补充，更应达到1+1≥2的整体状态，即协同主体的总体资源协同投入所带来的总收益要大于各创新主体资源收益的总和，一般来讲，企业的协同可分为内部协同和外部协同，前者主要包含：①投资上的协同，即共同进行研究开发、共同出资开发新领域等。②资源方面的共享，如共同利用技术、知识、人员与设备。③销售方面协同，即共同利用现有销售渠道和网络。④管理协同，主要是指共同利用先进的管理方法和经验开展管理方面的工作 。外部协同“人、财、物”，主要是通过经营“人”（客户）将“物值”（产品价值）通过与外部企业或机构进行一定的交互转换为“财富”，为企业创造收益或取得技术等方面的提升。

三是交易费用理论。该理论是指，企业的生产目标是降低交易费用和最小化生产，并通过企业间的合作来实现整个组织的有效性。众多学者认为该理论解释了协同创新的动因，Matsushima等（2013）[127]、Ozmel等（2013）[128]研究指出，企业间的纵向联合能够有效降低交易成本与交易费用，并通过将定价与谈判过程内部化来提高收益水平。交易费用理论可以解释协同创新主体成员之间产生的交易费用。将交易费用理论应用于企业的协同创新活动，能够在理论上指导企业从空间、组织、知识等角度选择适宜的协同创新网络合作伙伴，以实现交易成本最小化。

（2）现实动因

企业协同创新的现实动因可以分为外部动因和内部动因。外部动因包括政府政策的牵动作用和市场需求竞争的推动作用，内部动因则是企业内部经济利益追求的驱动。由此，以下从政府政策、市场竞争和企业内部利益三个方面对企业协同创新的现实动因进行阐述。

一是政府政策动因。协同创新作为重要的创新模式，在各国的国家创新体系中都占有非常重要的地位。正因如此，政府如何有效通过加强协同创新而推动产业优化升级，也成为学术界与世界各国政策制定者们关注的焦点问题。政府在企业协同创新中有一个重要作用，就是对资源进行适度合理的配置。政府通过建立优质的政策性环境，多设置企业协同创新研究项目的数量，尽可能完善企业协同创新所需的基础设施，进而促进企业协同创新行为的发生。中国政府制定出台的以《中华人民共和国科学技术进步法》（以下简称《科技进步法》）、《中华人民共和国促进科技成果转化法》和《中华人民共和国专利法》为主体的多项法律法规，在一定程度上保障了企业的协同创新。在宏观层面上，政府通过完善协同创新相关制度、对企业协同创新行为实施优惠政策、增加对企业的政府补贴等多项措施，引导企业协同创新良性发展，如国家制定发布的《“十三五”国家科技创新规划》等。从微观层面上来讲，政府可以介入企业协同创新网络来进行协调，实现对协同创新网络实时的政府管理。政府在协同创新中参与的方式主要有三种：一是干涉协同创新项目的评价过程，保障项目的可实施性；二是参与制定知识、技术、成果等的所有权以及利益分配的原则，降低协同创新时所产生的交易成本；三是对协同创新过程中的环节进行必要的监督和控制，尽可能地避免协同创新中出现机会主义行为。在中央经济工作会议上，习近平同志在讲话中明确提出，政府的政策必须积极推动产学研等协同创新的发展。政府要着力构建以企业为主体、以市场为导向、产学研相结合的协同创新技术体系。要让市场在资源配置中起决定性作用，同时要更好地发挥政府的作用，加强统筹协调，大力开展协同创新，形成推进自主创新的强大生命力。企业的自主创新基础较薄弱且协同创新联盟意愿不足，政府应当完善协调创新的激励机制，增强各方利益相关者的参与度。在协同创新过程中产生的创新性成果有相应政策法规进行保护，其中政府起引导的作用，引导协同创新主体树立知识产权的保护意识。此外，政府补贴是协同创新中重要的资金来源，政府通过利用税收和补贴措施分担协同创新风险。

二是市场竞争动因。随着科技的不断发展以及人们认知层次和生活水平的不断提高，市场不仅对产品需求有所增加，而且对产品技术创新的品质要求也相应提高。对于高新技术企业来说，研发创新成本在不断地上升。企业在产品的研发创新阶段，具有极强的探索性和溢出收益效应，同时，技术的更新迭代导致产品和技术生命周期在不断缩短，这提高了技术创新的迫切性。企业面临的技术创新竞争更为激烈，甚至面临着不创新就被淘汰的状况，迫使企业通过协同技术创新来谋求更好的发展。当一种新的技术出现时，意味着所有与此技术相关的企业都需要去应对创新技术所带来的挑战。首先实现技术创新的企业获得成功，其他相关的企业则会因技术落后而丢失市场份额。落后的企业必须尾随现有的领导企业或者率先进行技术创新，以争取在市场中巩固自身的地位。技术创新使得一批相关的高新技术企业面临生存危机，进而打破市场原有的技术竞争格局与相关企业的利益分配。企业自身的实力大小各异，资金、技术、信息和人才等资源要素和能力差异巨大，企业若不能利用外部资源，内部的创新活动也必将受到严重的影响。激烈的行业竞争和稀缺的竞争资源决定了企业间或者是企业、高校和研发机构之间进行协同创新，通过与创新资源的供应方达成共识，以协同关系共同完成技术的创新。

三是企业经济利益动因。企业进行协同创新的活动，除了政府政策的牵动和市场竞争的推动外，从企业内部的发展来看，离不开企业利益的驱动。企业的创新资源是有限度的，进行协同创新的目的之一是要满足各方对资源的需求，企业通过跨界与其他主体进行协同创新，不仅能提升自身的创新能力，在充分获取并利用外部资源的基础上，还能与其他利益相关方进行协同合作，以提高企业对市场变化的反应，加速企业的创新进程。同时，企业抵抗巨大风险的能力不足，协同创新活动可以实现多方成本共享和风险共担。企业技术创新成本不低，与利益相关合作伙伴进行协同合作可以实现资源的有机整合，且可以共同分摊相应的成本，这有利于降低企业的研发创新成本，提高创新效率。

此外，企业进行协同创新的内部动因还包括，企业可以通过与不同参与主体的合作，提升企业的绩效。不管是不同的企业之间的合作，还是企业和研发机构或高校的协同合作，都可以有效提升不同利益主体的创新成果。协同创新从知识流动的角度看，可以认为是保持内部知识流动和外部知识外泄的平衡，使企业能够从利益相关方获取合作伙伴甚至其他非合作伙伴的企业本身所需要的信息，进一步通过知识传递和分享，整合有用信息，加速企业自身的技术创新，促使企业在生产经营中获取更多的市场份额和创新利润。

2.1.2 企业协同创新各主体的关系

（1）协同创新主体

在企业协同创新环境下，协同系统内部参与主体能够进行技术、资金、知识和人才等资源的转移共享。各方参与主体通过建立互信的合作关系，形成风险共担、利益共享的一个整体。协同创新系统是由众多要素组成的，包括人员的流动、知识的传递以及创新经济的投入产出等。王延荣等（2013）[129]认为企业协同创新的重点参与者除了企业、政府、学研方，还应该包括一些金融机构、科技中介平台等组织，主要的参与者通过资源优势互补形成多元主体的合作整体。相对于普通的创新合作模式，企业协同创新合作模式更多地关注后者，这些参与主体为协同创新的实现提供有力的财力保障。它们通过相互协作，共同发挥自身的核心作用，实现协同创新的价值创造。

协同创新主体之一是企业。作为技术创新主导者的企业是协同创新的核心主体。企业协同创新模式主要是围绕技术展开的，整个协同创新过程必须以企业进行技术创新为关键和核心。企业在市场经济中占据重要地位，它是与客户群体也就是消费者直接进行接触的主体。企业可以在第一时间对客户群体的市场需求进行调查了解和获取，并将市场上消费者群体的需求转化为相应的技术和产品，将技术商品化提供给客户。客户在使用产品以后再反馈给企业，企业再次了解客户的需求。通过以上不断的循环，企业可以将创新技术实现商业化，进而获得创新利润，推动社会的发展。在协同创新中，有一部分企业担当技术创新的核心任务，这时候它就是知识和技术的来源。总的来说，企业在协同创新过程中具有主体性的地位。

协同创新主体之二是科研机构。科研机构主要包括科学研究院，也包括部分高校。科研机构是协同创新参与主体中的另一大核心主体。科研机构是企业协同创新的知识来源，其主要作用是进行技术研发和技术服务。科研机构还可以提供人才去服务企业，通过培养相应的人才，将其输送到企业参与并促进企业的发展。科研机构还可以为企业提供其所需要的科技成果，进而参与重大的技术研究。由此，科研机构将最前沿的知识和成果，以及优秀的人才一并输送到企业与社会中。

协同创新主体之三是政府。政府在企业协同创新中起着引导、组织、支撑和服务的重要作用。目前，中国市场和经济机制尚未完善，当出现创新资源和核心要素被分割、被垄断的时候，各级政府在配置资源中发挥着重要作用。政府是企业协同创新的政策保证，政府为两大核心主体营造适宜的法律环境，在企业协同创新过程中发挥引导性的作用。政府除了出台相应的支持性政策，还可以对协同创新中涉及的要素进行激励，如激励人员、保护知识产权、管制行业违法行为等。除了政策性的支持以外，政府为科研机构等组织提供资金。政府对协同创新的资金支持方式通常是通过项目拨款、对企业进行补贴、实施税收政策或者直接给予企业资金上的支持等。政府还会出资金建设各类基础设施、配套设施、大型设备和公用设施等，满足企业协同创新过程中对各种设施的需求。

（2）协同创新关系

在一个协同创新系统中，系统内部各主体之间密切合作。在协同创新系统中，企业和科研机构是创新的主体，发挥着创新的核心作用。政府、金融机构和科技中介机构都对创新的核心主体提供辅助作用，由此在研究协同创新各主体的关系时，先分析企业与科研机构的关系，再分析两者与其他参与主体的关系，即各主体之间的协作关系可以划分为企业与科研机构间的协同关系，企业、科研机构与政府间的协同关系，企业、科研机构与金融机构间的关系，企业、科研机构与科技中介机构间的协同关系。

一是企业与科研机构间的协同关系。企业和科研机构作为两大核心的创新行为主体，两者实践的关系最为亲密。在协同创新系统内部，企业与科研机构之间进行创新所需要的知识、技术以及人才的共享。知识转移共享的内容主要包括高新技术以及相应的成果，还会包括技术商品化的策略和规划等。在人才等资源的分配上，两者还会相互输送人才、资金和管理方法等。在早期的合作形式中，企业通常只引进单一某项技术。随着协同创新形式的发展和变化，企业与科研机构之间的合作变得丰富起来，继而在知识、技术和人才等各个方面都可以相互交流，联合起来开发设计新的产品或者设计新的工艺流程。除了协同创新关键要素的转移共享以外，科研机构已经介入到企业发展生命周期的各个阶段。企业与科研机构联合开发技术、工艺与产品，科研机构直接或者间接参与到企业现有的技术研发的初期、中期和后期等整个阶段。从硬件设施的建设上看，企业在与科研机构合作中建立重点实验室、技术基地、交流合作基地等，提供协调创新商业化发展所需要的硬件设施，进而双方形成长期稳固的合作关系。总的来说，企业和科研机构组成的小系统在协同创新大系统中，提供了良好的技术、知识、人才、研发空间和设备等资源。整个协同创新系统中的风险主要由该子系统承担，项目的实施主要围绕这两大主题，它们之间的关系对协同创新项目的成功起到了决定性的作用。

二是企业、科研机构与政府间的协同关系。国家积极支持企业协同创新的发展，逐步完善与之有关的各种机制和体系。政府在协同创新系统中的作用日益显著。政府为激励企业科研机构的协同创新行为，进行的工作主要有：政策引导、政府补贴资金支持、宏观经济调控、市场监管和基础设施与平台的建设等。政府为企业与科研机构组成的子系统提供了一个良好的政策环境。企业作为营利性的组织，其发展与经济和市场不可分。中国的市场机制还在完善当中，相应的政策法规还在建立当中，政府提供的外部环境将助力企业协同创新的发展。此外，企业在战略规划中考虑的重要因素是政府的行为。企业在协同创新的实施中需要大量的资金，虽然资金会来自企业和科研机构，但是对于复杂综合的协同创新项目来说这是远远不够的。政府在提供政策引导的同时，为企业提供大量的资金支持，主要的方式包括减免税收、提供优惠和创新补贴等。由此，政府明确制定的各种法规（如产业政策、反垄断政策等）对企业发挥着指导作用。而政府提供的资金支持，将为协同项目的顺利实施提供稳定的后期保障。但是与此同时，政府在市场中发挥的作用不能过分地替代市场，否则会对协同创新系统起过分主导作用，进而破坏原有系统的平衡。

三是企业、科研机构与金融机构间的协同关系。中国科技创新大会提出，为更好地实施协同创新项目，需要金融与科技的结合，让金融主体参与到协同创新中来，以此提高协同创新的效率。金融指的是广泛的资金来源，既包括政府直接或间接提供的一系列资金的支持，也包括金融机构（如商业银行、风险投资和保险机构等）提供的辅助资金。在进行协同创新的过程中，一般都会存在资金缺口，更为严重的资金缺口会产生协同创新项目的资金链断裂。所以金融机构为企业和科研机构组成融资系统提供了足够的项目融资，为其提供充足的资金，具体到协同创新项目中，在每个阶段需要的资金形式与具体数额会有所不同。相比于政府提供的资金，金融机构提供的资金会更多。此外，金融机构还可以及时进行风险监控和预警。

四是企业、科研机构与科技中介机构间的协同关系。科技中介机构在企业与科研机构之间起到了桥梁的作用。科技中介机构有助于加快两大主体之间的知识传递，建立不同的途径实现知识转移共享。科技中介机构在企业协同创新系统中是非核心的，它的介入会根据自身的收益而定。当从科技成果中获取的收益大于评估成果所需要的费用时，科技中介机构才会介入其中。由此，科技中介机构对企业和科研机构而言是知识流动的纽带，而且充当对企业协同创新技术进行评估的中介。

2.1.3 企业协同创新组织的类型与特点

(1) 企业协同创新组织的类型

①横向技术合作协同创新组织。

横向技术合作协同创新组织是指企业间的实力大体相当且拥有的资源具有互补性，为达成提升企业获利能力等目标进行资源共享、相互之间进行合作和研发创新，缔结成一个风险共同承担、优势相互补充的松散型的既有合作又可能有竞争的组织。与纵向技术合作协同创新组织最主要的区别是，横向技术合作协同创新组织中的成员本身就是可以被相互替代的竞争体，并且其合作的价值链节点是相同的，因此，在现实中，横向技术合作协同创新组织内的企业在处理合作和竞争关系时更加复杂。

②纵向技术合作协同创新组织。

纵向技术合作协同创新组织是指价值链上下游有关系且相互独立的企业或机构之间，以达成降低生产成本、优化研发创新周期等目标而结合成的成员间资源共享、信息互补和风险共担的技术协同创新组织。纵向技术合作协同创新组织的关键在于成员能有效运用其本身核心竞争优势，通过更为专业化的细致分工、合作及长期保持协同创新组织稳定来创造和提升价值，实现合作共赢。

③产业技术合作协同创新组织。

产业技术合作协同创新组织作为企业技术创新的重要载体，已成为我国当前提升产业创新发展能力的重要组成部分之一。产业技术创新的关键问题是如何依托产业技术合作协同创新组织，提升产业核心技术并将其迅速转化为科技成果，最终达到产业核心竞争力提升的目标。

④跨国技术合作协同创新组织。

不同于以上技术合作协同创新组织，跨国技术合作协同创新组织是跨国企业之间为了应对快速迭代发展的技术和日益激烈的国际市场竞争，以促进技术双向流动、互补劣势、发挥优势和风险共担为目的，凭借相互竞争优势而结合成的一种组织形式，该协同创新组织主要是要达成新知识的共享、新技术的整合并相互之间进行技术扩散。

（2）不同类型合作研发组织的特点

①横向技术合作协同创新组织。

横向技术合作协同创新组织在市场上具有如下特点：

A.较为松散的组织结构。横向技术合作协同创新组织中的企业之间虽然存在合作关系，但是各自决策却是相对独立的。

B.组织内各个企业的目标相对来说非常广泛且样式多。横向技术合作协同创新组织中的企业价值链涉及多个环节（比如采购、生产等），有意向加入的企业只需凭借在价值链的某一环节中具有相对的知识或技术优势，就可以成为组织中的成员。

C.组织内具有更加密切的协同合作关系。为达成合作和相互学习的目的，加入横向技术合作协同创新组织的企业必然要频繁地接触，促进相互之间了解并创造良好的学习环境，对于新知识的探索和开发会有更多的可能性。

D.组织内成员竞争的根本特点。横向技术合作协同创新组织成员间主要是相互利用、学习并提升竞争力的合作伙伴关系，这点与纵向技术合作协同创新组织的企业间相互依赖的关系是不同的。横向技术合作协同创新组织的合作主要目的是更好地竞争，因此，该组织中的企业彼此仍是竞争对手，它们之间的竞争关系一直是其最根本的属性。

②纵向技术合作协同创新组织。

纵向技术合作协同创新组织通常具备如下一些特点：

A.一般有一个或很少的几个主导企业。纵向技术合作协同创新组织中，各个企业在某一项经营活动中所处的地位是极其不对称的，一方较强，相对来说另一方则较弱。换句话说，在一个纵向技术合作协同创新组织里，往往存在一个大的主导企业，并围绕主导企业展开企业间的纵向技术合作。

B.结构和管理具有较大的复杂性。纵向技术合作协同创新组织企业跨度非常大、类型丰富，甚至很可能由不同国家或地区的企业所组成，而且往往这些企业的类型是不同的，比如有的是原料加工型企业，有的是零配件组装型企业，各个企业的企业文化、思维方式、组织结构等都会有很大差异，导致纵向技术合作协同创新组织的技术的组成结构相比于一般企业组织结构而言更具复杂性，管理范围也更大。

C.合作与竞争是共同存在的。近年来，随着经济的飞速发展和技术的快速迭代升级，以及经济全球化进程的加快，整个国际市场的竞争变得更加激烈，企业间组建纵向技术合作协同创新组织是最好的应对方式之一。上下游相关企业通过共享其资源与技术来增进合作与彼此之间的交互，同时，企业主体能够保持相对独立的自身利益与其自身的社会身份，各组织成员在约定的协同范围内以合作为主，但在其他未约定的领域就很有可能是竞争对手。组建纵向技术合作协同创新组织是为赢得更大的竞争优势而进行的必要合作，而合作完成后又将产生新的竞争，这种竞争中的合作与合作中的竞争也能够促进彼此之间的互利共赢。

③产业技术合作协同创新组织。

产业技术合作协同创新组织不同于传统的产学研合作，其最大的特点是政府为其主要推动力量。本书归纳出主要包括以下几方面的因素：第一，产业技术作为连接政府宏观产业政策和企业现实需求的重要纽带，政府通过了解企业在技术方面的重大需求，使得协同创新组织的目标上升为政府的产业政策，以满足企业技术需求为目的进行共性技术的研发，加大产业政策的支持，逐步实现产业技术的升级；同时，作为政府产业政策的执行载体，产业技术合作协同创新组织是贯彻产业政策的非常重要的有效渠道，通过实施合理的产业政策，有助于产业技术合作协同创新组织的运行和稳定。第二，产业共性技术创新由于具有公共产品属性而存在研发投入成本较高、风险较大的特征，同时技术创新成果的外部性很容易产生技术溢出效应，导致产业共性技术创新的某些环节存在市场失灵。第三，在产业技术创新链上，联盟类型的不同源于联盟的优劣差异，而政府能够依据联盟的差异，针对性地补足产业创新“短板”，有效提升联盟产业技术创新能力，最终实现产业技术升级。

④跨国技术合作协同创新组织。

跨国技术合作协同创新组织必须具备的三个要求，亦是其三个主要特点：

第一，在跨国技术合作协同创新组织中，每个成员伙伴都具有各自的独立性，他们在追求共同战略目标的同时，兼顾成员各自的战略目标和利益。

第二，跨国技术合作协同创新组织中的企业不但与组织中的其他企业进行利益共享，而且能够共担各方自身的任务绩效。

第三，跨国技术合作协同创新组织中的成员在一个或多个关键战略领域进行连续投入，以维持组织的价值和持续稳定。

2.1.4 企业协同创新面临的挑战

（1）缺乏信任机制

技术创新竞争已由传统的企业间竞争向协同创新组织间竞争转变，具体表现为，以协同创新的合作形式形成一个个竞争模块，模块之间再进行竞争，模块内存在合作和竞争关系，以实现最终的共同利益为目的。这就对模块内部的信任机制具有较高的要求，成员之间缺乏信任、缺乏信息沟通平台、信息不对称等极大程度上会不利于内部成员间的协同创新。

信任机制是指协同创新内部成员之间形成的相互信任并持续信任的制度，影响成员之间相互信任的影响因素包括：①成员的声誉和合作经历。②成员是否就目标、愿景、价值观等达成共识。③成员的承诺和担保。另外，协同创新归根到底是人的合作，因此个体的实力、承担的任务等也都会对联盟的信任程度产生影响。除此之外，信息不对称、缺乏沟通交流也是影响信任的因素。

协同创新中的信任危机主要是一个或多个企业出现为求自身利益或求即期利益无视整体效益的行为，此时信任崩塌并很难再次稳定。为避免这种情况的发生，必须提高某一合作方产生背弃行为而去投机的成本，并且加强成员之间的利益关系从而加强信任。另外，利益分配也将影响成员间的信任。

（2）利益分配机制不健全

合作成员是以共同获利为主要目标的企业，利益分配的合理性就是协同创新的重中之重，构建合理的利益保障机制是产业技术协同创新组织成功的关键。产业技术协同创新组织内出现利益分配的问题主要是由于产业技术协同创新组织中某个成员获得的回报与其投入不对等，没有得到其应有的权利或利益，这就会造成产业技术协同创新组织内的冲突，进而影响到组织的稳定性和持续发展。

如表2-1所示，协同的利益不仅体现在利润上，还存在很多无形的利益，这就使利益分配更加困难。合理的利益共享机制主要体现在协同创新团体的协议上，创新团体应提前对利益分配进行明确的规定，具体根据协同创新团体内部成员在技术研发投入以及保护知识产权等方面的贡献度进行衡量。合理的利益分配机制能让参与主体感受到平等性，是十分有利于协同创新的健康发展的。当参与主体通过自身贡献度获取相应收益后，会提高自身对协同创新单位的忠诚度，进而倾向于有意愿在协同创新团体中持续合作。由此可见，从协同创新团体的角度，投资与收益的对等、权利和义务的对等是使其维持稳定的条件。

表2-1 协同创新主要利益分类

有形利益	无形利益
利润	专利技术
	非专利技术
产品和服务收益	管理经验
	市场占有率
技术转让收益	品牌商标和商誉
	社会形象

综上所述，协同创新合作方都是以获取自身利益为目标的，只有拥有合理的利益分配机制才能够保证各方的持续合作、加强协同创新单位的相互信任并且达到其利益最大化。

（3）资金短缺融资困难

充足的资金是实现技术对接的基础，尤其对于协同创新项目，研发周期长，具有风险性，成果转化到产生效益需要较长时间，因此需要持续的资金支持。在企业协同创新中，高校和科研机构往往不具备技术成果产业化的资金实力，而企业也害怕完全承担研发风险。根据《2017年全国科技成果统计年度报告》，2016年度通过登记的应用技术科技成果有51 728项，其中有29 805项产业化应用成果，企业完成57.56%。而小规模小范围的研究成果数达到14 304项，企业完成

34.51%，4 569项试用成果，大专院校完成23.55%。实际上资金问题是科技成果未应用或者停用的主要原因，此外还有多种不利因素的影响。资金问题占比30.19%，技术问题和市场问题也是重要原因，占比分别是31.26%、12.01%，其中，技术问题比上年增加3.41个百分点，市场问题比上年下降5.73个百分点；政策因素所占比例较低，为6.75%，而管理因素从2014年开始呈大幅上升趋势，所占比例为19.79%，如图2-2所示。

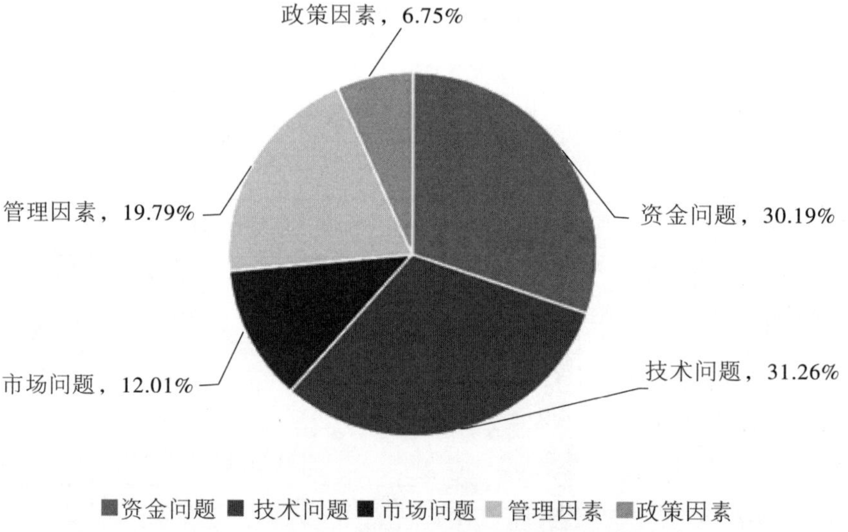

图2-2 2016年科技成果未应用或者停用的原因

资料来源 国家科学技术奖励工作办公室.《2016年全国科技成果统计年度报告》，2017.

资金问题在西部地区表现得更加突出。表2-2列出了不同地区科技成果未应用或者停用的原因。一方面，资金问题严重影响了西部地区的科技成果未应用或停用现象，其中资金短缺导致了40%以上的成果未应用或者停用，这种现象在西部地区较为显著；另一方面，东部地区呈现了明显的技术问题。而其他导致成果未应用或停用的原因还包括政策因素、市场问题和管理因素，其中，管理因素近年来对东部和中部地区的影响较大，而市场问题和政策因素的影响所占比例较低。

表2-2　　不同地区科技成果未应用或者停用的原因（%）

	东部	中部	西部	环渤海	长三角	珠三角	东北
资金问题	23.49	37.22	45.52	30.98	14.25	17.89	34.53
技术问题	38.12	23.79	21.32	39.32	34.30	49.47	27.34
市场问题	8.59	14.10	18.27	6.84	10.14	7.37	7.91
管理因素	22.61	17.40	9.14	15.81	37.44	10.53	21.94
政策因素	7.19	7.49	5.75	7.05	3.87	14.74	8.28
合计	100	100	100	100	100	100	100

资料来源　国家科学技术奖励工作办公室.《2017年全国科技成果统计年度报告》，2018.

可见，资金问题将是企业协同创新实现技术对接要面临的严峻挑战。而面对此挑战，只依靠企业和学研方去解决是不够的，还需要政府的支持和引入风险投资等第三方的协助。对于协同创新技术对接中面临的创新成本和风险，政府应该设立相应的专项补助资金，同时完善金融体系，建立合理的科技金融结合机制，引导民间资本参与风险投资，为技术对接建立良好的资金保障。

（4）科技中介平台力量薄弱

在协同创新技术对接的过程中，科技中介平台应该是将科技成果供应方和需求方联系起来的一座桥梁，起着“黏合剂”和“催化剂”的作用。但是，由于中国科技服务中介机构起步较晚，综合实力较弱，没有系统完善的中介服务机制以及政府和相关权威机构的充分规范引导，使得中国的科技中介机构较少充分参与进协同创新的技术对接过程，所提供的服务不够及时，导致高校、研究所与企业之间的合作契机的缺失和技术对接效率的低下。比如，有些地方由于考虑和规划不够长远、缺乏整体眼光，不断重复对分工不同、体系差异较大的科技中介机构的合并与拆分，导致科技中介机构不能明确自身的职责，机构人员、工作内容与体系运转都受到不同程度的影响，阻碍了对协同创新技术对接功能的发挥。

根据中华人民共和国科学技术部创新发展司发布的科技统计报告，在2014年国家主体科技计划的4 396个课题项目成果的应用转化中，未通过科技中介平台自主转化的机构占62.7%，通过科技中介平台转化的机构仅为37.3%。在课题项目的从属单位中，多数未经过中介机构进行转化，科研院所占62.6%，高等院校占56.1%，企业占67.3%，其他单位占66.5%，如图2-3所示。可见，中介机构在协同创新技术对接中并没有发挥很好的作用，中介机构较少参与技术对接的“半隐”状态使其很难与协同创新各方建立长期稳定的合作机制，也很难帮助协同创新各方实现技术成果产业化。

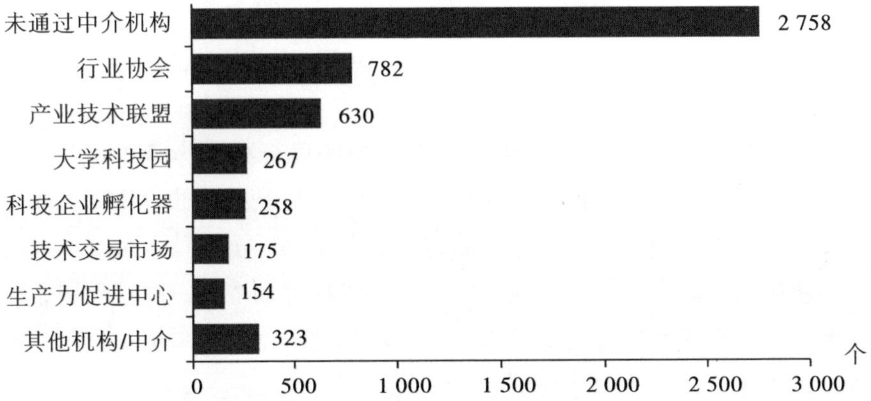

图2-3 通过各类机构/中介转化成果的课题数分布

资料来源 国家科学技术奖励工作办公室.《2016年全国科技成果统计年度报告》，2017.

2.2 企业协同创新的冲突与协调

2.2.1 协同创新上下游冲突

（1）目标冲突

在协同创新中，创新主体的多样性使得大家除了有共同的合作目标，也有着各自的目标。整体的共同目标与成员自己的目标之间整体性是一致的，但相互之间也可能存在一定的冲突。冲突是因为，对于各个协同创新成员来说，其自身目标并不完全是为了协同创新的目标而设立的。比如，企业（生产企业）的目标是尽可能付最低的成本获取核心技术；

而高校和科研机构（或者是研发企业）的目标是追求研究的学术价值，提升师生的实践创新能力，因此，在协同创新过程中，这种目标上的冲突就会导致道德风险、违约风险的产生，影响企业协同创新工作的开展。

（2）关系冲突

协同创新中的上下游企业的多样性和异质性，不仅会产生目标上的差异，还会带来研发方式、企业文化、氛围、价值观和管理风格等方面的差异。成员之间的个体差异会引发关系冲突，表现为成员之间产生负面情绪，信任感降低，信息交流减少，彼此不愿意接受对方的观点，缺乏相互学习的动机。关系冲突产生后，成员就需要把时间和精力分出来一部分放在彼此之间的关系上，而不能把所有精力都放到协同创新的工作上，这也就限制了成员间的信息处理能力，增加了成员的工作压力和心理焦虑，降低了组织整体的认知和知识吸收能力，最终导致影响知识共享和交流，降低协同创新成员的工作积极性，降低协同创新绩效。因此，对于关系冲突，必须进行有效的协调和削弱，以保证企业协同创新工作的顺利进行。

（3）利益冲突

追求利益是企业协同创新组织组建的根本立足点，但是有利益的存在就意味着会伴随着产生各种各样的冲突。利益冲突很常见，尤其是当协同创新的成果成型，开始产生经济利益后，利益冲突会更加凸显。如果不能对利益冲突进行有效协调，轻则可能导致创新效率的低下，重则可能导致合作组织的崩溃瓦解。但应看到，虽然各方在利益分配上存在冲突，但因各个成员利益诉求的侧重有所不同，因此利益冲突是有可能调和的。在协同创新过程中，利益冲突的各方还可能包括政府、金融机构等部门，各方应根据自身的利益诉求，在集体理性和个体理性的双重考虑下，选择合适的利益分配方案。

2.2.2 协同创新中的冲突协调

企业协同创新的实质主要体现在：企业主体作为主导，是协同创新的决策和投资主体、技术创新活动主体和创新成果受益分配的主体；以市场为导向，技术成果必须满足社会和市场的需求，其价值经过市场的检验；由政府进行推进。政府通过相关的政策、资金或技术支持等直接或间接的方式对协同创新的发展起到推动作用；其他要素参与，单单依靠企业和市场力量并不能完成创新活动，其他创新要素（如金融机构、中介机构）的参与也是必不可少的。本部分不分析利益协调（该协调机制在后续章节阐述），其他冲突的协调，主要通过目标体系和构建目标机制来实现冲突协调：

（1）协同创新的目标体系

组织的最基本特征是拥有明确的目标，这也体现了一个组织存在的意义。目标是目的和宗旨的具体化内容和指向，是一个组织尽力去实现的预期和计划好的未来状况。具体来说，目标是根据企业的宗旨而提出的在计划的一定时期内需要达到的预期效果。协同创新中的目标体系包括共同基本目标、各个成员内部目标和环境协调的目标等多个层面。

协同创新的共同目标是各自发挥优势，联合进行研究开发、生产销售、技术创新，因此，企业协同创新往往有以下两个共同的基本目标：一是通过联合优势，着力解决研发资金投入不足、资源浪费和力量分散等问题，合理配置有限资源，提高资源利用效率；二是通过优势互补，实现科技成果的产业化，满足市场需求，扩大市场容量，降低交易和生产成本，获得更大的市场效用和更多的经济效益。

对于各个成员方的目标，协同创新的参与者不止一种，且参与的目标也不尽相同。对于企业来说，其目标是在协同创新中获得某种核心技术，增强自身的市场竞争力；对于高校或者科研机构，其目标是获得更多的科研成果，培养科研人才，提升自身的学术实力和社会影响等。

在与环境协调方面，随着科学技术的发展，人们也越来越重视产品创新过程中面临的环境问题。在协同创新过程中，必须处理好人与自然的关系以及人与人的关系。与环境协调的总体目标应该包含：与政治环境协调，与经济环境协调，与市场环境协调，与法律环境协调，与自然环境协调，与周边环境协调，以及与其他方面的协调。

（2）构建目标机制

设定目标时，对于协同创新的短期、中期和长期阶段要分别设置合理的发展目标，并且要综合考虑各个合作者的现实条件，建立起一个统一完善并且合理的目标发展机制。设定的目标同时也要体现出灵活性，针对协同创新过程中可能会出现的各类突发状况，目标能够根据实际情况作出灵活的调整。另外还有一点，目标的设定不能太高也不能太低，要具有较强的可实现性。

设定好目标之后，就要对目标进行拆分，从而能够有效地落实和实施。具体来说，对目标进行拆分的时候需要注意将目标有效地拆分成不同的层次以及各个部门之间的有效分配，要体现过程的衔接性。

在设定并把目标进行分解之后，下一步要进行的就是实现目标。如何有效地实现目标，是企业和职员必须要着重思考的问题。一般来说，实现目标需要将各个部门之间的权责界定明确，同时也需要一个有效的监督机制对实现目标的过程进行监督，避免某些部门出现偷懒的行为，确保部门的行为和目标保持高度的一致，即把协同创新的目标划分成几个阶段，在保证各个合作方认同的前提下，合理规划目标的实现过程，合理调节协同创新进度。

2.2.3 协同创新中的关系协调机制

（1）协同创新中关系协调的影响因素

协同创新中关系协调主要是指协同创新主体之间能否真诚合作，主要涉及两个方面：一方面是主体之间是否能够相互信任、进行良好的沟通，以及共同去解决各种存在的问题；另一方面是各个主体是否能够承担自身责任和义务、不投机和违反约定，努力进行合作研发。影响协调的因素主要有以下几方面：

①信任度。

信任是决定协同创新能否取得成功的最为重要的因素，在协同创新的整个进程中，成员之间的信息有很大可能是不完全对称的，各自都拥有不愿意共享给他人的私有信息，成员之间一旦产生了不信任对方的情况，相互之间就会难以交流，其合作关系也会越来越难以协调。因此，一定的信任度是协同创新稳定进行的最为基本的保障。

②沟通有效性。

在协同创新中，有效的沟通不但需要合适的人员安排，而且需要灵活的人员与组织安排，来进行接洽工作和信息接收工作。一旦这种人或事的安排产生了不妥当的情况，将会导致合作方积累很多复杂的问题，最后形成内部之间的矛盾，影响长期合作关系的建立。

③内部冲突。

协同创新中产生内部冲突的原因各式各样，如缺乏沟通、信息掌握不足、合作成员异质性较大等。内部冲突一旦产生而又没有得到很好的解决时，参与协同创新的各方之间的知识、技术信息传递就会受到一定程度的影响，增加合作研发的其他风险，最终使各方的合作难以进行下去。因此，将内部冲突及时合理地解除掉，将有利于协同各方维持良好的合作关系，促进后续的合作。

④风险。

在协同创新的过程中，存在着一定的风险，如企业员工的道德风险、信任风险、绩效风险、关系风险等，这些可能存在的风险都会影响到协作各方的积极性，从而影响协作创新成员间的合作。

⑤努力程度。

协同创新活动开始后，各方就需要付出各自的努力去实现协同创新的目标。通常情况下，努力的程度和取得成功的可能性是正相关的，努力程度越高，就越能促进协同创新各方的创新积极性，从而对协同创新各方的关系起到更好的协调作用。

⑥投机行为。

投机行为是协同创新关系中最具消极影响的因素。比如在协同创新过程中，高校等机构希望保留自己的核心技术，而合作企业则希望以最小的成本投入收获到最大的利润回报。在这种状况下，高校等机构和企业在各自的想法之下就有可能选取投机的行为，采取消极合作的态度，这种行为对合作效率会产生极大的负面影响，降低协同创新各方的协调性。

（2）协同创新中关系协调的机制设计

协同创新中关系协调主要包含以下几方面：

①信任机制。

第一，良好的声誉与信任呈正相关关系。声誉在协同创新中起到三种重要的作用：一是信息传递和判别作用。良好的声誉是通过一次一次守信累积得到的，拥有的信誉好，其声誉就会高，具有良好声誉的合作方会愈发得到更多合作方的信任。二是隐形商誉的作用。如果企业对外的声誉很差，那么其他企业在调查了解这种情况之后，往往会选择避免与这样的企业共同开展协同创新活动，这也会使信誉差的企业在未来的发展中失去很多发展合作的机会，抑制该企业的发展，甚至会面临被淘汰的风险。三是转移信任的作用，即企业的声誉完全可以通过第三方进行传播，然后通过第三方了解到其他具有良好声誉的企业，从而促进两个企业通过第三方的宣传合作研发，同时这也能成为一种阻止机会主义行为的机制。

第二，增加依赖程度和信任感。协同创新的过程中，影响协作方协调性的因素并不是独立存在的，而是相互的。协作主体之间的协调性高，会增加彼此之间的依赖程度，如人员的依赖、资金的依赖等。产生依赖性后会相应增加协作方的交流机会，从而增加彼此之间的信任感，而信任感的增加同时会促使各方更加信任对方，产生良性促进和提升。

第三，协同创新各方的合作经验、学习能力和文化差异等都需要有效沟通。如果各方之间能够进行有效的沟通，不但能减少协作过程中可能产生的内部冲突，进一步降低合作风险，增加各方的合作意愿，而且还能有利于激励机制的设计。良好的激励机制能够有效鼓励各方提高自身的创新努力程度，增加资源投入，这都对协同创新的收益有积极的影响，使协作方的关系更加协调稳定。

②沟通机制。

沟通机制主要包括以下几方面的内容：

第一，沟通理念。沟通理念需要有效融合企业观念，如企业文化、经营理念以及管理理念等，充分展示了企业领导层对沟通理念的认知，应积极结合协同创新特征、目标等来形成协同创新组织内的沟通理念。

第二，沟通政策。沟通政策是一套行为准则，引导协同创新的各个企业和高校等实现有效的管理和协作。由于参与协同创新的各个主体的地位都是平等且相互独立的，因此在制定沟通政策时，如何能够落实信息技术等的共享并达成协同创新目标是需要重点考虑的因素。

第三，沟通内容。沟通内容强调的是根据有关政策有选择地与各个协作方进行双向的信息交流并及时进行反馈，进而能不断地了解协同方的更多需求。其中，创新主体协同创新的目标、生产运行相关状况、经营情况等信息都应该是协同创新组织成员积极沟通的内容。

第四，沟通渠道。常用的沟通方式有正式沟通和非正式沟通。正式沟通包括各个协同方之间定期举行的会议、内部文件的传达和书面报告的提交等，非正式沟通包括协作方之间的员工闲谈、非正式会议等等。

第五，沟通反馈机制。它是协作方进行沟通的非常重要的环节，代表了信息传递过程流畅与否、信息的完整程度以及时效性等。

③激励机制。

组织的活力源于每个员工的积极性和创造性。由于人需求的多样性、多层次性以及动机的繁复性，调动人的积极性也有多种方法，可综合运用各种方式激发员工的积极性、创造性，使企业的活力达到最佳状态。

对协同创新中创新主体的激励机制设计是必须和必要的，其应该包括两个主要方面：一个方面是对创新主体进行的共同知识创造给予相应的激励，另一方面是对创新主体之间进行知识共享给予一定的激励。

要对知识创造进行激励，应该从以下几方面入手，如建立评价监督机制和产权保护机制等。良好的评价监督机制可以有效提升知识创造主体本身的声誉、价值甚至知识创造主体在社会中的地位。监督机制可以从以下三个方面进行建立：一是从信誉方面进行监督，为协同方建立知识创造信息档案，将各种行为记录到档案中，其中也包括灰色行为，并将各方信誉进行等级划分；二是从质量方面进行评估，在协同创新成果中引入第三方进行质量评估，客观、科学地评价协同创新的知识成果质量；三是从经费方面进行监督，对创新主体的研发创新经费进行合理监督。在协同创新中，各个成员之间都会担心自身核心知识被窃取，因此应该加强产权方面的保护机制，减少各个协同方的顾虑，尽最大可能避免投机行为的发生。可以从三个方面入手：一是利用利益驱动机制及声望驱动机制，激励协同创新主体不断进行知识创造；二是对不同知识产权的使用效力进行相应的限制；三是利用法律保护知识产权的获取以及对行为的规范。

在协同创新过程中，知识共享发生在参与主体之间，但由于利己主义和保护主义的存在，每个协作方在知识共享的过程中，并不会毫无保留地将拥有的核心技术或知识全部对外进行分享，或多或少都会有一些保留。在这种情况下，如果希望协作方中的企业和科研机构之间完全共享已有的知识成果，就要让每个协作方都清楚地认识到，知识共享所带来的最终收益要远远大于保留这些知识所取得的收益，并通过制定人才激励政策来更为有效地促进核心的技术人员向协作方积极地分享取得的研究技术以及知识成果，避免出现技术、知识被完全垄断的现象出现，促进协同创新中各个协作方关系的良好发展。

2.2.4 协同创新中的技术对接与合作

(1) 技术对接过程

在企业协同创新技术对接过程中，通过企业、高等院校与科研机构等的合作，企业主动组织和领导，受市场上的技术推动和需求拉动两个方面的共同影响，经过技术创新、应用、试验、扩散、开发应用、宣传推广等多个环节，将科技成果转化为满足市场需求的新产品或新工艺，进而促进一个产业的顺利形成。

企业协同创新技术对接过程可以归纳为四个关键的步骤：一是技术的发明与研制，即通过与高校、科研机构进行协同创新，研发出新技术或者研究出新思想等；二是对已完成生产的产品进行充分的开发和宣传推广，也就是企业将新的技术或思想运用于产品的生产过程中，使其生产出或研发出能够满足市场需求和实现经济效益的新产品或新工艺；三是当新产品实现规模化生产后，生产出大批的商品，新产品的生产可能从一个企业扩大到多个企业；四是新产品的市场开发，实现新产品、新工艺在市场上的推广应用，当新产品、新工艺渗透到其他产业，那么产业技术升级也将得到进一步推进。

技术成果是知识形态的转化，其能否在生产上实现重大转变，关键在于协同方的技术对接过程。从这个意义上来说，协同创新完成科技成果的对接过程，实际上就是以市场需求为基础，将协同创新的技术成果通过研制、试验、生产开发和宣传推广等环节转化为有价值的产品的过程，同时，能应对市场的瞬息万变，对市场占有率及产品的使用率进行及时的调整。从图2-4可以看出，协同创新技术的顺利对接，要经历技术在创新主体之间的流畅递接，以技术成果从科研单位向生产部门转移为主，将协同创新成果投入到生产中，其次是技术在各个生产部门之间的扩散，使技术创新成果在各个部门间不断渗透和再创新，以实现技术的较高收益，进而提高生产力，实现产业升级。

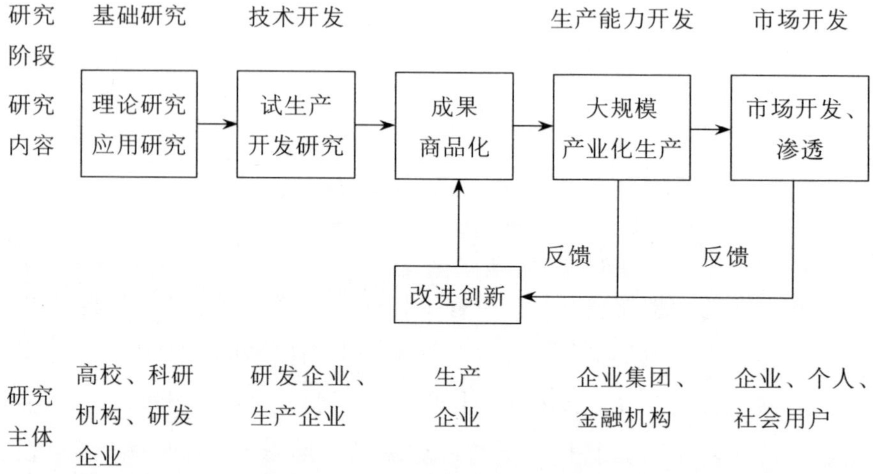

图2-4 企业协同创新技术对接过程

（2）技术合作机制

在企业协同创新中，高校和科研机构在企业的主导下，与企业的技术部门、生产部门进行协同创新。企业可以通过建立技术对接协调中心，对合作单位、企业的技术和生产部门进行统一的协调和管理。技术对接协调中心的人员应由高校、科研机构、企业技术部门和生产部门的人员共同构成。技术对接协调中心的物资主要由企业提供，科研主体进行技术调试所需要的全部物资都由企业的生产部门负责，以便技术成果在技术对接协调中心进行试运行，最终能够在企业生产部门进行安全生产。企业技术对接协调中心的职能是领导、组织、控制和协调企业的生产、技术部门与高校、科研机构的技术合作。企业技术对接的过程是，先由企业技术部门识别具有市场潜力、商机且符合企业生产能力的高校、科研机构的科研成果，进一步将此类科技成果移交到企业技术对接协调中心，由企业技术对接协调中心对技术成果进行试运行，如果技术试运行成功，企业技术对接协调中心则将成功运行的技术成果移交给企业的生产部门进行生产；如果技术试运行未成功，企业技术对接协调中心则找出不成功的原因和问题反馈给企业技术部门，由企业技术部门和高校、科研机构的相关研发人员进一步研发和改进，再移交给企业生产部门进行生产，具体运行方式如图2-5所示。

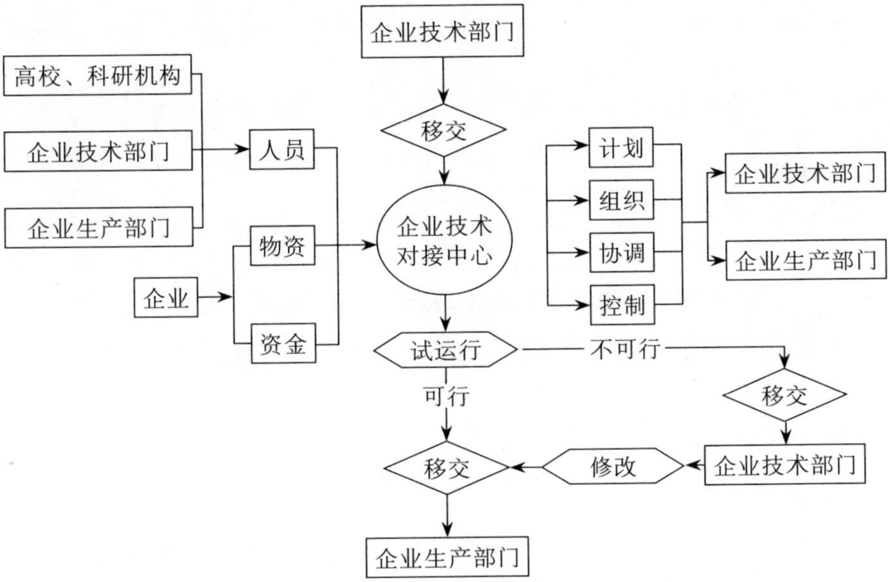

图2-5 运行方式

（3）双向约束机制

约束机制是为了对协同创新成员的行为进行规范化，使企业协同创新的运转更加有序，充分发挥协同创新的作用而经过法定程序制定和颁布执行的具有规范性要求、标准的规章制度和办法的总称。博弈按照参与双方信息是否完全充分可划分为完全信息博弈与不完全信息博弈。若起主导作用的企业对其他的参与企业了解不准确或者不全面，即为不完全信息博弈。由于各种因素合作方之间存在信息不对称等问题，因此在协同创新过程中合作双方用双向约束机制来规范彼此的行为。双向约束机制强调合作双方在签订合同时对共同的合作目标、财务指标、领导能力和行为规范等达成一致。

高校、科研机构人员和企业研发人员组成的技术研发部门和企业技术实施部门之间会相互约束，技术研发部门监督技术实施部门对技术进行实施，技术实施部门把技术实施过程中出现的问题反馈给技术研发部门，技术研发部门对技术进行升级，如图2-6所示，使技术转移方与技术接收方相互作用，各自发挥促进、监督的双向作用。

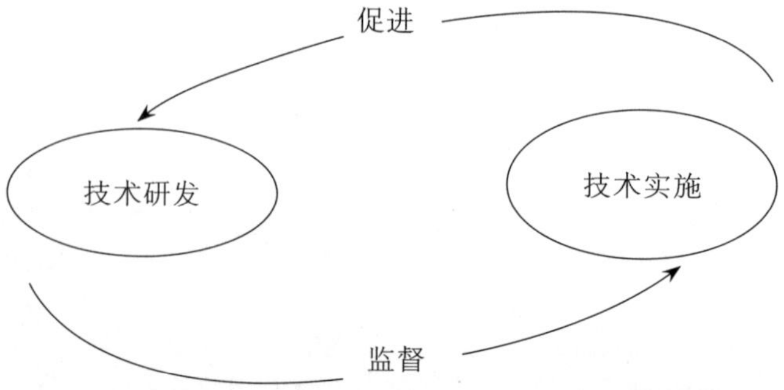

图2-6　技术研发部门和技术实施部门的双向约束

利益协调机制将在后续章节阐述，本节不再赘述。

2.3　本章小结

本章对企业协同创新展开了全面的理论分析。首先，从理论和现实两方面来分析企业协同创新的动因。其次，分析参与企业协同创新的多个主体及其复杂的协同关系，并调研了企业协同创新的内在和外在的挑战。最后，从目标、关系和利益三方面梳理协同创新上下游企业之间的冲突，在剖析企业参与协同创新呈现冲突的基础上，探讨如何从根本上对企业协同创新进行冲突协调，给出了一定的解决办法。下文将对政府推动企业协同创新的政策进行相应的梳理。

3 政府推动创新的相关政策计划梳理

3.1 国内推动创新的相关政策计划梳理

3.1.1 国内推动创新的相关政策及计划

中国政府近些年来愈发重视创新，而合作研发协同创新则是最为快速和有效的方式，目前国家主要通过设立法律和法规、制定政策和计划等来促进创新，而这些法律、法规、政策、计划等大致可以划分为三类，如表3-1所示。表3-1中列出了三类措施中的一部分，比如其中的地方性法规及政策都是因地设置，只随机选取其中几个进行列示。划分为三类的这些措施的实施基本覆盖了协同创新的大部分方面或领域，以下将对推动中国协同创新的重要政策进行进一步阐述。

（1）《科技进步法》。作为我国第一部在科学技术领域设置的基本法，《科技进步法》是在第八届全国人民代表大会常务委员会第二次会议上提交审议，1993年7月通过，1993年10月1日起施行的。颁布该法的

表3-1 **中国促进创新措施的划分**

类别	法规名称
基本法律	《科技进步法》
	《中华人民共和国促进科技成果转化法》
	《中华人民共和国民法典》
	《中华人民共和国专利法》
	《中华人民共和国著作权法》
	《中华人民共和国中小企业促进法》
规章及规范性文件	《国家科学技术奖励条例》
	《中共中央、国务院关于加速科学技术进步的决定》
	《中共中央、国务院关于加强技术创新、发展高科技、实现产业化的决定》
	《国家中长期科学和技术发展规划纲要（2006—2020年）》
	《关于大力发展科技中介机构的意见》
	《关于国有高新技术企业开展股权激励试点工作的指导意见》
	《关于动员广大科技人员服务企业的意见》
	《关于国家科研计划项目研究成果知识产权管理的若干规定》
	《国务院办公厅关于强化企业技术创新主体地位全面提升企业创新能力的意见》
地方性法规及政策	《北京市促进数字人产业创新发展行动计划（2022—2025年）》
	《厦门经济特区促进科技创新若干规定》
	《辽宁省科技创新条例》
	《关于进一步提高全社会研发投入的若干措施》（山东省）
	《河北省技术创新中心建设与运行管理办法》
	《安徽省人民政府关于推动创新创业高质量发展 打造“双创”升级版的意见》
	《四川省人民政府办公厅关于加强企业创新主体培育的指导意见》
	……

目的是推动科学技术的进步，让社会各界充分利用科学技术，产生科学成果，并通过将成果转化为现实的生产力来加速经济快速发展，进而实现让科技为经济服务的目标。该法成为指导和推动中国新时期科学技术事业发展所应遵循的最为基本的准则，也成为后续中国科学技术发展的方针、政策、法律、法规等设立的基本依据，对保障和促进中国科技进步具有重要意义和作用[130]。它总结了我国科学技术进步工作的经验，为深化改革、扩大开放作出了一些前瞻性的规定，对促进当时科学技术的进步与发展，促进国民经济的提升，加快现代化建设等，都具有重要的现实意义和深远的历史意义[131]。

随着时代的变迁和发展以及政治与经济体制的改革，1993年版的《科技进步法》不能完全适应新的政治和经济发展形势，并且在法律所涵盖的对象和范围、与其他法律的协调性、制裁手段等多个方面都有不足，因此人们呼吁针对该版本的不足修改完善该法。全国人大常委会执法检查组检查了1993年版的《科技进步法》的实施情况，并针对性地提出了改进意见。该法于2007年12月第一次修订，2008年7月1日起施行。这次修订针对科技劳动者、科技组织和科技管理机构内部关系及相互之间的在创新发展过程中的社会关系，推动创新活动的有效开展进行了相应的调整。自第一次修订版颁布实施后，其促进科技进步的目标得到更好的实现，同时也达成了这样的共识：科学技术促进经济发展，而《科技进步法》是行业、产业技术升级的根本，是提升各类企业创新能力的重要基础，是以技术推动各个行业发展的原动力。第一次修订后的《科技进步法》更是着眼于提升自身创新能力、建设创新型国家，促进官产学研用等多方协同合作创新的深入展开，成为各行各业技术升级的坚实后盾。随着国家的发展，该法于2021年12月进行了第二次修订，又有新的内容被丰富进来，全面促进了科学技术的进步，发挥了第一生产力（科学技术）、第一动力（创新）、第一资源（人才）的作用，促进了科技成果有效快速地向现实生产力进行转化，推动了科技创新的实现，支撑和引领经济社会高速且稳定地发展。为全面建成社会主义现代化强国，我们国家坚持新发展理念，坚持科技创新在国家现代化建设全局中的核心地位，把科技自立自强作为国家发展的战略支撑，走中国特色自主创新道路，建设科技强国。

（2）《关于科学技术体制改革的决定》。1985年3月13日，中共中央发布《关于科学技术体制改革的决定》（以下简称《决定》）。《决定》指出，科学技术体制改革要从以下几方面着手：在运行机制方面对拨款制度进行变革，要对技术市场进行开拓，而不能只依靠行政手段去管理科学技术方面的工作，从而去避免出现国家包得过多，统得过死的弊端；在计划管理国家重点项目实施时，需要动用经济杠杆和市场调节手段，使科技机构本身拥有自我发展的能力和主动为我国经济建设服务的能力。在组织结构方面的变革为：要对研究机构与企业相分离的情况进行改变，如在研究、设计、教育、生产等方面脱节，军民之间、部门之间、地区之间相分割的状况都需要改变；对企业的技术吸收消化与开发设计能力进行大力提升，技术成果向生产力的转化中间环节也需加强，促进官产学研方的协同联合，并使各方面形成合理的纵深科技配置。在人事制度方面需作出如下改变：对科学技术人员的限制逐渐减少，人才可以合理进行流动，智力劳动需要得到足够的尊重，尽力营造人才辈出，人尽其才的优质环境。科学技术体制改革的根本目的是使科学技术成果迅速地、广泛地应用于生产，促进经济和社会的发展。该决定是中国改革开放后较为正式地提出了科学技术方面的改革，标志着中国科学技术体制将进入有组织的新阶段，并且事实已经证明了该决定对科技运行机制、科技组织结构和科技人事制度等方面的改革起到了宏观把握全局的作用，是中国科学技术事业蓬勃发展的奠基石。

（3）国家高技术研究发展计划（以下简称“863”计划）。1986年3月3日，王大珩等四位科学家认为高技术的发展有迫切性和必要性，需要跟上世界先进水平，向国家提出建议。1986年国务院组织了全国200多位科学家针对该建议进行了大半年的论证，经过邓小平同志批示，国务院批准了该计划。在中国科学技术需要急起直追的年代，“863”计划的实施有力推动了中国高技术的进步。该计划是老一辈科学家战略眼光与国内政治家的政治智慧相结合的产物，凝练了中国对高科技发展的战略需求。其计划的重点是发展前沿技术、高技术应用和产业化，积极推动技术引导经济和社会发展。表3-2列出了“863”计划的项目情况。

表3-2 **“863”计划的项目情况**

重大项目	主题项目	新立课题	新启动项目专项经费预算	年度项目专项经费拨款	在研课题人员
2项	113项	547个	40.26亿元	52.03亿元	7.55万人

“863”计划是中国政府应对全球经济竞争逐步加剧所作出的重要决定。该计划对推动中国高技术发展不仅作出了重大贡献，而且对中国全面发展也具有极其重要的战略意义。其主要目标是在计划领域内紧盯世界前沿技术，缩小与国际先进水平的差距，以科学技术发展带动经济发

展，并为未来打造高技术产业打下基础。该计划以政府为主导，科研机构及高校作为主力军，企业参与其中。“863”计划的实施，加快了社会的进步、使人民生活质量有了较大提高，也使得人才的才能得以施展，企业得到更好的发展，产学研政之间形成合作互补的态势，同时也开拓了技术发展产业化的道路，使得中国在国际竞争异常激烈的今天在世界技术领域占据了一定的地位。

（4）国家重点基础研究发展计划（以下简称“973”计划）。“973”计划于1997年开始实施，该计划旨在解决两个方面的问题，一是重大科学问题，特别是国家战略需求中的重大科学问题，二是科学前沿问题，这对人类认识世界将会起到重要作用，坚持“面向战略需求，聚焦科学目标，造就将帅人才，攀登科学高峰，实现重点突破，服务长远发展”的指导思想，坚持“指南引导，单位申报，专家评审，政府决策”的立项方式，以原始性创新作为遴选项目的重要标准，坚持“择需、择重、择优”和“公平、公正、公开”的原则，坚持项目、人才、基地的密切结合，面向前沿高科技战略领域超前部署基础研究。这一规划将重心放在经济、社会、国家安全、科技发展等重要方面，为中国自主创新提供源源不断的动力，进而促进经济的可持续发展[132]。“973”计划是从宏观角度提出国家的发展目标，是一项带动国家发展和科技进步的基础研究发展计划，该计划通过解决国家发展过程中的重大科学问题及科技前沿疑惑，加强自主创新能力，进而促进中国高技术产业的加速发展。

“973”计划自实施以来，围绕农业、能源、信息、资源环境等方面为促进研发合作和技术升级展开部署，2006年又落实国家中长期科学和技术发展规划的部署，并阐释了以人为本、科学发展的理念，启动了四个重大科学研究计划，共立项384项。《国家中长期科学和技术发展规划纲要（2006—2020年）》实施以后，以市场为导向，以企业为主体，产学研相结合的技术协同创新体系建设取得了长足的进步，激励企业创新的各项政策逐渐发布，企业进行大量投入研发的积极性逐步提高，研发能力方面也渐渐增强，重点领域取得了突破性的创新成果。但此时国内企业创新能力依然处于较弱阶段，大多领域缺少核心技术加持，尤其是知识产权方面很多掌握在外国人手里，企业尚未真正成为创新决策、研发投入、科研组织和成果应用的主体，制约企业创新的体制机制障碍仍然存在。“973”计划虽然在中国的发展中起到了不可忽视的作用，但也同时存在重复、低效等问题，国务院于2014年部署国家科技计划管理改革。

（5）高等学校创新能力提升计划（以下简称“2011计划”）。该计划是体现国家意志且在中国高等教育领域实施的举措。实施该计划，是推进高等教育向更高层次发展的现实需要，也是对科技体制进行更深层次改革的重大行动，是一项加强产学研合作的重要战略措施。该项目是中国教育部和财政部共同研究制定并着手实施的，建立健全协同创新机制是其工作重点。实施“2011计划”，将解决科教与经济社会发展结合缺失以及改进低效的问题，把协同创新机制建设放在重点位置上，借此来突破高校内部以及其与外部之间的各种体制机制障碍，将促进创新组织从个体、封闭转变为流动和开放的方式；促进创新要素从孤立、分散的状态转变为汇聚、融合的状态；促进知识、技术与产品创新由割裂方式转变为科技工作的上、中、下游联合状态。建立协同创新机制，要认真做好两个方面的工作：一方面，要建立协同创新中心这一载体。建好这个载体，要依托高校进行广泛协同，采取多种模式，更要明确多方责任。另一方面，要妥善平衡协同各主体之间的责任、义务、权利之间的均衡关系。

该计划于2013年公布首批参与名单，共对4大类14个高端领域展开认定和联合研发活动，确立首批工程建设体，具体如表3-3所示。根据“2011计划”的需求可将协同创新中心划分为四个创新类型，主要包括面向文化传承、面向科学前沿、面向行业和面向区域发展。“2011计划”以人才、学科和科研的创新能力提升为主要目标，以建立健全协同创新机制为工作重点，以不断深化体制改革为本质要求，以推动和引导相结合为重要特点，力求实现现有教育体制的改革，为高校、企业和科研机构的发展注入新的活力，为成为世界一流创新主体提供核心竞争优势。实施“2011计划”将有助于提高中国高等院校的创新能力，促进产、学、研深度合作，在协同创新中始终贯彻“科教兴国、人才强国”的方针。“2011计划”的实施是推进并深化科技体制改革的又一重大行动。

表3-3　　"2011计划"协同创新中心

序号	中心名称	牵头高校	主要协同单位	类别
1	量子物质科学协同创新中心	北京大学	清华大学、中国科学院物理研究所等	前沿
2	中国南海研究协同创新中心	南京大学	中国南海研究院、中国人民解放军海军指挥学院、中国人民大学、四川大学、中国社会科学院边疆史地研究中心、中科院地理科学与资源研究所等	文化
3	宇航科学与技术协同创新中心	哈尔滨工业大学	中国航天科技集团等	行业
4	先进航空发动机协同创新中心	北京航空航天大学	中国航空工业集团等	前沿
5	生物治疗协同创新中心	四川大学	清华大学、中国医学科学院、南开大学等	区域
6	河南粮食作物协同创新中心	河南农业大学	河南工业大学、河南省农业科学院等	行业
7	轨道交通安全协同创新中心	北京交通大学	西南交通大学、中南大学等	前沿
8	天津化学化工协同创新中心	天津大学	南开大学等	文化
9	司法文明协同创新中心	中国政法大学	浙江大学、吉林大学、武汉大学等	行业
10	有色金属先进结构材料与制造协同创新中心	中南大学	北京航空航天大学、贵州大学、中国铝业公司、中国商用飞机公司等	区域
11	长三角绿色制药协同创新中心	浙江工业大学	浙江大学、上海医药工业研究院、浙江食品药品检验研究院、浙江省医学科学院、药物制剂国家工程研究中心等	区域
12	苏州纳米科技协同创新中心	苏州大学	苏州工业园区等	区域
13	江苏先进生物与化学制造协同创新中心	南京工业大学	清华大学、浙江大学、南京邮电大学、中国科学院过程工程研究所等	区域
14	量子信息与量子科技前沿协同创新中心	中国科学技术大学	南京大学、中国科学院上海技术物理研究所、中国科学院半导体研究所、中国人民解放军国防科技大学等	前沿

（6）《中国制造2025》。制造业是国民经济最为核心的主体，是建立国家的根本、是兴盛国家的利器、是强盛国家的根基。工业文明自18世纪中叶拉开帷幕以后，世界上不少国家经历了兴衰更替，从中华五千年的文明史，到近代的奋发崛起，都证明了拥有强大的制造业，无疑会使国家和民族繁盛起来。要提升国家综合实力、保障国家整体安全、建设世界性强国就必须打造具有国际竞争力的制造业。中华人民共和国成立后，打开国门实施改革开放，引进诸多高端的技术和设备，为我国制造业的持续快速发展提供了良好的契机，诸多治理手段、政策方针频出，使我国建成了门类齐全，且又独立完整的产业工业体系，有力加速了工业化和现代化进程，综合国力也显著增强，逐步向世界大国迈进。然而，我们国家也意识到自身仍存在着差距，与世界先进国家相比，我国的制造业仍存在着诸多不足，其盘子很大整体实力却不强，自主创新能力距离世界先进水平还差好多档次、资源利用效率由于技术的落后而呈现出水平不高、产业结构水平仍需大幅提升、信息化程度和数字化程度都有待提高、质量效益也亟待稳中求升，急需转型升级和实现跨越式发展，但任务既紧迫又艰巨。《中国制造2025》的提出，凝聚了百余名院士专家的智慧，统筹规划，为中国制造业发展设计顶层规划和路线图，通过努力实现三个方面的转变：中国制造转向中国创造、中国速度转向中国质量、中国产品转向中国品牌，借此推动中国到2025年基本实现工业化，迈入制造强国行列。中国制造2025总体结构如表3-4所示。

表3-4 **中国制造2025的总体结构**

“一”——一个目标	就是从制造业大国向制造业强国转变，最终实现制造业强国的目标
“二”——通过两化融合发展来实现这一目标	党的十八大提出了将信息化和工业化深度融合来引领和带动整个制造业的发展
“三”——“三步走”的战略	大体上每一步用十年左右的时间来实现我国从制造业大国向制造业强国转变的目标

续表

"四"——确定四项原则	第一项原则是市场主导、政府引导
	第二项原则是既立足当前，又着眼长远
	第三项原则是全面推进、重点突破
	第四项原则是自主发展、合作共赢
"五五"——五条方针、实行五大工程	创新驱动
	质量为先
	绿色发展
	结构优化
	人才为本
	制造业创新中心建设工程
	强化基础工程
	智能制造工程
	绿色制造工程
	高端装备创新工程
"十"——十大领域	新一代信息技术产业
	高档数控机床和机器人
	航空航天装备
	海洋工程装备及高技术船舶
	先进轨道交通装备
	节能与新能源汽车
	电力装备
	农机装备
	新材料
	生物医药及高性能医疗器械

3.1.2 国内政策计划的实施情况

在对国内创新推动政策的划分上可以有很多标准，本书仅从以下方面进行阐述：

（1）技术创新政策方面。近几次党的全国代表大会的部分内容反映了以下技术创新政策：党的十七大报告提出，要提高自主创新能力，建设创新型国家；党的十八大强调，要深化科技体制改革，推动科技和经济紧密结合；党的十九大报告提出，从2020年到2035年，在全面建成小康社会的基础上，再奋斗十五年，基本实现社会主义现代化。到2035年，我国经济实力、科技实力将大幅跃升，跻身创新型国家前列。习近平总书记在党的二十大报告中指出："必须坚持科技是第一生产力、人才是第一资源、创新是第一动力，深入实施科教兴国战略、人才强国战略、创新驱动发展战略，开辟发展新领域新赛道，不断塑造发展新动能新优势。"加快实施创新驱动发展战略，加快实现高水平科技自立自强。

前文我们梳理了"863"计划、"973"计划、"2011计划"、《中国制造2025》等重要政策，结合最近几次全国人民代表大会常务委员会工作报告可以看出，我国对促进创新越来越重视。实际上，这些政策支持的主要对象之一是企业的技术创新，从表3-5所列的数据可以看出，2011年中国有研发与开发（R&D）活动企业数达3.75万家，占所有企业数的11.5%，而到了2020年时，有R&D活动企业数为14.7万家，其所占企业总数的比重为36.7%，在企业数上是2011年的近四倍，占比数增长了近2.5倍。另外，企业的专利申请数量也能表达企业的技术创新情况，2011年至2020年国内企业有效专利数总体涨幅明显。创新技术政策的有效实施极大地促进了企业的R&D创新活动，激励并提高了企业进行专利申请的数量，2019年规模以上工业企业申请发明专利39.8万件，比上年增长7.3%；发明专利拥有量为121.8万件，比上年增长11.3%，2020年规模以上工业企业申请发明专利44.6万件，比上年增长12.1%；发明专利拥有量为145万件，比上年增长19%。由此可见，中国的技术创新政策取得了非常卓越的成效。

表3-5　　规模以上工业企业R&D活动情况

指标	2011年	2012年	2015年	2016年	2019年	2020年
有R&D活动企业数（万家）	3.75	4.72	7.36	8.69	12.9	14.7
有R&D活动企业数所占比重（%）	11.5	13.7	19.2	23	34.2	36.7

资料来源 《中国科技统计年鉴》.

（2）人才政策方面。2003年12月，中共中央、国务院召开会议，主题是全国人才工作，这是中华人民共和国成立以后召开的第一次以人才为主题的全国性工作会议。会议明确指出，人才问题关系重大，是党和国家事业发展的关键问题。小康大业，人才为本，此次会议明确把人才工作纳入国家经济和社会发展的总体规划中，加大力度开发各类人才资源，开始向人才强国之路进发。人才问题是关乎国家发展的重要问题，一切创新活动的主体都是人，因此人才是最为重要的推动力。紧接着，党的十六大报告明确指出，要“尊重劳动、尊重知识、尊重人才、尊重创造”，这“四大尊重”对人才赋予了新的时代内涵。党的二十大报告指出：坚持党管人才原则，坚持“四大尊重”，实施更加积极、更加开放、更加有效的人才政策，引导广大人才爱党报国、敬业奉献、服务人民。要深化人才发展体制机制改革，最大限度把广大人才的报国情怀、奋斗精神、创造活力激发出来。着眼于人才引进、培养、使用全链条，统筹兼顾推进改革创新，提升人才工作体系化建设水平，防止把人才“卡住”“气跑”“埋没”，避免人才流失和浪费。表3-6梳理了一部分我国对人才的相关政策，展示出我国对人才的越发重视。

人才政策界定方面不同的学者给出了自己的看法。萧鸣政等（2009）认为人才政策包括对人才的培养、对人才的开发以及对人才的使用等方面的一系列规定，其目的在于使人才尽可能地发挥其作用[133]；陈颖等（2009）研究后认为人才政策是对人力资源实施科学开发、配置及利用，最终目的是实现为社会经济的发展作出贡献[134]。在不同的政策文件中，

表3-6 **人才的相关政策**

时间	内 容
1956年	《1956—1967年科学技术发展远景规划纲要（修正草案）》
1995年	《关于回国（来华）定居专家工作有关问题的通知》
2001年	《中国科学院关于引进国外杰出人才的管理办法》
2002年	《2002—2005年全国人才队伍建设规划纲要》
2007年	《关于进一步加强国家重点领域紧缺人才培养工作的意见》
2011年	《关于加强社会工作专业人才队伍建设的意见》
2013年	《国家百千万人才工程实施方案》
2019年	《关于促进劳动力和人才社会性流动体制机制改革的意见》
2022年	《关于加强新时代高技能人才队伍建设的意见》

对科技创新人才的表述也有所不同，包含科技领军人才、高层次人才、高精尖人才等。辽宁省大连市在《高层次人才分类目录》中设置了尖端人才、领军人才、高端人才、青年才俊四个层次。宁甜甜等从基本政策工具和人才强国价值判断两个维度对我国人才政策指导性纲要《国家中长期人才发展规划纲要（2010—2020年）》进行了分析，对我国人才政策中存在的不足与冲突等进行了深入剖析，旨在为人才政策的进一步优化与完善提供相对应的政策指引和技术支持[135]。

研发人员的数量变化一定程度上反映了人才数量的变化。表3-7列出了2011、2015、2020年企业研究与开发（R&D）人员数量和全国的R&D人员数量。企业R&D人员数量和全国R&D人员数量稳步上升，分别从2011年的284.5万人、401.7万人，增长到2020年的476.8万人和767.8万人，这种数量上的变化体现了政策支持创新的作用显现出来了，技术人才是技术创新的核心，可见中国正在从人才大国逐步向人才强国迈进。

（3）财政税收政策方面。良好的经济环境与财税帮扶政策对技术创新的发展无疑具有正向的促进作用。财政资助实际上主要体现在技术产

表3-7　**研究与试验发展（R&D）人员数量**　单位：万人

时间	2011年	2015年	2020年
企业人数	284.5	401.7	476.8
全国人数	401.7	548.2	767.8

业行业的投入，对技术型企业以及科技项目进行帮扶，其中也包括对一些重大的国家科技计划的投入。比如，“863”计划，在2001年投入7.35亿元，到了2016年投入19.686亿元。从R&D经费投入力度上看，2006年至2015年投入力度逐年攀升，从1.37%增至2.06%。总体来看，中国政府财政政策方面对科技的投入和扶持是积极的。

从国家统计局发布的年鉴可以查到，2019年我国企业R&D经费投入1.4万亿元，比2018年增长7.8%，企业R&D经费投入强度（R&D经费投入与主营业务收入的比值）为1.31%，比上年提高了0.08个百分点。2020年，我国企业投入R&D经费1.5万亿元，比上年增长7.1%；企业R&D经费投入强度（R&D经费投入与主营业务收入的比值）为1.41%，比上年提高了0.1个百分点。初步测算，2022年我国全社会研究与试验发展（R&D）经费投入达到30 870亿元，比上年增长10.4%，按不变价计算，R&D经费增长8.0%；R&D经费与国内生产总值（GDP）之比达到2.55%，比上年提高0.12个百分点。其中，基础研究经费为1 951亿元，增长7.4%；占R&D经费比重为6.32%，下降0.18个百分点。

图3-1展示的是我国从2016年到2022年的全国研发经费及投入强度情况，2016年，研发经费是1.5677万亿元，到2022年增长到了3.087万亿元，逐年增加，且投入强度也在逐年提高，由2.10提高到2.55，可以看出投入金额与强度都在随着时间而增长和提高，这也体现了我国对创新与发展的重视。

在税收政策方面，中国有诸如税收优惠、投资抵免与扣除、加速折旧与退税等政策。例如，国务院印发了《关于加快科技服务业发展的若干意见》，明确了完善高新技术企业认定管理办法，对认定为高新技术企业的科技服务企业，减按15%的税率征收企业所得税。减税范围如表3-8所示。

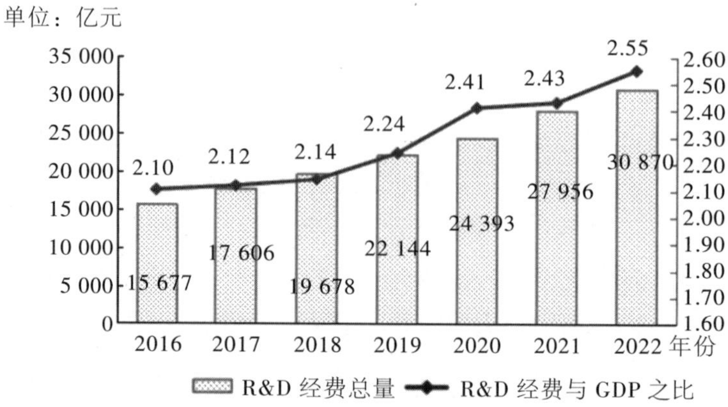

图3-1　2016—2022年全国研发经费及投入强度情况

表3-8　**减税范围**

1	设在经济特区的外商投资企业，在经济特区设立机构、场所从事生产、经营的外国企业
2	设在经济技术开发区的生产性外商投资企业
3	设在沿海经济开放区和经济特区、经济技术开发区所在城市的老市区的生产性外商投资企业，属于技术密集型、知识密集型项目，或者外商投资在3 000万美元以上，回收投资时间长的项目，或者属于能源、交通、港口建设项目的
4	从事港口码头建设的外商投资企业
5	在经济特区和国务院批准的其他地区设立的外资银行、中外合资银行等金融机构，外国投资者投入资本或分行由总行拨入营运资金超过1 000万美元，经营期在10年以上的
6	以上海浦东新区设立的生产性外商投资企业，以及从事机场、港口、铁路、公路、电站等能源、交通建设项目的外商投资企业
7	在国务院确定的国家高新技术产业开发区设立的被认定为高新技术企业的外商投资企业，以及在北京市新技术产业开发实验区设立的被认定为新技术企业的外商投资企业
8	在国务院规定的其他地区设立的从事国家鼓励项目的外商投资企业

营业税目前已经改为增值税，营改增政策早就已经开始实施，个人在转让著作权的时候也不需要缴纳增值税。在我国，免交增值税的项目

除了个人转让著作权之外，还有残疾人个人提供相关的应税服务的，试点纳税人提供技术转让、技术开发和与之相关的技术咨询、技术服务的，都不需要缴纳增值税；根据《财政部、国家税务局关于贯彻落实〈中共中央 国务院关于加强技术创新，发展高科技，实现产业化的决定〉有关税收问题的通知》文件精神，对单位和个人（包括外商投资企业、外商投资设立的研究开发中心、外国企业和外籍个人）从事技术转让、技术开发业务和与之相关的技术咨询、技术服务业务取得的收入，免征营业税。企业开发新产品、新技术、新工艺发生的研究开发费用，应当遵循管理费用处置，而不应受到比例约束。综上可知，中国在财政税收政策方面对技术创新进步的激励和推动考虑得非常全面，条款也非常细致。

3.1.3 国内政策计划实施效果和不足

图3-2展示了中国历年GDP走势，从中可以窥见中国发展的状况与各种政策的实施效果。在中国改革开放前，中国科技力量十分薄弱，在人才、技术、资源等各项配置上存在着巨大的缺口与不足，科技政策相对较少，科学研究、技术开发等存在问题，技术转移环节不畅通，科研人员相对没有自主权，对科技事业的发展有很大影响。新中国成立后，我国开始实施计划经济。这个阶段发展比较缓慢，但是国内生产总值还是在逐渐小幅提升，1960年国内的GDP是597.16亿美元。到了计划管理与市场调节阶段，中国制定了一系列政策，如科技拨款，以及针对技术市场、人才管理等领域的措施，同时随着“863”计划等的实施，支持科研机构以及科研人员积极发挥自主能动性；建立健全“四技”规范和准则，着力引导技术市场发展和技术合同研究。1988年，邓小平同志提出“科学技术是第一生产力”，此时中国自上而下开展科技创新体制改革的大幕被拉开了。中国政府对科学技术创新的干预方式发生转变，对科技创新活动自身的特点和规律更加关注。但这一阶段科技成果的转化并不十分理想、科技创新效率较低等问题仍然存在。1989年国内的GDP是3 477.68亿美元。

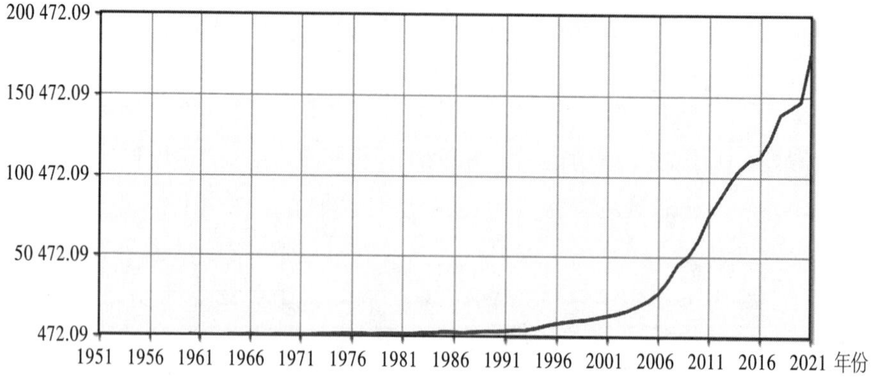

图3-2 中国历年GDP走势图（单位：亿美元）

1990年以后，经济全球化成为主流词汇，各国在政治、经济、贸易等各个领域加强交流合作、相互依存沟通的同时，越发重视利用科学技术提升本国的工业实力和能力，纷纷出台政策对本国的战略进行调整，以抢占科技领域以及各个产业链条的制高点。1997年，“973”计划出台，知识经济的概念被提出，国家创新体系理论开始传播。2001年中国加入WTO，加快了融入全球创新网络的步伐，国内企业开始形成自主创新能力，在引进、吸收和借鉴国外先进技术与自主研发相结合的基础上，通过“引进、消化吸收再创新”的方式，一批关键技术（“神舟六号”载人航天飞船、高性能计算机等）被攻克，企业的技术创新能力也得以大幅提升。而中国科技创新体系建设也开始初露端倪，科技创新发展的环境明显有所改善。与此同时，中国又面临着新的问题，如过度依赖技术引进、科技发达国家对技术进行封锁等，加强自主创新越来越被认同，技术引进和自主创新的关系被更多的人所重视。20世纪90年代后期，国内的GDP开始显著增加，1999年达到了1.09万亿美元。

21世纪的到来，使经济全球化的趋势更加明显，科技革命带来了许多发展机遇，国际综合实力强弱的决定性因素被认为是科技实力。2006年，中国政府部署并实施了《国家中长期科学和技术发展规划纲要》，强调加强国内自主创新，同时要将中国建设为创新型国家，这也被认为是中国科学技术发展历史上的一座重要里程碑。经过一段时间的发展和积累，国家自主创新能力得到了一定的发展，创新体系初步形成。该纲要实施后，与其相配套的政策也相继出台，主要从金融，财政税收，引进、消化、吸收、再创新等方面提出了60条措施。中国科技创新政策着眼于国家创新体系统筹部署，体系化建设能力进一步增强。从战略战术思想、重大决策方针的制定到各种政策的部署实施，中国国家创新体系已经相对完整。一系列科技创新政策措施促使到2011年中国国内GDP达到了7.55万亿美元，与1999年相比上涨了六倍，成效显著，但是也存在一些薄弱环节和问题，如创新型科技人才，尤其是较高层次类型的拔尖人才极其稀少，科技资源配置效率需要适度调整和提升，经济发展存在地区性不平衡、局部不协调甚至某些方面存在不可持续等问题，自主创新能力与发达国家相比存在明显的差距。

一段时期以来，中国经济是粗放式发展的，中国有着人口红利，但随着国际上劳动力和资源环境低成本优势的逐渐消失，倒逼着中国改变这一发展方式。针对这一状况，2012年党的十八大提出了创新驱动发展战略，突出强调提高整个社会生产力以及我国综合国力的战略支撑是科技创新，必须将其摆在国家发展全局的核心位置，并于2016年发布《国家创新驱动发展战略纲要》，将创新视为一项系统工程，并以“双轮驱动”（科技创新与体制机制创新）推动国家创新体系建设。此时提倡协同创新的发展，也提倡利用大众智慧，大众创业、万众创新全面发展，同时平台经济也紧跟时代，快步发展，创意产业、创造力经济纷纷被提出，智慧城市、数字化城市建设纷纷涌现，实际上，是为了更充分调动社会各方主体与要素互动，让社会充满创造的活力并积极将活力和智力发挥出来，更好地促进全社会的进步与发展。另外，科技体制改革逐渐深化的同时，国家创新体系建设的要求也相应提升，在科技创新所有环节上的参与主体的分工被逐渐细化、责任划分也更加明确的同时，也要求政府持续探索完善参与机制、积极发挥职能作用，不断加强科技创新项目全过程、全方位监管与科技评估工作，促进“双轮机制”的改进与更新，与市场机制的资源配置作用相互衔接、协调，为“双创”营造良好的社会制度环境。科技创新对中国经济增长的促进作用显著增强，新成果、新业态不断涌现。党的二十大报告指出："必须坚持科技是第一生产力、人才是第一资源、创新是第一动力，深入实施科教兴国战略、人才强国战略、创新驱动发展战略，开辟发展新领域新赛道，不断塑造发展新动能新优势。"在加快经济发展方式转变、调整产业结构的过程中，节能环保、新一代信息技术、生物、高端装备制造、新能源汽车等战略性新兴产业快速发展，人工智能等新兴技术推动数字经济、共享经济的兴起。截至2021年，国内的GDP达到了前所未有的高度，为17.73万亿美元。

由以上可以看出，改革开放后40多年来，中国科技创新政策体系取得了弥足珍贵的有效快速发展，从创新构成的必要元素、创新生态系统的建设到创新治理手段逐步展开，发布政策数量不断增加且主题逐渐丰富，由单点管理控制落实到多管齐下齐头并进，逐步推进对科技创新活动进行政策性的引导、激励和规范，针对不同时期的创新活动规律认知和经济社会发展需求，作出了建设国家创新体系的系统性思考和统筹布局。每段时期也会有每段时期的问题，伴随着问题的出现，也会相应增加新的政策措施，去应对和解决问题[136]。

同时我们也应该看到，推动协同创新方面也存在着不足。一是中国协同创新在体制机制上呈现短期化、形式化现状，且协同模式还处于松散状态，政策环境对合作研发的高效开展支持不够，合作模式如这般状况：企业与研发机构代表签订合作合同，管理部门只负责盖章和经费使用等相关问题，出现以项目数量和经费驱动研究活动开展的现象，相关政策还需在体制机制方面进行完善。二是企业与其他参与主体之间创新理念存在差异，在一定程度上合作是有屏障的。高校和研究机构更注重技术创新和升级，以加快科技发展为研究目的，更注重研发成果所产生的技术价值，忽略合作研发过程中所产生的市场和成本效应；企业的首要合作目标是获取经济利益，其将技术研发作为拓宽市场渠道和获取经济利益的方法，更注重产品生产的成本以及其如何实现市场化。因此，相关政策应在此方面进行宏观调控，以减轻主体间的合作屏障，将科研技术与实践进行有效结合。三是企业与其他参与主体之间的利益分配机制不健全。在签订协同创新合同的初期，创新成本往往相对较低，利益分配相关问题短时间内不容易显现。然而，随着创新项目的深入展开，所产生的利益问题逐渐显现出来，在合同后续履行方面也会随之出现很多问题影响协同创新的正常进行。缺乏行之有效的利益分配机制，利益分配方式和比例不够科学规范，缺乏法律约束，将对协同创新的绿色健康发展产生较严重的负面影响。四是在人才培养和引进方面，需要更多的政策支持，加大财政支持力度，更多地培养高精尖人才、留住人才，更好地引进国外高层次人才，给优秀人才创造更好的环境和更大的发展空间。

3.2 国外发达国家推动创新的相关政策

技术创新是促进国家提高竞争力的必要手段，技术进步能够推进一国经济的发展，而科学技术的进步又需要我们不断研究并引进、消化、吸收、借鉴经济发达国家的科学技术进行再创造，那么对发达国家的政策进行一定的梳理，对于国内政策的完善就具有非常重要的意义。

3.2.1 美国推动技术创新的相关战略和措施

美国是世界上经济排名第一的国家，且在技术创新方面一直处于世界领先地位。美国自19世纪开始实施工业化，科学技术活动与工业发展便相互促进着前进。而在前进的过程中，美国于1980年颁布了《史蒂文森-怀德勒技术创新法案》，该法案旨在促进产业创新、技术转移和成果转化；于1981年颁布了《经济复兴税法》，针对税收提出了一些优惠措施，缓解了企业发展的压力，同时也给予企业很大助力，促进了高新技术产业的快速发展，接着于1982年又颁布《小企业创新发展法》，美国向来重视小企业的发展，该法案鼓励政府资助中小企业进行创新，又提出了美国小企业创新研究（Small Business Innovation Research，SBIR）计划。美国于1986年颁布《联邦技术转移法》，主要目的是形成政府与大学和企业合作研发基本框架，促进产学研的合作发展。模仿SBIR计划，推出了STTR计划。小企业技术转移计划（Small Business Technology Transfer Program，STTR）是根据《小企业研究与发展促进法》设立的，旨在促进小公司将大学和联邦政府的研发成果商业化。1994年，美国政府发布《科学与国家利益》，确定在各个科学领域应保持前沿地位且与国家发展目标相关的战略思想。2000年，颁布《技术转让商业化法》，使技术向产业方向的移动更加规范有序。2009年，美国颁布了《美国复苏与再投资法案》，主要目的是吸引和培养人才，鼓励研发和创新。

2009年12月，美国发布《重振美国制造业框架》，提出要加大政府资金对新兴技术和产业化的扶持力度。2012年，《先进制造业国家战略计划》被提出。2015年10月，美国总统行政办公室等三部门联合发布《美国创新战略》，强调了以下九大战略领域：先进制造、精准医疗、大脑计划、先进汽车、智慧城市、清洁能源和节能技术、教育技术、太空探索和计算机新领域。2018年美国发布报告——《美国先进制造业领导力战略》，该报告展示了新阶段美国引领全球先进制造业的愿景，提出通过发展和推广新的制造技术，教育、培训和匹配制造业劳动力，扩大国内制造业供应链能力三大任务，确保美国国家安全和经济繁荣。《2021年战略竞争法案》提出与盟友加强关键技术合作[137]。

实际上，美国在1940年以前几乎没有科技计划，科技政策也在酝酿初期，1940年政府的研发投入为8 000多万美元，自此逐渐开始增加投入，鼓励创新，到1969年其投入增长到了150亿美元。此后，新技术与新兴工业快速发展，美国开始加强能源和高技术研究，实施人才政策，到1989年研发投入已接近1 419亿美元，并出台了几部促进研发的法案，如《科技评估法》《技术创新法》《联邦技术转移法》等。1990年至今，美国对信息基础、第五代移动通信技术（5G）、第六代移动通信技术（6G）等尤为重视，关注科技发展新动向，加强教育和人才引进等。美国在科技发展的赛道上一直处于头部。2022年2月，美国众议院通过了《2022年美国竞争法案》，该法案文本内容长达2 912页，综合了多项众议院之前推出的相关议案。这个众议院版本的法案，包括了向芯片制造业投资520亿美元，450亿美元用于改善关键商品的供应链，以及1 600亿美元用于科学研究和创新投入，总投入高达2 570亿美元，可见美国对科技创新发展长期重视，政策法规的建立也比较多，关注中小企业和科技前沿领域研究，对人才尤其是全世界精英人才非常有吸引力，对科技创新的投入也是极高的。

3.2.2 英国推动技术创新的相关战略和措施

科学是英国人的自豪。牛顿、达尔文、法拉第、麦克斯韦等人举世皆知，DNA双螺旋结构和克隆羊等技术遥遥领先。英国于18世纪在理论研究上探索出力学原理，作为第一次科技革命的基础，并先后经历两次工业革命，在科技方面取得突破，成为当时的科技中心。英国的实力由于经历了两次世界大战整体大幅下降，但至今为止仍然处于领先地位，在技术方向上，呼吁改革科技发展方向及调整国家、科技、工业之间的关系，1945年工党重视发展工业技术，1947年设立负责民用科技的科学政策顾问委员会，1947—1948年，颁布《工业组织与发展法令》《开发创造发明法令》，创立“全国研究开发公司”[138]。在20世纪80—90年代，英国政府对管理基础性和战略性研究投入逐年上升，占政府研究与开发总经费的比例从1984年的12.8%到1992年的18.9%。英国政府于1994年发布第一份白皮书，题目是《实现我们的潜能——科学、工程和技术战略》，明确了以创新为核心的国家科技发展战略。到了2000年，提出了英国面向21世纪的科学和创新政策，发布了第二份白皮书，也是以创新为主题，其题目为《卓越与机遇——21世纪的科学和创新政策白皮书》。大力扶持中小企业技术创新；制定一系列有益于创新的制度和政策；大力敦促形式多样的官产学研合作，促进科技创新财富化。

2003年，英国发布《在全球经济中竞争：创新挑战》，明确指出国家科技创新在全球经济大环境下面临的挑战。而在2004年，《科学与创新投资框架2004—2014》被提出，英国政府确定了未来十年科学和创新的目标，将科学、工程和技术视为英国未来发展的关键技能。2010年，英国政府发布《技术蓝图》，从技术层面对国家创新战略进行支持。为了使科技更好地服务于经济，英国政府决议在2011—2014年这4年里，通过技术战略委员会，投资2亿多英镑打造9个技术与创新中心，已经在高附加值制造、陆地可再生能源、细胞治疗、卫星利用、互联数字经济、未来城市和交通系统等领域建立了创新中心，还将在能源系统领域、分层医学诊断领域设立两个新的技术与创新中心。英国政府于2014年12月发布政策文件——《我们的增长计划：科学和创新》，以卓越、敏捷、合作、融入和开放为原则，指出优先重点、人才培育、科研装备、一流研究、刺激创新和国际化这6项战略要素。

此后，英国政府发布了《创新与研究发展战略》，此战略对英国计划成为全球创新领导者的决心和信心起到了很大的坚定作用，同时也指出了英国当前所面临的挑战及应对这些挑战应采取的主要措施。发布《卓越与机遇——面向21世纪的科学与创新政策》《国家基础设施计划》《我们的增长计划：科学和创新》《数字经济战略》的同时，在2016—2021年间，英国共投入89亿英镑支持科研设施和一流实验室建设[138]。在人才培养方面，发布《高等教育白皮书——高等教育的未来》，2021年7月22日，英国政府发布“英国创新战略：创造引领未来”（UK Innovation Strategy：Leading the future by creating it），制定了促进私营部门投资的新计划，以巩固英国在全球创新竞赛中的领先地位。该战略的主要愿景是，“到2035年，英国将成为全球创新中心”，而拥有强大的知识产权制度将是实现这一目标的关键。英国政府还制定7项战略技术，以优先考虑并利用英国现有的研发优势、全球竞争优势和产业实力，包括先进材料与制造；人工智能、数字和先进计算；生物信息学和基因组学；工程生物学；电子学、光子学和量子学；能源和环境技术以及机器人和智能机器。可见，英国的科技创新发展较早，且重视投入，在基础研究及先进领域布局较多，重视中小企业的科技发展，人力资源和教育也注重发展创新。

3.2.3 日本推动技术创新的相关战略和措施

第二次世界大战过后日本经济受到重创，工厂、机器等设备大量缺失，由于日本独特的地理位置导致其原料等资源相当匮乏，因此日本当时最主要的任务便是恢复生产力，实行“倾斜式生产方式”，核心是集中资源与政策优势发展最基础的产业，借此让日本经济得以恢复和快速发展。为促进高新技术产业的发展，1973年日本发布《对产业结构的长远设想》[139]，同时制定了一些推动产教结合的政策、科技政策来提升整体的科学技术水平，且在经济政策方面实行了自主化。1980—1990年期间，日本政府着手完善官产学研协同创新体制，日本创新的核心政策由技术创新的政策取代了原有的产业政策。十九世纪的后十年，日本提出科技创新立国，构建了以科技政策为核心，以经济、教育、财税、金融、社会基础设施等政策为支撑的创新政策体系，并出台《80年代通商产业政策构想》[140]。

1994年，日本为促进官产学合作设立办公室，并颁布了《科学技术基本法》，这一法律是建立在“科技创新立国”战略之上的科技基本法。该基本法的实施必须制定5年内的计划，截至目前，科学技术基本计划已完成了第5期，具体如图3-3所示。

第一期科学技术基本计划	第二期科学技术基本计划	第三期科学技术基本计划	第四期科学技术基本计划	第五期科学技术基本计划
①通过制度改革构建新的科技研发体系；②扩大政府研究开发投资等；③提高技术人员的流动性；④提高高校对资金支配的自主权	①实现政府科技投入占GDP的1%；②积极开展与深化科技体制革命；③加强8个重点领域的研究开发；④促进国际合作研发等	①提出科技发展的三个理论；②明确六个奋斗目标；③确定重点支持与发展的领域以及十大支柱技术；④制定四项政策与五大战略	①重点推进各领域向课题解决型转变；②提高政府与民间的研究开发投资；③明确绿色改革与生活改革两大目标等	①强化人才实力、知识基础、资金改革等基础实力；②积极推进十三个重要政策课题；③创造未来产业等
1996—2000年	2001—2005年	2006—2010年	2011—2015年	2016—2020年

图3-3 日本《科学技术基本法》的实施情况

1996年，日本制订第一期科技基本计划时，其在世界科技竞争中处于领先地位，制订计划的主旨，在于将第二次世界大战以后追随欧美的科技政策转变为更加独立自主、开拓创新的科技政策。基于此，日本政府以加大研发投入、改革研发体系与部署研发战略为计划重点。第

二、第三期的科技基本计划基本上延续了这一框架，并通过对关键领域的重点投资来提升日本的科技竞争力。第四期科技基本计划开始将目标转向通过科技推动社会变革与解决实际问题。第五期科技基本计划在第四期基础上提出，通过网络空间和现实空间的融合，创造新产业与新服务，打造社会新形态——“社会5.0”。2020年日本政府制定了从2021年开始的为期5年的科技创新政策计划，被称为日本科技创新的“六五计划”。这一计划将沿用了25年的《科技基本法》修订为《科技创新基本法》，强调对人文社会科学的振兴，以及提升创新能力的重要性。提出了实现“社会5.0”目标的三大支柱：实现数字化社会变革、强化研究能力和培养人才。日本政府计划设置10万亿日元的大学专项资金，专门用于青年研究人员的培养和基础设施建设，进而促进日本建设世界一流的研究型大学。在人才培养方面，建设可以增强探究能力和能够激发继续学习意愿的教育体系等。日本在科学技术人才培养制度方面非常健全，对官产学研的协同创新的建设也极其重视，注重人才培养和研发能力的培养。

3.2.4 德国推动技术创新的相关战略和措施

德国工业水平处于世界一流位置，其在汽车、机械制造等行业很长一段时期内在世界上都处于领先地位，德国产品在世界各国的口碑都非常好，这与德国国家政策的支持密不可分。19世纪初期，德国推出技术和教育发展、产学研协同创新政策，德国的高等教育发达，大学和企业合作密切。德国科技的腾飞是有基础的，其具有完备的教育体系，如普及初等教育，提高全民族的素质，扩大教育规模，将中等教育从贵族阶层扩大到普通群众，并有与工业紧密结合的高等工程教育。借助托马斯碱性转炉炼钢法，德国钢铁工业开始飞速发展，以研发为基础发展德国最大的电气企业，影响德国电气工业的发展，戴姆勒与汽车工业举世闻名；从基础设施建设起步，带动相关行业发展，通过技术实现进步，通过铁路带动其他产业发展，钢铁、铁路、机械和其他工业相互促进；1867年，四冲程内燃机获巴黎万国博览会金奖（用煤气），1892年研制成功柴油内燃机，1990年开始迅速发展，“双元制”职业教育体系下学生与企业签订培训合同，部分时间在企业实践培训，部分时间在职业学院接受理论教育。伴随着德国科技政策的不断创新与完善，德国的科技体制也形成了自己独有的特点，即科研机构与研发体系完整。在德国，研发工作主要集中在三类部门进行。第一类部门是高等院校（综合性大学、高等专科学校、应用技术大学）。第二类部门是研究机构（海尔姆霍尔茨研究中心、马普学会、弗朗霍夫学会以及莱布尼茨学会）。第三类是经济界的研究单位，即工业企业。这些体系都受到了政府的政策支持，德国的再度崛起，与其科技体制有着必然的联系[141]。

2014年8月，新一轮高技术战略——“创新德国”，提出一些举措来促进创新创业，推进德国成为全球创新的领头羊[142]。1999年，德国政府发布了《技术政策——经济增长与就业之途》，紧接着2000年又发布了《德国联邦政府创新资助政策及举措》科技政策纲领，确立了德国在科技资助与科技创新方面的指导方针及相应策略。2006年8月，德国联邦政府又推出了历史上第一个涵盖所有政策范围的《德国高技术战略》，以期持续加强创新力，应对国际国内各种新技术发展的挑战。2010年7月，《德国2020高技术战略》报告发布，报告汇总编制了德国联邦政府下属各个部门所进行的综合研究和对创新所提出的举措，同时，出台了一系列高技术战略创新的整体方案和创新政策，确定了不同领域创新目标的优先顺序和方式。2012年，德国联邦教研部又推出了一个专项计划——“新伙伴计划”，在2013后的六年间，出资5亿欧元来支持该计划，将德国东西部研发创新合作作为支持内容，形成研发创新合作联合体和具有国际影响力的新型技术创新结构。自德国高科技战略开始，到2020年的版本，再发展到如今德国提出的“工业4.0”计划，创新政策逐渐缩小聚焦领域，但不管如何变化，却始终围绕德国发展的制造业，对其的研发投入一直占据大部分，进一步，德国中小企业扶持政策逐步登上核心舞台，成为德国短期及中长期计划的内容。中小企业可以被认为是创新市场的前沿阵地，主导着德国创新竞争力的形成。这两大特征使德国成为在传统工业基础上成功实现创新转型的典型国家[143]。

德国联邦政府内阁2022年通过了由德国联邦教研部提交的《未来

研究与创新战略》，作为德国国家层面研究与创新发展的顶层战略，源于德国2006年发布的《高科技战略》（HTS），现为第三版。该战略制定了未来几年研究和创新政策的跨部门目标。德国联邦政府为到2025年全面进一步发展创新系统制定了多项指标，目的是改善高校科学系统的框架条件，加速知识转移，增加欧洲和国际的科学合作，加强对研究、开发和创新的参与，增强技术工人基础，让社会更密切地参与研究和创新活动。草案提出15项具体量化指标：重申联合执政协议中的研发总投入目标，即到2025年将研发资金比例提升至GDP的3.5%（2021年为3.13%）；提升风险投资的GDP比重（2021年为0.11%）；增加高科技领域初创企业数量（2019年约3.58%）；扩大学术人员创建企业数量（2019年为244家）；德国科研创新与成果转化署（DATI）开始运作；联邦颠覆性创新署（SPRIND）推动更多跨越式创新成果的市场化；提升欧盟“欧洲地平线”研究计划资金利用率；提高外籍科研人员比例（2020年为13.3%）；增加中小企业三年内推出一项创新的比例（2020年为54.7%）；加大初创企业中女性创始人比例（2021年为17.7%）；30岁至34岁群体中拥有学术资格或职业资格人员比例增至52.5%（2019年为50.5%）；提高女性教授比例（2019年为26%）；增加研究人员和开发人员数量（2020年为73.38万人）；新设企业审批时间缩短至24小时（2020年为8天）；加快研究项目和开发项目审批进度。可见，德国技术世界闻名，依赖于其良好的教育基础，注重教育与工业、工厂的良好结合，严格的工艺要求，巨大的科研投入和对与各个研发机构的合作（协同创新）的重视，这些都对科技的发展起到了很重要的作用。

3.2.5 发达国家推动技术创新的战略措施对中国的启示

中国的科技创新随着政策的落地、更新及丰富，取得了长足的进步和发展，在某些领域取得的成绩甚至有赶超经济发达国家的趋势，但我们由于发展得晚，起步较慢，依靠单打独斗、单枪匹马的研发模式，已经跟不上时代发展的步伐，协同创新成为近些年发展起来的应对之策，科技创新及转化政策要进一步激发市场机制的作用，适度向协同创新合作方式倾斜，优化创新环境，提升创新政策，促进市场竞争。同时我们应该看到，现有推动协同创新方面也存在着不足。一是中国协同创新在体制机制上呈现短期化、形式化现状，且协同模式还处于松散状态，政策环境对合作研发的高效开展支持不够，大多数合作模式是这样的状况：企业与科研机构或高校人员签订合作合同，管理部门只负责盖章和经费使用等相关问题，出现以项目数量和经费驱动研究活动开展的现象，相关政策还需在体制机制上对其进行完善。二是企业与其他参与主体之间创新理念存在差异，在一定程度上合作是有屏障的。高校和研究机构更注重技术创新和升级，以加快科技发展为研究目的，更注重研发成果所产生的技术价值，忽略合作研发过程中所产生的市场和成本效应；企业的首要合作目标是获取经济利益，其将技术研发作为拓宽市场渠道和产生经济利益的方法，更注重产品生产的成本以及其如何实现市场化。因此，相关政策应在此方面进行宏观调控，以减轻主体间的合作屏障，将科研技术与实践有效结合。三是企业与其他参与主体之间的利益分配机制不健全。在签订协同创新合同的初期，创新成本往往相对较低，利益分配相关问题短时间内不容易显现。然而，随着创新项目的深入开展，所产生的利益问题逐渐显现出来，在合同后续履行方面也会随之出现很多问题影响协同创新的正常进行。另外缺乏行之有效的利益分配机制，利益分配方式和比例都不够科学规范，缺乏法律约束，对协同创新的绿色健康发展产生了较严重的负面影响。四是在人才培养和引进方面，需要更多的政策支持，加大财政支持力度，更多地培养高精尖人才、留住人才，更好地引进国外高层次人才，给优秀人才创造更好的环境和更大的发展空间。

在对比美英日德四国推动技术创新的相关战略和措施的基础上，我们可以进一步得出相关技术创新政策对中国的启示，主要归纳为如下几个方面：

第一，强化政府在技术创新发展中的作用，加大投入力度。我国的创新政策目前以国家战略、政策为基础和依托，但基础研究投入有效性明显不足，基础研究发展得好，才能保证高端研究的良好发展，基础研究发展不好，也会造成缺乏市场竞争，对科技成果转化会产生很大影响[144]。由于中国企业目前科技实力相对较弱，在资源、人力、财务上的投入能力也还相对较弱，政府应充分发挥其在科技创新发展投入中的主导作用，引领技术发展。在科技创新的道路上要在各个领域加大投入，投入研发资金、人力资本与资源等推动与激励创新，投入是产出的基础和保障，而大量的投入会有更多的高质量成果产出，高质量成果使加速追赶甚至超越先进国家技术的概率更高一些，对抢占科技发展高地有着至关重要的推动作用。

第二，重视人才的培养和引进，提供更好的待遇，留住本土人才、广泛吸纳国际人才。综合国力以及经济实力的竞争体现在技术创新的发展上，技术创新的发展体现在人才的数量和质量上，因此，中国必须把人才的培养和吸收放在首要地位，加强基础科研教育，基础教育发展得好，才能更好地深化教育改革，为科学技术的进步提供动力。中国在人才培养方面还存在两个严重问题，一是中国在高端人才方面是非常匮乏的；二是中国人才分布不均现象非常明显。这主要体现在中西部地区与沿海地区之间、一线大城市与中小城市之间、大型企业与中小型企业之间。这两方面的问题制约了中国科技创新的发展，政府应进行一定的政策调整，改进人才资源管理模式，培养复合型创新人才和专业人才，扩展人才储备，全面推进产业技术创新和升级。经济发达国家，如美国为了在全球范围内招揽高端人才，实施了一系列各类人才吸纳政策。对中国这样的发展中国家而言，许多顶尖优秀人才由于国外丰厚的人才吸纳政策而存在流失的现象，但是随着中国经济的逐渐发展，完善激励和奖励机制，既鼓励国内人才走出国门学习和借鉴国外的先进文化知识、高端的科学技术，也激励他们学成后回来为国家服务，更多的对人才友好的政策会使得更多的人才为我国所用，促进科技持续快速发展。

第三，健全法律法规，促进科技创新尤其是协同创新的长效发展，完善协同创新合作机制。高校、科研机构等的技术进行转化和产业化就需要相关法律制定明确的专利权归属、利益分配和风险防范的条例，目前中国停留在“拜杜规则”层面，需要完善的、系统的法律；虽然协同创新模式在中国已提出多年，但发展情况距离理想状况还有很大的差距，企业、高校和科研机构间的技术互动、人才与项目交流仍存在一定的阻碍。比如企业与其他参与主体之间创新理念存在差异，在一定程度上合作是有屏障的。高校和研究机构更注重技术创新和升级，以加快科技发展为研究目的，更注重研发成果所产生的技术价值，忽略合作研发过程中所产生的市场和成本效应；企业的首要合作目标是获取经济利益，更注重产品生产的成本以及其如何实现市场化。因此，相关政策应在此方面进行宏观调控，以减轻主体间的合作屏障，将科研技术与实践有效结合；企业与其他参与主体之间的利益分配机制需要通过政策或者机制来健全。应制定行之有效的利益分配机制，使利益分配方式和比例更科学规范，学习美国和日本等国家来设立完善的利益分配制度和专利制度，同时对主体间协同创新的长期化发展、良性化发展提供助力，促进技术的创新与提高。

第四，注重提升自主创新能力，掌握关键核心技术，增强创新协同能力。虽然近年来中国在多个领域已达到世界领先水平，但中国长期依赖技术引进方式已无法实现对发达国家的赶超。而大部分企业的自主创新能力较弱、一些关键核心技术对外国依存度较高，然而长期依赖技术引进很容易陷入“引进—落后—再引进—再落后”的“怪圈”[145]。因此，要针对不同企业的发展现状制定适宜性技术创新模式，鼓励企业自主创新的自发性，增强自主创新能力，攻关关键核心技术。当今世界局势变化异常之大，不确定性因素（疫情、战乱、各国政策限制等情况）明显增加，创新尤其是科技创新成为国际战略博弈的主要战场。我国正处于加快构建新发展格局，全面推动高质量发展的时期，依靠科技创新来驱动发展的内涵型增长方式作用日益凸显。唯有持续增强作为第一动力的创新，才能不断开辟发展全新领域和赛道，塑造发展新动能与优势。应坚持创新驱动，健全新型举国体制，加强基础研究，推进关键核心技术攻关和自主创新，完善科技创新体系，加快实现高水平科技自立自强，以国家战略需求为导向，集聚力量进行原创性、引领性科技攻关，坚决打赢关键核心技术攻坚战，并进一步加快重点产业的技术创新，充分发挥科技在工业、农业、能源、安全等领域的支撑引领作用，加强创新型平台建设，加快培育高新技术企业主体，不断增强自主创新能力。另外，要加强各类创新主体的衔接与协同，在优势互补的基础上，鼓励各类创新主体各自发挥所长，探索现代科技创新主体的有效运行机制，激发创新主体和科技人才活力。高校、科研机构等应该重点布局和建设一批较高水平研究基地或平台，特别是交叉研究基地或平台，“以其为依托，凝聚科研团队实施富含前瞻性、战略性、全局性的重大科技攻关项目，促进协同攻关，引领创新发展”[146]。

3.3 政府补贴企业协同创新的必要性与作用

3.3.1 政府补贴必要性的博弈分析

在企业是否选择创新的问题上，各个企业的策略是不一样的，通过构建博弈模型和分析可以看出政府补贴对企业持续创新是很有必要的，本小节对政府补贴的必要性进行分析。

（1）模型构建

本部分基于企业A和企业B两者都是完全理性的，构建了基于创新企业A和企业B的博弈模型，企业A和企业B都有两种策略可以选择：一是采取创新策略，二是采取不创新策略。企业无论采取哪一种策略，其决策目标都是收益最大化。为了便于研究，本书假设两个企业在市场上具有同等地位，即两个企业具有相同的市场竞争能力。但是，一方进行创新时，会改变这种市场竞争局面，即创新会影响两个企业的市场竞争优势，这与现实情况相符。具体模型符号如下：

c：企业A或企业B生产单位产品成本；

Y：企业采取创新策略；

N：企业不采取创新策略；

q_{AiBj}：企业A、B分别采取策略i、策略j时，其单位产品销售量，其中$i, j \in \{Y, N\}$；

p_{AiBj}：企业A、B分别采取策略i、策略j时，其单位产品销售价格，其中$i, j \in \{Y, N\}$；

π_{AiBj}：企业A、B分别采取策略i、策略j时，企业A的销售利润，其中i，j∈{Y，N}；

π_{AiBj}：企业A、B分别采取策略i、策略j时，企业B的销售利润，其中i，j∈{Y，N}；

τ_{AiBj}：企业A、B分别采取策略i、策略j时，企业A创新努力程度，其中i，j∈{Y，N}；

τ_{BiAj}：企业A、B分别采取策略i、策略j时，企业B创新努力程度，其中i，j∈{Y，N}。

模型需求函数如下：

借鉴文献［147］，企业A和企业B都不采取创新策略时，企业A和企业B的需求函数为：

$$q_{ANBN} = Q - \alpha p_{ANBN} + \eta p_{BNAN}$$

$$q_{BNAN} = Q - \alpha p_{BNAN} + \eta p_{ANBN}$$

借鉴文献［148］，企业A采取创新策略时，企业A和企业B的需求函数为：

$$q_{AYBN} = Q - \alpha p_{AYBN} + \eta p_{BNAY} + \sigma\tau_{AYBN}$$

$$q_{BNAY} = Q - \alpha p_{BNAY} + \eta p_{AYBN} - \sigma\tau_{AYBN}$$

借鉴文献［149］，企业A和企业B都采取创新策略时，企业A和企业B的需求函数：

$$q_{AYBY} = Q - \alpha p_{AYBY} + \eta p_{BYAY} + \sigma(\tau_{AYBY} - \tau_{BYAY})$$

$$q_{BYAY} = Q - \alpha p_{BYAY} + \eta p_{AYBY} + \sigma(\tau_{BYAY} - \tau_{AYBY})$$

其中，Q为市场潜在需求量，$\alpha > 0$表示消费者对本企业单位价格的敏感度，$\eta > 0$表示消费者购买本企业产品时，对另一企业单位产品零售价格的敏感度，$\sigma > 0$表示企业进行创新时，消费者对创新努力程度的敏感度，由常理可知$\alpha > \eta$。

（2）模型分析

企业A和企业B都采取不创新策略时，企业A和企业B的收益函数为：

$$\pi_{ANBN} = (p_{ANBN} - c)(Q - \alpha p_{ANBN} + \eta p_{BNAN}) \tag{3.1}$$

$$\pi_{BNAN} = (p_{BNAN} - c)(Q - \alpha p_{BNAN} + \eta p_{ANBN}) \tag{3.2}$$

引理3.1 π_{ANBN}关于p_{ANBN}是凹函数，π_{BNAN}关于p_{BNAN}是凹函数。

证明：对π_{ANBN}关于p_{ANBN}求一阶和二阶偏导数可得：

$\frac{\partial \pi_{ANBN}}{\partial p_{ANBN}} = Q - 2\alpha p_{ANBN} + \eta p_{BNAN} + \alpha c$，$\frac{\partial^2 \pi_{ANBN}}{\partial {p_{ANBN}}^2} = -2\alpha$。

由$-2\alpha < 0$可得，π_{ANBN}关于p_{ANBN}是凹函数，类似可证π_{BNAN}关于p_{BNAN}是凹函数。

由引理3.1可得企业A和企业B最优解为：

$p^*_{ANBN} = p^*_{BNAN} = \frac{Q + \alpha c}{2\alpha - \eta}$，$\tau^*_{ANBN} = \tau^*_{BNAN} = 0$，$q^*_{ANBN} = q^*_{BNAN} = \frac{\alpha(Q - \alpha c + \eta c)}{2\alpha - \eta}$，

$\pi^*_{ANBN} = \pi^*_{BNAN} = \alpha(\frac{Q - \alpha c + \eta c}{2\alpha - \eta})^2$。

企业A采取创新策略时，企业A和企业B的收益函数为：

$$\pi_{AYBN} = (p_{AYBN} - c)(Q - \alpha p_{AYBN} + \eta p_{AYBN} + \sigma\tau_{AYBN}) - \frac{1}{2}k\tau^2_{AYBN} \quad (3.3)$$

$$\pi_{BNAY} = (p_{BNAY} - c)(Q - \alpha p_{BNAY} + \eta p_{AYBN} - \sigma\tau_{AYBN}) \quad (3.4)$$

同引理3.1可知，π_{AYBN}关于p_{AYBN}是凹函数，π_{BNAY}关于p_{BNAY}是凹函数，联立（3.3）式和（3.4）求解得到的最优解p^*_{AYBN}和p^*_{BNAY}代入（3.3）式，（3.3）式关于τ_{AYBN}是凹函数。

由此可得企业A和企业B的最优解为：

$$\tau^*_{AYBN} = \frac{2\alpha\sigma[c(2\alpha - \eta)(\alpha + \eta) + Q(2\alpha + \eta)]}{(2\alpha - \eta)[k(\alpha + \eta)^2 - 2\alpha\sigma^2]}$$

$$p^*_{AYBN} = \frac{(2\alpha + \eta)(Q + \alpha c) + (2\alpha - \eta)\sigma\tau^*_{AYBN}}{4\alpha^2 - \eta^2}$$

$$p^*_{BNAY} = \frac{(2\alpha + \eta)(Q + \alpha c) - (2\alpha - \eta)\sigma\tau^*_{AYBN}}{4\alpha^2 - \eta^2}$$

$$q^*_{AYBN} = \alpha\frac{(2\alpha + \eta)Q + c(\alpha\eta + \eta^2 - 2\alpha^2) + (2\alpha - \eta)\sigma\tau^*_{AYBN}}{4\alpha^2 - \eta^2}$$

$$q^*_{BNAY} = \alpha\frac{(2\alpha + \eta)Q + c(\alpha\beta + \eta^2 - 2\alpha^2) - (2\alpha - \eta)\sigma\tau^*_{AYBN}}{4\alpha^2 - \eta^2}$$

$$\pi^*_{AYBN} = \alpha[\frac{(2\alpha + \eta)Q + c(\alpha\eta + \eta^2 - 2\alpha^2) + (2\alpha - \eta)\sigma\tau^*_{AYBN}}{4\alpha^2 - \eta^2}]^2 - \frac{1}{2}k{\tau^*_{AYBN}}^2$$

$$\pi^*_{BNAY} = \alpha[\frac{(2\alpha + \eta)Q + c(\alpha\eta + \eta^2 - 2\alpha^2) - (2\alpha - \eta)\sigma\tau^*_{AYBN}}{4\alpha^2 - \eta^2}]^2$$

为了便于讨论记 $\tau^{**}=\dfrac{2\alpha\sigma(2\alpha+\eta)^2[c(\eta-\alpha)+Q]}{(2\alpha-\eta)[k(2\alpha+\eta)^2-2\alpha\sigma^2]}$。

根据企业采取创新时的最优解可得创新努力程度对两种产品单位零售价格、产品销售量和收益的影响为：

结论 3.1 $\dfrac{\partial p^*_{AYBN}}{\partial\tau^*_{AYBN}}>0$，$\dfrac{\partial p^*_{BNAY}}{\partial\tau^*_{AYBN}}<0$；$\dfrac{\partial q^*_{AYBN}}{\partial\tau^*_{AYBN}}>0$，$\dfrac{\partial q^*_{BNAY}}{\partial\tau^*_{AYBN}}<0$；当 $\tau<\tau^{**}$ 时，$\dfrac{\partial\pi^*_{AYBN}}{\partial\tau^*_{AYBN}}>0$，否则 $\dfrac{\partial\pi^*_{AYBN}}{\partial\tau^*_{AYBN}}<0$；$\dfrac{\partial\pi^*_{BNAY}}{\partial\tau^*_{AYBN}}<0$。

证明：$\dfrac{\partial p^*_{AYBN}}{\partial\tau^*_{AYBN}}=\dfrac{\sigma}{2\alpha+\eta}>0$，$\dfrac{\partial p^*_{BNAY}}{\partial\tau^*_{AYBN}}=-\dfrac{\sigma}{2\alpha+\eta}<0$。

类似可证，其他不等式成立。

结论 3.1 说明，实施创新的企业，当其创新努力程度小于某一阈值时，虽然创新会提高其单位产品销售价格，但却会增加其产品的销售量，且增加销售量带来的收益要大于成本增加而减少的收益，最终使其总收益增加；当其创新努力程度大于某一阈值时，虽然采取创新策略会提高其销售量，但是会提高其成本，且提高成本减少的收益小于销售量增加带来的收益，最终使其销售利润减少，因此实施创新策略时，要注意投入，不能无节制。

不管企业投入多少成本去创新，也不管实施创新的企业对创新有何种努力程度，都会影响不创新企业的产品销售量和销售利润，即消费者还是比较喜欢有创新的产品。虽然，不实施创新策略的企业其单位产品具有价格优势，但是，其产品的销售量减少，且销售量减少对产品销售利润的影响要大于单位产品销售价格下降对其产品销售利润的影响，最终使其销售利润减少。

虽然一方实施创新可以有效促进实施创新策略企业的产品销售，即提高其销售量，但是，实施创新策略的企业要把握一个度。因为实施创新需要一定的费用，该费用会增加成本。当创新的努力程度小于某一阈值时，增加成本减少的收益才会小于销售量增加带来的收益，最终使实施创新策略的企业收益得到增加。

企业 B 采取创新策略时，类似于企业 A 创新，可得最优解为：

$$\tau_{BYAN}^* = \frac{2\alpha\sigma[c(2\alpha - \eta)(\alpha + \eta) + Q(2\alpha + \eta)]}{(2\alpha - \eta)[k(\alpha + \eta)^2 - 2\alpha\sigma^2]}$$

$$p_{ANBY}^* = \frac{(2\alpha + \eta)(Q + \alpha c) - (2\alpha - \eta)\sigma\tau_{BYAN}^*}{4\alpha^2 - \eta^2}$$

$$p_{BYAN}^* = \frac{(2\alpha + \eta)(Q + \alpha c) + (2\alpha - \eta)\sigma\tau_{BYAN}^*}{4\alpha^2 - \eta^2}$$

$$q_{ANBY}^* = \alpha\frac{(2\alpha + \eta)Q + c(\alpha\eta + \eta^2 - 2\alpha^2) - (2\alpha - \eta)\sigma\tau_{BYAN}^*}{4\alpha^2 - \eta^2}$$

$$q_{BYAN}^* = \alpha\frac{(2\alpha + \eta)Q + c(\alpha\eta + \eta^2 - 2\alpha^2) + (2\alpha - \eta)\sigma\tau_{BYAN}^*}{4\alpha^2 - \eta^2}$$

$$\pi_{ANBY}^* = \alpha[\frac{(2\alpha + \eta)Q + c(\alpha\eta + \eta^2 - 2\alpha^2) - (2\alpha - \eta)\sigma\tau_{BYAN}^*}{4\alpha^2 - \eta^2}]^2$$

$$\pi_{BYAN}^* = \alpha[\frac{(2\alpha + \eta)Q + c(\alpha\eta + \eta^2 - 2\alpha^2) + (2\alpha - \eta)\sigma\tau_{BYAN}^*}{4\alpha^2 - \eta^2}]^2 - \frac{1}{2}k\tau_{BYAN}^{*\ 2}$$

企业A和企业B都采取创新策略时，企业A的收益函数为：

$$\pi_{AYBY} = (p_{AYAY} - c)[Q - \alpha p_{AYBY} + \eta p_{BYAY} + \sigma(\tau_{AYBA} - \tau_{BYAY})] - \frac{1}{2}k\tau_{AYBY}^2$$

企业B的收益函数为：

$$\pi_{BYAY} = (p_{BYAY} - c)[Q - \alpha p_{BYAY} + \eta p_{AYBY} + \sigma(\tau_{BYAY} - \tau_{AYBY})] - \frac{1}{2}k\tau_{BYAY}^2$$

类似上述三种情况，可以求得最优解为：

$$p_{AYBY}^* = p_{BYAY}^* = \frac{Q + \alpha c}{2\alpha - \eta}$$

$$\tau_{AYBY}^* = \tau_{BYAY}^* = \frac{2\alpha\sigma(Q - \alpha c + \eta c)}{k(4\alpha^2 - \eta^2)}$$

$$q_{AYBY}^* = q_{BYAY}^* = \frac{\alpha(Q - \alpha c + \eta c)}{2\alpha - \eta}$$

$$\pi_{AYBY}^* = \pi_{BYAY}^* = \alpha(\frac{Q - \alpha c + \eta c}{2\alpha - \eta})^2$$

通过对比分析两者都不采取创新策略与都采取创新策略的最优解，可得结论3.2。

结论3.2：

①$p_{ANBN}^* = p_{BNAN}^* = p_{AYBY}^* = p_{BYAY}^*$；

②$q_{ANBN}^* = q_{BNAN}^* = q_{AYBY}^* = q_{BYAY}^*$；

③$\pi_{ANBN}^* = \pi_{BNAN}^* = \pi_{AYBY}^* = \pi_{BYAY}^*$；

④$\tau^*_{AYBY} = \tau^*_{BYAY} > \tau^*_{ANBN} = \tau^*_{BNAN}$。

结论3.2说明，当企业A和企业B都选择创新策略时，由于市场竞争的存在，最终使其创新努力程度一样，且两者产品的单位零售价格、销售量和销售利润与两个企业都不采取创新策略时一样。因此，在无外界影响下，两个企业都会选择不进行创新，因此需要政府参与到企业创新中来，给予进行创新的企业一定的鼓励与支持。

如果政府发现两个企业都采取创新策略，政府为了促进这种创新持续进行，最好选择一个企业对其给予政策支持或资金支持，提高该企业的创新积极性。这时，另一个企业也会努力进行创新，一是为了改变其不利的市场竞争地位，二是为了获得政府支持。总之，政府在两个企业都采取创新策略时，要采取策略提高两个企业创新的可持续性。

3.3.2 政府对企业协同创新的主要作用

（1）政府补贴的引领作用

政府采用的补贴手段在企业协同创新过程中最开始的作用就是引导其布局与组建。合理的布局会直接影响到创新的整体发展，所以政府应从产业结构、地域情况、社会发展需要等方面考虑选择合适、科学的领域、空间位置、规模等进行布局与组建。第一，产业选择要以国家总体发展计划为根本，以经济发展为目标，以支柱产业和新兴产业为重点对象。第二，科学的布局要求政府把握好产业的特点、优势、资源分布、发展现状及前景等，在做好科学准备的情况下进行高水平建设。第三，整合产业内和空间区域内的资源，确保联盟内的资源优质性。第四，政府合理引领产业技术联盟的组建，保证产业技术联盟组建的顺利进行与环境稳定。第五，虽然政府引导了整个产业技术联盟的布局与组建，但是仍需抓住重点进行大力支持，合适的着力点能够减少不必要的支出。

（2）政府补贴的服务作用

政府补贴在企业协同创新中最重要的作用就是营造良好的政策环境，因为这是只有政府才能够完成的不可替代的任务。然而社会文化环境作为软环境也时时刻刻会对产业技术协同组织产生影响，组织的发展环境不仅依靠政策，还依赖于社会技术创新的文化环境，它包括价值观、创新精神与动力、对技术的尊重等。这样的文化建设是一个庞大的工程，是历史积淀下来的产物，必须由政府主导来营造积极的科技文化创新氛围，在组织内外形成鼓励技术创新的进取机制，营造全社会的和谐氛围。政府的服务作用除了体现在软环境上以外，还体现在硬环境上，加强对技术协同组织基础设施的支持，为组织内科研成员提供良好的居住和工作环境能够提高协同组织的工作效率，具体可以通过制定土地和基本建设优惠政策来实行。

政府通过采用补贴手段来服务各参与主体，积极解决知识产权问题是协同创新能够长期发展的条件之一。为促进企业协同创新的发展，提高研发创新的积极性，需要有相关创新产权保护法律相匹配，以保证产业技术创新组织外部环境的稳定性。所以，政府需要大力采取相关政策来保护参与的企业、高校和科研机构等的知识产权并提高相应的专利意识，同时，采取一定的补贴措施来推动协同技术创新活动的顺利开展。因此，应从建立知识产权意识开始，对每个个人的权益进行保护，防止涉及知识产权的物品被乱用，政府可以通过制定相应的知识产权保护政策，给予适当的政府补贴来保证协同创新战略与政策的有效整合。目前中国知识产权体系较为完善，但是由于企业协同创新这种松散组织的特殊性，在这一创新过程中产生的知识产权纠纷是否完全按照相关要求执行还是值得考量的，这也更显示出了政府补贴所能起到的重要作用。

政府通过建立科技中介服务平台或机构服务于产业技术协同创新组织。产业技术协同创新组织本身就是一个技术平台，它连接了各个组织成员、政府和高校，协同组织就是为共性技术的研发、技术转移和知识交流提供一个稳定高效的交流渠道，但是在实际情况中由于组织成员的差异性以及信息不对称等问题的制约，组织内部的沟通并不是十分顺畅，因此政府的科技中介平台（机构）的意义就凸显出来了。科技中介服务机构不仅作用于产业技术协同创新组织，对产业升级更具有积极的意义。科技中介服务机构的主要功能是在企业与政府、科研机构、教育机构以及金融机构之间建立稳定的中介平台，并通过平台上的资源共享和互动创新为企业提供包括技术信息、咨询、转让、成果转化在内的服务，促进企业技术升级。目前许多科技服务机构缺少服务意识和服务能力，没有以市场为导向在企业和高校科研院所之间进行及时的信息反馈，也不具备提供高质量服务的能力，但是这一体系的建设是循序渐进的，在政府和全民的积极努力下，科技中介服务平台终将发挥其应有的作用。

（3）政府补贴的支持作用

政府补贴最为直接的支持体现在资金上，因此中央和地方政府提出了一系列规章制度。2006年，为进一步促进北京中关村园区的发展，相关政府对其采取先行先试办法，即通过降低融资约束、提高资金补贴以及增加资金配套服务等多种形式来促进中关村园区的发展。而针对具有集中性优势产业的山东、黑龙江等地区，强调通过建立优势联合组织来推动企业协同创新的发展。湖南省为加快企业协同创新的发展，合理利用省级科技计划和产学研结合来大力支持技术创新产业联合组织，强调不同机构之间的互动创新与资源共享。因此，资金支持是重要内容，可以为产业联盟的发展提供一个稳定健康的外部环境。

美国的产业技术协同创新组织（联盟）起步较早且发展完善，政府对产业技术联盟的支持也主要体现在资金上。胡冬云（2010）在研究中指出，美国SEMATECH作为政府和企业合作成立产业技术创新联盟的成功范例，其中，政府通过法案授权国防部部长来代表其参与产业协同创新组织，以国防部为中介对产业联盟提供资金支持，每年1亿美元，达到了整个产业联盟研发投入的一半[150]。政府补贴是配套使用、专项对口的，但在实际操作中，对这些资金的使用缺少相应的监管。这就是产业技术创新联盟监管机制的缺失造成的，为确保资金的使用效益，政府应建立专门的联盟管理机构，协调各成员之间的利益。

政府补贴主要是基于共性技术的研发、合作创新与技术扩散的。共性技术是企业进行技术知识学习以及进行专有技术研发的主要基础，为企业创新能力提供了重要支撑。一直以来，行业科研院所是中国共性技术研发和扩散的主体，但近年来随着科研院所的逐渐转制，导致原有的资助体系弱化，而产业共性技术需要长期的研发投入，同时具有一定的风险性，这并不利于中国现有产业共性技术的发展。所以，产业技术协同创新组织作为推动中国技术进步的中介组织，对改变传统产业共性技术发展体系，推动产业共性技术研发与扩散具有重要的现实意义[151]。而政府在这一过程中起到促进产业共性技术研发和扩散，提高资源整合效率的作用。由于联盟内部成员的差异性以及信息不对称，共性技术的研发和扩散将会受阻，尤其是扩散环节。因此政府应在扩散过程中给予支持和帮助，制定合理的规划和目标，发挥政府的职能，推进共性技术的整合和学习，提高资源效率，助力产业技术升级。

（4）政府补贴的协调作用

政府补贴的协调作用主要体现在维持企业协同创新整体的稳定性上，它体现在如下三个方面：一是利益分配。利益分配不仅体现在资产上，若是资产上的利益纠纷还比较好协调，但是产业技术协同创新组织中的利益分配纠纷通常体现在知识产权上。技术协同创新组织成员之间的知识产权被侵犯或者组织共性技术的侵犯都会造成利益的巨大损失，政府可以通过完善保护知识产权法律法规来制约知识产权被侵犯的行为。二是成员间的信任。由于技术协同创新组织内的成员都是以获取利益为首要目标的企业，组织成员会诸事以自身利益为出发点，缺少对其他成员的信任。但是产业技术协同创新组织是一个团体，信任的缺失很容易造成协同创新技术组织的不稳定。而政府作为无利益的第三方，其中一个作用就是协调成员之间的信任关系。三是信息不对称。信息不对称也是产业技术协同创新组织不稳定的因素之一，它可能会造成技术交易风险，可能会提高成本，也可能会减慢技术研发的速度。政府可以通过技术指导，搭建中介平台等方法进行协调，减少信息不对称。

目前，成本问题已成为制约产业技术协同创新组织发展的重要因素。产业技术协同创新组织为内部成员提供了一个资源共享、信息交流以及互动创新的平台，但是组织的运转需要消耗大量的成本。第一，组织的协同创新是多主体的合作，较之于单个主体的研发活动会产生较多的协调成本。第二，组织规模越庞大就越难以控制每个成员对组织的贡献，很容易存在“搭便车”的情况，这也增加了成本。第三，组织成员之间的知识传递、技术溢出会由于互相之间的交替传递产生错误，一旦发生错误，增加的成本不可估量。第四，组织成员之间并不是同等水平的，规模、结构、资本等方面的差异都会使成员之间的沟通成本加大，因此，政府降低创新成本的作用就凸显出来了。政府的协调之所以能够降低联盟成本是因为如下几个原因：首先，政府虽然为产业技术协同创新组织提供支持，但政府并非联盟内部的成员，分析问题比企业更客观，可以从第三方的角度对企业之间增加成本的行为进行协调。其次，政府虽不是产业技术协同创新组织的主导，但是是具有话语权的，如“搭便车”行为若由成员之间解决则很容易引起冲突，但若是政府进行协调，不仅可以有效解决“搭便车”问题，还能进一步从协调作用转换成监管作用。

3.4 本章小结

本章首先对国内推动创新的政策理论进行了梳理，从三个方面展开，国内推动创新的政策及计划，政策及计划的实施情况，政策实施的效果和不足，接着对发达国家推动创新的相关政策进行了梳理，分别对美国、英国、日本、德国推动技术创新的相关战略和措施进行了概括，并对发达国家推动技术创新的政策给中国的启示进行了提炼总结，最后，对政府补贴的必要性进行了博弈分析，并概括了政府对企业协同创新的引领、支持、协调和服务作用。

4 仅上游研发时政府补贴的影响及协调机制研究

协同创新首要的问题是要考虑创新的成本，而创新费用的承担方式对创新有怎样的影响是本章先行考虑的问题。在分析这一问题后，考虑政府的补贴策略对协同创新的作用。而政府在采取补贴策略时，首先需要确定补贴对象，即政府补贴给哪一方才能更有效地促进协同创新。因此，本章首先分析政府不采取补贴策略，仅上游研发时对协同创新的影响，并进一步给出实现协同创新的协调机制。其次，研究政府选取不同补贴对象对协同创新的影响，确立最优补贴对象，并针对模型进行相应的仿真分析，给出一定的结论。

4.1 政府不补贴条件下的协同创新博弈模型

4.1.1 问题描述

2019 年 5 月 15 日，美国时任总统特朗普签署了一项行政命令，要求美国从法律层面禁止某些公司提供电信设备和服务，而这些公司被认定为“外国对手”，之后美国商务部发布一份出口管制的“实体名单”，华为及华为子公司赫然在列。其实，在美国没有制裁华为之前，华为公司就开始布局如何应对未来不确定的风险，比如，华为为避免安卓系统可能不被授权使用，自己早就布局研发鸿蒙系统，在安卓系统不被授权使用时，华为公司开始使用自己的鸿蒙系统。同时，芯片是中国电子通信行业的一个致命点，面对芯片被断供的风险，华为公司也早就开始布局研发芯片，形成自有品牌麒麟芯片。但是，无论是鸿蒙系统的研发还是麒麟芯片的研发，华为公司都是委托自己的子公司进行的，华为子公司研发成功后，委托第三方进行生产。

另外，中国政府为促进国有芯片的研发和发展，建立了约290亿美元的国家基金，以降低对外部技术的依赖。同时，中国政府为推进国内企业对芯片产业的投入和研发，对芯片研发企业给予了一定的政府补贴和税收支持。中国政府为促进芯片产业发展，不仅提供研发资金支持，还对其给予政府补贴和税收减免支持。实际上，很多情况下，企业的创新研发是没有政府补贴的，也可以视为政府的补贴为零。从目前的现实情况来看，创新是有必要的，尤其一些关键核心技术，是需要自己研发掌握的，这决定着企业甚至行业的存货问题。

基于此，有必要首先分析在实施研发过程中，如何实现有限的投入得到有效的发挥。行之有效的办法是进行协同创新，即把创新交给专门从事研发的企业进行，研发成功后，生产企业再通过支付一定的费用购买研发企业的创新成果进行生产。但是研发企业进行创新时具有一定的风险，因此，研发企业进行研发时会考虑创新费用的承担问题，即创新费用是由生产企业承担，还是由研发企业承担，还是由两者通过签订契约共同承担？这是实现协同创新面临的一个关键问题。基于此，本节构建一个由研发企业（文中定义为上游企业）与生产企业（文中定义为下游企业）组成的博弈模型，基于此博弈模型，考虑三种不同创新费用承担方式：一是研发企业承担创新费用（分散决策），二是生产企业承担创新费用（分散决策），三是生产企业与研发企业共同承担（集中决策）。对比分析三种模式对研发与生产最优解的影响，可以解决上述关键问题，为研发企业与生产企业协同创新的决策提供科学依据。

本节基于创新投入费用承担问题，构建由一个研发企业和一个生产企业组成的（上下游）博弈模型。其中，研发企业负责研发，其决策变量是单位产品委托研发费用；生产企业主要负责利用研发企业的创新进行产品生产，其决策变量是单位产品零售价格。进一步，基于此博弈模型，对比分析三种费用承担方式（研发企业承担创新费用、生产企业承担创新费用和集中决策）对单位委托研发费用、单位零售价格、创新努力程度和收益的影响。

（1）模型符号

c：单位产品的研发成本；

下标Y：研发企业承担创新费用；

下标P：生产企业承担创新费用；

下标C：集中决策；

w_i：创新费用采用i模式时，单位产品委托研发费用，$i \in \{Y, P\}$；

p_i：创新费用采用i模式时，单位产品零售价格，$i \in \{Y, P, C\}$；

τ_i：创新费用采用i模式时，单位产品创新努力程度，$i \in \{Y, P, C\}$；

q_i：创新费用采用i模式时，产品市场需求量，$i \in \{Y, P\}$；

β：表示消费者对产品创新的敏感度；

k：单位创新努力的创新成本系数；

π_{iY}：创新费用采用i模式时，研发企业的收益，$i \in \{Y, P\}$；

π_{iP}：创新费用采用i模式时，生产企业的收益，$i \in \{Y, P\}$；

π_C：集中决策时，整体收益。

（2）需求函数

本书假设消费者购买行为受到产品的价格与创新努力程度影响，即产品需求量是单位产品的价格以及产品创新努力程度的线性函数，其表达式为：

$q_i = Q - \alpha p_i + \beta\tau_i$，$i \in \{Y, P, C\}$。

其中，q_i表示创新费用采取i模式时，产品市场需求量，即产品的销售量；Q表示市场上对产品潜在的需求量；$\alpha>0$表示消费者对价格的敏感度；$\beta>0$表示消费者对产品创新的敏感度。市场需求量与单位产品零售价格负相关，即单位产品零售价格越高，需求量越小，同时，与企业创新努力程度正相关，即企业对产品创新努力程度越大，产品越具有吸引力，越会增加产品的市场需求量。根据实际情况可知$\alpha>\beta$。

本书假设创新费用与创新努力程度二次方正相关[153]，即科研机构承担创新费用时，创新成本为$\frac{k}{2}\tau_Y^2$；生产企业承担创新费用时，创新成本为$\frac{k}{2}\tau_P^2$；集中决策时，创新成本为$\frac{k}{2}\tau_C^2$，其中$k>0$为研发努力成本系数。

（3）模型假设

为保证研究有意义，本书给出以下两个假设：

假设1：$2\alpha k-\beta^2>0$，如若不然，根据结论4.1可知，需求函数小于零，一般情况下，要求需求函数大于零。

假设2：如果创新成本较高，甚至创新成本趋于无穷大时，研发企业选择不进行研发，因此本书的研究背景是创新成本不趋于无穷大。

（4）决策顺序

分散决策主要是指研发企业与生产企业依据决策顺序进行单独决策，在本书中，研发企业首先决策单位产品委托研发费用和单位产品创新努力程度，生产企业根据单位产品委托研发费用和单位产品创新努力程度决策单位产品的零售价格。集中决策主要是指研发企业和生产企业合二为一，即一个企业不仅是研发企业而且是生产企业，该企业直接决策单位产品零售价格和单位产品创新努力程度。

在分散决策时，由于研发企业和生产企业各自追求自己利益最大化，导致“边际效益”，使上下游整体收益受损，而集中决策避免了“边际效益”，使收益变大。因此，有必要研究上下游如何协同合作，避免“边际效益”，使分散决策时的整体收益达到集中决策时的收益，即上下游协调机制。

4.1.2 模型建立与分析

（1）研发企业承担创新费用

由上述模型函数分析可知：当研发企业承担创新费用时，研发企业与生产企业决策函数分别用π_{YY}，π_{YP}来表示；市场需求函数为$Q-\alpha p_Y+\beta\tau_Y$，创新成本为$\frac{k}{2}\tau_Y{}^2$，研发企业研发收益为$(w_Y-c)(Q-\alpha p_Y+\beta\tau_Y)$。

因此，研发企业决策函数为：

$(w_Y-c)(Q-\alpha p_Y+\beta\tau_Y)-\frac{k}{2}\tau_Y{}^2$，即收益与创新成本之差；生产企业收益为$(p_Y-w_Y)(Q-\alpha p_Y+\beta\tau_Y)$，其为决策函数，由此可得研发企业与生产企业决策函数如下：

$$\pi_{YY}=(w_Y-c)(Q-\alpha p_Y+\beta\tau_Y)-\frac{k}{2}\tau_Y{}^2 \tag{4.1}$$

$$\pi_{YP}=(p_Y-w_Y)(Q-\alpha p_Y+\beta\tau_Y) \tag{4.2}$$

（2）生产企业承担创新费用

当生产企业承担创新费用时，研发企业与生产企业决策函数分别用π_{PY}，π_{PP}来表示。市场需求函数为$Q-\alpha p_P+\beta\tau_P$，研发企业研发收益为$(w_P-c)(Q-\alpha p_P+\beta\tau_P)$，其为决策函数；生产企业收益为$(p_P-w_P)(Q-\alpha p_P+\beta\tau_P)$，创新成本为$\frac{k}{2}\tau_P{}^2$，因此其决策函数为$(p_P-w_P)(Q-\alpha p_P+\beta\tau_P)-\frac{k}{2}\tau_P{}^2$，即收益与创新成本之差，由此可得研发企业与生产企业决策函数如下：

$$\pi_{PY}=(w_P-c)(Q-\alpha p_P+\beta\tau_P) \tag{4.3}$$

$$\pi_{PP}=(p_P-w_P)(Q-\alpha p_P+\beta\tau_P)-\frac{k}{2}\tau_P{}^2 \tag{4.4}$$

（3）集中决策时

生产企业与研发企业共同承担创新费用时，即为集中决策，即相当于生产企业自己负责研发，其收益决策函数用π_C表示；市场需求函数为$Q-\alpha p_C+\beta\tau_C$，创新成本为$\frac{k}{2}\tau_C{}^2$，收益决策函数为$(p_C-c)(Q-\alpha p_C+\beta\tau_C)-\frac{k}{2}\tau_C{}^2$，即收益与创新费用之差，由此可得集中决策时，收益决策函数如下：

$$\pi_C = (p_C - c)(Q - \alpha p_C + \beta\tau_C) - \frac{k}{2}\tau_C^{\ 2} \tag{4.5}$$

引理4.1　式（4.2）关于p_Y是凹函数，式（4.1）关于w_Y，τ_Y是凹函数。证明：式（4.2）关于p_Y的一阶、二阶偏导数为：

$$\frac{\partial\pi_{YP}}{\partial p_Y} = Q - 2\alpha p_Y + \beta\tau_Y + \alpha w_Y \tag{4.6}$$

$$\frac{\partial^2\pi_{YP}}{\partial p_Y^{\ 2}} = -2\alpha < 0 \tag{4.7}$$

由式（4.7）可知式（4.2）关于p_Y是凹函数，即让式（4.6）等于零获得的解是最优解，通过式（4.6）可得：

$$p_Y = \frac{Q + \beta\tau_Y + \alpha w_Y}{2\alpha} \tag{4.8}$$

把式（4.8）带入式（4.1）可得：

$$\pi_{YY} = \frac{(w_Y - c)(Q + \beta\tau_Y - \alpha w_Y)}{2} - \frac{k}{2}\tau_Y^{\ 2} \tag{4.9}$$

对式（4.9）分别关于w_Y，τ_Y求一阶、二阶偏导数可得：

$$\frac{\partial\pi_{YY}}{\partial w_Y} = \frac{Q + \beta\tau_Y - 2\alpha w_Y + \alpha c}{2}$$

$$\frac{\partial\pi_{YY}}{\partial\tau_Y} = \frac{\beta(w_Y - c)}{2} - k\tau_Y$$

$$\frac{\partial^2\pi_{YY}}{\partial\tau_Y\partial w_Y} = \frac{\partial^2\pi_{YY}}{\partial w_Y\partial\tau_Y} = \frac{\beta}{2}$$

$$\frac{\partial^2\pi_{YY}}{\partial w_Y^{\ 2}} = -\alpha$$

$$\frac{\partial^2\pi_{YY}}{\partial\tau_Y^{\ 2}} = -k$$

由此可得式（4.9）的海赛矩阵为：$H = \begin{bmatrix} -\alpha & \frac{\beta}{2} \\ \frac{\beta}{2} & -k \end{bmatrix}$。

故$|H| = \frac{4\alpha k - \beta^2}{4} > 0$且$-\alpha < 0$，$-k < 0$，即式（4.1）关于$w_Y$，$\tau_Y$是凹函数。

类似可知：式（4.4）关于p_P，τ_P是凹函数，式（4.4）获得的最优解带入式（4.3），式（4.3）关于w_P是凹函数；式（4.5）关于p_C，τ_C是凹函数，由此可得三种情况下的纳什最优均衡解。

引理4.1证毕。

结论4.1　三种不同创新费用承担方式下最优解见表4.1。其中情况1指的是研发企业承担创新费用时，情况2指的是生产企业承担创新费用时，情况3指的是研发企业与生产企业通过契约共同承担创新费用时，即集中决策。

由结论4.1可得结论4.2和结论4.3。

结论4.2　三种不同创新费用承担方式对创新努力程度的影响：$\tau_Y < \tau_P < \tau_C$。

证明：无研发时市场需求函数为$q_i = Q - \alpha p_i$，一般情况下需求函数大于零，即$q_i = Q - \alpha p_i > 0$，根据市场规律可知单位产品零售价格大于其单位产品生产成本，由此可知$Q - \alpha c > Q - \alpha p_i > 0$。

表4-1　　无政府补贴情况下三种创新费用承担方式的最优解

	情况1：Y	情况2：P	情况3：C
w_i	$\frac{2k(Q+\alpha c)-\beta^2 c}{4\alpha k-\beta^2}$	$\frac{Q+\alpha c}{2\alpha}$	—
p_i	$\frac{3kQ+\alpha kc-\beta^2 c}{4\alpha k-\beta^2}$	$\frac{3\alpha kQ+\alpha^2 kc-\beta^2 Q-\alpha\beta^2 c}{2\alpha(2\alpha k-\beta^2)}$	$\frac{k(Q+\alpha c)-\beta^2 c}{2\alpha k-\beta^2}$
τ_i	$\beta\frac{Q-\alpha c}{4\alpha k-\beta^2}$	$\beta\frac{Q-\alpha c}{2(2\alpha k-\beta^2)}$	$\beta\frac{Q-\alpha c}{2\alpha k-\beta^2}$
q_i	$\alpha k\frac{Q-\alpha c}{4\alpha k-\beta^2}$	$\alpha k\frac{Q-\alpha c}{2(2\alpha k-\beta^2)}$	$\alpha k\frac{Q-\alpha c}{2\alpha k-\beta^2}$
π_{iY}	$k\frac{(Q-\alpha c)^2}{2(4\alpha k-\beta^2)}$	$k\frac{(Q-\alpha c)^2}{4(2\alpha k-\beta^2)}$	—
π_{iP}	$\frac{\alpha k^2(Q-\alpha c)^2}{(4\alpha k-\beta^2)^2}$	$\frac{k(Q-\alpha c)^2}{8(2\alpha k-\beta^2)}$	—
π_C	—	—	$\frac{k(Q-\alpha c)^2}{2(2\alpha k-\beta^2)}$

再由表4-1可知：

$$\tau_Y - \tau_P = \beta\frac{Q-\alpha c}{4\alpha k-\beta^2} - \beta\frac{Q-\alpha c}{2(2\alpha k-\beta^2)} = -\frac{\beta^3(Q-\alpha c)}{2(4\alpha k-\beta^2)(2\alpha k-\beta^2)} < 0$$

$$\tau_P - \tau_C = \beta\frac{Q-\alpha c}{2(2\alpha k-\beta^2)} - \beta\frac{Q-\alpha c}{2\alpha k-\beta^2} = -\frac{\beta(Q-\alpha c)}{2(2\alpha k-\beta^2)} < 0$$

故$\tau_Y < \tau_P < \tau_C$，结论4.2得证。

结论4.2证毕。

其中，$i \in \{Y, P, C\}$。

结论4.2说明，集中决策时，创新努力程度最大，创新积极性最高，生产企业承担创新费用时创新努力程度次之，研发企业承担创新费用时创新努力程度最小。这种现象很容易理解，集中决策时，可以减少研发企业与生产企业的边际成本，使其创新努力程度最大；当生产企业承担创新费用时，生产企业间接承担创新研发的一部分风险，使研发企业的创新研发积极性得到提高，最终提高其创新努力程度；当研发企业承担创新费用时，研发企业不仅承担研发的风险，还承担创新费用投资风险，这两个方面的因素促使其创新努力程度变小。企业进行协同创新时，影响其协同创新最关键的因素是如何合理公平地对收益进行分配[151]，而本书的研究其一是协同创新时成本分摊问题，即如何进行创新费用分摊，降低研发风险，促进上下游协同创新。

管理启示：为了促进研发企业积极进行创新研发，生产企业应主动承担创新费用。另外生产企业与研发企业为了避免造成双重边际效应，应通过契约方式，使研发企业与生产企业整体收益达到最优。

结论4.3　三种不同创新费用承担方式对单位委托研发费用、单位销售价格和需求量的影响：

（1）$w_Y > w_P$；

（2）当$k < \dfrac{\beta^2}{\alpha}$时，$p_Y < p_P < p_C$，否则，$p_Y \geqslant p_P \geqslant p_C$；

（3）$q_Y < q_P < q_C$。

证明：（1）由$w_Y - w_P = \dfrac{\beta^2(Q-\alpha c)}{2\alpha(4\alpha k-\beta^2)} > 0$可知，$w_Y > w_P$。

类似可证（2）和（3）。

结论4.3证毕。

结论4.3说明，当研发企业承担创新费用时，研发企业为了弥补研发投入，会通过提高单位产品委托研发费用来增加其收益，即研发企业承担创新费用时，单位委托研发费用最高；三种决策模式对单位产品零售价格的影响与单位创新成本系数有关，即当创新成本系数小于某一阈值时，集中决策时单位产品零售价格最高、企业承担创新费用次之、研发企业承担创新费用时最低；集中决策时销售量最大、企业承担创新费用时销售量次之、研发企业承担创新费用时销售量最小。

为了便于给出结论4.4，使：

$$\pi_{YC} = \pi_{YY} + \pi_{YP} = k\frac{(Q - \alpha c)^2}{2(4\alpha k - \beta^2)} + \frac{\alpha k^2(Q - \alpha c)^2}{(4\alpha k - \beta^2)^2} = k\frac{(Q - \alpha c)^2(6\alpha k - \beta^2)}{2(4\alpha k - \beta^2)^2}$$

$$\pi_{PC} = \pi_{PY} + \pi_{PP} = k\frac{(Q - \alpha c)^2}{4(2\alpha k - \beta^2)} + k\frac{(Q - \alpha c)^2}{8(2\alpha k - \beta^2)} = k\frac{3(Q - \alpha c)^2}{8(2\alpha k - \beta^2)}$$

结论4.4　当创新成本系数k足够大时，三种决策模式对收益的影响为：$\pi_{YC} = \pi_{PC} < \pi_C$。

证明：当创新成本系数k足够大时，可得：

$$\lim_{k\to\infty}\frac{\pi_{YC}}{\pi_C} = \lim_{k\to\infty}\frac{(6\alpha k - \beta^2)(2\alpha k - \beta^2)}{(4\alpha k - \beta^2)^2} = \frac{12}{16} = \frac{3}{4}$$

$$\frac{\pi_{PC}}{\pi_C} = \frac{k\dfrac{3(Q - \alpha c)^2}{8(2\alpha k - \beta^2)}}{\dfrac{k(Q - \alpha c)^2}{2(2\alpha k - \beta^2)}} = \frac{3}{4}$$

故$\pi_{YC} = \pi_{PC} < \pi_C$。

结论4.4得证。

结论4.4说明，集中决策时，收益最大。再结合结论4.2可知，集中决策时，创新努力程度也最大，因此有必要研究协调契约，使整个收益达到最优。同时，再由结论4.2可知，在创新成本足够大，分散决策时，其整体收益与哪一方承担创新费用无关。

4.1.3　协调机制

第2章曾讨论协同创新的主要冲突包括目标冲突、关系冲突和利益冲突等。前两个冲突问题已在前述部分给出解决办法，而本部分主要解决利益冲突问题，选择合适的利益分配方案，促进协同创新的顺利进行。为避免上述冲突对上下游收益产生影响，下面主要以第一种创新费用承担方式为基础，给出协调契约，即协调机制。

（1）成本分摊契约

研发企业承担创新费用时，生产企业承担一定比例的创新费用，研发企业与生产企业的收益函数如下：

$$\pi_{YY} = (w_Y - c)(Q - \alpha p_Y + \beta\tau_Y) - (1 - \gamma)\frac{k}{2}\tau_Y^{\ 2} \tag{4.10}$$

$$\pi_{YP} = (p_Y - w_Y)(Q - \alpha p_Y + \beta\tau_Y) - \gamma\frac{k}{2}\tau_Y^{\ 2} \tag{4.11}$$

类似结论4.1，可以求得成本分摊契约下，最优解为：

$$w_Y^{\gamma} = \frac{2k(Q + \alpha c)(1 - \gamma) - \beta^2 c}{4\alpha k(1 - \gamma) - \beta^2}$$

$$\tau_Y^{\gamma} = \beta\frac{Q - \alpha c}{4\alpha k(1 - \gamma) - \beta^2}$$

$$p_Y^{\gamma} = \frac{k(1 - \gamma)(3Q + \alpha c) - \beta^2 c}{4\alpha k(1 - \gamma) - \beta^2}$$

$$q_Y^{\gamma} = \frac{\alpha k(1 - \gamma)(Q - \alpha c)}{4\alpha k(1 - \gamma) - \beta^2}$$

$$\pi_{YP}^{\gamma} = \frac{[\alpha k^2(1 - \gamma)^2 - \beta^2\gamma](Q - \alpha c)^2}{2[4\alpha k(1 - \gamma) - \beta^2]^2}$$

这时，$\pi_{YC}^{\gamma} = \pi_{YY}^{\gamma} + \pi_{YP}^{\gamma} = k\dfrac{(Q - \alpha c)^2[6\alpha k(1 - \gamma)^2 - \beta^2]}{2(4\alpha k - \beta^2)^2}$，由此可知，

$$\pi_C - \pi_{YC}^{\gamma} = \frac{k(Q - \alpha c)^2}{2(2\alpha k - \beta^2)} - \frac{k(Q - \alpha c)^2[6\alpha k(1 - \gamma)^2 - \beta^2]}{2[4\alpha k(1 - \gamma) - \beta^2]^2} = \frac{2\alpha k^2(Q - \alpha c)^2}{2(2\alpha k - \beta^2)[4\alpha k(1 - \gamma) - \beta^2]^2}$$
$[(2\alpha k + 3\beta^2)(1 - \gamma)^2 - 4\beta^2(1 - \gamma) + \beta^2]$。

其中，$f(\gamma) = (2\alpha k + 3\beta^2)(1 - \gamma)^2 - 4\beta^2(1 - \gamma) + \beta^2$是一个关于$\gamma$的一元二次方程，且$\Delta = 4\beta^2(\beta^2 - 2\alpha k) < 0$；再由$(2\alpha k + 3\beta^2) > 0$可知，函数$f(\gamma) > 0$，即$\pi_C > \pi_{YC}^{\gamma}$。由此可得结论4.5。

结论4.5　成本分摊契约不能使其达到整体最优，即成本分摊契约的收益小于集中决策时的收益。

（2）约束创新成本的成本分摊契约

为了降低单位产品的零售价格，研发企业首先固定单位产品的研发委托费用$w = \gamma_1 p + (1 - \gamma_1)c$，并且愿意承担一定比例的创新费用，即愿意承担创新费用为$(1 - \gamma_2)\dfrac{k\tau^2}{2}$。根据上述分析可得研发企业与生产企业的决策函数为：

$$\pi_Y = \gamma_1(p - c)(Q - \alpha p + \beta\tau) - (1 - \gamma_2)\frac{k}{2}\tau^2 \tag{4.12}$$

$$\pi_P = (1 - \gamma_1)(p - c)(Q - \alpha p + \beta\tau) - \gamma_2\frac{k}{2}\tau^2 \tag{4.13}$$

类似结论4.1，求解式（4.12）和式（4.13）可得最优解为：$\tau = \frac{\beta\gamma_1(Q - \alpha c)}{2\alpha k(1 - \gamma_2) - \beta^2\gamma_1}$，$p = \frac{k(1 - \gamma_2)(Q + \alpha c) - \beta^2 c\gamma_1}{2\alpha k(1 - \gamma_2) - \beta^2\gamma_1}$。

为了使$\tau = \frac{\beta\gamma_1(Q - \alpha c)}{2\alpha k(1 - \gamma_2) - \beta^2\gamma_1} = \tau_C = \beta\frac{Q - \alpha c}{2\alpha k - \beta^2}$，可知$\gamma_1 = 1 - \gamma_2$。

这时，$p = \frac{k(1 - \gamma_2)(Q + \alpha c) - \beta^2 c\gamma_1}{2\alpha k(1 - \gamma_2) - \beta^2\gamma_1} = \frac{k(Q + \alpha c) - \beta^2 c}{2\alpha k - \beta^2} = p_C$，$q = q_C = \alpha k\frac{Q - \alpha c}{2\alpha k - \beta^2}$。

由此可得$\pi_Y = \gamma_1\frac{k(Q - \alpha c)^2}{2(2\alpha k - \beta^2)}$，$\pi_P = (1 - \gamma_1)\frac{k(Q - \alpha c)^2}{2(2\alpha k - \beta^2)}$。

下面确定γ_1的取值范围，为了使该契约能得到有效执行，π_Y，π_P必须满足下面的条件：

$$\pi_Y = \gamma_1\frac{k(Q - \alpha c)^2}{2(2\alpha k - \beta^2)} \geqslant \pi_{YY} = k\frac{(Q - \alpha c)^2}{2(4\alpha k - \beta^2)} \tag{4.14}$$

$$\pi_P = (1 - \gamma_1)\frac{k(Q - \alpha c)^2}{2(2\alpha k - \beta^2)} \geqslant \pi_{YP} = \frac{\alpha k^2(Q - \alpha c)^2}{(4\alpha k - \beta^2)^2} \tag{4.15}$$

由式（4.14）和式（4.15）可得：$\gamma_1 \in [\frac{2\alpha k - \beta^2}{4\alpha k - \beta^2}, 1 - \frac{2k(2\alpha k - \beta^2)}{(4\alpha k - \beta^2)^2}]$。

根据上述分析可得结论4.6。

结论4.6　通过约束创新成本的成本分摊契约可以使收益达到整体最优，协调契约为：成本固定的比例系数满足$\gamma_1 \in [\frac{2\alpha k - \beta^2}{4\alpha k - \beta^2}, 1 - \frac{2k(2\alpha k - \beta^2)}{(4\alpha k - \beta^2)^2}]$且$\gamma_1 + \gamma_2 = 1$。

4.1.4　仿真分析

与本部分模型较为类似的案例介绍如下：沈阳鼓风机集团股份有限公司（简称沈鼓）是中国重大技术装备行业的支柱型、战略型领军企业，占地70万平方米，现有员工7 000人，主要承担为石化、电力、冶金等大型企业，以及环境保护、国防军工等重大工程项目生产大型装备的重要任务，其生存与发展与国家经济安全息息相关且责任重大，被党和国家领导人誉为“国家砝码”。目前，沈鼓已拥有百万吨压缩机组，千万吨炼油装置、10万空分、大型PTA、大型LNG、大型MTO、大型长输管线压缩机、150吨大推力往复压缩机，以及AP1000核主泵、核二级泵、核三级泵、国防海军装备用泵等重大技术装备研发制造能力，大型离心压缩机总体设计制造技术已达到国际先进水平。

大连理工大学（以下简称大工）是教育部直属全国重点大学，是国家“985工程”和“211工程”重点建设高校，也是世界一流大学A类建设高校，同时也是双一流建设高校，学校拥有一批高水平的科研平台，拥有多个国家级重点实验室、工程研究中心、国家地方联合工程研究中心、国家级国际科技合作基地、省市级工程研究中心等。

沈鼓与大工最初的协同合作模式是“外包式”的咨询交流或是委托研发，内容多是进行项目技术交易且是一次性的。沈鼓存在着一些技术创新难题自身不能攻克，需要大工相关方面的帮助，大工根据企业面临的技术难题提供相应的帮助，或者是满足企业的创新需求，根据大工已有的科研成果或正在进行的创新技术帮助沈鼓解决相应的问题。双方进行协同创新动因较简单，沈鼓希望通过协同创新解决当下的技术问题获得创新成果，而大工取得人才培养、学科建设、成果转化等方面的进步，双方协同创新单纯是利益关系，研发成果的收益由双方共享。这种以项目为基础的产学协同创新模式是较为常用的，且这种合作模式内容相对简单，双方的协同任务完成后合作就会自动终止。大工与沈鼓对应着模型中的研发企业与生产企业。

为了更详细与直观地分析消费者对创新敏感性对纳什均衡的影响，限于实际数据不可得，本书运用MatlabR2014a进行仿真分析。以类似研究为例[153]，取$Q = 1\,000$，$\alpha = 2$，$c = 50$，$k = 1.2$。

（1）β对委托研发费用和零售价格的影响

由图4-1可知，生产企业承担创新费用时，消费者对创新的敏感度

β对单位委托研发费用没有影响；研发企业承担创新费用时，单位委托研发费用随消费者对创新敏感度的增加而增加。

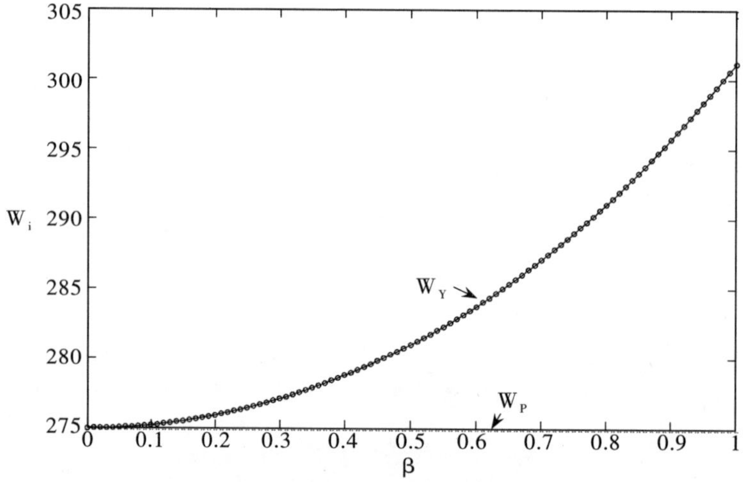

图4-1 β对委托研发费用w_i的影响

结合图4-2可知，造成这一现象的主要原因有两点：一是当研发企业承担创新费用时，研发企业为弥补其研发支出，会选择提高单位委托研发费用；二是消费者对创新敏感性越大，消费者购买创新产品的积极性就会越高，这时，产品单位零售价格就会提高。

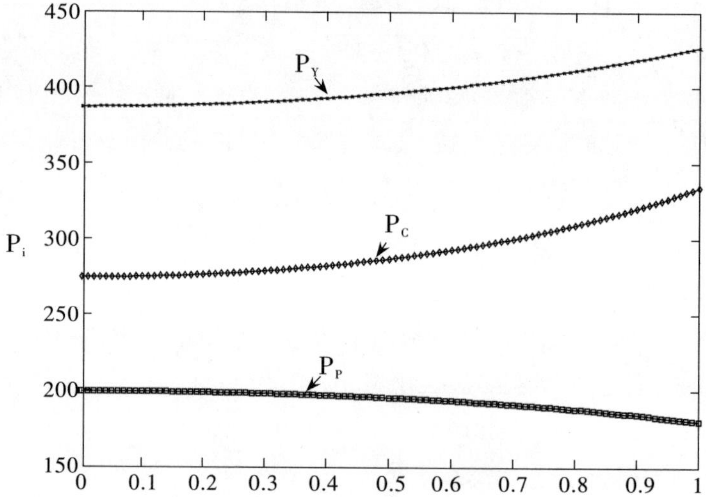

图4-2 β对零售价格p_i的影响

生产企业承担创新费用时，单位产品零售价格最低；研发企业承担创新费用时，单位产品零售价格最高。主要原因是生产企业承担创新费用时，单位委托价格是一个常值，消费者对创新敏感度大，生产企业为了销售更多产品，就会选择通过降低价格来促进产品销售，即当生产企业承担创新费用时，单位产品零售价格与消费者对创新的敏感度负相关。

（2）β对创新努力程度的影响

由图4-3可知，集中决策时，创新努力程度最大，生产企业承担创新费用时次之，研发企业承担创新费用时最小。其主要是因为，集中决策可以减少边际效益，同时，随着消费者对创新敏感度的变大，创新积极性也会提高。但是，从整体上看，无论是生产企业承担创新费用还是研发企业承担创新费用，对创新努力程度的影响变化不是很大。

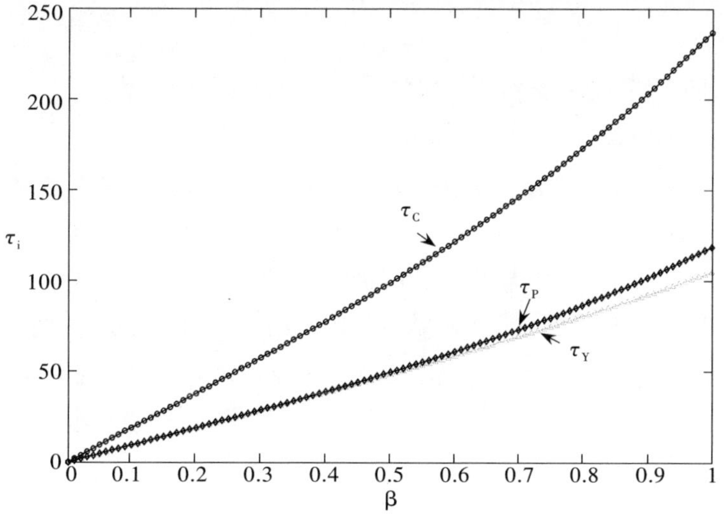

图4-3　β对创新努力程度τ_i的影响

（3）β对产品需求量的影响

由图4-4可知，集中决策时，产品的销售量最大，生产企业承担创新费用时次之，研发企业承担创新费用时最小。由图4-2可知，虽然集中决策时，单位产品零售价格居中，但是集中决策时，创新努力程度最大，即集中决策时，消费者的创新敏感度对创新努力程度的影响要大于对单位产品零售价格的影响，最终使集中决策时产品的销售量最大。当研发企业承担创新费用时，创新努力程度最小，单位产品零售价格最大，结合这两个因素，使产品的需求量最小。

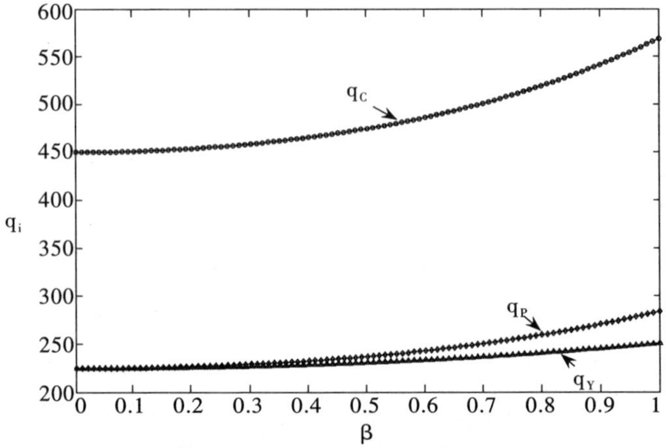

图 4-4 β对产品需求量 q_i 的影响

4.2 政府补贴条件下的协同创新博弈模型

在企业协同创新过程中，政府和各创新主体目标不完全一致，政府以公共目标为导向，而各主体则是以利益为首要目标，并且彼此之间的目标也不尽相同，因此就需要政府进行协调。政府的协调从前面章节的分析可知，不仅可以维持企业协同创新的稳定，还可以降低成本，提高市场机制的效率，其最重要的手段之一就是政府补贴。因此中央和地方政府提出了一系列的规章制度去支持企业协同创新，政府补贴最为直接的支持就体现在资金支持上。

4.2.1 模型建立

本小节政府通过补贴策略促进研发，但是政府补贴的对象可以有两种选择，一是政府补贴给研发企业，二是政府补贴给生产企业。

(1) 模型符号

c：单位产品的研发成本；

下标C：集中决策；

下标N：政府不采取补贴策略；

下标VP：政府补贴给生产企业；

下标VY：政府补贴给研发企业；

v：政府对单位产品的补贴额度；

w_i：政府采取策略i时，单位产品委托研发费用，$i \in \{N, VP, VY\}$；

p_i：政府采取策略i时，单位产品零售价格，$i \in \{N, VP, VY\}$；

τ_i：政府采取策略i时，单位产品创新努力程度，$i \in \{N, VP, VY\}$；

q_i：产品市场需求量，$i \in \{N, VP, VY\}$；

β：消费者对产品创新的敏感度；

k：单位创新努力的创新成本系数；

π_{iY}：研发企业的收益，$i \in \{N, VP, VY\}$；

π_{iP}：生产企业的收益，$i \in \{N, VP, VY\}$。

（2）模型函数

参考类似研究［132］、［135］，本书采用的需求函数为：

$$q = Q_i - \alpha p_i + \beta \tau_i,\ i \in \{N, VP, VY\}$$

其中：Q表示市场上对产品潜在的需求量，α表示消费者对价格的敏感度，β表示消费者对产品创新的敏感度，且市场需求量与单位产品零售价格负相关，即单位产品零售价格越高，需求量越少，同时，与企业创新努力程度正相关，即企业对产品创新努力程度越大，产品越具有吸引力，越会增加产品的市场需求量。

参考类似研究［153］，政府采取策略i时，创新费用是关于创新努力程度的二次函数$\frac{k}{2}\tau_i^2$，$i \in \{N, VP, VY\}$，其中k为创新成本系数。

4.2.2 策略分析

（1）政府不采取补贴策略时

$$\pi_{NY} = (w_N - c)(Q_N - \alpha p_N + \beta \tau_N) - \frac{k}{2}\tau_N^2 \tag{4.16}$$

$$\pi_{NP} = (p_N - w_N)(Q_N - \alpha p_N + \beta \tau_N) \tag{4.17}$$

其中，式（4.16）中（$w_N - c$）表示研发企业的研发单位产品收益，（$Q_N - \alpha p_N + \beta \tau_N$）表示产品销售量，$(w_N - c)(Q_N - \alpha p_N + \beta \tau_N)$表示研发

企业的收益，$\frac{k}{2}\tau_N{}^2$表示创新费用；式（4.17）中（$p_N - w_N$）表示生产企业销售单位产品获得的收益，$(p_N - w_N)(Q_N - \alpha p_N + \beta\tau_N)$表示生产企业的收益。

（2）政府补贴给研发企业时

$$\pi_{VYY} = (w_{VY} - c + v)(Q_{VY} - \alpha p_{VY} + \beta\tau_{VY}) - \frac{k}{2}\tau_{VY}{}^2 \tag{4.18}$$

$$\pi_{VYP} = (p_{VY} - w_{VY})(Q_{VY} - \alpha p_{VY} + \beta\tau_{VY}) \tag{4.19}$$

其中，式（4.18）中（$w_{VY} - c + v$）表示研发企业研发单位产品的收益，（$Q_{VY} - \alpha p_{VY} + \beta\tau_{VY}$）表示产品销售量，$(w_{VY} - c + v)(Q_{VY} - \alpha p_{VY} + \beta\tau_{VY})$表示研发企业收益，$\frac{k}{2}\tau_{VY}{}^2$表示创新费用；式（4.19）中$(p_{VY} - w_{VY})$表示生产企业销售单位产品获得的收益，$(p_{VY} - w_{VY})(Q_{VY} - \alpha p_{VY} + \beta\tau_{VY})$表示生产企业收益。

（3）政府补贴给生产企业时

$$\pi_{VPY} = (w_{VP} - c)(Q_{VP} - \alpha p_{VP} + \beta\tau_{VP}) - \frac{k}{2}\tau_{VP}{}^2 \tag{4.20}$$

$$\pi_{VP} = (p_{VP} - w_{VP} + v)(Q_{VP} - \alpha p_{VP} + \beta\tau_{VP}) \tag{4.21}$$

其中，式（4.20）中（$w_{VP} - c$）表示研发企业研发单位产品收益，（$Q_{VP} - \alpha p_{VP} + \beta\tau_{VP}$）表示产品销售量，$(w_{VP} - c)(Q_{VP} - \alpha p_{VP} + \beta\tau_{VP})$表示研发企业收益，$\frac{k}{2}\tau_{VP}{}^2$表示创新费用；（4.21）式中$(p_{VP} - w_{VP} + v)$表示生产企业销售单位产品获得的收益，$(p_{VP} - w_{VP} + v)(Q_{VP} - \alpha p_{VP} + \beta\tau_{VP})$表示生产企业收益。

引理4.2　式（4.17）关于p_N是凹函数，式（4.16）关于w_N，τ_N是凹函数。

证明：式（4.17）关于p_N的一阶、二阶偏导数为：

$$\frac{\partial \pi_{NY}}{\partial p_N} = Q - 2\alpha p_N + \beta\tau_N + \alpha w_N \tag{4.22}$$

$$\frac{\partial^2 \pi_{NY}}{\partial p_N^2} = -2\alpha < 0 \tag{4.23}$$

由式（4.23）可知式（4.17）关于p_N是凹函数，即让式（3.22）等于零获得的解是最优解，通过式（4.22）可得：

$$p_N = \frac{Q + \beta\tau_N + \alpha w_N}{2\alpha} \tag{4.24}$$

把式（4.24）带入式（4.16）可得：

$$\pi_{NY} = \frac{(w_N - c)(Q + \beta\tau_N - \alpha w_N)}{2} - \frac{k}{2}\tau_N^2 \tag{4.16*}$$

对式（4.16*）分别关于 w_N，τ_N 求一阶、二阶偏导数可得：$\frac{\partial \pi_{NY}}{\partial w_N} = \frac{Q + \beta\tau_N - 2\alpha w_N + \alpha c}{2}$，$\frac{\partial \pi_{NY}}{\partial \tau_N} = \frac{\beta(w_N - c)}{2} - k\tau_N$，$\frac{\partial^2 \pi_{NY}}{\partial \tau_N \partial w_N} = \frac{\partial^2 \pi_{NY}}{\partial w_N \partial \tau_N} = \frac{\beta}{2}$，$\frac{\partial^2 \pi_{NY}}{\partial w_N^Y} = -\alpha$，$\frac{\partial^2 \pi_{NY}}{\partial \tau_N^2} = -k$。

由此可得（4.16*）式的Hessian矩阵为：$H = \begin{bmatrix} -\alpha & \frac{\beta}{2} \\ \frac{\beta}{2} & -k \end{bmatrix}$。

故 $|H| = \frac{4\alpha k - \beta^2}{4} > 0$ 且 $-\alpha < 0$，$-k < 0$，即式（3.16）关于 w_N，τ_N 是凹函数。

类似可知：式（4.19）关于 p_Y 是凹函数，式（4.19）获得的最优解带入式（4.18），式（4.18）关于 w_Y，τ_Y 是凹函数；式（4.21）关于 p_P 是凹函数，式（4.21）获得最优解带入式（4.20），式（4.20）关于 w_p，τ_p 是凹函数，由此可得三种情况下的纳什最优均衡解。

结论4.7 三种不同政府补贴策略下最优解见表4-2。

表4-2 **政府补贴仅上游研发下的最优解表**

	N	VY	VP
w_i	$\frac{2k(Q + \alpha c) - \beta^2 c}{4\alpha k - \beta^2}$	$\frac{2k(Q + \alpha c) - \beta^2 c - (2\alpha k - \beta^2)v}{4\alpha k - \beta^2}$	$\frac{2k(Q + \alpha c) - \beta^2 c + 2\alpha k v}{4\alpha k - \beta^2}$
p_i	$\frac{3kQ + \alpha kc - \beta^2 c}{4\alpha k - \beta^2}$	$\frac{3kQ + \alpha kc - \beta^2 c - (\alpha k - \beta^2)v}{4\alpha k - \beta^2}$	
τ_i	$\beta\frac{Q - \alpha c}{4\alpha k - \beta^2}$	$\beta\frac{Q - \alpha c + \alpha v}{4\alpha k - \beta^2}$	
q_i	$\alpha k\frac{Q - \alpha c}{4\alpha k - \beta^2}$	$\alpha k\frac{Q - \alpha c + \alpha v}{4\alpha k - \beta^2}$	

续表

	N	VY	VP
π_{iY}	$k\dfrac{(Q-\alpha c)^2}{2(4\alpha k-\beta^2)}$	$k\dfrac{(Q-\alpha c+\alpha v)^2}{2(4\alpha k-\beta^2)}$	
π_{iP}	$\dfrac{\alpha k^2(Q-\alpha c)^2}{(4\alpha k-\beta^2)^2}$	$\dfrac{\alpha k^2(Q-\alpha c+\alpha v)^2}{(4\alpha k-\beta^2)^2}$	

由结论4.7可得结论4.8和结论4.9。

结论4.8 政府三种策略对创新努力程度的影响为：$\tau_N < \tau_{VP} = \tau_{VY}$。

证明：由表4-2可知：

$$\tau_P = \tau_Y,\ \tau_P - \tau_N = \beta\frac{Q-\alpha c+\alpha v}{4\alpha k-\beta^2} - \beta\frac{Q-\alpha c}{4\alpha k-\beta^2} = \frac{\alpha\beta v}{4\alpha k-\beta^2} > 0$$

故$\tau_N < \tau_{VP} = \tau_{VY}$，结论4.8得证。

结论4.8说明，政府补贴可以有效促进协同创新，且不同政府补贴策略对协同创新的影响效果相同，即政府补贴对象不同不影响政府补贴效果。造成这一现象的主要原因有两个：一是政府采取补贴策略时，研发企业或生产企业为获得更多的政府补贴，会提高创新努力程度，主要是通过加大研发投入的方式；二是生产企业通过研发企业进行创新，当政府补贴给生产企业时，研发企业会通过提高单位产品委托研发费用来转移政府补贴，使生产企业研发投入与政府补贴给研发企业时一样，最终增加自己的收益。政府采取补贴策略时，从对创新努力程度造成的影响方面进行分析，政府可以选择补贴研发企业或生产企业，政府补贴效果所产生的影响一样，即政府可以补贴给研发企业，也可以补贴给生产企业。

结论4.9 政府补贴策略对单位委托研发费用、单位零售价格、销售量和利润的影响为：

（1）当$\beta < \sqrt{2\alpha k}$时，$w_{VY} < w_N < w_{VP}$，否则，$w_N < w_{VY} < w_{VP}$；

（2）当$\beta < \sqrt{\alpha k}$时，$p_N > p_{VP} = p_{VY}$，否则，$p_N < p_{VP} = p_{VY}$；

（3）$q_N < q_{VP} = q_{VY}$；

（4）$\pi_{NY} < \pi_{VPY} = \pi_{VYY}$；

（5）$\pi_{NP} < \pi_{VPP} = \pi_{VYP}$。

证明：（1）由表4-2可知，当$\beta < \sqrt{2\alpha k}$时，$w_N - w_{VY} = \frac{(2\alpha k - \beta^2)v}{4\alpha k - \beta^2} > 0$，$w_{VP} - w_N = \frac{2\alpha kv}{4\alpha k - \beta^2} > 0$，故$w_{VY} < w_N < w_{VP}$。

类似可证其他成立。

结论4.9说明，政府采取补贴策略，消费者对创新敏感度小于某一阈值时，补贴给生产企业，单位委托研发费用最高；补贴给研发企业，单位委托研发费用最低；不采取补贴政策时居中。造成这一现象主要是因为：政府补贴给生产企业时，研发企业为获得政府补贴，会通过提高单位委托研发费用的方式，造成政府补贴给生产企业时，单位委托研发费用最大；政府补贴给研发企业时，研发企业为获得更多政府补贴，就会设法降低单位委托研发费用，间接降低单位产品零售价格，增加产品销售量，最终使政府补贴研发企业时，单位委托研发费用最低。

当消费者对创新敏感度小于某一阈值时，政府补贴可以降低单位产品零售价格，且选取不同的政府补贴对象对单位产品零售价格影响一样。其主要原因是：政府采取补贴政策时，无论选择补贴给哪一方，为了获得更多的政府补贴，都会设法通过增加产品销售量来达到这一目的，而增加补贴的有效措施是降低单位产品零售价格；另外，政府补贴给研发企业时，研发企业通过降低单位创新费用来降低单位产品零售价格，政府补贴给生产企业时，研发企业为获得更多的政府补贴，会提高单位创新费用，这时，虽然单位创新费用提高了，但是生产企业由于有政府补贴，也会降低单位产品零售价格。进一步，政府补贴给研发企业时，当消费者敏感度大于某一阈值时，消费者购买创新型产品的积极性很高，研发企业和生产企业为获得更多的收益，会通过提高单位委托研发费用和单位产品零售价格来获取更多的收益。

再结合结论4.8，由于政府补贴对创新努力程度影响一样，通过上述对单位产品零售价格的影响可知政府补贴对产品需求量的影响相同。由于政府补贴时，对单位产品零售价格和需求量影响一样，最终导致对研发企业和生产企业来说利润一样，且都大于政府不采取补贴政策时的收益。

根据结论4.9，可得推论4.1，具体如下：

推论4.1 政府补贴对最优解的影响为：

（1）当 $\beta < \sqrt{2\alpha k}$ 时，$\frac{\partial w_{VY}}{\partial v} < 0$，否则，$\frac{\partial w_{VY}}{\partial v} > 0$；

（2）$\frac{\partial w_{VP}}{\partial v} > 0$，$\frac{\partial \tau_{VY}}{\partial v} = \frac{\partial \tau_{VP}}{\partial v} > 0$；

（3）当 $\beta < \sqrt{\alpha k}$ 时，$\frac{\partial p_{VY}}{\partial v} = \frac{\partial p_{VP}}{\partial v} < 0$，否则，$\frac{\partial p_{VY}}{\partial v} = \frac{\partial p_{VP}}{\partial v} > 0$；

（4）$\frac{\partial \pi_{VYY}}{\partial v} = \frac{\partial \pi_{VPY}}{\partial v} > 0$，$\frac{\partial \pi_{VYP}}{\partial v} = \frac{\partial \pi_{VPP}}{\partial v} > 0$。

结合结论4.9和推论4.1可得管理启示：政府通过补贴策略可以有效促进协同创新，但是采取政府补贴策略不是一种长久之计，政府应进一步加强创新宣传，使消费者对创新有更深层次的了解，提高消费者对创新的认识，即提高消费者的创新敏感度系数。

4.2.3 协调机制

前述部分研究分散决策时，政府补贴对创新机制的影响，由于分散决策会导致边际效应，造成整体利润受损，而集中决策可以避免边际效应的产生，使整体利润达到最优，下面进行协调机制研究。集中决策时，集中决策函数为：

$$\pi_C = (p_C - c + v)(Q_C - \alpha p_C + \beta \tau_C) - \frac{k}{2}\tau_C^{\ 2} \tag{4.25}$$

类似结论4.1可求得：$p_C = \frac{k(Q + \alpha c) - \beta^2 c - (\alpha k - \beta^2)v}{2\alpha k - \beta^2}$，$\tau_C = \beta\frac{Q - \alpha c + \alpha v}{2\alpha k - \beta^2}$，$q_C = \alpha k\frac{Q - \alpha c + \alpha v}{2\alpha k - \beta^2}$，$\pi_C = \frac{k(Q - \alpha c + \alpha v)^2}{2(2\alpha k - \beta^2)}$。

再根据表4-2，可得结论4.10。

结论4.10 集中决策与分散决策对单位委托研发费用、需求量和利润的影响为：

（1）$\tau_{VP} = \tau_{VY} < \tau_C^*$；

（2）$q_{VP} = q_{VY} < q_C$；

（3）$\pi_{VP} = \pi_{VY} < \pi_C$。

结论4.10的证明过程类似于结论4.9，在此不再证明。

结论4.10说明，在集中决策时，不仅可以减少边际效应，增加整体收益，还可以增加创新努力程度和销售量，即集中决策时，可以使整体达到最优。下面需要研究协调机制，使创新达到整体最优。由于政府补贴对象选取不影响分散决策时的整体收益，因此，以下研究政府只补贴给研发企业时的协调机制情况。本书采用约束创新成本的成本分摊契约，具体如下：

为了降低单位产品的零售价格，研发企业首先固定单位产品的研发委托费用$w_{VY}=\gamma_1 p_{VY}+(1-\gamma_1)(c-v)$，并且愿意承担一定比例的创新费用，愿意承担的创新费用为$(1-\gamma_2)\frac{k\tau_Y{}^2}{2}$。根据上述分析可得研发企业与生产企业的决策函数为：

$$\pi_{VY}=\gamma_1(p_{VY}-c+v)(Q_{VY}-\alpha p_{VY}+\beta\tau_{VY})-(1-\gamma_2)\frac{k}{2}\tau_{VY}{}^2 \tag{4.26}$$

$$\pi_{VP}=(1-\gamma_1)(p_Y-w_{VY})(Q_{VY}-\alpha p_{VY}+\beta\tau_{VY})-\gamma_2\frac{k}{2}\tau_{VY}{}^2 \tag{4.27}$$

类似结论4.7，求解式（4.26）和式（4.27）可得最优解为：$\tau^*_{VY}=\frac{\beta\gamma_1(Q-\alpha c+\alpha v)}{2\alpha k(1-\gamma_2)-\beta^2\gamma_1}$，$p^*_{VY}=\frac{k(1-\gamma_2)(Q+\alpha c)-\beta^2 c\gamma_1-\gamma_1(\alpha k-\beta^2)v}{2\alpha k(1-\gamma_2)-\beta^2\gamma_1}$。

为了使$\tau^*_{VY}=\frac{\beta\gamma_1(Q-\alpha c+\alpha v)}{2\alpha k(1-\gamma_2)-\beta^2\gamma_1}=\tau_C=\beta\frac{Q-\alpha c}{2\alpha k-\beta^2}$，可知$\gamma_1=1-\gamma_2$。

这时，$p^*_{VY}=\frac{k(1-\gamma_2)(Q+\alpha c)-\beta^2 c\gamma_1-\gamma_1(\alpha k-\beta^2)v}{2\alpha k(1-\gamma_2)-\beta^2\gamma_1}=p_C$，$q^*=q_C=\alpha k\frac{Q-\alpha c+\alpha v}{2\alpha k-\beta^2}$。

由此可得，$\pi_{VY}=\gamma_1\frac{k(Q-\alpha c+\alpha v)^2}{2(2\alpha k-\beta^2)}$，$\pi_{VP}=(1-\gamma_1)\frac{k(Q-\alpha c+\alpha v)^2}{2(2\alpha k-\beta^2)}$。

下面确定γ_1的取值范围，为了使该契约能得到有效执行，π_Y，π_P必须满足以下条件：

$$\pi_{VY}=\gamma_1\frac{k(Q-\alpha c+\alpha v)^2}{2(2\alpha k-\beta^2)}\geqslant\pi_{VYY}=k\frac{(Q-\alpha c+\alpha v)^2}{2(4\alpha k-\beta^2)} \tag{4.28}$$

$$\pi_{VP}=(1-\gamma_1)\frac{k(Q-\alpha c+\alpha v)^2}{2(2\alpha k-\beta^2)}\geqslant\pi_{VYP}=\frac{\alpha k^2(Q-\alpha c+\alpha v)^2}{(4\alpha k-\beta^2)^2} \tag{4.29}$$

由式（4.28）和式（4.29）可得：$\gamma_1 \in [\frac{2\alpha k - \beta^2}{4\alpha k - \beta^2},\ 1 - \frac{2k(2\alpha k - \beta^2)}{(4\alpha k - \beta^2)^2}]$。

根据上述分析可得结论4.11。

结论4.11　通过约束创新成本的成本分摊契约可以使收益达到整体最优，协调契约为：成本固定的比例系数满足 $\gamma_1 \in [\frac{2\alpha k - \beta^2}{4\alpha k - \beta^2},\ 1 - \frac{2k(2\alpha k - \beta^2)}{(4\alpha k - \beta^2)^2}]$ 且 $\gamma_1 + \gamma_2 = 1$。

4.2.4 仿真分析

为了更详细与直观地分析消费者创新敏感性对最优解的影响，限于实际数据不可得，本小节运用MatlabR2014a进行仿真分析，在仿真分析时，由于利润变化趋势与销售量变化趋势大致一致，所以省略了对利润的仿真分析。参考类似研究［153］，取 $Q = 1\,000$，$\alpha = 2$，$c = 50$，$k = 1.2$。其中 β 为消费者对创新敏感的系数。

（1）β 对研发努力的影响

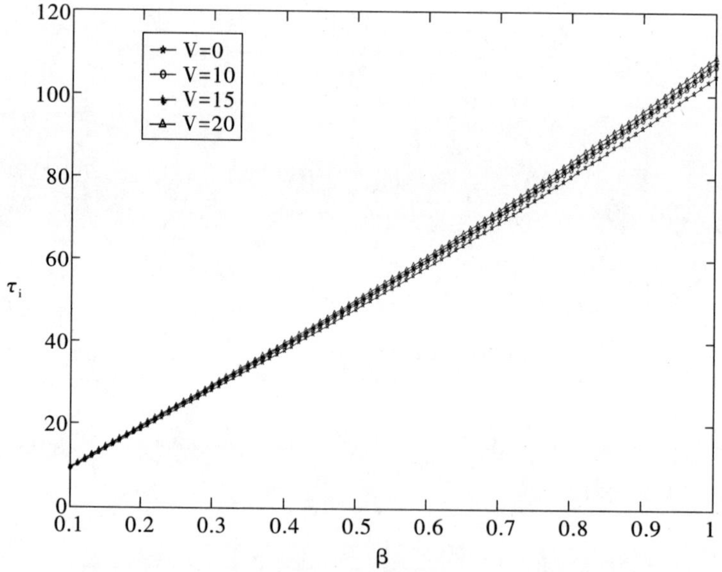

图4-5　政府不同补贴额度下 β 对研发努力 τ_i 的影响

由图4-5可知，创新努力程度与消费者创新敏感度系数正相关，即消费者创新敏感度系数越大，创新努力程度越大，且创新努力程度受政府补贴额度影响不是很明显，主要集中在政府补贴额度发生变化时，创新努力程度变化不是很显著。但是，政府补贴额度对创新努力程度的影响是积极的，且政府补贴额度越大，创新努力程度也越大。再结合结论4.9可知，政府在创新初期可以通过政府补贴来促进创新，但同时还要加大创新宣传，让企业和消费者认可创新，尤其是消费者创新敏感性对创新起到关键作用，因此，政府要想办法提高消费者对创新的敏感性系数。

（2）β对单位零售价格的影响

由图4-6可知，政府补贴虽然可以有效降低单位产品的零售价格，但政府补贴对单位零售价格影响不是很显著。单位产品零售价格与消费者对创新敏感度系数正相关，这一现象与其对创新努力程度影响大致相同。因此，政府补贴策略虽然可以降低单位产品零售价格，但是要想从长远出发，促进企业进行创新，政府要设法实现企业创新价值，即通过创新活动创造更多收益，收益实现可以通过政府补贴，还可以通过提高单位产品零售价格，即提高消费者对创新产品的认可度。

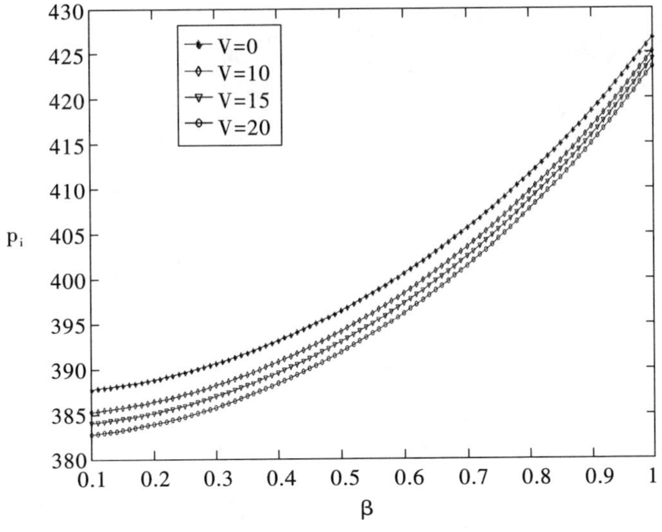

图4-6　政府不同补贴额度下β对单位零售价格p_i的影响

（3）β对销售量的影响

由图4-7可知，政府补贴可以有效增加产品销售量，且政府补贴额度变化对销售量影响比较显著。这说明，政府补贴对促进创新产品销售有明显作用，且销售量与消费者创新敏感度系数正相关。

通过上述分析，可以得到推论4.2，具体如下：

推论4.2　消费者创新敏感度系数对最优解的影响：

（1）$\frac{\partial p_{VY}}{\partial \beta} > 0$，$\frac{\partial p_{VP}}{\partial v} > 0$；

（2）$\frac{\partial \tau_{VY}}{\partial \beta} = \frac{\partial \tau_{VP}}{\partial \beta} > 0$；

（3）$\frac{\partial \pi_{VYY}}{\partial \beta} = \frac{\partial \pi_{VPY}}{\partial \beta} > 0$，$\frac{\partial \pi_{VYP}}{\partial \beta} = \frac{\partial \pi_{VPP}}{\partial \beta} > 0$。

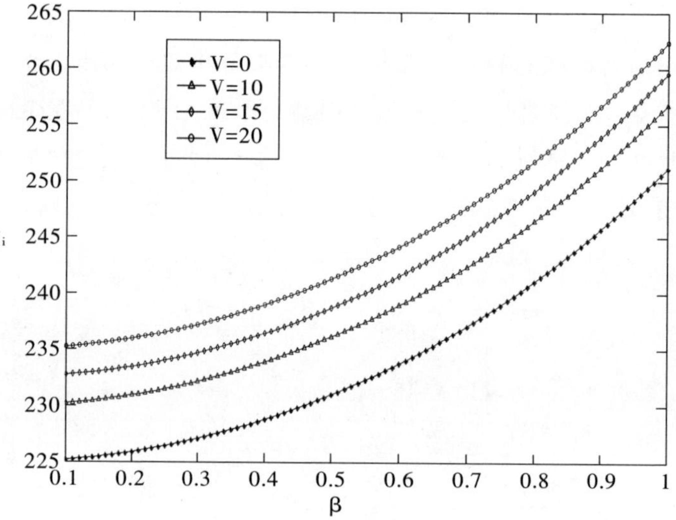

图4-7　政府不同补贴额度下β对销售量q_i的影响

4.3　本章小结

为了分析创新费用不同承担方式对研发企业与生产企业间协同创新的影响，本小节构建一个由研发企业与生产企业组成的博弈模型。基于此博弈模型，对比分析三种创新费用不同承担方式对研发与生产最优解的影响，进一步，可以得知基于集中决策时整体收益最大，给出研发企业与生产企业协同创新的协调机制。为分析政府补贴对研发企业和生产企业协同创新的影响，构建博弈模型，基于此博弈模型，首先对比分析政府补贴对协同创新的影响，其次研究研发企业和生产企业的协调机制，使研发企业和生产企业收益达到整体最优。研究主要得到如下结果：

（1）集中决策时，创新努力程度最大，即创新积极性最高；生产企业承担创新费用时，创新努力程度次之；研发企业承担创新费用时，创新努力程度最小。当生产企业承担创新费用时，生产企业间接承担创新研发的一部分风险，使研发企业的创新研发积极性得到提高，最终提高其创新努力程度。当研发企业承担创新费用时，研发企业不仅承担研发的风险，还承担创新费用投资风险，这两个方面的因素促使其创新努力程度变小。当研发企业承担创新费用时，研发企业为了弥补研发投入，会通过提高单位产品委托研发费用来增加其收益，即研发企业承担创新费用时，单位委托研发费用最大。创新成本系数小于某一阈值时，集中决策时单位产品零售价格最高、企业承担创新费用次之、研发企业承担创新费用时最低；集中决策时销售量最大、企业承担创新费用时销售量次之、研发企业承担创新费用时销售量最小。

（2）政府补贴可以有效促进创新，且政府补贴对象不同对政府补贴影响创新效果相同。当消费者对创新敏感度小于某一阈值时，政府补贴可以降低单位产品零售价格，且政府补贴对象选取不同对单位产品零售价格影响一样。但是政府补贴策略不是长久之计，政府应进一步加强创新宣传，使消费者对创新有更深层次的了解，提高消费者对创新的认识，即提高消费者创新敏感度系数。政府在创新初期可以通过政府补贴来促进创新，但同时还要加大对创新的宣传，让企业和消费者认可创新。要想从长远促进企业进行创新，政府要设法实现企业创新价值，即通过创新活动创造更多收益，收益可以通过政府补贴实现，还可以通过提高单位产品零售价格实现，即提高消费者对创新产品的认可度。

（3）成本分摊契约不能使研发企业与生产企业达到整体最优；约束

创新成本的成本分摊契约可以使收益达到整体最优，协调契约为：成本固定的比例系数满足$\gamma_1 \in [\frac{2\alpha k - \beta^2}{4\alpha k - \beta^2}, 1 - \frac{2k(2\alpha k - \beta^2)}{(4\alpha k - \beta^2)^2}]$且$\gamma_1 + \gamma_2 = 1$。在集中决策时，不仅可以减小边际效应，增加整体收益，还可以提高创新努力程度和销售量，通过约束创新成本的成本分摊契约可以使收益达到整体最优。

5 上下游同时研发时政府补贴的影响及协调机制研究

第4章重点研究仅上游研发时，政府补贴对协同创新及协调机制的影响。为更加有效地实现创新，应对更多复杂的情况，需要上下游同时进行研发。因此，本章首先建立政府不采取补贴时，上下游如何实现协同创新，以及实现最优协同创新的协调机制。其次，构建政府补贴下上下游协同创新的博弈模型，研究政府选择不同补贴对象对上下游协同创新的影响，确立政府最优补贴对象，并对构建的模型进行相应的理论分析。

5.1 政府不采取补贴时的协同创新博弈模型

5.1.1 问题描述与假设

随着人们对环境越来越关注，政府不断加大环境保护执法力度，导致上游因环境不达标而出现“断链”风险。比如，著名轴承企业舍佛勒厂是一家为整车厂供货的企业，2017年9月，该厂遇到了突发的问题，其大中华区首席执行官向上海市经济和信息化委员会等部门致函，称其目前唯一的滚针供应商被迫停产了，主要原因是上海界龙金属拉丝有限公司环保不达标，这造成了舍佛勒面临着巨大的供货缺口，其影响是巨大的，因为它对应着中国多数整车厂的轴承供应问题，将影响很多中国车企的生产。同年，山东、天津、浙江、江苏等地的电池、电机、车架、包装等一批上游供货商因环境不达标被关停，带来了电动车行业普遍受到供应链断链的间接影响。因此，面对环境问题，如果上游企业研发力度不够，导致上游环境不达标，最终会导致供应链断链，因此，面临环境问题，不仅需要下游生产企业积极面对，还需要上游企业进行协调创新，这样才能更好地面对复杂情况和迎接新挑战。

党的十九大至党的二十大，以习近平同志为核心的党中央对于创新，尤其是上下游协同创新高度重视，积极出台政策鼓励上下游进行协同创新，提供补贴，但补贴给协同创新的哪一方才能达到最优是需要探讨的问题。创新不仅需要大量投入创新成本，还面临较高的风险。而上下游协同创新可以有效解决企业创新成本不足的问题，实现风险共享，有利于促进创新。另外，上下游在协同创新时，需要首先解决创新成本分摊问题。虽然上下游都投入一定的创新成本，但是由于边际效应的存在，使上下游创新成本投入不能达到最优效果。因此，研究上下游协同创新模式及协调机制具有重要的现实意义。

基于此，本小节基于上下游同时承担创新费用，构建一个由研发企业和一个生产企业组成的上下游协同创新博弈模型。其中，研发企业只负责研发，并承担一定的创新费用，生产企业负责生产和部分研发，同时，进一步促进研发企业研发，并承担一定的创新费用。最后，为进一步实现上下游协同创新达到最优，研究上下游协同创新的协调机制。

（1）模型符号

上标D：分散决策情形；

上标C：集中决策情形；

w^D：单位产品委托研发费用；

p^i：情况i下，单位产品的销售价格，其中$i \in \{D, C\}$；

E_Y^i：情况i下，研发企业创新努力程度，其中$i \in \{D, C\}$；

E_S^i：情况i下，生产企业创新努力程度，其中$i \in \{D, C\}$。

（2）模型函数

本书中，研发企业创新费用与创新努力程度$E_Y^i(t)$的关系为：研发企业创新费用等于$\frac{\gamma_Y E_Y^i(t)^2}{2}$，其中$\gamma_Y > 0$，表示研发企业创新努力成本系数；生产企业创新费用与创新努力程度$E_S^i(t)$关系为：生产企业创新费用等于$\frac{\gamma_S E_S^i(t)^2}{2}$，其中$\gamma_S$表示生产企业创新努力成本系数。

借鉴文献［149］、［152］，需求函数为：

$$D(p^i) = Q - \alpha p^i + \beta E_Y^i + \beta E_S^i \tag{5.1}$$

其中$i \in \{D, C\}$，Q表示市场上对产品的潜在需求量，$\alpha > 0$表示消费者对单位零售价格p的反应系数，$\beta > 0$表示消费者对创新努力程度的反应系数，根据实际情况可知$\alpha > \beta$。

（3）模型假设

为保证集中决策和分散决策时需求函数大于零，假设$2\gamma_Y\gamma_S - \gamma_Y\beta^2 - \gamma_S\beta^2 > 0$，$4\gamma_Y\gamma_S - 2\gamma_Y\beta^2 - \gamma_S\beta^2 > 0$。

5.1.2 模型建立与分析

（1）分散决策下

研发企业目标函数为：

$$\pi_Y^D = (w^D - c)(Q - \alpha p^D + \beta E_Y^D + \beta E_S^D) - \frac{\gamma_Y E_Y^{D\,2}}{2} \tag{5.2}$$

其中，（$w^D - c$）表示研发企业单位产品获得的收益，$(w^D - c)(Q - \alpha p^D + \beta E_Y^D + \beta E_S^D)$表示研发企业的总收益，$\frac{\gamma_Y E_Y^{D\,2}}{2}$表示创新费用。

生产企业目标函数为：

$$\pi_S^D = (p^D - w^D)(Q - \alpha p^D + \beta E_Y^D + \beta E_S^D) - \frac{\gamma_S E_S^{D\,2}}{2} \tag{5.3}$$

其中，（$p^D - w^D$）表示销售单位产品获得的收益，$(p^D - w^D)(Q - \alpha p^D + \beta E_Y^D + \beta E_S^D)$表示生产企业的总收益，$\frac{\gamma_S E_S^{D\,2}}{2}$表示创新费用。

为了便于后面求解，首先给出引理5.1。

引理 5.1 式（5.3）关于 p^D，E_S^D 是凹函数，根据式（5.3）求得的解带入式（5.2）后，式（5.2）关于 w^D，E_Y^D 是凹函数。

证明：对式（5.3）关于 p^D，E_S^D 求一阶偏导数可得：

$$\frac{\partial \pi_S^D}{\partial p^D} = Q - 2\alpha p^D + \beta E_Y^D + \beta E_S^D + \alpha w^D \tag{5.4}$$

$$\frac{\partial \pi_S^D}{\partial E_S^D} = \beta p^D - \beta w^D - \gamma_S E_S^D \tag{5.5}$$

求二阶偏导数可得 $\frac{\partial^2 \pi_S^D}{\partial p^D \partial E_S^D} = \frac{\partial^2 \pi_S^D}{\partial E_S^D \partial p^D} = \beta$，$\frac{\partial^2 \pi_S^D}{\partial p^{D2}} = -2\alpha$，$\frac{\partial^2 \pi_S^D}{\partial E_S^{D2}} = -\gamma_S$。

式（5.3）关于 p^D，E_S^D 的海赛矩阵为：

$$H = \begin{bmatrix} -2\alpha & \beta \\ \beta & -\gamma_S \end{bmatrix}$$

由 $|H| = \begin{vmatrix} -2\alpha & \beta \\ \beta & -\gamma_S \end{vmatrix} = 2\alpha\gamma_S - \beta^2 > 0$ 且 $-2\alpha < 0$ 可知，也即海赛矩阵为半负定，目标函数为凹函数。故式（5.4）关于 p^D，E_S^D 是凹函数且其最大值在其一阶导数为零点时达到。类似可证式（5.2）w^D，E_Y^D 是凹函数。

由式（5.4）和式（5.5）可得：

$$p^{D*} = \frac{\beta Q + \beta^2 (E_Y^D + E_S^D) - \alpha\gamma_s E_S^D}{\alpha\beta} \tag{5.6}$$

$$w^{D*} = \frac{\beta Q + \beta^2 (E_Y^D + E_S^D) - 2\alpha\gamma_s E_S^D}{\alpha\beta} \tag{5.7}$$

把 $p^{D*} = \frac{\beta Q + \beta^2 (E_Y^D + E_S^D) - \alpha\gamma_s E_S^D}{\alpha\beta}$ 带入式（4.1），可得：

$$q^{D*} = \frac{\alpha\gamma_S E_S}{\beta}$$

由此可得结论 5.1，上下游创新努力对单位产品委托研发价格、单位产品零售价格、需求量和收益的影响具体见结论 5.1。

结论 5.1　分散决策时，创新努力程度对单位产品委托研发费用、零售价格和需求量的影响为：

① $\frac{\partial p^{D*}}{\partial E_Y^D} > 0$，$\frac{\partial p^{D*}}{\partial E_S^D} > 0$；

② $\frac{\partial w^{D*}}{\partial E_Y^D}>0$，当 $\frac{\beta^2}{2\gamma_s}>\alpha$ 时，$\frac{\partial w^{D*}}{\partial E_S^D}>0$，否则 $\frac{\partial w^{D*}}{\partial E_S^D}\leqslant 0$；

③ $\frac{\partial q^{D*}}{\partial E_Y^D}>0$，当 $\frac{2\beta^2}{\gamma_s}>\alpha$ 时，$\frac{\partial q^{D*}}{\partial E_S^D}>0$，否则 $\frac{\partial q^{D*}}{\partial E_S^D}\leqslant 0$。

证明：由式（5.6）可得：

$$\frac{\partial p^{D*}}{\partial E_Y^D}=\frac{\beta}{3\alpha}>0,\quad \frac{\partial p^{D*}}{\partial E_S^D}=\frac{\beta^2+\alpha\gamma_s}{3\alpha\beta}>0$$

类似可证其他结论成立。

结论5.1表明研发企业进行创新时，会通过提高单位产品委托研发费用来转移其创新费用。当消费者对价格敏感度小于某一阈值（该阈值与消费者对创新努力程度敏感性和创新成本系数有关）时，单位产品委托研发费用、需求量与生产企业单位创新努力程度正相关，否则，负相关。单位产品零售价格与单位产品创新努力程度正相关、产品需求量与研发企业的单位创新努力程度正相关。

虽然单位产品委托研发费用与研发企业单位创新努力程度正相关，但是，研发企业进行创新时，有利于促进产品销售。因此，生产企业应为研发企业提供资金支持，鼓励研发企业进行积极创新。

由引理5.1，可得结论5.2。

结论5.2　分散决策时，最优解为：

$$w^{D*}=\frac{\gamma_Y(2\gamma_S-\beta^2)(Q+c)-c\gamma_S\beta^2}{4\gamma_Y\gamma_S-2\gamma_Y\beta^2-\gamma_S\beta^2}$$

$$E_Y^{D*}=\frac{\gamma_S(Q-c)\beta}{4\gamma_Y\gamma_S-2\gamma_Y\beta^2-\gamma_S\beta^2}$$

$$p^{D*}=\frac{(3Q+c)\gamma_Y\gamma_S-(\gamma_Y+\gamma_S)\beta^2c-\gamma_YQ\beta^2}{\alpha(4\gamma_Y\gamma_S-2\gamma_Y\beta^2-\gamma_S\beta^2)}$$

$$q^{D*}=\frac{(Q-c)\gamma_Y\gamma_S}{4\gamma_Y\gamma_S-2\gamma_Y\beta^2-\gamma_S\beta^2}$$

$$E_S^{D*}=\frac{\gamma_Y(Q-c)\beta}{4\gamma_Y\gamma_S-2\gamma_Y\beta^2-\gamma_S\beta^2}$$

$$\pi_Y^{D*}=\frac{(Q-c)^2\gamma_Y\gamma_S}{2(4\gamma_Y\gamma_S-2\gamma_Y\beta^2-\gamma_S\beta^2)}$$

$$\pi_S^{D*}=\frac{{\gamma_Y}^2(Q-c)^2(2\gamma_S-\beta^2)\gamma_S}{2(4\gamma_Y\gamma_S-2\gamma_Y\beta^2-\gamma_S\beta^2)}$$

（2）集中决策下

需求函数为：

$$\pi^{C} = (p^{C} - c)(Q - \alpha p^{C} + \beta E_{Y}^{C} + \beta E_{S}^{C}) - \frac{\gamma_{S} E_{S}^{C\,2}}{2} - \frac{\gamma_{Y} E_{Y}^{C\,2}}{2} \tag{5.8}$$

类似于分散决策，可得结论5.3。

结论5.3 集中决策时，最优解为：

$$p^{C*} = \frac{(Q + c)\gamma_{Y}\gamma_{S} - (\gamma_{Y} + \gamma_{S})\beta^{2} c}{\alpha(2\gamma_{Y}\gamma_{S} - \gamma_{Y}\beta^{2} - \gamma_{S}\beta^{2})}$$

$$q^{C*} = \frac{(Q - c)\gamma_{Y}\gamma_{S}}{2\gamma_{Y}\gamma_{S} - \gamma_{Y}\beta^{2} - \gamma_{S}\beta^{2}}$$

$$E_{Y}^{C*} = \frac{\gamma_{S}(Q - c)\beta}{2\gamma_{Y}\gamma_{S} - \gamma_{Y}\beta^{2} - \gamma_{S}\beta^{2}}$$

$$E_{S}^{C*} = \frac{\gamma_{Y}(Q - c)\beta}{2\gamma_{Y}\gamma_{S} - \gamma_{Y}\beta^{2} - \gamma_{S}\beta^{2}}$$

$$\pi^{C*} = \frac{(Q - c)^{2}\gamma_{Y}\gamma_{S}}{2(2\gamma_{Y}\gamma_{S} - \gamma_{Y}\beta^{2} - \gamma_{S}\beta^{2})}。$$

为便于讨论，记：

$$\pi^{D} = \pi_{Y}^{D*} + \pi_{S}^{D*} = \frac{(Q - c)^{2}(6\gamma_{Y}\gamma_{S} - 3\gamma_{Y}\beta^{2} - \gamma_{S}\beta^{2})\gamma_{Y}\gamma_{S}}{2(4\gamma_{Y}\gamma_{S} - 2\gamma_{Y}\beta^{2} - \gamma_{S}\beta^{2})}$$

由结论5.2和结论5.3可得结论5.4，具体如下：

结论5.4 分散决策与集中决策对创新努力程度、单位零售价格和收益的影响为：

①$E_{Y}^{C*} > E_{Y}^{D*}$，$E_{S}^{C*} > E_{S}^{D*}$；

②$p^{D*} > p^{C*}$；

③$q^{C*} > q^{D*}$；

④$\pi^{C*} > \pi^{D*}$。

证明：

$$E_{Y}^{C*} - E_{Y}^{D*} = \frac{\gamma_{S}\gamma_{Y}(Q - c)\beta(2\gamma_{S} - \beta^{2})}{(2\gamma_{Y}\gamma_{S} - \gamma_{Y}\beta^{2} - \gamma_{S}\beta^{2})(4\gamma_{Y}\gamma_{S} - 2\gamma_{Y}\beta^{2} - \gamma_{S}\beta^{2})},$$ 由假设可知：$(2\gamma_{Y}\gamma_{S} - \gamma_{Y}\beta^{2} - \gamma_{S}\beta^{2})(4\gamma_{Y}\gamma_{S} - 2\gamma_{Y}\beta^{2} - \gamma_{S}\beta^{2}) > 0$。同时，再由需求函数可知：$Q - c > 0$。另外，$\gamma_{Y}(2\gamma_{S} - \beta^{2}) > 2\gamma_{Y}\gamma_{S} - \gamma_{Y}\beta^{2} - \gamma_{S}\beta^{2} > 0$，故$E_{Y}^{C*} - E_{Y}^{D*} > 0$，即$E_{Y}^{C*} > E_{Y}^{D*}$。

类似可证其他结论成立。

由结论5.4可得，集中决策时单位产品零售价格小于分散决策时单位产品零售价格，集中决策时产品销售量大于分散决策时产品销售量，集中决策时创新努力程度大于分散决策时创新努力程度，集中决策时收益大于分散决策时收益之和。其原因主要有以下几点：一是集中决策时，单位产品零售价格小于分散决策时单位产品零售价格，间接提高了销售者购买的积极性，增加了产品销售量，即集中决策时，产品销售量大于分散决策时的销售量；二是虽然集中决策时，单位产品收益减少，但是，产品销售量增加带来的收益大于收益的减少量，即人们常说的“薄利多销”。

通过结论5.4可知，集中决策时可以避免企业间的边际效应，增加企业收益。因此，有必要研究协同创新协调策略，使其避免边际效应，最终使上下游收益达到整体最优。下面给出上下游创新协调机制。

5.1.3 政府不采取补贴时的协调机制

收益共享契约要求研发企业以较低的单位产品委托研发费用将研发技术提供给生产企业，在特殊情况下，该单位产品委托研发费用小于或等于单位产品创新成本。但是，生产企业为弥补研发企业的收益损失，需要按一定比例向研发企业分享其销售收益。此外，生产企业还应按照一定比例承担研发企业的创新费用，同时，研发企业也需要按照一定比例承担生产企业创新成本。在此，设生产企业按比例φ将其收益分享给研发企业，同时，按比例ξ对研发企业创新成本进行承担，且研发企业按比例ψ对生产企业创新成本进行承担。根据实际情况可知：$\varphi \in [0,\ 1]$，$\xi \in [0,\ 1]$，$\psi \in [0,\ 1]$。

根据上述描述，可得在收益共享契约协调机制下，研发企业和生产企业的收益函数为：

$$\pi_Y = (w - c)(Q - \alpha p + \beta E_Y + \beta E_S) + \varphi(p - w)(Q - \alpha p + \beta E_Y + \beta E_S) - \xi \frac{\gamma_S E_S{}^2}{2} - (1 - \psi)\frac{\gamma_Y E_Y{}^2}{2} \tag{5.9}$$

$$\pi_S = (1 - \varphi)(p^D - w^D)(Q - \alpha p^D + \beta E_Y^D + \beta E_S^D) - (1 - \xi)\frac{\gamma_S E_S^{D\,2}}{2} - \psi\frac{\gamma_Y E_Y^{D\,2}}{2} \tag{5.10}$$

结论5.5　当$w^* = c$且$\varphi = \xi = \psi$时，协同创新达到协调，其中$\varphi =$

$\xi=\psi$满足下列条件：$\varphi=\xi=\psi\in[\dfrac{(2\gamma_Y\gamma_S-\gamma_Y\beta^2)(2\gamma_Y\gamma_S-\gamma_Y\beta^2-\gamma_S\beta^2)}{(4\gamma_Y\gamma_S-2\gamma_Y\beta^2-\gamma_S\beta^2)^2}$,

$\dfrac{2\gamma_Y\gamma_S-\gamma_Y\beta^2}{4\gamma_Y\gamma_S-2\gamma_Y\beta^2-\gamma_S\beta^2}]$。

证明：类似结论5.1，由式（5.10）可得：

$$p^{**}=\frac{(Q+E_Y\beta)(1-\psi)\gamma_S+[(1-\psi)\gamma_S-(1-\varphi)\beta^2]w}{\alpha[2(1-\psi)\gamma_S-(1-\varphi)\beta^2]}$$

$$E_S^{**}=\frac{(1-\psi)(Q-w+E_Y\beta)\beta}{2(1-\psi)\gamma_S-(1-\varphi)\beta^2}$$

将p^{**}，E_S^{**}带入式（5.9）可得：

$$\pi_Y=\frac{(Q-w+E_Y\beta)^2\beta[2\varphi(1-\psi)^2{\gamma_S}^2-\psi(1-\varphi)^2\gamma_S\beta^2]}{2[(1-\psi)\gamma_S-(1-\varphi)\beta^2]^2}-\frac{\varphi\gamma_Y E_Y^2}{2} \tag{5.11}$$

将$w^{**}=c$带入式（5.11），然后对（5.11）关于E_Y求解可得：

$$E_Y^{**}=\frac{\beta(Q-c)[2\varphi(1-\psi)^2\gamma_S^2-\psi(1-\varphi)^2\gamma_S\beta^2]}{\xi\gamma_Y[(1-\psi)\gamma_S-(1-\varphi)\beta^2]^2-\beta^2[2\varphi(1-\psi)^2\gamma_S^2-\psi(1-\varphi)^2\gamma\beta^2]}$$

将w^{**}，E_Y^{**}带入p^{**}，E_S^{**}可得：

$$p^{**}=\frac{(Q+E_Y^{**}\beta)(1-\psi)\gamma_S-[(1-\psi)\gamma_S-(1-\varphi)\beta^2]c}{2(1-\psi)\gamma_S-(1-\varphi)\beta^2}$$

$$E_S^{**}=\frac{(1-\varphi)\xi(Q-c)\beta\gamma_Y[2(1-\psi)\gamma_S-(1-\varphi)\beta^2]}{\xi\gamma_Y[2(1-\psi)\gamma_S-(1-\varphi)\beta^2]^2-\beta^2[2\varphi(1-\psi)^2\gamma_S^2-\psi(1-\varphi)^2\gamma_S\beta^2]}$$

通过p^{**}，E_S^{**}与p^{C*}，E_S^{C*}对比可知当$\varphi=\xi=\psi$有$p^{C*}=p^{**}$，$E_S^{C*}=E_S^{**}$，$E_Y^{C*}=E_Y^{**}$，即这时研发企业与生产企业间协同创新达到协调。

这时$\pi_Y^{**}=\varphi\pi^{C*}$，$\pi_S^{**}=(1-\varphi)\pi^{C*}$，且$\pi_Y^{**}=\varphi\pi^{C*}\geqslant\pi_Y^{D*}$，$\pi_S^{**}=(1-\varphi)\pi^{C*}\geqslant\pi_S^{D*}$。

由此可得：$\varphi=\xi=\psi\in[\dfrac{(2\gamma_Y\gamma_S-\gamma_Y\beta^2)(2\gamma_Y\gamma_S-\gamma_Y\beta^2-\gamma_S\beta^2)}{(4\gamma_Y\gamma_S-2\gamma_Y\beta^2-\gamma_S\beta^2)^2}$,

$\dfrac{2\gamma_Y\gamma_S-\gamma_Y\beta^2}{4\gamma_Y\gamma_S-2\gamma_Y\beta^2-\gamma_S\beta^2}]$。

5.1.4 仿真分析

与本部分模型类似案例介绍：沈鼓—大工研究院模式。目前，沈鼓与大工的合作任务是以沈鼓公司发展需求的项目作为合作载体，以重点研发相关装备制造技术作为研究目标和方向，研发出具有自主知识产权的创新型技术和产品。沈鼓—大工研究院成立以来，累计开展科研项目超过百余项，项目成果直接应用于企业的各项生产实践，双方联合承担国家级科研项目课题，科研经费总额高达3亿元。沈鼓—大工研究院的相关研究成果是具有重大突破性的，参与解决了一系列国家重大装备的关键技术问题。

2005年7月，双方开启了产学研合作的新模式，双方共建长期课题小组，联合组建“沈鼓—大工”研究院，其中沈鼓研发人员与大工专家、教授纷纷入驻研究院。研究院的成员主要包括企业派驻人员和大连理工大学相关专家教授、学者等两类，实行统一管理，人员采取“流动不调动”的机制。研究院兼顾企业特点，采用全新的企业化研发模式，研发任务通过协同创新的方式进行，很多协同创新的项目都得到了国家的补贴支持。案例对应着上下游同时研发。

为了更详细与直观地分析创新努力成本系数对最优解的影响，本小结运用MatlabR2014a进行仿真分析，限于数据不可得，借鉴文献[153]，取Q = 100，β = 2，c = 20。

(1) 创新努力成本系数γ_i对创新费用与创新努力程度的影响

由图5-1可知，分散决策时，单位产品委托研发费用与创新努力成本系数负相关，且研发企业创新成本系数对单位产品委托研发费用影响不是很显著，生产企业创新努力成本系数对单位产品委托研发影响较显著，主要是因为研发企业可以通过单位产品创新费用转移创新成本给生产企业。由图5-1并结合分析可得推论5.1。

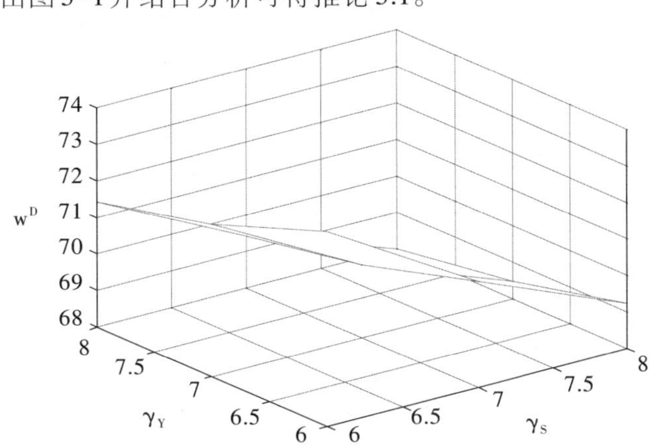

图5-1 创新努力成本系数γ_i对单位产品委托研发费用w^D的影响

推论 5.1　创新努力成本系数对单位委托研发费用的影响为：$\frac{\partial w^D}{\partial \gamma_Y} < 0$，$\frac{\partial w^D}{\partial \gamma_S} < 0$。

由图 5-2 可知，集中决策时研发企业创新努力程度显著大于分散决策时研发企业创新努力程度，且创新努力程度成本系数对研发企业创新努力程度的影响在集中决策时较明显，即集中决策时，创新努力成本系数对研发企业创新努力程度较敏感。其主要原因是集中决策时，不仅可以减少边际效应，还可以进一步促进企业研发的积极性，分散决策时，研发企业与生产企业只关注自身收益，忽略整体收益，因此对创新努力成本系数较少关注。由图 5-2 和分析可得推论 5.2。

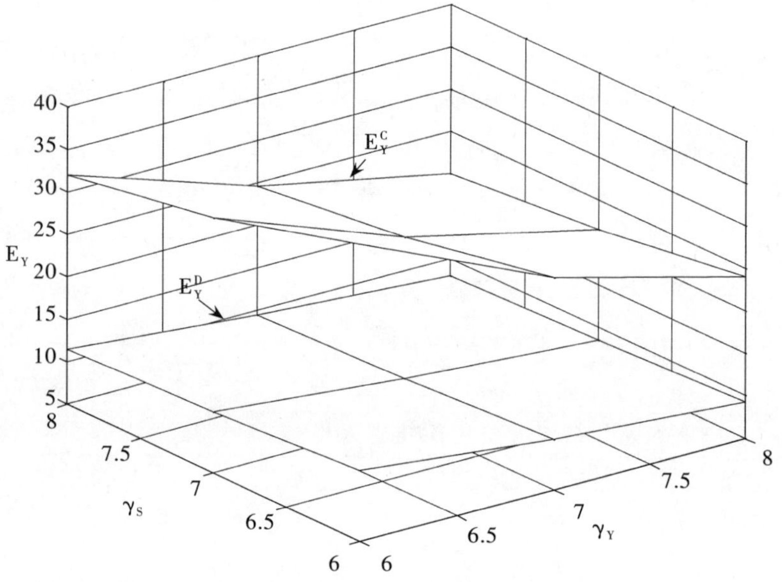

图 5-2　创新努力成本系数 γ_i 对研发企业创新努力程度 $E^i{}_Y$ 的影响

推论 5.2 创新努力成本系数对研发企业创新努力程度的影响为：$\frac{\partial E_Y^D}{\partial \gamma_Y} < 0$，$\frac{\partial E_Y^C}{\partial \gamma_Y} < 0$。

（2）创新努力成本系数对收益的影响

创新努力成本系数对生产企业创新努力程度、需求量的影响与对研发企业的影响大致一样，在此不再给予仿真分析。

由图5-3和图5-4可知，研发企业创新成本系数对研发企业收益的影响不是很明显，即其收益的变化趋势不是很明显，且研发企业收益与研发企业创新成本系数负相关，但是研发企业创新成本系数对生产企业的收益影响较明显，且生产企业收益与研发企业创新成本系数正相关。无论是研发企业还是生产企业，生产企业创新成本系数对其收益的影响是正的，且生产企业创新成本系数对生产企业收益的影响较显著。根据上述分析，再结合图5-3和图5-4可得推论5.3。

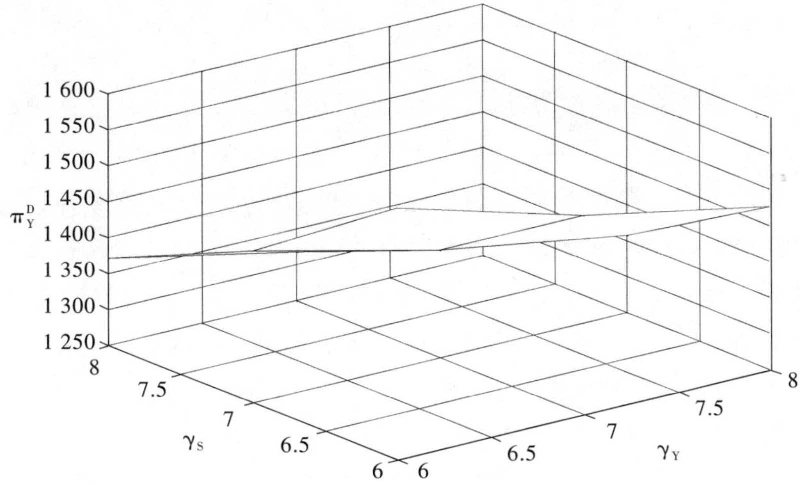

图5-3　创新努力成本系数γ_i对研发企业收益π_Y^D的影响

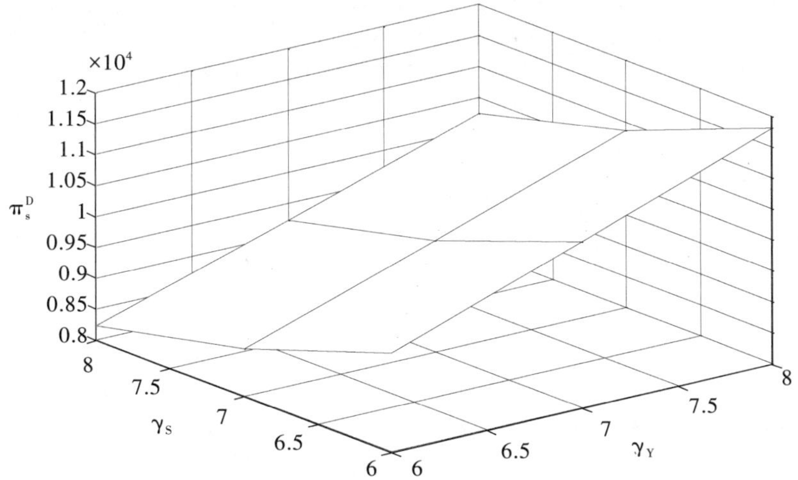

图5-4　创新努力成本系数γ_i对生产企业收益π_s^D的影响

推论 5.3 创新努力程度对企业收益的影响为：$\frac{\partial \pi_i^D}{\partial \gamma_Y} < 0$，$\frac{\partial \pi_i^C}{\partial \gamma_Y} > 0$，$i \in \{Y, D\}$。

5.2 政府采取补贴时的协同创新博弈模型

5.2.1 模型建立

由5.1.1节可知，上下游企业协同创新可以提高企业的自主创新能力，是实现创新型企业的重要途径。而创新不仅需要投入大量的创新成本，还面临着较高的风险。政府为鼓励企业进行创新，采取补贴策略，该补贴不仅可以弥补企业的创新成本，还可以降低企业的创新风险，即政府补贴可以有效促进企业进行创新。但是针对政府补贴存在较大的争议，争议的焦点是政府补贴的对象，补贴的对象不同，对协同创新的影响也不同。因此，研究不同政府补贴策略对协同创新的影响具有重要的现实意义。

（1）模型符号

c：单位产品的创新成本；

下标VP：政府补贴给生产企业；

下标VY：政府补贴给研发企业；

v：政府对单位产品的补贴额度；

E_{iY}：政府采取补贴策略i时，研发企业的创新努力程度，其中$i \in \{VP, VY\}$；

E_{iS}：政府采取补贴策略i时，生产企业的创新努力程度，其中$i \in \{VP, VY\}$；

w_i：政府采取补贴策略i时，单位产品的委托研发费用，$i \in \{VP, VY\}$；

p_i：政府采取补贴策略i时，单位产品的零售价格，$i \in \{VP, VY\}$；

q_i：政府采取补贴策略i时，产品的市场需求量，$i \in \{VP, VY\}$。

(2) 模型函数

借鉴文献［153］，研发企业创新成本与创新努力程度$E_{iY}(t)$的关系为：研发创新成本=$\frac{\gamma_Y E_{iY}(t)^2}{2}$，其中$\gamma_Y > 0$，表示研发创新努力成本系数；生产企业创新成本与创新努力程度$E_{iS}(t)$的关系为：生产企业创新努力成本=$\frac{\gamma_Y E_{iS}(t)^2}{2}$，其中$\gamma_Y$表示生产企业创新努力成本系数。

借鉴文献［149］、［152］，需求函数为：

$$D(p_i) = Q - \alpha p^i + \beta E_{iY} + \beta E_{iS} \tag{5.12}$$

其中$i \in \{VP, VY\}$，Q表示市场上对产品的潜在需求量，$\alpha > 0$表示消费者对单位零售价格p_i的反应系数，$\beta > 0$表示消费者对创新努力程度的反应系数，根据实际情况可知$\alpha > \beta$。

5.2.2 策略分析

(1) 政府补贴给研发企业

研发企业目标函数为：

$$\pi_{VYY} = (w_{VY} - c + v)(Q - \alpha p_{VY} + \beta E_{VYY} + \beta E_{VYS}) - \frac{\gamma_Y {E_{VYY}}^2}{2} \tag{5.13}$$

其中，$(w_{VY} - c + v)$表示研发单位产品获得的收益，$(w_{VY} - c + v)(Q - \alpha p_{VY} + \beta E_{VYY} + \beta E_{VYS})$表示研发企业的总收益，$\frac{\gamma_Y {E_{VYY}}^2}{2}$表示创新成本。

生产企业的目标函数为：

$$\pi_{VYS} = (p_{VY} - w_{VY})(Q - \alpha p_{VY} + \beta E_Y^D + \beta E_S^D) - \frac{\gamma_S {E_{VYS}}^2}{2} \tag{5.14}$$

其中，$(p_{VY} - w_{VY})$表示销售单位产品获得的收益，$(p^D - w^D)(Q - \alpha p^D + \beta E_{VYY} + \beta E_{VYS})$表示生产企业的总收益，$\frac{\gamma_S {E_{VYS}}^2}{2}$表示创新成本。

求解过程与前述小节类似，在此直接给出最优解，具体如下：

$$w_{VY}^* = \frac{\gamma_Y(2\gamma_S - \beta^2)(Q + c - v) - (c - v)\gamma_S\beta^2}{4\gamma_Y\gamma_S - 2\gamma_Y\beta^2 - \gamma_S\beta^2}$$

$$E_{VYY}^* = \frac{\gamma_S(Q - c + v)\beta}{4\gamma_Y\gamma_S - 2\gamma_Y\beta^2 - \gamma_S\beta^2}$$

$$p_{VY}^{*}=\frac{(3Q+c-v)\gamma_Y\gamma_S-(\gamma_Y+\gamma_S)\beta^2(c-v)-\gamma_YQ\beta^2}{\alpha(4\gamma_Y\gamma_S-2\gamma_Y\beta^2-\gamma_S\beta^2)}$$

$$q_{VY}^{*}=\frac{(Q-c+v)\gamma_Y\gamma_S}{4\gamma_Y\gamma_S-2\gamma_Y\beta^2-\gamma_S\beta^2}$$

$$E_{VYS}^{*}=\frac{\gamma_Y(Q-c+v)\beta}{4\gamma_Y\gamma_S-2\gamma_Y\beta^2-\gamma_S\beta^2}$$

$$\pi_{VYY}^{*}=\frac{(Q-c+v)^2\gamma_Y\gamma_S}{2(4\gamma_Y\gamma_S-2\gamma_Y\beta^2-\gamma_S\beta^2)}$$

$$\pi_{VYS}^{*}=\frac{{\gamma_Y}^2(Q-c+v)^2(2\gamma_S-\beta^2)\gamma_S}{2(4\gamma_Y\gamma_S-2\gamma_Y\beta^2-\gamma_S\beta^2)}$$

根据上述最优解，可得结论5.6。

结论5.6 政府补贴对最优解的影响为：

① $\frac{\partial w_{VY}^{*}}{\partial v}<0$；

② 当$\beta>\sqrt{\frac{\gamma_Y\gamma_S}{\gamma_Y+\gamma_S}}$时，$\frac{\partial p_{VY}^{*}}{\partial v}>0$，否则，$\frac{\partial p_{VY}^{*}}{\partial v}<0$；

③ $\frac{\partial q_{VY}^{*}}{\partial v}>0$；

④ $\frac{\partial E_{VYY}^{*}}{\partial v}>0$，$\frac{\partial E_{VYS}^{*}}{\partial v}>0$；

⑤ $\frac{\partial \pi_{VYY}^{*}}{\partial v}>0$，$\frac{\partial \pi_{VYS}^{*}}{\partial v}>0$。

结论5.6证明类似于结论5.1，在此不再详细证明。

结论5.6说明，政府补贴可以有效降低单位产品委托研发费用，这是因为政府采取补贴策略时，会降低单位产品创新成本和研发风险，研发企业为获得更多的政府补贴，会通过降低单位产品委托研发费用来间接降低单位产品零售价格。另外，政府补贴可以增加产品需求量以及研发企业和生产企业的收益。

政府补贴可以有效促进研发企业和生产企业提高研发的积极性。政府补贴可以降低单位产品的委托研发费用，即生产企业通过该方式增加自己的收益，为获得更多的政府补贴，研发企业和生产企业会通过增加研发投入来提高产品的市场竞争力。

另外，政府补贴对单位产品零售价格与消费者对价格的敏感度和创新努力成本系数相关，当消费者对单位产品零售价格的敏感度大于某一阈值（该阈值与创新努力成本系数有关）时，单位产品零售价格与单位政府补贴额度正相关；反之，则负相关。

（2）政府补贴给生产企业

研发企业目标函数为：

$$\pi_{VSY} = (w_{VS} - c)(Q - \alpha p_{VS} + \beta E_{VSY} + \beta E_{VSS}) - \frac{\gamma_Y {E_{VSY}}^2}{2} \tag{5.15}$$

其中，$(w_{VS} - c)$ 表示研发单位产品获得的收益，$(w_{VS} - c)(Q - \alpha p_{VS} + \beta E_{VSY} + \beta E_{VSS})$表示研发企业的总收益，$\frac{\gamma_Y {E_{VSY}}^2}{2}$表示创新成本。

生产企业的目标函数为：

$$\pi_{VSS} = (p_{VS} - w_{VS} + v)(Q - \alpha p_{VS} + \beta E_{VSY} + \beta E_{VSS}) - \frac{\gamma_S {E_{VSS}}^2}{2} \tag{5.16}$$

其中，$(p_{VS} - w_{VS} + v)(Q - \alpha p_{VS} + \beta E_{VSY} + \beta E_{VSS})$表示生产企业的总收益，$\frac{\gamma_S {E_{VSS}}^2}{2}$表示创新成本。

根据式（5.15）和式（5.16）可得最优解为：

$$w^*_{VS} = \frac{\gamma_Y(2\gamma_S - \beta^2)(Q + c + v) - (c + v)\gamma_S\beta^2}{4\gamma_Y\gamma_S - 2\gamma_Y\beta^2 - \gamma_S\beta^2}$$

$$E^*_{VSY} = \frac{\gamma_S(Q - c + v)\beta}{4\gamma_Y\gamma_S - 2\gamma_Y\beta^2 - \gamma_S\beta^2}$$

$$p^*_{VS} = \frac{(3Q + c)\gamma_Y\gamma_S - (\gamma_Y + \gamma_S)\beta^2(c + v) - \gamma_Y Q\beta^2}{\alpha(4\gamma_Y\gamma_S - 2\gamma_Y\beta^2 - \gamma_S\beta^2)}$$

$$q^*_{VS} = \frac{(Q - c + v)\gamma_Y\gamma_S}{4\gamma_Y\gamma_S - 2\gamma_Y\beta^2 - \gamma_S\beta^2}$$

$$E^*_{VSS} = \frac{\gamma_Y(Q - c + v)\beta}{4\gamma_Y\gamma_S - 2\gamma_Y\beta^2 - \gamma_S\beta^2}$$

$$\pi^*_{VSY} = \frac{(Q - c + v)^2\gamma_Y\gamma_S}{2(4\gamma_Y\gamma_S - 2\gamma_Y\beta^2 - \gamma_S\beta^2)}$$

$$\pi^*_{VSS} = \frac{{\gamma_Y}^2(Q - c + v)^2(2\gamma_S - \beta^2)\gamma_S}{2(4\gamma_Y\gamma_S - 2\gamma_Y\beta^2 - \gamma_S\beta^2)}$$

通过对比分析可得结论5.7。

结论5.7　政府选取不同补贴对象对最优解的影响为：

①$q^*_{VS} = q^*_{VY}$；

②$E^*_{VYY} = E^*_{VSY}$；

③$E^*_{VYS} = E^*_{VSS}$；

④$\pi^*_{VYY} = \pi^*_{VSY}$；

⑤$\pi^*_{VYS} = \pi^*_{VSS}$。

由结论5.7可知，虽然政府选取不同的补贴对象对单位产品委托研发费用和单位产品零售价格有影响，但是对产品需求量、创新努力程度和收益没有影响。因此，政府在采取补贴策略时，可以选择任何一个作为补贴对象。

政府补贴策略之所以对单位产品委托研发费用有影响，是因为当政府给生产企业补贴时，研发企业为获得政府补贴，会通过提高单位产品委托研发费用的方式来转移政府补贴，进而增加自己的收益。

5.3 本章小结

为分析研发企业与生产企业之间的协同创新问题，我们构建上下游协同创新的博弈模型。基于此博弈模型，分析研发创新努力成本系数对创新努力程度、单位委托研发成本、单位产品销售价格、销售量和收益的影响，进而研究上下游协同创新协调机制，并进一步研究政府补贴对上下游协同创新的影响，确立政府最优补贴对象。研究主要得到以下结论：

（1）研发企业进行研发时，会通过提高单位产品委托研发费用的方式来转移其创新成本；单位产品零售价格与单位产品创新努力程度正相关，产品需求量与研发企业创新努力程度正相关。研发企业创新成本系数对研发企业收益的影响不是很明显，即其收益的变化趋势不是很明显，且研发企业的收益与研发企业创新成本系数负相关，但是研发企业创新成本系数对生产企业的收益影响较明显，且生产企业收益与研发企业创新成本系数正相关。

（2）分散决策时，单位产品委托研发费用与创新努力成本系数负相关，且研发企业创新成本系数对单位产品委托研发费用的影响不是很显著，生产企业创新努力成本系数对单位产品委托研发费用影响较显著。

集中决策时，单位产品零售价格小于分散决策时单位产品零售价格，集中决策时产品销售量大于分散决策时产品销售量，集中决策时创新努力程度大于分散决策时创新努力程度，集中决策时收益大于分散决策时收益之和。

（3）政府补贴可以有效促进上下游协同创新，即增加上下游创新努力程度，但是，政府选取不同补贴对象对创新努力程度、产品销售量和收益的影响是一样的。只是政府选取不同补贴对象会影响单位产品委托研发费用和单位产品零售价格。

6 政府补贴对企业协同创新的动态影响研究

第五章从静态角度分析了政府补贴对上下游协同创新的影响，而创新一般会随时间的变化而变化。为分析时间效应对上下游协同创新的影响，本章在第五章的基础上，构建动态的上下游协同创新博弈模型。同时，由第四章可知政府补贴对象不同不会影响协同创新的努力程度、销售量等。因此，本章只考虑当政府发给研发企业补贴时构建的上下游协同创新的微分博弈模型，分析时间效应对其的影响。

6.1 问题描述与假设

6.1.1 问题描述

从5.2节可知，政府补贴可以有效降低创新风险，促进创新，且政府补贴对象选取的不同不影响上下游创新的努力程度，因此，本节只考虑政府补贴给研发企业时这一情况。另外，创新努力程度会随时间的变化而变化，需要从时间的角度分析时间变化对上下游协同创新的影响。因此，本章引入时间作为变量，构建上下游协同创新微分博弈模型。基于此微分博弈模型，分析时间对上下游协同创新的影响。

6.1.2 符号说明

上标D：分散决策情形；

上标C：集中决策情形；

$v(t)$：情形i下，t时刻政府给予单位产品的补贴额度，其中$i \in \{D, C\}$，根据实际情况，政府在一定时期内，给予补贴的额度不会发生变化，即$v(t)$在一定时期内是一个常量；

$\tau_Y^i(t)$：情形i下，t时刻研发企业单位创新努力程度，其中$i \in \{D, C\}$；

$\tau_S^i(t)$：情形i下，t时刻生产企业单位创新努力程度，其中$i \in \{D, C\}$；

$E_Y^i(t)$：情形i下，t时刻研发企业创新努力程度，其中$i \in \{D, C\}$；

$E_S^i(t)$：情形i下，t时刻生产企业创新努力程度，其中$i \in \{D, C\}$。

6.1.3 模型假设

（1）研发企业创新成本与创新努力程度$E_Y^i(t)$的关系为：研发创新努力成本=$\frac{C_Y E_Y^i(t)^2}{2}$，其中$C_Y > 0$，表示研发创新努力成本系数；生产企业创新努力成本与创新努力程度$E_S^i(t)$的关系为：生产企业创新努力成本=$\frac{C_S E_S^i(t)^2}{2}$，其中$C_S > 0$，表示生产企业创新努力成本系数[154][155]。

（2）单位创新努力程度与创新努力程度相关[148][156]，且是一个动态变化的过程，用式（6.1）和式（6.2）表示其变化过程为：

$$\frac{d\tau_Y^i(t)}{dt} = \gamma E_Y^i(t) - \delta \tau_Y^i(t) \tag{6.1}$$

$$\frac{d\tau_S^i(t)}{dt} = \gamma E_S^i(t) - \delta \tau_S^i(t) \tag{6.2}$$

其中，$\tau_Y^i(t)$，$\tau_S^i(t)$表示t时刻单位产品的创新度，且初始创新度$\tau_Y^i(0) = \tau_S^i(0) = \tau_0^i \geqslant 0$，$\gamma$表示创新努力程度对单位产品创新度的影响程度，$\delta > 0$表示不进行创新努力时，创新度的衰减系数。

（3）需求函数为：

$$D(p^i(t)) = Q - \alpha p^i(t) + \beta E_Y^i(t) + \theta E_S^i(t) \tag{6.3}$$

参考类似研究给出需求函数[157]，其中，Q表示市场上对创新产品的潜在需求量，$\alpha > 0$表示消费者对单位产品销售价格$p^i(t)$的反应系数，$\beta > 0$表示消费者对研发企业创新努力程度的反应系数，$\theta > 0$表示消费者对生产企业创新努力程度的反应系数。

根据实际情况可知$\alpha > \theta$，$\alpha > \beta$，$C_S > \theta$，$C_Y > \theta$，即消费者对价格敏感度要高于对创新的敏感度。同时，创新成本系数要大于消费者对创新的敏感度。如若不然，研发企业或生产企业都会选择创新，根本不考虑创新成本。

（4）借鉴文献，研发企业和生产企业具有相同的贴现率ρ，且$\rho > 0$，目标均是在无限区间内寻求自身利润最大化[158][159]。

6.2 协同创新微分博弈模型的建立

6.2.1 分散决策

（1）研发企业的目标函数为：

$$\max_{w^D(t),\ E_Y^D(t)} J_Y^D = \int_0^\infty e^{-\rho t}\left[(w^D(t) - c + v(t))(Q - \alpha p^D(t) + \beta E_Y^D(t) + \theta E_S^D(t)) - \frac{C_Y E_Y^D(t)^2}{2}\right] d(t) \tag{6.4}$$

其中，$(w^D(t) - c + v(t))$ 表示t时刻政府补贴下研发单位产品获得的收益，$Q - \alpha p^D(t) + \beta E_Y^D(t) + \theta E_S^D(t)$表示t时刻市场的需求量，故研发企业在t时刻的总收益为：

$(w^D(t) - c + v(t))(Q - \alpha p^D(t) + \beta E_Y^D(t) + \theta E_S^D(t))$

$\frac{C_Y E_Y^D(t)^2}{2}$表示t时刻研发企业的创新成本。

（2）生产企业的目标函数为：

$$\max_{p^D(t),\ E_S^D(t)} J_S^D = \int_0^\infty e^{-\rho t}\left[(p^D(t) - w^D(t))(Q - \alpha p^D(t) + \beta E_Y^D(t) + \theta E_S^D(t)) - \frac{C_S E_S^D(t)^2}{2}\right] d(t) \tag{6.5}$$

根据最优控制原理可以分别得到研发企业和生产企业的Hamilton函数，同时为了书写方便，下文省略时间t的书写。

$$H_Y^D(w^D,\ E_Y^D,\ u_Y^R)=(w^D-c+v)(Q-\alpha p^D+\beta E_Y^D+\theta E_S^D)-\frac{C_Y E_Y^{D\,2}}{2}+u_Y^D(\gamma E_Y^D-\delta\tau_Y^D) \tag{6.6}$$

$$H_S^D(P^D,\ E_S^D,\ u_S^R)=(p^D-w^D)(Q-\alpha p^D+\beta E_Y^D+\theta E_S^D)-\frac{C_S E_S^{D\,2}}{2}+u_S^D(\gamma E_S^D-\delta\tau_S^D) \tag{6.7}$$

为了下面便于求解，首先给出引理6.1。

引理6.1　式（6.7）关于$p^D(t)$，$E_S^D(t)$是凹函数，根据式（6.7）求得的解带入式（6.6）后，式（6.6）关于$w^D(t)$，$E_Y^D(t)$是凹函数。

证明：对式（6.7）关于$p^D(t)$，$E_S^D(t)$求一阶和二阶偏导数可得：

$$\frac{\partial H_S^D}{\partial P^D}=Q-2\alpha p^D+\beta E_Y^D+\theta E_S^D+\alpha w^D$$

$$\frac{\partial H_S^D}{\partial E_S^D}=\theta p^D-\theta w^D-C_S E_S^D+\gamma u_S^D$$

$$\frac{\partial^2 H_S^D}{\partial P^D\partial E_S^D}=\frac{\partial^2 H_S^D}{\partial E_S^D\partial p^D}=\theta$$

$$\frac{\partial^2 H_S^D}{\partial P^{D\,2}}=-2\alpha$$

$$\frac{\partial^2 H_S^D}{\partial E_S^{D\,2}}=-C_S$$

式（6.7）关于$p^D(t)$，$E_S^D(t)$的海赛矩阵为：

$$H=\begin{bmatrix}-2\alpha & \theta\\ \theta & -C_s\end{bmatrix}$$

由$|H|=\begin{vmatrix}-2\alpha & \theta\\ \theta & -C_S\end{vmatrix}=2\alpha C_S-\theta^2>0$且$-2\alpha<0$可知，海赛矩阵为半负定，目标函数为凹函数。

故式（6.7）关于$p^D(t)$，$E_S^D(t)$是凹函数，且其最大值在一阶导数为零点达到。类似可证式（6.6）$w^D(t)$，$E_Y^D(t)$是凹函数。

结论6.1　系统的稳定状态为：

$$(\overline{\tau_S^{D*}},\ \overline{u_s^{D*}})=\left(\frac{\theta C_S\gamma^2(Q-\alpha c+\alpha v)}{\delta C_Y A(\gamma+\delta)-C_S\theta^2\gamma^2},\ \frac{\delta\theta C_S C_Y(Q-\alpha c+\alpha v)}{\delta C_Y A(\gamma+\delta)-C_S\theta^2\gamma^2}\right) \tag{6.8}$$

生产企业的最优单位零售价格、创新努力程度和销售量分别为：

$$P^{D*}=\frac{3C_SQ+(c-v)(\alpha C_S-\beta^2)}{A}+\frac{3\theta C_S}{A}\left[(\tau_0-\overline{\tau_Y^D})e^{-\frac{\varphi_S-C_YA\gamma}{2C_YA}t}+\overline{\tau_Y^D}\right] \tag{6.9}$$

$$E_S^{D*}=\frac{\beta(Q-\alpha c+\alpha v)}{A}+\frac{\beta\theta}{A}\left[(\tau_0-\overline{\tau_Y^D})e^{-\frac{\varphi_S-C_YA\gamma}{2C_YA}t}+\overline{\tau_Y^D}\right] \tag{6.10}$$

$$q^{D*}=\frac{\alpha C_S(Q-\alpha c+\alpha v)}{A}+\frac{\alpha\theta C_S}{A}\left[(\tau_0-\overline{\tau_Y^D})e^{-\frac{\varphi_S-C_YA\gamma}{2C_YA}t}+\overline{\tau_Y^D}\right] \tag{6.11}$$

研发企业的最优单位委托研发费用和创新努力程度为：

$$w^{D*}=\frac{2C_SQ+(c-v)(2\alpha C_S-\beta^2)}{A}+\frac{2\theta C_S}{A}\left[(\tau_0-\overline{\tau_Y^D})e^{-\frac{\varphi_S-C_YA\gamma}{2C_YA}t}+\overline{\tau_Y^D}\right] \tag{6.12}$$

$$E_Y^{D*}=\frac{(2\delta C_YA+C_YA\gamma-\varphi_S)(\tau_0-\overline{\tau_Y^D})}{2C_YA\gamma}e^{-\frac{\varphi_S-C_YA\gamma}{2C_YA}t}+\frac{\delta}{\gamma}\overline{\tau_Y^D} \tag{6.13}$$

研发企业单位产品创新的最优轨迹为：

$$\tau_Y{}^{D*}=(\tau_0-\overline{\tau_Y^D})e^{-\frac{\varphi_S-C_YA\gamma}{2C_YA}t}+\overline{\tau_Y^D} \tag{6.14}$$

其中 $A=4\alpha C_S-\beta^2$，$\varphi_S=\sqrt{C_YA[C_YA(\gamma+2\delta)^2-4C_S\gamma^2\theta^2]}$。

证明：由引理6.1可知，对式（6.7）关于 p^D，$E_S{}^D$ 求偏导可得：

$$\begin{cases}\dfrac{\partial H_Y^D}{\partial p^D}=-2\alpha p^D+Q+\beta E_S^D+\theta E_S^D+\alpha w^D+\alpha v=0\\ \dfrac{\partial H_Y^D}{\partial E_S{}^D}=\beta(p^D-w^D)-C_SE_S{}^D+\gamma u_S^D=0\end{cases} \tag{6.15}$$

求解式（6.15）可得：

$$\begin{cases}p^D=\dfrac{Q+\beta E_S^D+\theta\tau^D+\alpha w^D+\alpha v}{2\alpha}\\ E_S^D=\dfrac{\beta(p^D-w^D-v)}{C_R}\end{cases} \tag{6.16}$$

式（6.16）中的 p^D 带入式（6.5）可以得到生产企业Hamilton函数的Nash均衡条件为：

$$\frac{\partial H_Y^D}{\partial w^D}=\frac{-2\alpha w^D+Q+\beta E_S^D+\theta\tau^D+\alpha c-\alpha v}{2}=0 \tag{6.17}$$

$$\frac{\partial H_Y^D}{\partial E_Y^D}=-C_YE_Y+\gamma u_Y^D=0 \tag{6.18}$$

$$\frac{\partial H_Y^D}{\partial u_Y^D}=\gamma E_Y-\delta\tau^D=\tau' \tag{6.19}$$

$$u_Y^{D'}=\gamma u_Y^D-\frac{\partial H_Y^D}{\partial\tau^D}=(\gamma+\delta)u_Y^D-\frac{\theta(w^D-c+v)}{2} \tag{6.20}$$

由式（6.17）可得：

$$w^{D}=\frac{Q+\beta E_{S}^{D}+\theta\tau^{D}+\alpha c-\alpha v}{2\alpha} \tag{6.21}$$

把式（6.21）带入式（6.20）可得：

$$u_{Y}^{D'}=(\gamma+\delta)u_{Y}^{D}-\frac{\theta(Q+\beta E_{S}^{D}+\theta\tau-\alpha c+\alpha v)}{4\alpha} \tag{6.22}$$

由式（6.18）可得：

$$E_{Y}=\frac{\gamma u_{Y}^{D}}{C_{Y}} \tag{6.23}$$

把式（6.23）带入式（6.19）可得：

$$\tau'=\frac{\gamma^{2}u_{Y}^{D}}{C_{Y}}-\delta\tau \tag{6.24}$$

令式（6.22）和式（6.24）等于零并联立，可以求得系统的稳定状态为：

$$(\overline{\tau_{S}^{D}},\ \overline{u_{s}^{D}})=(\frac{\theta C_{S}\gamma^{2}(Q-\alpha c+\alpha v)}{\delta C_{Y}A(\gamma+\delta)-C_{S}\theta^{2}\gamma^{2}},\ \frac{\delta\theta C_{S}C_{Y}(Q-\alpha c+\alpha v)}{\delta C_{Y}A(\gamma+\delta)-C_{S}\theta^{2}\gamma^{2}}) \tag{6.8}$$

对式（6.24）两边关于t求导可得：

$$\tau''=\frac{\gamma^{2}u_{Y}^{D'}}{C_{Y}}-\delta\tau' \tag{6.25}$$

把式（6.22）带入式（6.25）可得：

$$\tau''=\frac{\gamma^{2}}{C_{Y}}[(\gamma+\delta)u_{Y}^{D}-\frac{\theta(Q+\beta E_{S}+\theta\tau-\alpha c+\alpha v)}{4\alpha}]-\delta\tau' \tag{6.26}$$

由式（6.18）可得：

$$u_{Y}^{D}=\frac{C_{Y}E_{Y}}{\gamma} \tag{6.27}$$

式（6.27）带入式（6.26）并结合式（6.19）可得：

$$\tau''-\gamma\tau'-[\delta(\gamma+\delta)-\frac{C_{S}\theta^{2}\gamma^{2}}{C_{Y}A}]\tau=-\frac{\theta C_{S}\gamma^{2}(Q-\alpha c+\alpha v)}{C_{Y}A} \tag{6.28}$$

式（6.28）为τ的二阶微分方程，已知该方程有一个特征根为正，为使微分方程的解收敛，另一个特征根为负，也即需要假设式（6.27）中的$\delta C_{Y}A(\gamma+\delta)-C_{S}\theta^{2}\gamma^{2}>0$。再加上初始值$\tau(0)=\tau_{0}$，$\lim_{t\to\infty}\tau(t)=\overline{\tau^{D}}$可得：

$$\tau_{S}^{D}=(\tau_{0}-\overline{\tau_{Y}^{D}})e^{-\frac{\varphi_{S}-C_{Y}A\gamma}{2C_{Y}A}t}+\overline{\tau_{Y}^{D}} \tag{6.29}$$

带入式（6.19）可得：

$$E_Y^{D*}=\frac{(2\delta C_YA+C_YA\gamma-\varphi_S)(\tau_0-\overline{\tau_Y^D})}{2C_YA\gamma}e^{-\frac{\varphi_S-C_YA\gamma}{2C_YA}t}+\frac{\delta}{\gamma}\overline{\tau_Y^D} \tag{6.13}$$

联立式（6.16）和式（5.17）可以求得：

$$E_S^{D*}=\frac{\beta(Q-\alpha c+\alpha v)}{A}+\frac{\beta\theta}{A}[(\tau_0-\overline{\tau_Y^D})e^{-\frac{\varphi_S-C_YA\gamma}{2C_YA}t}+\overline{\tau_Y^D}] \tag{6.10}$$

类似可以求得其他最优解。

结论6.1得证。

由结论6.1可得政府补贴对最优解的影响见结论6.2。

结论6.2 政府补贴对最优解的影响为：

① $\frac{\partial\overline{\tau_S^{D*}}}{\partial v}>0$，$\frac{\partial\overline{u_S^{D*}}}{\partial v}>0$；

② $\frac{\partial w^{D*}}{\partial v}<0$，$\frac{\partial p^{D*}}{\partial v}<0$；

③ $\frac{\partial q^{D*}}{\partial v}>0$，$\frac{\partial E_S^{D*}}{\partial v}>0$。

证明：① $\frac{\partial\overline{\tau_S^{D*}}}{\partial v}=\frac{\alpha\theta C_S\gamma^2}{\delta C_YA(\gamma+\delta)-C_S\theta^2\gamma^2}>0$，$\overline{u_s^{D*}}=\frac{\alpha\delta\theta C_SC_Y}{\delta C_YA(\gamma+\delta)-C_S\theta^2\gamma^2}>0$

类似可证②和③。

结论6.2得证。

结论6.2说明，政府补贴使系统稳定点变大，即使创新努力程度稳定点变大，有利于创新。另外，政府补贴有利于降低单位产品的委托研发费用，由于单位产品委托研发费用的降低，间接降低了单位产品零售价格，单位产品零售价格的降低可以促进消费者购买产品，增加产品销售量。同时，政府补贴可以有效促进生产企业对创新的努力投入。

根据结论6.1，在初始单位产品的创新努力程度很小时，即 $\tau_0<\overline{\tau_s^D}$ 时，可以得到如下推论。

推论6.1 时间变化对最优解的影响：

① $\frac{\partial p^{D*}}{\partial t}>0$，$\frac{\partial E_S^{D*}}{\partial t}>0$，$\frac{\partial w^{D*}}{\partial t}>0$，$\frac{\partial q^{D*}}{\partial t}>0$；

②当 $\gamma>\frac{\varphi_S-2\delta C_YA}{C_YA}$ 时，$\frac{\partial E_Y^{D*}}{\partial t}>0$，当 $\gamma<\frac{\varphi_S-2\delta C_YA}{C_YA}$ 时，$\frac{\partial E_Y^{D*}}{\partial t}<0$；

③ $\frac{\partial \tau_S^{D*}}{\partial t} > 0$。

证明：当$\tau_0 < \overline{\tau_Y^D}$时，$\tau_0 - \overline{\tau_Y^D} < 0$。

① $\frac{\partial p^{D*}}{\partial t} = -\frac{\theta C_S}{C_Y A^2}(\tau_0 - \overline{\tau_Y^D})(\varphi_S - C_Y A\gamma)e^{-\frac{\varphi_S - C_Y A\gamma}{2C_Y A}t} > 0$，$\frac{\partial E_S^{D*}}{\partial t} = -\frac{\beta\theta}{2C_Y A^2}$ $(\tau_0 - \overline{\tau_Y^{D*}})(\varphi_Y - C_Y A\gamma)e^{-\frac{\varphi_S - C_Y A\gamma}{2C_Y A}t} > 0$，$\frac{\partial w^{D*}}{\partial t} = -\frac{\theta C_S}{C_Y A^2}(\tau_0 - \overline{\tau_Y^{D*}})(\varphi_S - C_Y A\gamma)e^{-\frac{\varphi_S - C_Y A\gamma}{2C_Y A}t} > 0$，$\frac{\partial q^{D*}}{\partial t} = -\frac{\alpha\theta C_S}{2C_Y A^2}(\tau_0 - \overline{\tau_Y^D})(\varphi_S - C_Y A\gamma)e^{-\frac{\varphi_S - C_Y A\gamma}{2C_Y A}t} > 0$。

类似可证②和③，推论6.1证毕。

推论6.1说明，单位产品的创新努力程度随时间的推移而增大，且逐渐收敛到稳定点。针对研发企业，当创新努力对单位产品创新度的影响大于$\frac{\varphi_S - 2\delta C_Y A}{C_Y A}$时，研发企业进行创新的努力程度随时间的推移而增大，当创新努力对单位产品创新度的影响小于$\frac{\varphi_S - 2\delta C_Y A}{C_Y A}$时，研发企业进行创新的努力程度随时间的推移而减小，但是，单位产品的委托价格随时间的推移而增大。

6.2.2 集中决策

$$\max_{p^C,\ E_Y^C,\ E_S^C} J_C = \int_0^{\infty} e^{-\rho t}[(p^C - c + v)(Q - \alpha p^C + \beta E_S^C + \theta\tau^C) - \frac{C_Y E_Y^{C\,2}}{2} - \frac{C_S E_S^{C\,2}}{2}]d(t) \tag{6.30}$$

式（6.30）的Hamilton函数为：

$$H^C(p^C,\ E_Y^C,\ E_S^C,\ u^C) = (p^C - c)(Q - \alpha p^C + \beta E_S^C + \theta\tau^C) - \frac{C_S E_S^{C\,2}}{2} - \frac{C_Y E_Y^{C\,2}}{2} + u^C(\gamma E_Y^C - \delta\tau^C) \tag{6.31}$$

类似于引理6.1，可得引理6.2。

引理6.2　式（6.30）关于p^C，E_D，E_S是凹函数。

引理6.2的证明过程类似于引理6.1，在此不再证明。在引理6.2的保证下，可以得到结论6.3。

结论6.3　系统的稳定状态为：

$$(\overline{\tau^{C}},\ \overline{u^{C}})=\left(\frac{\theta C_S\gamma^2(Q-\alpha c+\alpha v)}{\delta C_S B(\gamma+\delta)-C_S\theta^2\gamma^2},\ \frac{\delta\theta C_S C_Y(Q-\alpha c+\alpha v)}{\delta C_Y B(\gamma+\delta)-C_S\theta^2\gamma^2}\right) \tag{6.32}$$

最优单位零售价格和销售量为：

$$P^{C*}=\frac{QC_S+(c-v)(\alpha C_S-\beta^2)}{B}+\frac{\theta C_S}{B}\left[(\tau_0-\overline{\tau^C})e^{-\frac{\varphi_C-C_Y B\gamma}{2C_Y B}t}+\overline{\tau^C}\right] \tag{6.33}$$

$$q^{C*}=\frac{\alpha C_S(Q-\alpha c+\alpha v)}{B}+\frac{\alpha\theta C_S}{B}\left[(\tau_0-\overline{\tau^C})e^{-\frac{\varphi_C-BC_Y\gamma}{2LC_Y}t}+\overline{\tau^C}\right] \tag{6.34}$$

最优创新努力程度为：

$$E_Y^{C*}=\frac{(2\delta C_Y B+C_Y B\gamma-\varphi_C)(\tau_0-\overline{\tau^C})}{2C_Y B\gamma}e^{-\frac{\varphi_C-C_Y B\gamma}{2C_Y B}t}+\frac{\delta}{\gamma}\overline{\tau^C} \tag{6.35}$$

$$E_S^{C*}=\frac{\beta(Q-\alpha c+\alpha v)}{B}+\frac{\beta\theta}{B}\left[(\tau_0-\overline{\tau^C})e^{-\frac{\varphi_C-C_Y B\gamma}{2C_Y B}t}+\overline{\tau^C}\right] \tag{6.36}$$

单位产品创新的最优轨迹为：

$$\tau^C=(\tau_0-\overline{\tau^C})e^{-\frac{\varphi_C-C_Y B\gamma}{2C_Y B}t}+\overline{\tau^C} \tag{6.37}$$

其中：$B=2\alpha C_S-\beta^2$，$\varphi_C=\sqrt{C_Y B[C_Y B(\gamma+2\delta)^2-4C_S\theta^2\gamma^2]}$。

6.2.3 对比分析

本小节，针对分散决策与集中决策进行对比分析，确定这两种形式对系统稳定性的影响（即$t\rightarrow\infty$）进行分析。

推论6.2 对系统稳定点和销售量的影响：

①$(\overline{\tau_Y^{D*}},\ \overline{u_y^{D*}})<(\overline{\tau^{C*}},\ \overline{u^{C*}})$；

②$q^{D*}<q^{C*}$。

证明：由$\overline{\tau^{C*}}-\overline{\tau_Y^{D*}}=\frac{\delta\theta C_D C_Y(A+\beta^2)\gamma^2(Q-\alpha c+\alpha v)(\gamma+\delta)}{[\delta C_Y A(\gamma+\delta)-2C_S\theta^2\gamma^2][\delta C_Y A(\gamma+\delta)-C_D\theta^2\gamma^2]}>0$

可得$\overline{\tau^{D*}}<\overline{\tau^{C*}}$，类似可得$\overline{u^{D*}}<\overline{u^{C*}}$，$q^{D*}<q^{C*}$。

推论6.2说明，分散决策时单位产品的创新度、需求量的最优解都小于集中决策时。这说明分散决策时，会造成边际损失，因此有必要研究协调机制，实现上下游协调。

推论6.3 对研发企业创新努力程度：$E_Y^{D*}<E^{C*}$。

推论6.3证明类似于推论6.2，在此不再详细证明。

推论6.2和推论6.3说明，集中决策有利于上下游协同创新，因此，有必要研究上下游协同创新的协调机制，下面给出特许经营契约协调机制。

6.3 协调机制模型的建立

特许经营契约主要是指研发企业以单位委托研发费用为依托进行研发，一般单位委托研发费用w^f要小于分散决策时单位委托研发费用w^D，同时，生产企业首先支付一定的固定费用F给研发企业。假设生产企业为研发企业提供的契约为(w^f, F)，即研发企业以较优的单位委托研发费用进行研发，但是生产企业要向研发企业提供一定的固定收益F，作为利润分成。生产企业会根据固定收益的多少，考虑是否接受该契约，若接受该契约，则研发企业对此契约进行最优决策。

根据特许经营契约，可得研发企业和生产企业的收益函数为：

$$\max_{w^f(t),\ E_Y^f(t)} J_Y^f = \int_0^{\infty} e^{-\rho t}[(w^f(t) - c + v(t))(Q - \alpha p^f(t) + \beta E_Y^f(t) + \theta E_S^f(t)) - \frac{C_Y E_Y^f(t)^2}{2}]d(t) + F \tag{6.38}$$

$$\max_{p^f(t),\ E_S^f(t)} J_S^f = \int_0^{\infty} e^{-\rho t}[(p^f(t) - w^f(t))(Q - \alpha p^f(t) + \beta E_Y^f(t) + \theta E_S^f(t)) - \frac{C_S E_S^f(t)^2}{2}]d(t) - F \tag{6.39}$$

由式（6.38）和式（6.39）可得研发企业和生产企业的决策模型为：

$$\max_{p^f(t),\ E_S^f(t)} J_S^f \tag{6.40}$$

$$\begin{aligned} &\text{s.t.}\\ &w^f(t),\ E_Y^f(t) \in \arg\max J_Y^f \\ &\pi_Y^f \geqslant \pi_Y^D \end{aligned} \tag{6.41}$$

通过求解上述模型可得如下最优解：

$$(\overline{\tau^f},\ \overline{u^f}) = (\overline{\tau^C},\ \overline{u^C}) = (\frac{\theta C_S \gamma^2 (Q - \alpha c + \alpha v)}{\delta C_S B(\gamma + \delta) - C_S \theta^2 \gamma^2},\ \frac{\delta\theta C_S C_Y (Q - \alpha c + \alpha v)}{\delta C_Y B(\gamma + \delta) - C_S \theta^2 \gamma^2})$$

$$p^{f*} = p^{C*} = \frac{QC_S + (c - v)(\alpha C_S - \beta^2)}{B} + \frac{\theta C_S}{B}[(\tau_0 - \overline{\tau^C})e^{-\frac{\varphi_C - C_Y B\gamma}{2C_Y B}t} + \overline{\tau^C}]$$

$$q^{f*} = q^{C*} = \frac{\alpha C_S (Q - \alpha c + \alpha v)}{B} + \frac{\alpha\theta C_S}{B}[(\tau_0 - \overline{\tau^C})e^{-\frac{\varphi_C - BC_Y\gamma}{2LC_Y}t} + \overline{\tau^C}]$$

$$E_Y^{f*} = E_Y^{C*} = \frac{(2\delta C_Y B + C_Y B\gamma - \varphi_C)(\tau_0 - \overline{\tau^C})}{2C_Y B\gamma} e^{-\frac{\varphi_C - C_Y B\gamma}{2C_Y B}t} + \frac{\delta}{\gamma}\overline{\tau^C}$$

$$E_S^{f*} = E_S^{C*} = \frac{\beta(Q - \alpha c + \alpha v)}{B} + \frac{\beta\theta}{B}\left[(\tau_0 - \overline{\tau^C})e^{-\frac{\varphi_C - C_Y B\gamma}{2C_Y B}t} + \overline{\tau^C}\right]$$

$$\tau^{f*} = \tau^C = (\tau_0 - \overline{\tau^f})e^{-\frac{\varphi_C - C_Y B\gamma}{2C_Y B}t} + \overline{\tau^f},\ w^{f*} = c - v$$

$$F = \pi^{C*} - \pi_S^{D*},\ \pi_S^{f*} = \pi_S^{D*},\ \pi_Y^{f*} = \pi^{C*} - \pi_S^{D*}$$

结论6.4 采取特许经营契约(w^{f*}, F)可以使上下游达到最优。

证明：上述特许经营契约下求得的最优解为：

$$\pi_S^{f*} + \pi_Y^{f*} = \pi^{C*} \tag{6.42}$$

根据式（6.42）可知上下游达到协调。

结论6.4得证。

6.4 数值仿真

参考类似研究成果，本书取$Q = 1\,000$，$\alpha = 6$，$\beta = 1.5$，$\delta = 2$，$\theta = 1.2$，$\gamma = 1.8$，$\rho = 0.9$，$C_Y = 10$，$C_S = 6$，$\tau_0 = 0$，$c = 20$。主要从创新努力、零售价格、销售量及创新轨迹进行了仿真分析。

（1）创新努力程度随时间的变化情况

由图6-1可知，上下游企业的创新努力程度在集中决策时最大，分散决策时，上下游创新努力程度较小。且集中决策时，上下游创新努力程度比分散决策时创新努力程度影响更大。从整体趋势上看，在分散决策时，时间对创新努力程度的影响较小，即时间只在开始时影响创新努力程度，很快就达到均衡，后面不会再发生变化，这说明时间对创新努力程度的影响不是很明显。集中决策时，时间对创新努力程度影响的时间长度较分散决策时的时长要长。

（2）单位零售价格和需求量随时间的变化情况

由图6-2和图6-3可知，集中决策时单位产品零售价格要小于分散决策时单位产品零售价格，且分散决策时单位产品零售价格要明显高于集中决策时单位产品零售价格，时间对产品单位零售价格影响大致趋势是一致的，都是在初期影响产品单位零售价格，之后达到均衡，不再发生变化。但是集中决策时产品销售量最大，且明显大于分散决策时产品销售量，且时间对产品销售量的影响不是很明显。

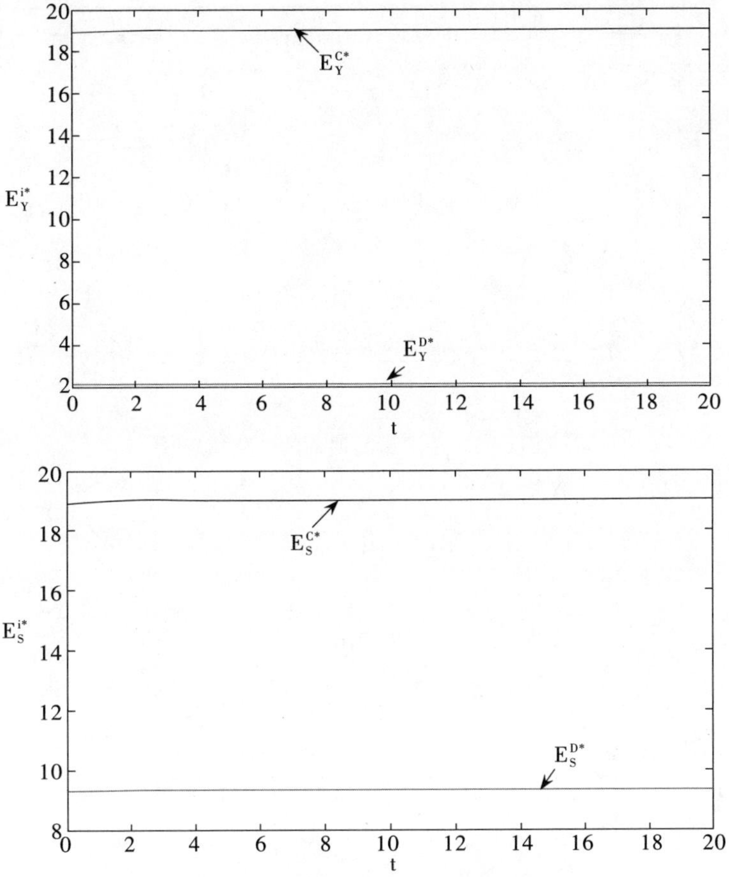

图 6-1　创新努力程度对比分析图

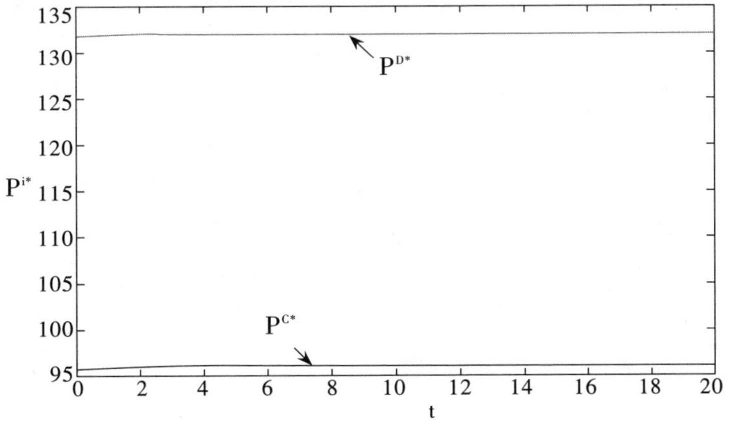

图 6-2　单位产品零售价格随时间的变化情况

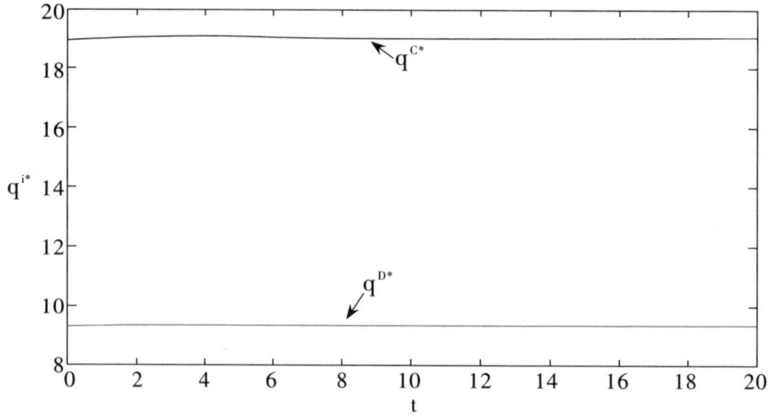

图6-3 需求量随时间的变化情况

（3）创新努力程度轨迹随时间的变化情况

由图6-4可知，集中决策时单位产品的创新努力最大，分散决策时单位产品的创新努力最小。其主要原因是，集中决策时，产品的销售量、产品的创新努力程度和单位产品的创新努力程度最大，提高了生产企业对产品进行创新的意愿，最终促进产品创新度的提高，也使得创新努力程度最大。

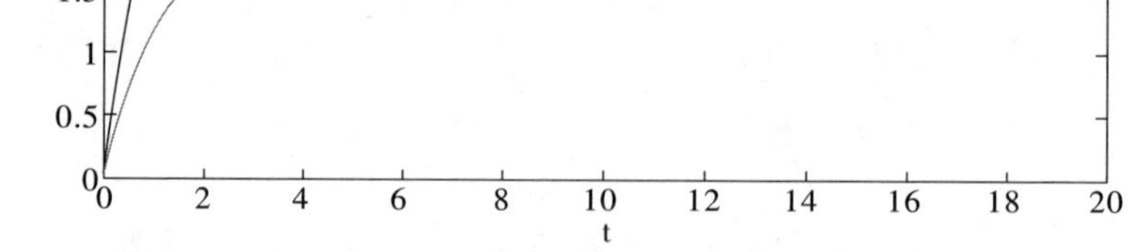

图6-4 单位产品创新轨迹对比图

6.5 本章小结

为分析政府补贴下，时间效应对上下游协同创新的影响，本章在政府补贴下构建上下游协同创新的微分博弈模型，基于此微分博弈模型，分析政府补贴和时间效应对上下游协同创新努力程度、单位产品零售价格和需求量的影响。研究主要得出如下结论：

（1）政府补贴使系统稳定点变大，即使创新努力程度稳定点变大，有利于创新。另外，政府补贴有利于降低单位产品委托研发费用，由于单位产品委托研发费用的降低，间接降低了单位产品零售价格，单位产品零售价格的降低可以促进消费者购买产品，提高产品销售量。同时，政府补贴可以有效提高生产企业的创新投入。

（2）针对生产企业，当创新努力对单位产品创新度的影响大于$\frac{\varphi_S - 2\delta C_Y A}{C_Y A}$时，研发企业进行创新的努力程度随时间的推移而增大，当创新努力对单位产品创新度的影响小于$\frac{\varphi_S - 2\delta C_Y A}{C_Y A}$时，研发企业进行创新的努力程度随时间的推移而减小，但是单位产品的委托研发费用随时间的推移而增大。

（3）集中决策时，单位产品零售价格要小于分散决策时单位产品零售价格，且分散决策时单位产品零售价格要明显高于集中决策时单位产品零售价格，时间对单位产品零售价格的影响大致趋势是一致的，都是在初期影响单位产品零售价格，之后达到均衡。但是集中决策时，产品销售量最大，且明显大于分散决策时产品的销售量，且时间对产品销售量的影响不是很明显。

7 研究结论与展望

7.1 研究结论

本书在已有研究的基础上，利用博弈理论构建政府补贴下上下游企业协同创新模型：首先对比分析政府不同补贴策略对协同创新的影响；其次分析了政府补贴下创新费用不同承担方式对协同创新的影响；最后通过构建政府补贴上下游微分博弈模型，从动态角度确立政府补贴下研发企业和生产企业的均衡点。本书的研究可以为政府完善补贴策略和企业协同创新提供科学的依据。本书的研究主要得出如下研究结论：

（1）仅上游研发时政府补贴对协同创新的影响及协调机制

政府补贴可以有效促进创新，且政府补贴对象的不同对政府补贴产生的创新影响效果相同。当消费者对创新敏感度小于某一阈值时，政府补贴可以降低单位产品零售价格，且政府选取不同补贴对象对单位产品零售价格的影响效果是一样的。但是，政府采取补贴策略不是一种长久之计，政府应进一步加强创新宣传，使消费者对创新有更深层次的了解，提高消费者对创新的认识，即提高消费者的创新敏感度系数。政府在创新初期可以通过政府补贴来促进创新，但同时还要加大对创新的宣传，让企业和消费者认可创新，尤其是消费者的创新敏感性对创新将起到关键作用。要想从长远促进企业进行创新，政府要设法实现企业创新价值，即通过创新获得更多的收益，收益的实现可以通过政府补贴，还可以提高单位产品零售价格，即提高消费者对创新产品的认可度。

集中决策时，创新努力程度最大，即创新积极性最高，企业承担创新费用时创新努力程度次之，研发企业承担创新费用时创新努力程度最小。当企业承担创新费用时，企业间接承担创新研发的一部分风险，使研发企业的创新研发积极性得到提高，最终提高其创新努力程度；当研发企业承担创新费用时，研发企业不仅承担研发的风险，还承担创新费用投资风险，这两方面因素促使其创新努力程度变小。当研发企业承担创新费用时，研发企业为了弥补研发投入，会通过提高单位产品创新成本来增加其收益，即研发企业承担创新费用时，单位委托研发费用最高；当创新成本系数小于某一阈值时，集中决策时单位产品零售价格最高、企业承担创新费用次之、研发企业承担创新费用时最低；集中决策时销售量最大、企业承担创新费用时销售量次之、研发企业承担创新费用时最小。

成本分摊契约不能使研发与生产达到整体最优；约束创新成本的成本分摊契约可以使收益达到整体最优，协调契约为：成本固定的比例系数满足 $\gamma_1 \in [\frac{2\alpha k-\beta^2}{4\alpha k-\beta^2}, 1-\frac{2k(2\alpha k-\beta^2)}{(4\alpha k-\beta^2)^2}]$ 且 $\gamma_1+\gamma_2=1$。在集中决策时，不仅可以减小边际效应，增加整体收益，还可以提高创新努力程度和销售量，通过约束创新成本的成本分摊契约可以使收益达到整体最优。

（2）上下游同时研发时政府补贴对协同创新的影响及协调机制

政府补贴可以有效促进上下游协同创新，即增加上下游创新努力程度，但政府选取不同补贴对象对创新努力程度、产品销售量和收益的影响是一样的。只是政府选取不同补贴对象会影响单位产品委托研发费用和单位产品零售价格。

研发企业进行创新时，会通过提高单位产品委托研发费用来转移其创新成本；单位产品零售价格与单位产品创新努力程度正相关、产品需求量与单位研发企业创新努力程度正相关。研发企业创新成本系数对研发企业收益的影响不是很明显，即其收益的变化不是很明显，且研发企业收益与研发企业创新成本系数负相关，但是研发企业创新成本系数对生产企业的收益影响较明显，且生产企业收益与研发企业创新成本系数正相关。

分散决策时，单位产品委托研发费用与创新努力成本系数负相关，且研发企业创新成本系数对单位产品委托研发费用的影响不是很显著，生产企业创新努力成本系数对单位产品委托研发影响较显著。集中决策时单位产品零售价格小于分散决策时单位产品零售价格，集中决策时产品销售量大于分散决策时产品销售量，集中决策时创新努力程度大于分散决策时创新努力程度，集中决策时收益大于分散决策时收益之和。

当 $w^* = c$ 且 $\varphi = \xi = \psi$ 时，协同创新达到协调，其中 $\varphi = \xi = \psi$ 满足下列条件：$\varphi = \xi = \psi \in [\frac{(2\gamma_Y\gamma_S - \gamma_Y\beta^2)(2\gamma_Y\gamma_S - \gamma_Y\beta^2 - \gamma_S\beta^2)}{(4\gamma_Y\gamma_S - 2\gamma_Y\beta^2 - \gamma_S\beta^2)^2}, \frac{2\gamma_Y\gamma_S - \gamma_Y\beta^2}{4\gamma_Y\gamma_S - 2\gamma_Y\beta^2 - \gamma_S\beta^2}]$。

(3) 上下游同时研发时政府补贴对协同创新的动态影响及协调机制

政府补贴使系统稳定点变大，即使创新努力程度稳定点变大，有利于创新。另外，政府补贴有利于降低单位产品委托研发费用，由于单位产品委托研发费用的降低，间接降低了单位产品零售价格，单位产品零售价格的降低可以提高消费者购买产品的积极性，增加产品销售量。同时，政府补贴可以有效提高生产企业的创新投入。

针对生产企业，当创新努力对单位产品创新度的影响大于 $\frac{\varphi_S - 2\delta C_Y A}{C_Y A}$ 时，研发企业进行创新的努力程度随时间的推移而增大，当创新努力对单位产品创新度的影响小于 $\frac{\varphi_S - 2\delta C_Y A}{C_Y A}$ 时，研发企业进行创新的努力程度随时间的推移而减小，但是单位产品的委托研发费用随时间的推移而增大。

集中决策时，单位产品零售价格要低于分散决策时单位产品零售价格，且分散决策时单位产品零售价格要明显高于集中决策时单位产品零售价格，时间对单位产品零售价格的影响大致是一致的，都是在初期影响单位产品零售价格，之后达到均衡。但是集中决策时，产品销售量最大，且明显大于分散决策时产品的销售量，且时间对产品销售量的影响不是很明显。

采取特许经营契约(w^{f*}，F)可以使上下游达到最优，其中$w^{f*}=c-v$，$F=\pi^{C*}-\pi_S^{D*}$，$\pi_S^{f*}=\pi_S^{D*}$，$\pi_Y^{f*}=\pi^{C*}-\pi_S^{D*}$。

7.2 政策建议

结合本书的研究内容，基于政府补贴对上游研发和上下游同时研发两种情况下的协同创新的影响，提出一些政策建议。

（1）仅上游研发企业进行研发时，政府补贴可以有效促进创新，且政府补贴对象不同对创新的影响效果相同。但是，为了更好地促进上游研发企业进行创新，建议政府补贴给上游研发企业，使上游研发企业直接获得政府补贴。同时，政府在采取补贴策略时，应考虑消费者对单位产品的价格敏感度，即当消费者对创新敏感度小于某一阈值时，政府应选择补贴给生产企业，反之，政府应选择补贴给研发企业。消费者对创新的认识也对创新有着重要的影响，建议政府加大宣传力度，提高消费者的认识，提高消费者的创新敏感度。

关于政府加大宣传创新，提高消费者认识上的建议。政府宣传部门应周密安排，精心策划，组织开展形式多样，内容丰富，各具特色的以某方面的科技创新为主题的系列宣传活动，掀起创新学习宣传高潮，营造全民参与的浓厚氛围。具体可以从以下几个方面进行：一是进机关。通过门户网站首页、官方微博、各种网络媒体，制作系列视频和印宣传折页、宣传单。联合各级部门、单位走上街头开展创新宣传活动，宣传活动也可采取横幅、板报、展板、书籍、设立咨询台等形式对创新知识进行广泛的宣传和讲解，发放宣传资料等。二是进学校。以某一区域各类高校作为重点普及对象，通过黑板报、主题班会、校园广播等形式宣传创新知识。三是进社区。活动期间，组织人员到人口较密集的社区以悬挂横幅、发放资料、组织观看科教片等形式，宣传创新知识。四是进农村。在各级村镇先后以发宣传单、设立咨询服务台、播放创新产品宣传片等方式在乡村积极组织开展宣传教育活动。五是进企业。充分利用科技工作与企业联系紧密的特点，以召开座谈会、发放宣传手册等方式深入联系相关企业。

（2）上下游同时研发时，政府补贴可以有效促进上下游协同创新，但是政府选取对象不同对创新努力程度、产品销售量和收益的影响是一样的，只是政府选取不同补贴对象会影响单位产品委托研发费用和单位产品零售价格。因此，政府在上下游同时创新时，应对上下游同时进行补贴，使创新主体直接受益，更有利于推动创新。同时政府也应该加大宣传力度，使消费者提高创新认识。加大宣传方面，同以上建议。

（3）政府补贴虽然可以有效促进上下游同时研发，但是随着时间的推移，政府补贴对创新努力程度的影响逐渐趋于平稳，政府补贴对创新的影响效果递减，这时建议政府取消补贴或者采取新的补贴措施。因此，建议政府在进行补贴时，应基于创新努力程度或者其他方面，制定不同阶段的补贴策略，而不是都进行补贴。下面以新能源汽车补贴为例来说明政府补贴策略的变化。

政府为促进新能源电动汽车的发展，2009年发布了《汽车产业调整和振兴规划》，提出推广使用节能和新能源汽车，启动国家节能和新能源汽车示范工程，由中央财政安排资金给予补贴。同年财政部联合科技部发布的《关于开展节能与新能源汽车示范推广试点工作的通知》明确了中央财政将对购置节能与新能源汽车给予补助，从此拉开了新能源汽车补贴时代的序幕[160]。

补贴1.0时代（2009—2012年）。如果2009年开始的针对公共服务领域的补贴试点算是内测的话，那么2010年开放私家车补贴自然就可以认为是开始了公测，自此新能源汽车补贴1.0时代来临了。这一阶段的补贴重点是电池，按电池电量进行补贴，补贴标准为3 000元/千瓦，每辆纯电车不超过6万元，插电式混合动力乘用车不超过5万元。这三年进入新能源汽车行业的企业逐渐增多，但创新努力程度趋于平稳，政府补贴对创新的影响效果在减弱，随之政府改变补贴策略，进入下一补贴阶段。

补贴2.0时代（2013—2015年）。2013年起大面积增加试点城市，此时可以认为是公测的2.0版本，这一阶段稍微细化了补贴的方案，把按照电池电量补贴改成了按照续航分三档进行补贴，最高6万元，最低3.5万元，同时插电式混合动力乘用车和最低一档的纯电车一样能拿3.5万元补贴，显得更加合理。从补贴电池电量变成根据续航分档来进行补贴，刺激了新能源车企，增加了其创新努力程度，促使其继续攻关新的创新方向，加大了创新力度。

补贴3.0时代（2016—2017年）。2015年4月发布的政策确定了从2016年开始，新能源车开启了面向全国的补贴3.0时代。而这一版最大的变化就是增加了纯电车最高车速的要求，并且根据工信部发布的《汽车动力蓄电池行业规范条件》，要享受补贴政策，电池供应商必须满足规范条件并被列入工信部目录，这个目录后来也经常被叫成电池白名单。根据四批白名单，这个政策也可以被简单理解成电池必须是国内品牌。而2017年的政策最大的变化是引入了电池能量密度的要求，同时还规范了地方补贴的上限，要求地方补贴不能超过国家补贴的一半。这一阶段政府补贴又提出了新的方面，增加了车速的要求，从新的角度去补贴，促进了企业继续创新。

补贴4.0时代（2018—2022年）。2018年2月发布的针对2018年的补贴新政策是第一次没有能够在前一年年底前发布，可以想象针对这次改版的讨论一定非常激烈。这一版的纯电车补贴仍然是按里程进行分档，但是却一共分了5档，虽然最高档的补贴金额较前一年不降反增，但整体续航要求有了较大提高，同时还预告了取消地方补贴。此次还引入了整车电耗和油耗的要求，完善了补贴调整系数的概念，不光有大于1的正系数，还有小于1的负系数。这些更改都明确了国家鼓励发展长续驶里程、高能量密度、低能耗的技术先进的新能源汽车，并且表明了不再支持技术落后产品的态度。此后，2019年提高了补贴的门槛并正式取消地方补贴，但同时也取消了电池厂商的限制。2020年将补贴政策延长到2022年年底，但补贴方案的框架一直沿用2018年的版本。随着创新过程的演进，不同时期，政府补贴就会采取不同的措施，印证了本部分的研究，也证明了我们国家摸着石头过河，且不断调整采取合适的政策去促进其发展。

7.3 创新点

本书研究的主要创新点总结如下：

创新点1：采用静态博弈分析方法，考虑仅上游企业研发的情形，针对创新费用的不同承担方式，构建了政府补贴下上下游企业协同创新的博弈模型，探讨政府不同的补贴策略对上下游企业协同创新的影响机理，给出了有利于协同创新的成本分摊协调机制。

在仅上游进行研发时，构建了政府选取不同补贴对象下，创新费用不同承担方式下上下游企业协同创新博弈模型。首先，对比分析创新费用不同承担方式对协同创新的影响，确立最优的创新费用承担方式；其次，基于最优的创新费用承担方式，剖析了政府选取不同补贴对象（一是政府选取补贴给研发企业，二是政府选择补贴给生产企业）对上下游协同创新的影响，确立最优的政府补贴对象；最后，剖析了分散决策与集中决策模式对上下游协同创新的影响，得到在分散决策时，会造成研发企业和生产企业利润减少，为使分散决策时上下游协同创新达到最优，运用成本分摊协调机制，给出了上下游协同创新的成本分摊契约，为企业实现收益最大化提供科学依据。通过上述研究，弥补了以往鲜有分析政府不同补贴策略对上下游协同创新的影响和创新费用不同承担方式对上下游协同创新的影响。

创新点2：采用静态博弈分析方法，考虑上下游企业同时研发的情形，针对政府选取不同的补贴对象，构建了上下游企业同时创新的博弈模型，揭示了政府选取不同补贴对象对上下游企业同时创新的影响机理，给出了有利于协同创新的成本分摊收益共享协调机制。

为剖析上下游同时进行研发，构建政府选取不同补贴对象对上下游协同创新影响的博弈模型。首先，剖析政府选取不同补贴对象对上下游协同创新的影响，确立最优的政府补贴对象，为政府采取补贴策略时选取补贴对象提供决策依据；其次，对比分析分散决策与集中决策对上下游同时进行创新的影响，基于集中决策时的最优协同创新模式，运用成本分摊-收益共享契约，实现分散决策时上下游协同创新的协调，为上下游协同创新提供决策依据。通过上述研究，弥补以往鲜有剖析上下游同时创新时政府补贴对象不同对上下游协同创新的影响和上下游如何实现协同创新最优的协调机制。

创新点3：采用微分博弈分析方法，构建了上下游企业的微分博弈模型，探讨政府补贴随时间变化对企业协同的创新影响机理，考察了政府补贴对企业协同创新的长期影响，给出了有利于协同创新的特许经营契约协调机制。

以往针对政府补贴研究，较少分析政府补贴随时间往后推移时对上下游协同创新的影响。为剖析政府补贴如何随时间变化对上下游协同创新产生影响，基于政府选取不同补贴对象构建上下游协同创新微分博弈模型。首先，剖析政府选取不同对象随时间变化对上下游协同创新的影响，确立最优的政府补贴对象，为政府实施补贴策略提供决策依据；其次，分析政府补贴效果随时间的变化趋势，确立均衡点，为政府完善补贴策略提供决策依据；最后，分析分散决策与集中决策对上下游微分博弈的影响，并进一步给出特许经营契约实现上下游协同创新，使分散决策达到最优，为上下游协同创新提供决策依据。

7.4 研究局限与展望

7.4.1 研究局限

该研究还存在以下未解决问题，值得进一步深入研究：

(1) 本书主要讨论了政府补贴对上下游协同创新的影响，在现实中，政府对鼓励创新还可以采取其他政策，比如，给予政策上的支持（鼓励金融机构给予资金支持）、减税等。因此，后续研究可以通过构建政府补贴策略、减税政策博弈模型，对比分析政府不同鼓励策略对上下游协同创新的影响，确立政府最优策略边界，为政府完善相关政策提供决策依据。

（2）本书在做仿真分析时，消费者对创新努力程度的敏感度采取的是赋值，与实际上消费者对创新努力程度的敏感度值存在一定偏差，导致所得结论在科学严谨性上存在一些不足，因此，以后研究可以通过问卷模式，确定消费者对创新努力程度的敏感度，带入模型当中，再做仿真分析，使获得的相关结论更具有科学性。

（3）本书第五章在进行协调机制研究时，为便于确立协调机制，只是从研发企业角度获得上下游协同创新协调机制，该机制不具有可持续性。因此，需要进一步研究协调机制，使上下游协同创新的机制具有可持续性。

7.4.2 研究展望

针对本书存在的研究不足和局限，可以在以下三个方面做进一步研究：

（1）构建政府减税博弈模型。首先，通过与政府补贴策略模型进行对比分析，确立政府减税与政府补贴优劣的边界，为政府在何时采取何种策略提供科学的依据；其次，再进一步研究政府减税策略上下游协同创新协调机制，实现政府减税策略下上下游协同创新整体最优。

（2）通过设计消费者对产品创新努力程度敏感度问卷，获取消费者对创新敏感度的权重值，构建较合理的需求模型，得到较科学的仿真分析。

（3）在微分博弈时，为保证上下游协同创新协调机制具有可持续性，本书可以进一步从生产企业角度获得上下游协同创新协调机制，然后通过对比分析，获得更合理的上下游协同创新协调机制。

主要参考文献

[1] 明美无限．美国制裁中兴事件带给我们的一些启示［EB/OL］.（2018-04-21）［2020-03-07］. https：//baijiahao. baidu. com/s? id=1598353308407536110&wfr=spider&for=pc.

[2] Canhoto A I，Quinton S，Jackson P，et al. The co-production of value in digital，university-industry R & D collaborative projects ［J］. Industrial Marketing Management，2016，56：86-96.

[3] Jespersen K R. Crowdsourcing design decisions for optimal integration into the company innovation system ［J］. Decision Support Systems，2018，115：52-63.

[4] Ashwin S，Teresa D，Ferreira Luís Pinto，et al. Key settings for successful Open Innovation Arena ［J］. Journal of Computational Design and Engineering，2019（4）：4.

[5] 张艳辉，李宗伟．在线评论有用性的影响因素研究：基于产品类型的调节效应［J］．管理评论，2016，28（10）：123-132.

[6] 陶晓波，宋卓昭，张欣瑞，等．网络负面口碑对消费者态度影响的实证研究——兼论企业的应对策略［J］．管理评论，2013，25（3）：101-110.

[7] 杨学成，肖彦，王林旭．微博负面口碑对消费者内隐品牌态度的影响［J］．经济管理，2016，38（10）：114-124.

[8] Jyoti，Rana，Justin，et al. Consumer behavior and purchase intention for organic food：A review and research agenda ［J］. Journal of

Retailing & Consumer Services，2017.
[9] Steinmo M，Rasmussen E. How firms collaborate with public research organizations：The evolution of proximity dimensions in successful innovation projects [J]. Journal of Business Research，2016，69 (3)：1250 - 1259.
[10] 吴磊. 高科技企业研发人员激励方式及原则探索 [J]. 现代商业，2018 (6)：74-75.
[11] Whittington，Richard. Greatness Takes Practice：On Practice Theory's Relevance to "Great Strategy" [J]. Strategy Science，2018，3 (1)：343-351.
[12] Lenihan H，Mcguirk H，Murphy K R. Driving innovation：Public policy and human capital [J]. Research Policy，2019，48 (9)：103791.
[13] Lascaux A. Absorptive Capacity，Research Output Sharing，and Research Output Capture in University - Industry Partnerships [J]. Scandinavian Journal of Management，2019.
[14] 陈怀超，张晶，费玉婷. 制度支持是否促进了产学研协同创新？——企业吸收能力的调节作用和产学研合作紧密度的中介作用 [J]. 科研管理，2020，41 (3)：1-11.
[15] 马蓝，安立仁. 合作动机对企业合作创新绩效的影响机制研究：感知政府支持情境的调节中介作用 [J]. 预测，2016，35 (3)：13-18.
[16] 郭宏毅，袁易明. 融资约束、协同创新策略与企业研发投入——基于世界银行中国企业调查数据的分析 [J]. 科学决策，2018 (3)：43-59.
[17] 佚名. 产业集群协同创新 [J]. 中国工业和信息化，2019 (8)：22-23.
[18] Sandeep M S，Ravishankar M N. Social innovations in outsourcing：An empirical investigation of impact sourcing companies in India [J]. Journal of Strategic Information Systems，2015，24 (4)：270-288.
[19] Mirvis P，Herrera M E B，Googins B，et al. Corporate social innovation：How firms learn to innovate for the greater good [J]. Journal of Business Research，2016，69 (11)：5014-5021.
[20] Gallouj F，Rubalcaba L，Toivonen M，et al. Understanding social innovation in services industries [J]. Industry and Innovation，2018，25 (6)：551-569.
[21] Arranza N，Arroyabe J. The choice of partners in R & D cooperation：An empirical analysis of Spanish firms [J]. Technovation，2008，28 (1)：88-100.

[22] Walsh J P，Lee Y N，Nagaoka S. Openness and innovation in the US: Collaboration form，idea generation and implementation [J]. Research Policy，2016，45（8）：1660-1671.

[23] 柴国荣. 企业合作创新中知识共享的博弈分析 [J]. 科学管理研究，2009（5）：59-60.

[24] 杜元伟，段熠，段万春. 知识网络国内外研究述评与发展动态分析 [J]. 情报杂志，2013，32（3）：78-84.

[25] 吴绍波，顾新. 战略性新兴产业创新生态系统协同创新的治理模式选择研究 [J]. 研究与发展管理，2014，26（1）：13-21.

[26] 张敬文，吴丽金，喻林，等. 战略性新兴产业集群知识协同行为及促进策略研究 [J]. 宏观经济研究，2017（10）：74-82，168.

[27] 陈红花，王宁. 开放式创新模式下企业合作博弈分析——基于互联网的视角 [J]. 科技学研究，2013（24）：212-213.

[28] 徐占东，梅强，陈文娟，等. 基于多主体博弈的协同创新中心收益策略研究 [J]. 统计与决策，2018，34（17）：54-57.

[29] 吴卫红，丁章明，张爱美. 基于双轮驱动的多元主体协同创新演化博弈分析 [J]. 商业研究，2018（8）：133-143.

[30] 马永红，李言睿. 不完全信息下企业合作创新策略的多方博弈模型 [J]. 哈尔滨工程大学学报，2018（10）：5-6.

[31] 蔡翔，谌婷. 中小企业自主创新与模仿创新博弈分析 [J]. 科技进步与对策，2013，30（4）：91-95.

[32] 蒋雪琳，何建佳. 基于知识投入的企业合作创新策略演化路径研究 [J]. 技术与创新管理，2016，37（1）：11-17.

[33] 李高扬，刘明广. 产学研协同创新的演化博弈模型及策略分析 [J]. 科技管理研究，2014，34（3）：197-203.

[34] Youssef S B，Breton M，Zaccour G. Cooperating and Non-cooperating firms in Inventive and absorptive research [J]. Journal of Optimization Theory & Applications，2013，157（1）：229-251.

[35] 张华. 协同创新、知识溢出的演化博弈机制研究 [J]. 中国管理科学，2016，24（2）：92-99.

[36] 龙跃，顾新. 基于知识投入和转移演化的产业技术创新博弈研究 [J]. 软科学，2017，31（1）：24-28.

[37] 张喜征，梁家莉，曹帅，等. 知识溢出效应下供应链合作创新博弈模型研究 [J]. 华东经济管理，2017，31（10）：173-179.

[38] 张帆. 多因素交叉影响的企业的创新激励效应及动力机制研究——基于博

弈关系的视角 [J]. 当代经济科学，2017，39（6）：67-78.

[39] 王发明，彭长虹. 中小企业及新创企业与创新生态系统领导企业合作意愿博弈分析 [J]. 科技进步与对策，2017（23）：121-125.

[40] 杨剑钊，肖百桓. 后发企业创新策略选择的博弈分析 [J]. 科技与管理，2016，18（5）：1-5.

[41] 陈晓静. 国外政府扶持企业技术创新的政策分析及启示 [J]. 企业家天地，2007（3）：84-85.

[42] 许佐云. 浅谈地方政府扶持中小微企业技术创新 [J]. 商业经济，2019（2）：149-150.

[43] Chesbrough H. Open Services Innovation：Rethinking Your Business to Grow and Compete in a New Era [M]. San Francisco，CA：Jossey-Bass，2011.

[44] 丁荣贵，张宁，李媛媛. 产学研合作项目双中心社会网络研究 [J]. 科研管理，2012，33（12）：86-93.

[45] Marge Seppo，KärtRõigas，UrmasVarblane. Governmental Support Measures for University - Industry Cooperation - Comparative View in Europe [J]. Journal of the Knowledge Economy，2014，5（2）：388-408.

[46] BIS. The Dowling Review of Business-University Research Collaborations [R]. BIS，2015.

[47] 王玮，陈丽华. 技术溢出效应下供应商与政府的研发补贴策略 [J]. 科学学研究，2015，33（3）：363-369.

[48] 张汉江，张佳雨，赖明勇. 低碳背景下政府行为及供应链合作研发博弈分析 [J]. 中国管理科学，2015，23（10）：57-66.

[49] 单汨源，刘超，刘小红. 政府创新补贴对零售商双渠道供应链的影响研究 [J]. 华东经济管理，2016，30（9）：120-124.

[50] Lin F J，Wu S H，Hsu M S，et al. The determinants of government-sponsored R & D alliances [J]. Journal of Business Research，2016：5192-5195.

[51] 魏守道，周建波. 碳税政策下供应链低碳技术研发策略选择 [J]. 管理学报，2016，13（12）：1834-1841.

[52] 刘权，张聪群. 政府激励下集群企业合作创新机制博弈仿真分析 [J]. 中国发展，2017，17（1）：67-74.

[53] 李新功. 政府R&D资助、金融信贷与企业技术创新 [J]. 管理评论，2016，28（12）：54-62.

[54] 陈朝月，许治. 政府R&D资助政策对企业共性技术项目决策的影响探究 [J]. 管理评论，2019，31（9）：70-80.

[55] Banal-Estañol A，Macho-Stadler I，Pérez-Castrillo D. Endogenous Matching in University-Industry Collaboration：Theory and Empirical Evidence from the UK [J]. Working Papers，2013，64（4）.

[56] Youngsoo Ryu，Sang Ok Choi. Exploring the Determinants of Government-Sponsored R&D Performance in Korea [J]. Public Performance & Management Review，2016，39（2）.

[57] Krzysztof Szczygielski，Wojciech Grabowski，Mehmet Teoman Pamukcu，Vedat Sinan Tandogan. Does government support for private innovation matter? Firm-level evidence from two catching-up countries [J]. Research Policy，2017，46（1）.

[58] 郭斌. 知识经济下产学合作的模式机制与绩效评价 [M]. 北京：科学出版社，2007.

[59] 张震宇，陈劲. 基于开放式创新模式的企业创新资源构成、特征及其管理 [J]. 科学学与科学技术管理，2008（11）：61-65.

[60] 吕静，汪少华. 中小企业协同创新及模型分析 [J]. 科技进步与对策，2011，28（3）：81-85.

[61] 龙静，黄勋敬，余志杨. 政府支持行为对中小企业创新绩效的影响——服务性中介机构的作用 [J]. 科学学研究，2012，30（5）：782-788，790-792.

[62] 邢虎松，刘凯，邓元慧. 政府支持对区域物流企业合作的影响研究 [J]. 北京交通大学学报（社会科学版），2013，12（3）：14-20.

[63] Kasahara H，Shimotsu K，Suizuki M. Does R & D tax credit affect R & D expenditure? The Japanese R & D tax credit reform in 2003 [J]. Journal of the Japanese and International Economics，2014（31）：72-97.

[64] 吴文清，刘晓英，赵黎明. 消费者学习与政府补贴下的制造商——供应商合作研发 [J]. 系统工程，2015，33（10）：1-7.

[65] 肖利平. 政府干预、产学联盟与企业技术创新 [J]. 科学学与科学技术管理，2015（3）：21-27.

[66] 吴勇，陈通. 企业合作与非合作并行研发模式下政府补贴策略研究 [J]. 软科学，2011，25（6）：25-27.

[67] 方海燕，达庆利，朱长宁. 政府产品创新补贴下的企业R&D策略选择 [J]. 技术经济与管理研究，2011（7）：31-35.

[68] 陶丹，朱德全. 产学研协同创新的研发成本协调与政府补贴策略研究 [J]. 科技管理研究，2016，36 (14)：101-106.

[69] 张碧菱，李旭辉. 企业风险厌恶视角下政府补贴对企业创新行为的影响机制研究 [J]. 科技管理研究，2017，37 (18)：7-14.

[70] 郑烨，吴建南. 政府支持行为何以促进中小企业创新绩效？——一项基于扎根理论的多案例研究 [J]. 科学学与科学技术管理，2017，38 (10)：41-54.

[71] 马永红，那琪. 产学研合作创新方式下政府补贴策略选择 [J]. 运筹与管理，2018，145 (4)：195-203.

[72] 张义芳，翟立新. 产学研研发联盟：国际经验及我国对策 [J]. 科研管理，2008 (5)：42-48.

[73] 张力. 产学研协同创新的战略意义和政策走向 [J]. 教育研究，2011 (7)：18-21.

[74] 李忠云，邓秀新. 高校协同创新的困境、路径及政策建议 [J]. 中国高等教育，2011 (17)：11-13.

[75] 李祖超，聂飒. 产学研协同创新问题分析与对策建议 [J]. 中国高校科技，2012 (8)：24-25.

[76] Spence M. Cost reduction， competition and industry performance [M] //New developments in the analysis of market structure. Palgrave Macmillan，London，1986：475-518.

[77] 杨洋，魏江，罗来军. 谁在利用政府补贴进行创新？——所有制和要素市场扭曲的联合调节效应 [J]. 管理世界，2015 (1)：75-86，98，188.

[78] 刘虹，肖美凤，唐清泉. R&D补贴对企业R&D支出的激励与挤出效应——基于中国上市公司数据的实证分析 [J]. 经济管理，2012，34 (4)：19-28.

[79] 王振. 政府补贴对企业创新影响的综述 [J]. 现代管理科学，2018 (1)：109-111.

[80] 范寒冰，徐承宇. 我国政府补贴促进了企业实质性创新吗？——基于中国企业——劳动力匹配调查的实证分析 [J]. 暨南学报 (哲学社会科学版)，2018，40 (7)：1-13.

[81] 郑绪涛，柳剑平. 促进R&D活动的税收和补贴政策工具的有效搭配 [J]. 产业经济研究，2008 (1)：26-36.

[82] Hottenrott H，Lopes-Bento C. (International) R&D collaboration and SMEs：The effectiveness of targeted public R&D support schemes [J]. Research Policy，2014，43 (6)：1055-1066.

[83] Broekel, Tom. Do Cooperative Research and Development (R&D) Subsidies Stimulate Regional Innovation Efficiency? Evidence from Germany [J]. Regional Studies, 2015, 49 (7): 1087-1110.

[84] Boeing P. The allocation and effectiveness of China's R&D Subsidies-Evidence from listed firms [J]. Research Policy, 2016, 45 (9): 1774-1789.

[85] 苏剑，郝晓莉. 供给侧协同创新驱动的问题与对策研究 [J]. 技术经济与管理研究，2019 (7): 85-89.

[86] Feldman M P, Kelley M R. The ex ante assessment of knowledge spillovers: Government R&D policy, economic incentives and private firm behavior [J]. Research policy, 2006, 35 (10): 1509-1521.

[87] 陈玲，杨文辉. 政府研发补贴会促进企业创新吗？——来自中国上市公司的实证研究 [J]. 科学学研究，2016，34 (3): 433-442.

[88] 尚洪涛，黄晓硕. 哪种政府补贴方式更能促进企业创新——基于医药制造业不同所有制企业PVAR动态效应的比较视角 [J]. 中国科技论坛，2018 (1): 58-67.

[89] 古利平，张宗益，康继军. 专利与R&D资源：中国创新的投入产出分析 [J]. 管理工程学报，2006 (1): 147-151.

[90] Czarnitzki D, Ebersberger B, Fier A. The relationship between R&D collaboration, subsidies and R&D performance: Empirical evidence from Finland and Germany [J]. Journal of Applied Econometrics, 2007, 22 (7): 1347-1366.

[91] Zhang Y, Liu D. Public R&D Subsidies, Firm Innovation and Firm Performance-Empirical Evidence from Listed Companies in China's SME Board [C] //The International Conference on E-Business and E-Government, ICEE 2010, 7-9 May 2010, Guangzhou, China, Proceedings. IEEE, 2010.

[92] Fabio Bertoni, Jose Martí, Carmelo Reverte. The impact of government-supported participative loans on the growth of entrepreneurial ventures [J]. Research Policy, 2018.

[93] 刘蕾，鄢章华. "互联网+"背景下产业集群"零边际成本"趋势及其发展策略研究 [J]. 科技进步与对策，2016，33 (19): 54-60.

[94] Xu Y, Qi L, Lyu X, et al. An Evolution Analysis of Collaborative Innovation Network considering Government Subsidies and Supervision [J]. Mathematical Problems in Engineering, 2019, 2019 (2): 1-12.

[95] 桂良军，谷增军，乔英伟．基于政府规制的我国煤电企业收益协调机制设计 [J]．中国软科学，2012 (7)：159-168．

[96] 潘启亮，黄黎露．试析协同创新的利益协调机制——基于共生理论的视角 [J]．高教探索，2013 (5)：33-36．

[97] 张钦朋．产学研协同创新政府引导机制研究——基于“2011 计划”实施背景 [J]．科技进步与对策，2014，31 (5)：96-99．

[98] 张俊霞．经济新常态下政产学研协同创新问题研究 [J]．科技进步与对策，2015，32 (14)：27-30．

[99] 宋春艳．基于知识共享的产学研协作创新利益协调机制研究 [J]．文史博览：理论，2015 (11)：61-63．

[100] 陶丹，朱德全．产学研协同创新的研发成本协调与政府补贴策略研究 [J]．科技管理研究，2016，36 (14)：101-106．

[101] 王海军，成佳，邹日菘．产学研用协同创新的知识转移协调机制研究 [J]．科学学研究，2018，36 (7)：1274-1283．

[102] 张倩肖，冯雷，钱伟．技术创新与产业升级协同关系：内在机理与实证检验 [J/OL]．人文杂志，2019 (8)：65-75．

[103] Bertalanffy V L. The Theory of Open Systems in Physics and Biology [J]. Science，1950，111 (2872)：23-29.

[104] 王君华．基于系统协同管理的概念模型 [J]．经济师，2006 (9)：212-213．

[105] 李响，李为吉．利用协同优化方法实现复杂系统分解并行设计优化 [J]．宇航学报，2004 (3)：300-304．

[106] 傅家骥．技术创新学 [M]．北京：清华大学出版社，1998．

[107] 吴贵生．技术创新管理 [M]．北京：清华大学出版社，2000．

[108] 许箫迪，王子龙．基于战略联盟的企业协同创新模型研究 [J]．科学管理研究，2005，23 (6)：12-15．

[109] 王子龙，谭清美，许箫迪．策略联盟及其协同创新模型研究 [J]．管理评论，2006，18 (3)：59-62，53．

[110] 万幼清，邓明然．基于知识视角的产业集群协同创新绩效分析 [J]．科学学与科学技术管理，2007 (4)：90-93．

[111] 陈劲，阳银娟．协同创新的理论基础与内涵 [J]．科学学研究，2012，30 (2)：161-164．

[112] 张在群，原毅军，陈德权．辽宁产业技术创新战略联盟状况与策略研究 [J]．东北大学学报（社会科学版），2014，16 (2)：158-163．

[113] 侯二秀，石晶．企业协同创新的动力机制研究综述 [J]．中国管理科学，

2015，23（S1）：711-717.

[114] 汪子茗. 历史文化名镇保护的利益协调机制研究［D］. 重庆：重庆大学，2015.

[115] 徐建中，赵伟峰，王莉静. 基于博弈论的装备制造业协同创新系统主体间协同关系分析［J］. 中国软科学，2014（7）：161-171.

[116] 潘启亮，黄黎露. 试析协同创新的利益协调机制——基于共生理论的视角［J］. 高教探索，2013（5）：35-38.

[117] 李伟，董玉鹏. 协同创新过程中知识产权归属原则——从契约走向章程［J］. 科学学研究，2014，32（7）.

[118] 殷翔文. 高校协同创新的角色定位与价值追求［J］. 中国高校科技，2012（7）：11-13，15.

[119] 赵哲. 高校与企业、科研院所协同创新的机制障碍与对策——以辽宁省高校为例［J］. 高校教育管理，2014，8（2）：49-53.

[120] Ghosha D，Shahb J. Supply chain analysis under green sensitive consumer demand and cost sharing contract［J］. International Journal of Production Economics，2015（164）：319-329.

[121] Song H，Gao X. Green supply chain game model and analysis under revenue-sharing contract［J］. Journal of Cleaner Production，2018（170）：183-192.

[122] Goh Shao Hung，Eldridge S. Sales and Operations Planning：The effect of coordination mechanisms on supply chain performance［J］. International Journal of Production Economics，2019，214：80-94.

[123] Shan W. An empirical analysis of organizational strategies by entrepreneurial high - technology firms［J］. Strategic Management Journal，1990，11（2）：129-139.

[124] Chou Y C，Huang H Y，Jahn J，et al. A framework of economic analysis for tapered technology-manufacturing alliances［J］. International Journal of Production Economics，2010，127（2）：249-261.

[125] Chongvilaivan A，Hur J，Riyanto Y E. Labor union bargaining and firm organizational structure［J］. Labour Economics，2013，24（6）：116-124.

[126] Aust G，Buscher U. Cooperative advertising models in supply chain management：A review［J］. European Journal of Operational Research，2014，234（1）：1-14.

[127] Matsushima N，Mizuno T. Vertical separation as a defense against

strong suppliers [J]. European Journal of Operational Research, 2013, 228 (1): 208-216.
[128] Ozmel U, Robinson D T, Stuart T E. Strategic alliances, venture capital, and exit decisions in early stage high-tech firms [J]. Journal of Financial Economics, 2013, 107 (3): 655-670.
[129] 王延荣，赵文龙. 基于系统动力学的产学研协同创新机制研究 [J]. 华北水利水电学院学报 (社科版), 2013, 29 (5): 63-68.
[130] 毕科法.《中华人民共和国科学技术进步法》阐释 [J]. 科技与法律, 1993 (4): 6-16.
[131] 杨兆业. 促进科技进步的重要法律——《中华人民共和国科学技术进步法》简介 [J]. 人民司法, 1993 (12): 38-39.
[132] 周光召. 973计划十年 [J]. 前沿科学, 2007 (3): 4-9.
[133] 萧鸣政，韩溪. 改革开放30年中国人才政策回顾与分析 [J]. 中国人才, 2009 (1): 12-15.
[134] 陈颖，朱柳萍. 北部湾经济区人才政策体系的平衡观探析 [J]. 市场论坛, 2009 (4): 14-15.
[135] 宁甜甜，张再生. 基于政策工具视角的我国人才政策分析 [J]. 中国行政管理, 2014 (4): 82-86.
[136] 陈强，沈天添. 中国科技创新政策体系演变研究——基于1978—2020年157份政策文本的量化分析 [J]. 中国科技论坛, 2022 (12): 35-46.
[137] 郑琳琳，董雅诗，林珊湉，吴奇丹. 西方发达国家科技政策积累的诺贝尔奖效应与启示——以美国、英国、德国为例 [J]. 海峡科学, 2022 (2): 78-82.
[138] 望俊成，邢晓昭，鲁文婷. 英国吸引和培养国际优秀科技人才的举措和特点 [J]. 科技管理研究, 2013, 33 (19): 28-32.
[139] 周文斌. 创新政策的多国比较与中国创新政策的发展 [D]. 上海: 华东政法大学, 2011.
[140] 霍宇同，徐治立，田德录. 新世纪日本创新政策演进趋势及其对中国的启示 [J]. 科学管理研究, 2014, 32 (4): 108-112.
[141] 王晓明. 德国科技政策演变对我国科技发展战略的启示 [J]. 邵阳学院学报 (社会科学版), 2009, 8 (6): 21-24.
[142] 王敬华，赵清华. 德国政府促进创新创业的主要政策和举措 [J]. 全球科技经济瞭望, 2016, 31 (7): 15-21.
[143] 底晶. 德国创新产业政策演进及对中国的启示 [J]. 上海经济, 2017 (1): 64-79.

[144] 张静雨，张继彤．"十二五"以来中国创新政策效果评价与政策启示［J］．科技管理研究，2021，41（13）：17-24．

[145] 吕一博，韩少杰，苏敬勤．翻越由技术引进到自主创新的樊篱——基于中车集团大机车的案例研究［J］．中国工业经济，2017（8）：174-192．

[146] 白旭云，张琪睿．我国科技创新政策的战略发展与新路径［J］．中国行政管理，2022（12）：141-143．

[147] I K，H A，E A. An analysis of decentralized collection and processing of end-of-life products ［J］．Journal of Operations Management，2007，25（6）：1161-1183．

[148] Zugang L，Anderson T D，Cruz J M. Consumer environmental awareness and competition in two-stage supply chains ［J］．European Journal of Operational Research，2012，218（3）：602-613．

[149] Gurnani H，Erkoc M. Supply contracts in manufacturer - retailer interactions with manufacturer-quality and retailer effort-induced demand ［J］．Naval Research Logistics，2008，55（3）：200-217．

[150] 胡冬云．产业技术创新联盟中的政府行为研究——以美国SEMATECH为例［J］．科技管理研究，2010，30（18）：21-24．

[151] 陈宝明．产业技术联盟：性质、作用与政府支持［J］．中国科技论坛，2007（7）：34-37．

[152] Liu Z G，Anderson T D，Cruz J M. Consumer environmental awareness and competition in two-stage supply chains ［J］．European Journal of Operational Research，2012，218（3）：602-613．

[153] 徐春秋，赵道致，原白云，等．上下游联合减排与低碳宣传的微分博弈模型［J］．管理科学学报，2016，19（2）：53-65．

[154] Kim K，Chhajed D. Commonality in Product Design：Cost Saving，Valuation Change and Cannibalization ［J］．European Journal of Operational Research，2000，125（3）：602-621．

[155] Mukhopadhyay S K，Setoputro R. Optimal Return Policy and Modular Design for Build-to-Order products ［J］．Journal of Operations Management，2005，23（5）：496-506．

[156] 赵道致，徐春秋，王芹鹏．考虑零售商竞争的联合减排与低碳宣传微分对策［J］．控制与决策，2014，29（10）：1809-1815．

[157] 徐春秋．低碳经济下企业运营决策及供应链协调机制研究［D］．天津：天津大学，2014．

[158] 黄宗盛，聂佳佳，胡培．基于微分对策的再制造闭环供应链回收渠道选择

策略［J］. 管理工程学报，2013，27（3）：93-102.

［159］ 聂佳佳. 供应链竞争下基于微分对策的合作广告模型［J］. 系统管理报，2011，20（5）：578-588.

［160］ 密林来风. 持续13年：新能源汽车补贴政策回顾［EB/OL］.（2023-03-27）［2023-04-01］. https：//www.bilibili.com/read/cv22666812.

索引

古诗词常识读本

项学著 编著

时代出版传媒股份有限公司
安徽文艺出版社

图书在版编目（CIP）数据

古诗词常识读本/项学著编著.—合肥：安徽文艺出版社，2019.3（2023.4重印）
ISBN 978-7-5396-6554-2

Ⅰ.①古… Ⅱ.①项… Ⅲ.①古典诗歌—基本知识—中国 Ⅳ.①I207.2

中国版本图书馆CIP数据核字(2019)第017722号

出 版 人：姚 巍
责任编辑：秦 雯　　　　装帧设计：张诚鑫

出版发行：安徽文艺出版社　www.awpub.com
地　　址：合肥市翡翠路1118号　邮政编码：230071
营 销 部：(0551)63533889
印　　制：阳谷毕升印务有限公司　(0635)6173567

开本：710×1010　1/16　印张：17.75　字数：300千字
版次：2019年3月第1版
印次：2023年4月第2次印刷
定价：39.00元

前 言

诗歌是用高度凝练的语言，形象地表达作者丰富的情感，集中反映社会生活并具有一定节奏和韵律的文学体裁。诗歌以其独特的艺术魅力，历来受到广大人民群众的广泛喜爱，而中国古典诗词更是以其篇幅短小、题材广泛、内涵丰富、意蕴悠长、形象生动、音律谐和而为人们所喜闻乐见，成为浸润于中华民族血脉里的文化基因，也是现代人用情志感悟祖先精神的桥梁。中国是诗的国度，历史上涌现出数不清的诗人和诗作，唐诗、宋词、元曲更是历久不衰的优秀文学遗产。诗教在中国同样具有悠久的历史传统，早在两千多年前，孔子就教导他的儿子孔鲤："不学诗，无以言。"意思是不学诗，就不知道怎样说话。《诗·大序》对诗歌的教化功能也做了阐述："故正得失，动天地，感鬼神，莫近于诗。先王以是经夫妇，成孝敬，厚人伦，美教化，移风俗。"是说诗歌除了具有政治上的教化作用，还可以树立优良的家风，甚至改变社会风气。唐代以诗取士，诗歌成为文人得官求禄的捷径，再加上君王的喜爱提倡，更是进一步促进了诗歌的繁荣，使诗才辈出，灿若群星，诗作蔚起，百花争艳，达到我国诗歌发展史上的巅峰。

新时期，国家经济振兴，文化发展，尤其是文化自信力的进一步增强，诗教的优良传统再次得到弘扬。各地各级诗词学会相继成立，诗词报刊林林总总，诗人诗作如雨后春笋，层出不穷，诗歌创作呈现出空前盛况。近年来，在国家新时期文化方针的指引下，央视科教频道自主研发了一档大型文化节目——《中国诗词大会》，其第一季自 2016 年 2 月 12 日起，至 2016 年 4 月 15 日，每周五晚 20:00 播出，共 10 期，每期 90 分钟。节目由央视著名主持人董卿担任主持，特邀北师大康震教授、河南大学王立群教授、南京师大郦波教授、中央民族大学蒙曼副教授等为点评嘉宾，并从全国各地征选出一百多名诗词爱好者（他们年龄最小的只有7岁，最大的有55岁，还有外国朋友）组成“百人团”参与，大胆创新比赛机制和计分规则，分为单人追逐赛、擂主争霸赛和飞花令三部分，最后胜出者为该季诗词大会总冠军。第二季、第三季又分别于2017年、2018年如期推出，同样取得巨大成功，赢得了很高的收视率，使古典诗词这一中国传统文化的瑰宝再次放射出夺目的光辉。2017年，有些省市电视台仿效央视，开始组织筹办地方的《诗词大会》，不少地方还开展了申报评选各级“诗教示范校”或“诗词之乡”活动，这更进一步推动了中国古典诗词的普及教育，在全国掀起了普及古典诗词的热潮。我们欣喜地看到，当文化多元、节奏加快的喧嚣的现代社会与悠久而灿烂的传统文化有了一次次美丽的“邂逅”，中国文化基因也逐渐苏醒，这正是当今先进文化发展繁荣的征兆，弥足珍贵，中国古典诗词大普及的春天已经来临！

本书编写正是出于对中国诗词文化常识进行普及推广的需要，以期让更多的读者能更系统、更深入地了解中国诗词知识，包括中国诗歌发展的脉络、中国历代重要诗人及其作品、有关诗词的基本常识等。本书的诗歌发展史介绍按朝代（先秦、秦汉、魏晋南北朝、唐代、宋代、元代、明代、清代）概述诗歌发展脉络，对一般的诗词流派不作介绍。所列各朝代诗人，尽量考虑到各种派别的代表人物，重点突出唐诗、宋词部分。所列诗人主要介绍其名、字、号、籍贯、诗歌特色、诗歌风格、影响、主要作品和重点名句等，生平履历一般不作介绍。《重要诗词知识》一章介绍主要诗词流派及其风格、中国诗歌大体分类、古体诗与近体诗的区别、词曲的起源及类别等。在“诗”一节中，介绍了有关“诗”的经典论述及重要诗词典籍；本章还介绍了对句和近体诗的基本格律知识，以便读者阅读、鉴赏，甚至创作近体诗。《作品选读》一章，原则上，已编入近年中小学语文课本（包括高中选修课本）中的诗词作品一般不列入选读范围，正是考虑到本书读者已经具备了基本的诗词积累。《诗词知识训练》，编列了一些有关诗词名句背诵、诗词含义理解、诗词文学常识识记等方面的训练题，便于读者通过训练加深记忆和理解，巩固诗词常识。因此，对广大中学生及对中国古诗词有爱好或特长的读者来说，本书可作为古诗词知识拓展和能力提升的理想读物。

十分感谢安徽文峰教育集团刘彬总校长对本书编写、出版所给予的亲切关怀、指导和大力支持。安徽文峰教育集团霍山文峰学校高中部语文老师李飞、方舟、杨意、张星、陶裕、何文汉、刘松等在《诗词知识训练》部分的推敲及“飞花令”的选句、整理上花费了不少心血，李飞老师还为本书补充编写了推导作者、作品的训练题，在此一并致谢！也恳请广大读者不吝赐教，以使之更为完善。

2018 年 4 月

目　录

第一章　诗歌的起源

第二章　中国诗歌发展脉络及重要诗人

第三章　重要诗词知识

第四章　作品选读

第一章

诗歌的起源

诗歌的起源

诗是最古老也是最具有文学特质的艺术样式。诗歌起源于劳动生活中。原始人类在劳动中喊出的劳动号子和劳动之余唱出的有节奏的声调(民歌),便成为诗歌,所以,开始时,诗和歌不分,是用来吟唱的;诗和音乐、舞蹈结合在一起,统称为诗歌,就是歌曲。诗歌起源,鲁迅称为“杭唷、杭唷派”,即劳动号子,与舞蹈、歌曲源于一脉。中国诗歌有悠久的历史和丰富的遗产。西方的诗歌由古希腊的荷马、萨福和古罗马的维尔吉、贺拉斯等开启创作之源。

我国东汉赵晔《吴越春秋》中记载的《弹歌》,被认为是我国最早的诗歌——

断竹,续竹,飞土,逐宍(肉)。

这首原始歌谣,描述了伐竹制造工具狩猎的过程,表现了人类与自然做斗争的豪迈气概。

第二章

中国诗歌发展脉络及重要诗人

第一节 先秦诗歌

先秦诗歌为我国诗歌的滥觞，主要有《诗经》《楚辞》和浪漫主义诗人屈原。

·《诗经》 我国最早的一部诗歌总集，收集了从西周到春秋时期五百多年的诗歌，共305首，又称《诗三百》《诗》；汉代以后尊崇《诗》为儒家经典，称为《诗经》。分为《风》（又叫《国风》，周代各地的民间歌谣）、《雅》（宫廷乐歌，包括小雅、大雅）、《颂》（宗庙祭祀乐歌）三部分，表现手法为赋、比、兴。风、雅、颂、赋、比、兴合称“诗六义”。其中最有思想意义和艺术价值的为《风》，即“十五国风”，其为现实主义诗歌的源头，内容涉及婚恋、农事、战争等方面，具有很强的抒情色彩。《雅》中也有一些有价值的诗篇。《诗经》以四言为主，《关雎》为第一首。

·《楚辞》 战国时期，楚国诗人屈原以南方民歌为基础，采用楚国方言创作了一种新的诗歌体裁——楚辞，在时间上仅次于《诗经》，为江淮流域（主要是楚国地区）的诗歌，屈原和其学生宋玉为代表人物。其特点是多用“兮”字，杂言句式，而七言居多。

·屈原 名平，字原，战国时期楚国贵族出身，担任过楚国三闾大夫、左徒，是我国最早的有姓名记载的诗人、伟大的爱国诗人和浪漫主义诗人，其作品风格为浪漫主义诗歌风格的源头。屈原因政见与楚王不合，遭奸佞小人排挤打击，郁郁不得志，两度被流放，最后投汨罗江而亡。相传端午节赛龙舟、吃粽子等民俗都与屈原有关。诗作有：《离骚》（我国最长的政治抒情诗）、《九歌》、《天问》、《国殇》、《涉江》等。

第二节　秦汉诗歌

秦汉诗歌继承《诗经》和《楚辞》的传统风格，内容来自民间歌谣和文人创作，反映秦汉时期的社会生活和社会矛盾，影响最大的是两汉乐府民歌以及东汉后期无名氏文人的五言诗。

一、项羽的《垓下歌》和刘邦的《大风歌》

·《垓下歌》　力拔山兮气盖世，时不利兮骓不逝。骓不逝兮可奈何，虞兮虞兮奈若何！

·《大风歌》　大风起兮云飞扬，威加海内兮归故乡，安得猛士兮守四方！

二、汉乐府

乐府初设于秦，是专门管理乐舞演唱教习的机构。汉初，乐府没有保留下来。到了汉武帝时，在定郊祭礼乐时重建乐府这一音乐机构，其职责是采集民间歌谣或文人的诗歌来配乐，以备朝廷祭祀或宴会时演奏之用。它搜集整理的诗歌，后世称为“乐府诗”，或简称为“乐府”。乐府诗是继《诗经》《楚辞》而起的一种新诗体。后来有不入乐的也被称为乐府或拟乐府。乐府诗往往采自民间，大多使用现实主义表现手法。

“乐府双璧”

·《孔雀东南飞》（原题为“古诗为焦仲卿妻作”）　出自南朝徐陵《玉台新咏》。为我国文学史上第一部长篇叙事诗，是乐府诗发展史上的高峰之作。因诗歌首句为“孔雀东南飞”，故名。取材于东汉献帝年间发生在庐江郡（今安徽怀宁、潜山一带）的一桩婚姻悲剧。全诗 350 多句，1700 余字。成诗年代一为建安说，一为六朝说。诗歌主要记述了焦仲卿、刘兰芝夫妇被封建礼教迫害而分离并双双自杀殉情的故事，控诉了封建礼教的残酷无情，歌颂了焦、刘夫妇的真挚感情和反抗精神。故事繁简剪裁得当，人物形象刻画栩栩如生。篇尾构思了焦、刘二人双双化为鸳鸯鸟的神话，寄托了人民追求恋爱自由和幸福生活的强烈愿望。

·《木兰诗》(又名《木兰辞》) 北朝民歌，北宋郭茂倩《乐府诗集》归入《横吹曲辞·梁鼓角横吹曲》中。这是一首长篇叙事诗，讲述了木兰姑娘替父从军，建立战功，不愿做官，回家团聚的动人故事，热情赞颂了这位女子勇敢善良、保家卫国的优秀品质。故事富有浪漫色彩，详略剪裁，独具匠心，富有生活气息，运用铺陈、排比、对偶、互文等表现手法，具有强烈的艺术感染力。其成诗年代、作者及木兰故里等，众说纷纭，尚无定论。

三、其他乐府名篇

·《长歌行》(青青园中葵，朝露待日晞) 《长歌行》是劝诫世人惜时奋进的名篇。全诗以景寄情，由情入理，将“少壮不努力，老大徒伤悲”的人生哲理，寄寓于朝露易晞、秋来叶落、百川东去等鲜明形象中，发出了时光易逝、生命短暂的浩叹，鼓励人们紧紧抓住随时间飞逝的生命，趁少壮年华奋发努力，有所作为。其情感基调是积极向上的。其主旨体现在结尾两句，但诗人的思想又不是简单地表述出来，而是从现实世界中撷取富有美感的具体形象，寓教于审美之中。

·《上邪》(上邪！我欲与君相知，长命无绝衰。山无陵，江水为竭，冬雷震震，夏雨雪，天地合，乃敢与君绝。) 《上邪》是一首情歌，是女主人公忠贞爱情的自誓之词。此诗自“山无陵”一句以下连用五件不可能的事情来表明自己生死不渝的爱情，充满了磐石般坚定的信念和火焰般炽热的激情。全诗准确地表达了热恋中的情人特有的绝对化心理，新颖泼辣，深情奇想，气势奔放，感人肺腑，被誉为“短章中神品”。

·《江南》(江南可采莲，莲叶何田田) 此诗为《相和歌辞·相和曲》之一，算得上是采莲诗的鼻祖。主旨是写良辰美景，行乐得时。诗歌描绘了江南采莲的热闹欢乐场面，从穿来穿去、欣然戏乐的游鱼中，我们似乎也能听到采莲人的欢笑。有人认为此诗只写叶而不写花，意为叶尚且可爱，花更不待言。诗中大量运用重复的句式和字眼，表现了古代民歌朴素明朗的风格。

·《十五从军征》（十五从军征，八十始得归） 此诗出自《乐府诗集·横吹曲辞·梁鼓角横吹曲》，描绘了一个在外征战的老兵返乡途中与到家之后的种种场景，具有一定的史诗意义。诗歌通过主人公的遭遇，揭示了封建兵役制度给劳动人民造成的苦难，抒发了这位老兵"少小离家老大回"和同情劳苦人民的思想感情。全诗运用白描手法绘景写人，层次分明，语言质朴，情真意切，颇具特色，也能体现汉乐府即景抒情的艺术特点。

·《战城南》（战城南，死郭北） 此诗为乐府旧题，属汉代《铙歌十八曲》之一，是一首民歌。这首民歌是为在战场上阵亡的将士而作，诗中描写了战争的残酷，道出人民只是战争的牺牲品的社会现实，表达了人民反对并诅咒战争的意愿。诗歌以死者告语乌鸦、驽马哀鸣的奇思妙想抒发作者的悲怆之情，极富浪漫主义色彩。

·《平陵东》（平陵东，松柏同） 此诗是创作于汉代的一首乐府诗，传为翟义门客所作。此诗通过官吏敲诈良民，使无辜百姓倾家荡产的描述，控诉了贪官暴吏劫夺民财、残害百姓的恶行，揭露了社会的阴暗面，反映了汉代社会残酷的阶级压迫的现实。全诗运用顶真续麻的修辞手法，形成脉络连贯而又层次分明的效果，使情感在反复渲染中步步加深。

·《陌上桑》（日出东南隅，照我秦氏楼） 此诗是汉乐府民歌的名篇，一名《艳歌罗敷行》，又名《日出东南隅行》，见于徐陵的《玉台新咏》。诗歌描写了采桑女罗敷的美貌和操守，反映了汉代春兴季节太守出行劝课农桑的社会制度。全诗结构完整，首尾相接，一气呵成；以叙事为主，把抒情、描写、叙述融为一体；在人物形象的刻画上，或浓墨重彩，富丽有加，或水墨轻扫，微妙传神；特别是用侧面描写烘托罗敷的美貌,对后世影响很大。全诗通篇五言,气韵流畅,语言质朴。

四、《古诗十九首》

早期文人抒情诗的典范,也是乐府古诗文人化的显著标志,深刻地再现了文人在汉末社会思想大转变时期追求的幻灭与沉沦、心灵的觉醒与痛苦,抒发了人生最基本、最普遍的几种情感和思绪。诗歌语言朴素自然,描写生动真切,具有浑然天成的艺术风格,处处表现了道家与儒家的哲学意境,被刘勰称为“五言之冠冕”(《文心雕龙》)。诗歌以第一句为题,有《行行重行行》《青青河畔草》《涉江采芙蓉》《迢迢牵牛星》等。

第三节　魏晋南北朝诗歌

魏晋南北朝诗歌在题材上出现了咏怀诗、咏史诗、游仙诗、玄言诗、宫体诗和陶渊明创造的田园诗、谢灵运开创的山水诗等。诗体方面，五古更加丰富多彩，七古也有明显进步，还出现了作为律诗开端的“永明体”，中国古代诗歌的几种基本形式，如五律、七律、五绝、七绝等，在这一时期也都有了雏形。辞藻上，追求华美的风气愈来愈盛。该时期还是五言诗发展的全盛时期。除文人诗外，还有南北朝乐府民歌，各有特色。

一、民歌

北朝民歌风格粗犷豪放、质朴刚健，描写游牧生活的以《敕勒歌》为代表，反映游子飘零的以《陇头歌》为代表。南朝民歌风格委婉缠绵、清新自然，以《西洲曲》为代表，还有《子夜歌》等。

·《敕勒歌》　选自《乐府诗集》，北朝民歌，一般认为是由鲜卑语译成汉语的。民歌歌咏了北国草原壮丽富饶的风光，抒写敕勒人热爱家乡、热爱生活的豪情。全诗风格明朗豪爽，境界开阔，音调雄壮，语言明白如话，艺术概括力极强。

·《西洲曲》　是南朝乐府民歌名，最早著录于徐陵所编的《玉台新咏》，是南朝乐府民歌中最长的抒情诗，历来被视为南朝乐府民歌的代表作。诗中描写了一位少女从初春到深秋，从现实到梦境，对钟爱之人的苦苦思念，洋溢着浓厚的生活气息和鲜明的感情色彩，表现出鲜明的江南水乡特色和纯熟的艺术技巧。全诗三十二句，四句一解，蝉联而下，顶真勾连，技法之巧，令人叫绝。

二、主要诗人

·曹操　字孟德，小字阿瞒，沛国谯县(今安徽亳州)人。东汉末年杰出的政治家、军事家、文学家，三国时曹魏政权的奠基人。曾任东汉丞相，后加封魏王，去世后谥号武王。其子曹丕称帝后追尊为武皇帝，庙号太祖。曹操与其子曹丕、曹植在文学上齐名，称为“三曹”，为建安文学开创者。诗作多使用现实主义手法，风格慷慨雄劲。诗作:《观沧海》《短歌行》《龟虽寿》《蒿里行》《薤露行》等。

·曹丕　字子桓，曹操之次子。三国时期著名政治家、文学家，曹魏开国皇帝。谥号文帝，庙号高祖。自幼文武双全，博览经传，通晓诸子百家。诗作:《燕歌行》(秋风萧瑟天气凉)(现存最早的完整的七言诗)。

·曹植　字子建，曹操第三子，被封为陈王，谥号思，故又称陈思王。三国魏杰出诗人，建安文学的代表人物之一和集大成者，在两晋南北朝时期，被推崇到文章的典范地位。南朝宋文学家谢灵运称道“天下才有一石，曹子建独占八斗”。钟嵘在《诗品》中称其“骨气奇高，辞采华茂，情兼雅怨，体被文质，粲溢古今，卓尔不群”。赋作《洛神赋》最为著名。诗作:《白马篇》《美女篇》《野田黄雀行》《七哀诗》《七步诗》等。

·陶渊明　字元亮，又名潜，私谥靖节，世称靖节先生，又称五柳先生、陶彭泽(做过彭泽县令)，浔阳柴桑(今江西九江市)人。东晋末至南朝宋初期伟大的诗人、辞赋家。曾任江州祭酒、建威参军、彭泽县令等。中国第一位田园诗人，被称为“古今隐逸诗人之宗”。诗作:《饮酒》《归园田居》《归去来兮辞》《杂诗》《读山海经》《咏荆轲》等。

·鲍照　字明远，东海郡(今属山东临沂市兰陵县长城镇)人。南朝宋杰出文学家、诗人。担任过南朝刘宋文帝时期的中书令、秣陵令，大明五年出任前军参军，故世称鲍参军。鲍照与宋元嘉时期的颜延之、谢灵运合称“元嘉三大家”。其诗歌注重描写山水，讲究对仗和辞藻。长于乐府诗，其七言诗对唐代诗歌发展起到了重要作用，世称“元嘉体”。有《鲍参军集》。诗作:《拟行路难》《代白头吟》

《拟古》《梅花落》等。

·谢灵运　原名公义，字灵运，出生于会稽始宁（今绍兴市嵊州市三界镇），为东晋名将谢玄之孙，东晋时世袭为康乐公，世称谢康乐。曾任大司马行军参军、太尉参军等。刘宋代晋后，降封康乐侯，历任永嘉太守、秘书监、临川内史等。少即好学，博览群书，工诗善文，其诗与颜延之齐名，并称“颜谢”，开创了中国文学史上的山水诗派。有《谢康乐集》。诗作：《登池上楼》《岁暮》《苦寒行》等。

·江淹　字文通，宋州济阳考城（今河南商丘市民权县程庄镇江集村）人。南朝著名政治家、文学家，历仕南朝宋、齐、梁三朝。有《恨赋》《别赋》，名动一时，“江郎才尽”的典故即出自江淹。少时孤贫好学，六岁能诗，文章华著。诗作：《采菱曲》《灯夜和殷长史诗》等。

·左思　字泰冲，齐国临淄（今山东淄博）人。西晋著名文学家，其《三都赋》（《魏都赋》《蜀都赋》《吴都赋》）构思创作十年乃成，颇被当时称颂，造成“洛阳纸贵”。另有《咏史诗》《娇女诗》也很有名。其诗文语言质朴凝练。有《左太冲集》。诗作：《咏史诗八首》等。

·陆机　字士衡，吴郡吴县（今江苏苏州）人。为孙吴丞相陆逊之孙、大司马陆抗第四子，与其弟陆云合称“二陆”“太康之英”，又与顾荣、陆云并称“洛阳三俊”，与潘岳同为西晋诗坛代表，形成“太康诗风”。历任吴国郎中令、著作郎等职。少有奇才，文章冠世，诗重藻绘排偶，骈文也佳；并善书法，其《平复帖》是中国古代存世最早的名人书法真迹。诗作：《赴洛道中作》《挽歌诗》等。

·萧统　字德施，小字维摩，南兰陵（江苏武进）人。南朝梁代文学家，梁武帝萧衍之长子，梁简文帝萧纲、梁元帝萧绎长兄。其被立为太子，然英年早逝，谥号昭明，故后世称其为昭明太子，曾主持编纂中国现存最早的一部汉族诗文总集《文选》（又称《昭明文选》）。萧统酷爱读书，记忆力极强，五岁就读遍儒家“五经”，读书时，“数行并下，过目皆忆”。更喜欢“引纳才学之士，赏爱无倦”，他身边汇集了一大批有学识的知识分子。笃好玄学。著五言诗精华《英华集》二十卷。诗作：《长相思》等。

·潘岳　字安仁，即潘安，河南中牟（今河南鹤壁山城区一带）人。西晋著名文学家、政治家。潘安之名始于杜甫诗《花底》“恐是潘安县，堪留卫玠车”句，后世遂以潘安称焉。美姿仪，被誉为“古代第一美男”。少以才名闻世，但性轻躁，趣势利。在文学上与陆机并称“潘江陆海”（钟嵘《诗品》称“陆才如海，潘才如江”，王勃《滕王阁序》有“请洒潘江各倾陆海云尔”句）。诗作：《悼亡诗》等。

·沈约　字休文，吴兴武康（今浙江湖州德清）人。南朝（宋、齐、梁时期）文学家、史学家。出身于门阀士族家庭。官至冠军将军、司徒左长史、征虏将军等。齐梁文坛领袖。笃志好学，昼夜勤学不倦，学问渊博，擅长诗文，精通音律，与周颙等创“四声八病”之说，要求以平、上、去、入四声相互调节的方法应用于诗文，避免“八病”，为当时韵文的创作开辟了新境界。其诗与王融诸人的诗都注重声律、对仗，时号“永明体”，是从比较自由的古体诗走向格律严整的近体诗的一个重要过渡阶段。其诗歌风格“长于清怨”（钟嵘《诗品》）。诗作：《登玄畅楼》《咏芙蓉诗》《泛永康江》等。

·庾信　字子山，南阳新野（今河南新野）人。南北朝时期文学家、诗人。其家“七世举秀才”“五代有文集”，其父庾肩吾为南梁中书令，也是著名文学家。庾信“幼而俊迈，聪明绝伦”，随父出入宫廷，任东宫学士，成为宫体文学的代表作家，其文学风格被称为“徐庾体”（徐即徐陵）。累官右卫将军，封武康县侯。后出使西魏，留居北方，官至车骑大将军、开府仪同三司，世称“庾开府”。其前期诗赋主要是奉和、应制之作，后期作品“常有乡关之思”，为哀怨之词，蕴含丰富的思想内容，充满情感。杜甫在《戏为六绝句》中说：“庾信文章老更成，凌云健笔意纵横。”又在《咏怀古迹》中评论其“暮年诗赋动江关”；又在《春日忆李白》中说：“清新庾开府，俊逸鲍参军。”其《哀江南赋》享有盛名。有《庾开府集》。诗作：《重别周尚书》《拟咏怀二十七首》《寄王琳》《舞媚娘》《晚秋诗》《七夕诗》等。

·谢朓　字玄晖，陈郡阳夏（今河南太康县）人。南朝齐杰出的山水诗人，出身高门士族，与“大谢”谢灵运同族，世称“小谢”。曾任宣城太守、尚书吏部郎等职,故世称谢宣城、谢吏部。"少好学,有美名,文章清丽。"(《南齐书》)曾与沈约等共创"永明体"。今存诗二百余首,多描写自然景物,间也直抒怀抱,诗风清新秀丽,语调摇曳从容,圆美流转,善于发端,时有佳句;又平仄协调,对偶工整,开启唐代律绝之先河。李白十分推崇他,在《宣城谢朓楼饯别校书叔云》中写道:"蓬莱文章建安骨,中间小谢又清发。"有《谢宣城诗注》。诗作:《晚登三山还望京邑》(灞涘望长安)、《之宣城郡出新林浦向板桥》(江路西南永)、《王孙游》(绿草蔓如丝)、《游东田》等。名句:"余霞散成绮,澄江静如练""天际识归舟,云中辨江树""无论君不归,君归芳已歇"等。

·建安七子(孔融、陈琳、王粲、徐干、阮瑀、应玚、刘桢) 是汉建安年间(196—220)七位文学家的合称,这七人大体上代表了建安时期除了曹氏父子(即曹操、曹丕、曹植)外的优秀文学作者。他们的诗歌与曹氏父子有许多共同之处,对诗、赋、散文的发展都做出过贡献,故建安七子与"三曹"往往被视作汉末三国时期文学成就的代表。因七子曾同住魏都邺(今河北临漳县西)中,故又号为"邺中七子"。

·竹林七贤(嵇康、阮籍、山涛、向秀、刘伶、王戎、阮咸) 指三国魏正始年间(240—249)的七人,因他们常在当时的山阳县(今河南省修武县与辉县交界一带)竹林之下饮酒纵歌,肆意酣畅,不拘礼节,清静无为,世谓为"七贤",后与地名"竹林"合称。竹林七贤的文学作品基本上继承了建安文学的精神,但由于当时的血腥统治,作家不能直抒胸臆,所以不得不采用比兴、象征、神话等手法,隐晦曲折地表达自己的思想感情。因与朝廷的不合作态度而为司马氏所不容,后惨遭迫害,各奔东西。

·建安风骨 建安(汉献帝年号)时期,以曹氏父子为代表的文学作品反映了社会的动乱和民生的疾苦,又表现了统一天下的理想和壮志,有着鲜明的时代特色,具有慷慨悲凉的独特风格,这一杰出成就被称为"建安风骨",也叫"魏晋风骨"。

第四节　唐代诗歌

唐代是我国诗歌发展的黄金时代，三百年间，诗才辈出，作品繁多，题材广泛，形式多样，风格各异，万紫千红。

唐代的古体诗主要有五言、七言两种，近体诗有律诗、绝句两种，且各有五言、七言之分。古体诗对音韵格律要求较宽，句数可多可少，篇幅可长可短，韵脚可以转换；近体诗则较严格，句数限定，平仄有规定，韵脚不能转换。古体诗不仅继承了前代的五言、七言古诗的创作形式，并且发展为叙事言情的鸿篇巨制。近体诗的创造和成熟，是诗歌发展史上的一件大事，它把我国古代诗歌的音节和谐、文字精练的艺术特色推到前所未有的高度，至今还尤为人民所喜闻乐见。

唐诗的现实主义风格和浪漫主义风格都达到了新的高度，成为我国诗歌史上的一个巅峰。

一、初唐

“*初唐四杰*”：王勃、杨炯、卢照邻、骆宾王（杜甫《戏为六绝句》：“王杨卢骆当时体，轻薄为文哂未休。尔曹身与名俱灭，不废江河万古流。”）。

·*王勃*　字子安，绛州龙门（今山西河津）人。当过朝散郎、虢州参军等。自幼聪慧，早有文名，《滕王阁序》脍炙人口。胡应麟称其五律“兴象宛然，气骨苍然，实首启盛、中妙境”（《诗薮》）。世称“诗杰”。有《王子安集》。诗作：《滕王阁诗》《送杜少府之任蜀州》《山中》《咏风》《蜀中九日 》等。

·*杨炯*　自幼聪颖，才华出众，诗文兼工，尤擅诗，以五言见长。

反对宫体诗风，主张“骨气”“刚健”之文风。其诗在内容和艺术上以突破齐梁宫体诗风为特色，在诗歌发展史上起到承前启后的作用。明代童佩辑有《杨盈川集》。诗作：《有所思》《紫骝马》《从军行》等。

·卢照邻 字升之，自号幽忧子，幽州范阳（今河南省涿州）人。诗歌骈文兼佳，以歌行体为最长，不少佳句传诵不绝，如“得此比目何辞死，愿作鸳鸯不羡仙”等。有《卢升之集》《幽忧子集》。诗作：《长安古意》《曲池荷》等。

·骆宾王 字观光，婺州义乌（今属浙江）人。诗文兼长，所作《讨武曌檄》四方传诵。魏庆之称其诗“格高旨远，若在天上物外，神仙会集，云行鹤驾，想见飘然之状”（《诗人玉屑》）。长于七言歌行，五律也时有佳作。有《骆宾王文集》。诗作：《（在狱）咏蝉》（西陆蝉声唱）《于易水送人（别）》等。

·陈子昂 字伯玉，梓州射洪（今属四川）人。当过麟台正字、右拾遗等，世称陈正字、陈拾遗。陈子昂是初唐诗歌革新的先驱，反对齐梁诗风，提倡复兴“汉魏风骨”。刘克庄评曰：“陈拾遗首唱高雅冲淡之音，一扫六代之纤弱。”（《后村诗话》）“继往开来，中流砥柱，上遏贞观之微波，下决开元之正派。”（《唐诗品汇·五言古诗叙目》）世称“诗骨”。有《陈伯玉文集》。诗作：《感遇诗三十八首》《登幽州台歌》等。

·沈佺期 字云卿。担任过考功员外郎、太子詹事等，世称沈詹事。擅诗文，长于五律、七律，被张说推崇为当时第一。由于他和宋之问创作律诗格律谨严，故对律诗的定型是有贡献的，辛文房说：“至佺期、之问，又加靡丽，迴忌声病，约句准篇，著定格律，遂成近体。……谓唐诗变体，始自二公。”（《唐才子传》）有《沈詹事诗集》。诗作：《杂诗》《夜宿七盘岭》《古意》《寒食》等。

·宋之问 字延清。诗歌与沈佺期齐名，时称“沈宋”。其律诗较为“精硕”“缜密”，对律诗定型起到了规范作用。诗作：《渡汉江》《题大庾岭北驿》《度大庾岭》等。

·杜审言 字必简，“诗圣”杜甫的祖父。善诗、工书翰，与李峤、崔融、苏味道并称“文章四友”。其五言律诗“体自整栗,语自雄丽”(许学夷《诗源辨体》)。对近体诗的成熟有贡献。诗作:《和晋陵陆丞早春游望》等。名句:“云霞出海曙,梅柳渡江春”等。

·张若虚 字、号不详,扬州(今江苏扬州)人。与贺知章、张旭、包融并称“吴中四士”。《全唐诗》仅存其两首诗歌,其中《春江花月夜》脍炙人口,沿用陈隋乐府旧题,抒写真挚动人的离情别绪及富有哲理意味的人生感慨,语言清新优美,韵律宛转悠扬,一洗宫体诗的浓脂艳粉,给人以澄澈空明、清丽自然的艺术感受,被誉为“孤篇盖(压)全唐”。

二、盛唐

·李白 字太白,号青莲居士,又号“谪仙人”(贺知章评李白,李白也自诩)。唐代伟大的浪漫主义诗人,被誉为“诗仙”,与杜甫合称“李杜”。祖籍陇西成纪(现甘肃省静宁县西南),一说生于中亚西域的碎叶城。出生于盛唐时期,但他一生绝大部分时间在漫游中度过,“仗剑去国,辞亲远游”,游历遍及大半个中国。天宝初年,唐玄宗召他进京,供奉翰林。因权贵谗言,于天宝三载被排挤出京(“赐金放还”)。当时,李白的文章风采已名震天下,杜甫《饮中八仙》就曾说:“李白一斗诗百篇,长安市上酒家眠。天子呼来不上船,自称臣是酒中仙。”后因朝廷争斗受牵累,被流放夜郎(今贵州境内),途中遇赦。晚年漂泊东南一带,依族叔当涂县令李阳冰,不久病卒(一说喝醉了酒在水中捞月溺水身亡),卒葬于安徽当涂。今当涂太白镇有李白墓,安徽马鞍山采石公园内有李白“衣冠冢”。李白为我国最伟大的诗人之一,其诗浪漫主义色彩浓厚。“清水出芙蓉,天然去雕饰”是李白诗句,后人用以形容李白诗风。诗作:《将进酒》《梦游天姥吟留别》《行路难》《静夜思》《春思》《望庐山瀑布》《赠汪伦》《早发白帝城》《子夜吴歌》《峨眉山月歌》《送友人》《登金陵凤凰台》《蜀道难》等。

·杜甫 字子美,自称少陵野老,世称杜工部、杜拾遗、杜少陵、杜草堂等,本襄阳人,后徙居河南巩县。伟大的现实主义诗人,与李白并称“李杜”，也被称为“老杜”“诗圣”，在中国古典诗歌中的影响非常深远。其诗风格沉郁顿挫，忧国忧民，能较为全面地反映当时的社会动荡、社会矛盾、政治黑暗和人民疾苦，记录了唐代由盛转衰的历史巨变，故世称“诗史”。韩愈曰：“李杜文章在，光焰万丈长。”杜甫人格高尚，诗艺精湛，一生写了一千五百多首诗歌，其中很多是传诵千古的名篇。长于古体、律诗，《登高》被誉为“七律之冠”。杜甫经历过“安史之乱”，被困长安。唐至德二年赴凤翔，担任左拾遗。一年后因饥年，弃官入蜀，在成都营草堂，后称“杜甫草堂”。后因蜀地动乱，流亡在梓州等地，两年后回蜀，故人严武荐为节度参谋、检校工部员外郎。大历五年冬病死湘中。诗作：“三吏三别”（《新安吏》《潼关吏》《石壕吏》《新婚别》《无家别》《垂老别》）以及《春望》《闻官军收河南河北》《登高》《春夜喜雨》《旅夜书怀》《客至》《自京赴奉先县咏怀五百字》《兵车行》《登岳阳楼》《茅屋为秋风所破歌》《蜀相》《望岳》《月夜》《秋兴八首》《咏怀古迹》等。

·王维　字摩诘，河东蒲州（今山西运城）人。担任过尚书右丞，故称王右丞，有“诗佛”之称。王维多才多艺，苏轼评价说：“味摩诘之诗，诗中有画；观摩诘之画，画中有诗。”笃志奉佛，晚年在退朝之余，焚香默坐，以诵禅为事，因而其诗极富禅趣。山水田园诗代表人物，与孟浩然合称“王孟”。擅长五言律绝，有“天下文宗”之誉。诗作：《渭城曲》、《九月九日忆山东兄弟》、《山居秋暝》、《相思》、《从军行》（吹角动行人）、《观猎》、《使至塞上》、《陇头行》、《积雨辋川庄作》（漠漠水田飞白鹭，阴阴夏木啭黄鹂）等。

·孟浩然　名浩，字浩然，襄州襄阳（今湖北襄樊）人，又称孟襄阳、孟山人。唐代著名的山水田园派诗人。早年隐居鹿门山，终生布衣，但诗名很大。最擅长五言诗，“天下称其尽美”（王士源《孟浩然集序》），“清新高妙，不下李杜”（《四溟诗话》），“乃盛唐最上乘”（《诗源辨体》）。诗作：《过故人庄》、《春晓》、《宿建德江》、《望洞庭湖赠张丞相》、《夜归鹿门山歌》（山寺钟鸣昼已昏）、《田家元日》等。

·张九龄　字子寿，韶州曲江（今广东韶关）人。敢于直言进谏，被视为开元贤相。最为人称道的是五言古诗。诗作:《望月怀古》《西江夜行》《感遇十二首》等。

·王昌龄　字少伯,京兆万年(今陕西西安)人。先后被贬为江宁尉和龙标尉,故称王江宁、王龙标,有"诗家夫子王江宁"之称。最擅七绝,明王世贞说:"七言绝句,王江宁与太白争胜毫厘,俱是神品。"(《艺苑卮言》)王世懋也说,盛唐七绝"惟青莲、龙标二家诣极"(《艺圃撷馀》)。著名边塞诗人,擅长写七绝诗,世称"七绝圣手"(与晚唐杜牧同)。诗作:《芙蓉楼送辛渐》(寒雨连江夜入吴)、《出塞二首》、《从军行七首》(青海长云暗雪山 / 琵琶起舞换新声 / 烽火城西百尺楼 / 秦时明月汉时关 / 大漠风尘日色昏)、《采莲曲》、《闺怨》(闺中少妇不知愁)、《塞下曲》等。

·贺知章　字季真,越州永兴(今浙江杭州萧山)人。早年就以文辞知名,与包融、张旭、张若虚并称"吴中四士",晚年自号"四明狂客"。好饮酒,与李白、张旭等并称"饮中八仙",世称"诗狂"。诗作:《咏柳》《回乡偶书二首》《采莲曲》等。

·王之涣　字季凌,晋阳(今山西太原)人。性格豪放不羁,常击剑悲歌,其诗多被当时乐工制曲歌唱,名动一时。曾游边地,以善于描写边塞风光著称,为著名边塞诗人,诗作"传乎乐章,布乎人口"(靳能《唐故文安郡文安县太原王府君墓志铭并序》),"为诗情致雅畅,得齐梁之风"(《唐才子传》)。诗作:《登鹳雀楼》《凉州词二首》《送别》《宴词》等。

·刘长卿　字文房,安徽宣城人。擅长写五言诗,自诩"五言长城"。人们往往把他的诗作为盛唐与中唐的分野。诗作:《逢雪宿芙蓉山主人》(日暮苍山远)、《新年作》、《送灵澈上人》(苍苍竹林寺)、《别严士元》(细雨湿衣看不见)等。名句:"猿啼客散暮江头,人自伤心水自流"等。

·岑参　祖籍南阳(今属河南),后徙居荆州江陵(今属湖北)。官至嘉州刺史,故世称岑嘉州。"早年孤贫,能自砥砺,遍览史籍,尤工缀文。"(杜确《岑嘉州诗集序》)在边塞十余年,创作了许多描绘边塞风光和生活的诗篇，著名边塞诗人，与高适并称“高岑”。最擅长五古、七古，人称其五古“清新奇逸，大是俊才”（《诗薮》），称其七古“劲骨奇翼，如霜天一鹗，故施之边塞最宜”（《岘佣说诗》）。世称“诗雄”。诗作：《白雪歌送武判官归京》《轮台歌》《感遇》等。

·高适　字达夫，一字仲武，渤海蓨（今河北沧州）人。少孤贫，爱交游，有游侠风。曾任散骑常侍，故世称高常侍。为盛唐时期边塞诗人的领军人物，与岑参并称“高岑”，与岑参、王昌龄、王之涣合称“边塞四诗人”。其诗笔力雄健，气势奔放，“多胸臆语，兼有气骨”（唐殷璠《河岳英灵集》），以七言歌行最富特色。大多写边塞生活，“豪壮中写出暇整气象”（明钟惺《唐诗归》），“雄浑悲壮”是其边塞诗的突出特色。诗作：《除夜作》《别董大》《燕歌行》《塞上听吹笛》等。

·李益　字君虞，祖籍凉州姑臧（今甘肃武威市凉州区），后迁河南郑州。大历四年进士。曾几度入节度使幕府为从事，随军出征边塞。当时就有诗名，诸体皆工，其“五言古，多六朝体，效永明者，酷得其风神”，“七言古，气格绝类盛唐”，“五言律，气格亦胜……可配开、宝”，“七言绝，开、宝而下，足称独步”（许学夷《诗源辨体》）。其边塞诗很著名。诗作：《夜上受降城闻笛》《喜见外弟又言别》《江南曲》等。

·李颀　赵郡（今河北赵县）人。交游广泛，与王昌龄、崔颢、高适等文人都有交往，诗名颇著。最擅七言，胡应麟把他与高适、岑参、王维并称，形容为“音节鲜明，情致委折，浓纤修短，得衷合度”（《诗薮》）。诗作：《古意》、《古从军行》、《送魏万之京》、《望秦川》（秦川朝望迥）、《塞下曲》等。

·司空曙　字文初、文明，广平（今河北广平县）人。唐大历中进士，担任过右拾遗、虞部郎中等职，磊落有奇才，为“大历十大才子”之一。其诗“属调幽闲，终篇调畅”（辛文房《唐才子传》）。诗作：《云阳馆与韩绅宿别》《喜外弟卢纶见宿》等。

·常建　字号不详，籍贯邢州，后游历长安（今陕西西安）。其诗灵慧雅秀，轻隽幽玄。诗作:《宿王昌龄隐居》(清溪深不测，隐处惟孤云)、《破山寺后禅院》(曲径通幽处，禅房花木深)等。

·崔颢　汴州(今河南开封)人，官至太仆寺丞。诗才“名重当时”，其诗“气格奇俊，声调蒨美”(徐献忠《唐诗品》)，边塞之作“风骨凛然”(唐殷璠《河岳英灵集》)。诗作《黄鹤楼》(昔人已乘黄鹤去)极负盛名，严羽评为唐人七律之首；李白曾说:“眼前有景道不得，崔颢题诗在上头。”

·张继　字懿孙，湖北襄阳(今湖北襄阳)人。大历间当过检校祠部员外郎。其诗爽朗激越，不事雕琢，“诗体清迥，有道者风”(高仲武《中兴间气集》)，“诗情爽激，多金玉音”(辛文房《唐才子传》)。有《张继诗》。诗作:《枫桥夜泊》等。

·金昌绪《全唐诗》仅录其一首脍炙人口的《春怨》(打起黄莺儿，莫教枝上啼。啼时惊妾梦，不得到辽西)。

三、中唐

·韩愈　字退之，河南河阳(今河南孟州市)人。自称“郡望昌黎”，世称韩昌黎、昌黎先生，官至吏部侍郎，人称韩吏部，谥号“文”，故世称韩文公。唐代杰出的文学家、思想家、哲学家和政治家，中唐古文运动倡导者、领袖，当时文坛盟主，“唐宋八大家”之首，其古文被苏轼誉为“文起八代之衰”。与柳宗元合称“韩柳”。其诗出奇制胜，别开生面，喜用险韵、奇字、古句、方言，苏轼认为“诗格之变自退之始”。诗作:《晚春》《春雪》《听颖师弹琴》《山石》《古意》《早春呈水部张十八员外》《八月十五夜赠张功曹》等。

·柳宗元　字子厚，祖籍河东(今山西永济)人，故世称柳河东、河东先生，曾任柳州刺史，又称柳柳州。“唐宋八大家”之一，与韩愈同为古文运动的主将。工于诗，方回评曰:“柳柳州诗精绝工致，古体尤高。”(《瀛奎律髓汇评》)诗作:《江雪》《渔翁》《溪居》《与浩初上人同看山寄居京华亲故》《登柳州城楼寄漳汀封连四州》等。

·白居易　字乐天，号香山居士、醉吟先生，祖籍太原，曾祖父时迁居下邽，生于河南新郑。唐代伟大的现实主义诗人，唐代三大诗人之一，有“诗魔”“诗王”之称。曾任左拾遗等职，因触忤权贵被贬为江州(今江西九江)司马。后曾任杭州刺史、刑部侍郎、太子宾客等。晚年皈依佛门，吟咏自适。以诗著称，与元稹共倡“新乐府运动”，二人齐名，称“元白”；晚年与刘禹锡齐名，称“刘白”。写了许多“讽喻诗”，反映民间疾苦。诗歌现实主义风格，语言平易通俗，“自擅天然，贵在近俗”(蔡僚《西清诗话》)，“看似平易，其实精纯”(赵翼《瓯北诗话》)，“言浅而思深，意微而词显”(薛雪《一瓢诗话》)。其七言古诗《长恨歌》《琵琶行》最著名，后世把他和元稹的这类七言长篇叙事歌行称为“长庆体”。倡导“新乐府运动”，主张“文章合为时而著，歌诗合为事而作”。有《白氏长庆集》。诗作：《长恨歌》《琵琶行》《卖炭翁》《赋得古原草送别》《钱塘湖春行》《秦中吟》《暮江吟》《忆江南》《观刈麦》《大林寺桃花》等。

·孟郊　字东野，湖州武康(今浙江德清县)人。曾任溧阳县尉，由于不能伸展抱负，遂放迹林泉，徘徊赋诗，以致公务多废。其诗多写世态炎凉、民间疾苦，故有“诗囚”之称。以苦吟著称，“蹇涩穷僻，琢削不假，真苦吟而成”(魏泰《临汉隐居诗话》)。与贾岛齐名，苏轼将其并称为“郊寒岛瘦”。有《孟东野诗集》。诗作：《游子吟》《列女操》《征妇怨》《伤春》《感怀》等。

·李贺　字长吉，河南福昌(今河南洛阳宜阳县)人。家居福昌昌谷，世称李昌谷。“细瘦通眉，长指爪”(李商隐《李长吉小传》)。避父讳(李晋肃)，不举进士。是中唐浪漫主义诗人，与李白、李商隐合称“三李”，世称“诗鬼”“鬼才”。有《昌谷集》。诗作：《雁门太守行》《马诗十三首》《南园十三首》《李凭箜篌引》等。名句：“衰兰送客咸阳道，天若有情天亦老”“黑云压城城欲摧，甲光向日金鳞开”“男儿何不带吴钩，收取关山五十州。请君暂上凌烟阁，若个书生万户侯”“幽兰露，如啼眼，无物结同心，烟花不堪剪”等。

·李绅　字公垂，祖籍亳州谯县(今安徽亳州市谯城区)人。唐代宰相、中书令李敬玄之曾孙，为“新乐府运动”的参与者。诗作：《悯农二首》(锄禾日当午 / 春种一粒粟)、《长门怨》、《答章孝标》等。

·刘禹锡　字梦得，河南洛阳人。其先祖为中山靖王刘胜。曾任太子宾客，又称刘宾客。唐代文学家、哲学家、诗人。白居易推之为“诗豪”，称其诗“其锋森然，少敢当者”。苏轼誉为“奔轶绝尘，不可追也”(《豫章黄先生集》卷二十六引)，黄庭坚称“词意高妙”(同上)。有《刘宾客集》。诗作：《乌衣巷》《西塞山怀古》《春词》《秋词》《竹枝词》《杨柳枝词》《玄都观桃花》《再游玄都观》《石头城》《赏牡丹》《浪淘沙》《秋风引》《望洞庭》《酬乐天扬州初逢席上见赠》《蜀先主庙》等。

·贾岛　字阆仙，自号碣石山人，河北道幽州范阳(今河北涿州)人。出身贫寒，做过和尚。“推敲”典故的主人公(与韩愈的故事)，后受教于韩愈，还俗出仕。世称“苦吟诗人”“诗奴”。有《长江集》。诗作：《题李凝幽居》、《寻隐者不遇》、《剑客》、《题诗后》(两句三年得，一吟双泪流)、《暮过山村》等。

·韦应物　长安(今陕西西安)人，曾任江州刺史、苏州刺史、滁州刺史和左司郎中，故又称韦江州、韦苏州、韦左司。山水田园派诗人，与王维、孟浩然、柳宗元合称“王孟韦柳”。“韦苏州歌行，才丽之外，颇近兴讽。其五言古诗有陶、谢遗韵者，独左司一人。”(《四有斋丛说》)诗作：《滁州西涧》、《秋夜寄丘员外》、《闻雁》、《寄李儋元锡》(去年花里逢君别)、《淮上喜会梁州故人》等。

·元稹　字微之，别字威明，河南府东都洛阳(今河南洛阳)人。唐代著名文学家、诗人。少时即有才名，聪明机智过人，与白居易同科及第，并结为终生诗友，共倡“新乐府运动”，与白居易齐名，唱和极多，“擅名一时，天下称为‘元白’，学者翕然，号元和诗”(顾陶《唐诗类选后序》)，诗作号为“元和体”。曾任中书舍人等官职，长庆二年由工部侍郎拜相。流传最广的为悼亡诗和艳诗。有《元氏长庆集》。诗作：《菊花》(不是花中偏爱菊，此花开尽更无花)、《离思五首》(曾经沧海难为水，除却巫山不是云)、《行宫》(寥落古行宫)、《闻乐天授江州司马》(残灯无焰影幢幢)、《遣悲怀三首》等。

·张籍　字文昌，吴郡(今江苏苏州)人，后迁至和州乌江(今安徽和县)。担任过水部员外郎、国子司业,故世称张水部、张司业。工于诗,尤以乐府著称。白居易赋诗称颂其“尤工乐府诗,举代少其伦”“风雅比兴外,未尝空著文”(《读张籍古乐府诗》)。有《张司业集》。诗作:《秋思》《秋山》《没蕃故人》《成都曲》《送安西将》等。

四、晚唐

·李商隐　字义山,号玉谿生,又号樊南生,出生于郑州荥阳(今河南郑州荥阳)。晚唐著名诗人,与杜牧齐名,合称“小李杜”;与温庭筠齐名,合称“温李”。因牛李党争受牵连,仕途坎坷。李商隐为晚唐诗坛之巨擘,“欲取一人备晚唐之数,定在此君”(牟愿相《小澥草堂杂论诗》)。其诗“感事托讽,运意深曲”(方回《瀛奎律髓》),“高华典丽,音韵缠绵”(陈明善《唐八家诗钞·例言》),“微婉顿挫,使人荡气回肠”(翁方纲《石洲诗话》)。七律、七绝成就很高,最为人称道,世称“七律圣手”。爱情诗、“无题诗”一绝,其诗缠绵悱恻,优美动人。有些诗过于隐晦迷离,难于索解。有《李义山诗集》。诗作:《锦瑟》《夜雨寄北》《乐游原》《月下与君共饮》《隋宫》《无题四首》《马嵬二首》《贾生》《蝉》《风雨》《落花》等。名句:“相见时难别亦难,东风无力百花残。春蚕到死丝方尽,蜡炬成灰泪始干”“身无彩凤双飞翼,心有灵犀一点通”“嫦娥应悔偷灵药,碧海青天夜夜心”“可怜夜半虚前席,不问苍生问鬼神”等。

·杜牧　字牧之,号樊川居士,世称杜樊川,京兆万年(今陕西西安)人,宰相杜佑之孙。曾任黄州、池州、睦州等地刺史。晚唐杰出的文学家、诗人,古文、诗赋、书画无一不精。当时人评其诗“情致豪迈,人号为小杜,以别杜甫”(《新唐书》本传)。宋人评其诗“豪而艳,有气概,非晚唐人所能及也”(陈振孙《直斋书录解题》)。徐献忠评其诗“含思悲凄,流情感慨,下语精切,含声圆整,而抑扬顿挫之节尤其所长”(《唐诗品》)。被誉为“七绝圣手”。有《樊川文集》。诗作:《清明》、《山行》、《江南春》(千里莺啼绿映红)、《赤壁》、《泊秦淮》、《过华清宫》、《题乌江亭》、《登乐游原》、《赠别二首》(娉娉袅袅十三余,豆蔻梢头二月初。春风十里扬州路,卷上珠帘总不如)、《赠别》

（蜡烛有心还惜别，替人垂泪到天明）、《遣怀》（十年一觉扬州梦，赢得青楼薄幸名）、《寄扬州韩绰判官》（二十四桥明月夜，玉人何处教吹箫？）、《秋夕》（银烛秋光冷画屏，轻罗小扇扑流萤）、《题扬州禅智寺》（谁知竹西路，歌吹是扬州）等。

·温庭筠　本名岐，艺名庭筠，字飞卿，并州祁县（今山西晋中市祁县）人，唐初宰相温彦博之后裔。富有天赋，才思敏捷，每入试，八叉手而成八韵，人号“温八叉”。“花间派”首要词人（鼻祖），词作为晚唐之首。与李商隐齐名，时号“温李”。为诗华艳绮丽，“调多清逸，语多闲婉”（许学夷《诗源辨体》）。有《温飞卿集》。代表作：《商山早行》（鸡声茅店月，人迹板桥霜）、《菩萨蛮》（小山重叠金明灭）、《望江南》（梳洗罢）、《送人东游》等。

·杜荀鹤　字彦之，号九华山人，池州石埭（今安徽石台）人。累举进士不第，归隐山中。有诗名，胡震亨形容其诗“以衰调写衰代，事情亦真切”（《唐音癸签》）。诗作：《闽中秋思》、《山中寡妇》（时挑野菜和根煮，旋斫生柴带叶烧。任是深山更深处，也应无计避征徭）等。

·韦庄　字端已，京兆杜陵（今陕西西安）人，韦应物四世孙。韦庄是晚唐诗坛中最好的诗人之一，“体近雅正”（胡震亨《唐音癸签》），“绝句在唐末诸人之上”（许学夷《诗源辨体》）。韦庄也是晚唐五代重要词人，花间派之代表人物，与温庭筠齐名，世称“温韦”。有《浣花集》。诗作：《台城》《章台夜思》《秦妇吟》等。

第五节　宋代诗词

宋代诗歌在继承唐诗传统的基础上，又有新的发展。在思想内容和艺术表现上有所开拓创新，出现许多优秀诗人作品，形成许多流派，对元、明以后诗歌发展有深远的影响，在清代更引起了尊唐、宗宋之争。宋诗是继唐诗而取得显著成就的又一高峰。宋诗“以文为诗”，多议论化、散文化，多“理趣”，以议论为诗是其主要特点。

词是一种既能合乐而唱又能讲求格律的新诗体，有高度的音乐性、韵律美和浓郁的生活气息的文学新形式。词与诗有着密切的联系。词产生于唐代，在宋代达到鼎盛时期，有豪放派、婉约派。

一、北宋

“四大诗人”：苏轼、欧阳修、王安石、黄庭坚。

·苏轼　字子瞻，号东坡居士，世称“苏仙”，谥号文忠，四川眉山人。与其父苏洵、其弟苏辙并称“三苏”，同属“唐宋八大家”之列。曾出知密州、徐州、湖州、杭州、颍州、扬州等，担任过翰林学士、知制诰、礼部尚书、兵部尚书等。曾因“乌台诗案”被贬黄州团练副使。一生仕途坎坷，成为党争的牺牲品。但他关心民生疾苦，关注朝政大局。为豪放派代表人物，与辛弃疾并称“苏辛”。散文与欧阳修并称“欧苏”。著名文学家、书法家、画家。词至东坡，题材范围大大拓展，他“以诗为词”，一洗绮罗香泽之态，声韵谐婉，语言清新，为词的发展开拓出一片新天地。书法上为“宋四家”（苏、黄、米、蔡）之一。有《东坡乐府》等。诗词作品：《上元侍宴》、《饮湖上初晴后雨》、《题西林壁》、《惠崇春江晚景》（春江水暖鸭先知）、《春宵》、《六月二十七日望湖楼醉书》、《花影》、《念奴娇·赤壁怀古》、《水调歌头》（明月几时有)、《水龙吟·次韵章质夫杨花词》、《江城子》(十年生死两茫茫)、《永遇乐》(明月如霜)、《定风波》(莫听穿林打叶声)、《浣溪沙》(山下兰芽短浸溪)、《江城子·密州出猎》等。

·欧阳修　字永叔,号醉翁、六一居士,吉州永丰(今属江西)人。官至参知政事。北宋政治家、文学家。为北宋诗文革新运动领袖,“唐宋八大家”之一。他奖掖后进,王安石、曾巩及“三苏”等都得其举荐和指导。擅长写词,或写恋情醉歌,缠绵婉曲,或写自然美景,富于情韵,风格深婉清丽。有《六一词》《近体乐府》《醉翁琴趣外编》等。诗词作品:《采桑子》(群芳过后西湖好)、《蝶恋花》(庭院深深深几许)、《诉衷情》(清晨帘幕卷轻霜)、《踏莎行》(候馆梅残)、《别滁》等。

·柳永　初名三变,改名永,字耆卿,因排行第七,人称“柳七”,崇安(今属福建)人。官至屯田员外郎,世称“柳屯田”。仕途不得志,遂流连于歌楼妓馆,“忍把浮名换了浅斟低唱”。在词的发展史上有两大贡献:一是推广慢词长调,用来铺写城市风光、承平气象,或抒发离情别绪,题材广阔,音律谐婉,对后世影响深远;二是独辟蹊径,旧调翻新,俗语入词,俗事入词。以至于“凡有井水饮处,即能歌柳词”(《避暑录话》卷三)。北宋第一个专力填词者,婉约派代表人物。所著《乐章集》凡一百五十余曲,其词自成一派,世称“屯田蹊径”“柳氏家法”。词作:《雨霖铃》(寒蝉凄切)、《八声甘州》(对潇潇暮雨洒江天)、《望海潮》(东南形胜)、《蝶恋花》(伫倚危楼风细细)等。

·范仲淹　字希文,吴县(今苏州市)人。官至参知政事。谥号文正。北宋政治家、文学家。其词清丽豪健,气势恢宏。有《范文正公诗余》。诗词作品:《渔家傲·秋思》(塞下秋来风景异)、《苏幕遮·怀旧》(碧云天,黄叶地)、《江上渔者》(江上往来人,但爱鲈鱼美。君看一叶舟,出没风波里)等。

·李清照　自号易安居士,济南章丘人。宋代杰出女词人。良好的家庭教养和过人的才华,使她的前期词作清新婉约,语新意隽,多为情歌或写景。因北宋党争而丧父,又因战乱逃亡而丧夫,晚年颠沛流离,故后期词作多怀乡念旧,孤苦凄凉。艺术上讲求格律,巧于构思,语言精巧,刻画细腻,形象生动,独出心裁,人称“易安体”,为宋词一家。婉约派词人。有《漱玉集》。词作:《渔家傲》(天接云涛连晓雾)、《如梦令》(昨夜雨疏风骤)、《醉花阴》(薄雾浓云愁永昼)、《永遇乐》(落日熔金)、《声声慢》(寻寻觅觅)、《一剪梅》(红藕香残玉簟秋)、《如梦令》(常记溪亭日暮)等。

·秦观　字少游,号淮海居士,高邮(今属江苏省)人。“苏门四学士”之一(另有黄庭坚、晁补之、张耒三人)。其词清新婉丽,多写恋情和身世之慨,语工而入律,情韵兼胜,哀艳动人,曾因《满庭芳》词赢得“山抹微云君”雅号。毕生追随苏氏兄弟,而词风独具一格,以秀丽含蓄取胜。有《淮海居士长短句》。词作:《满庭芳》(山抹微云)、《浣溪沙》(漠漠轻寒上小楼)、《鹊桥仙》(纤云弄巧)、《踏莎行·郴州旅舍》(雾失楼台)等。

·晏殊　字同叔,临川(今江西抚州市)人。七岁能属文,以神童应召试,赐同进士出身,官至同中书门下平章事兼枢密使。擅长小令,风流旖旎,时有真情流露,是婉约派代表作家。有《珠玉词》。诗词作品:《七律·无题》(油壁香车不再逢)、《浣溪沙》(一曲新词酒一杯)、《浣溪沙》(一向年光有限身)、《蝶恋花》(槛菊愁烟兰泣露)、《清平乐》(红笺小字)等。名句:“梨花院落溶溶月,柳絮池塘淡淡风”“满目山河空念远,落花风雨更伤春。不如怜取眼前人”“天涯地角有穷时,只有相思无尽处”“无可奈何花落去,似曾相识燕归来”“欲寄彩笺兼尺素,山长水阔知何处”“劝君莫作独醒人,烂醉花间应有数”“明月不谙离恨苦,斜光到晓穿朱户”“昨夜西风凋碧树,独上高楼,望断天涯路”“池上碧苔三四点,叶底黄鹂一两声”等。

·晏几道　号小山,晏殊之子,在文学上父子齐名,世称“二晏”。其词多写爱恋之凄苦,缠绵悱恻,伤感无奈,其小令的艺术技巧臻于炉火纯青。有《小山词》。词作:《临江仙》(梦后楼台高锁)、《蝶恋花》(梦入江南烟水路)、《长相思》、《鹧鸪天》(彩袖殷勤捧玉钟)等。

·宋祁　字子京,祖籍安州安陆(今湖北安陆市),高祖时迁居开封府雍丘县(今河南商丘民权县)。与兄宋庠同登进士第,号称“大小宋”。累官至工部尚书、翰林学士承旨。诗词语言工丽,以《玉楼春·春景》中的“红杏枝头春意闹”句享誉词坛,被称为“红杏尚书”。王国维在《人间词话》里称赞“红杏枝头春意闹,着一闹字而境界全出”。有《宋景文公长短句》。词作:《玉楼春·春景》(绿杨烟外晓寒轻,红杏枝头春意闹)、《鹧鸪天》(画毂雕鞍狭路逢)等。

·王安石　字介甫,号半山,抚州临川(今属江西省)人,曾封荆国公,世称王荆公,“唐宋八大家”之一。官至参知政事,曾积极推行变法革新而两度被罢相。写词不多,却很精彩,洗尽五代以来绮靡词风。有《临川先生歌曲》。诗词作品:《桂枝香·金陵怀古》、《梅花》、《明妃曲》(君不见，咫尺长门闭阿娇，人生失意无南北)、《元日》、《书湖阴先生壁》(一水护田将绿绕,两山排闼送青来)、《登飞来峰》(不畏浮云遮望眼,自缘身在最高层)、《泊船瓜洲》等。

·周邦彦　字美成,号清真居士,钱塘(今杭州市)人。曾任庐州(今安徽合肥)教授、国子主簿、校书郎、考功员外郎等。写词严分平仄四声、五音六律、清浊轻重,故音律谐婉,堪称格律词派之开山,被称为“词家之冠”。有《清真集》(又称《片玉集》)。词作:《苏幕遮》(燎沉香)、《少年游》(并刀如水)等。

·张先　字子野,乌程(今浙江湖州)人。尝知安陆,故世称张安陆。“能诗及乐府,至老不衰。”因其《一丛花令》中有“沉恨细思,不如桃杏,犹解嫁东风”句而被称为“桃杏嫁东风郎中”。《古今诗话》中说:“有客谓子野曰:人皆谓公张三中,即心中事、眼中泪、意中人也。子野曰:何不曰之为张三影?客不晓。公曰:云破月来花弄影;娇柔懒起,帘幕卷花影;柳径无人,堕絮飞无影。此余生平所得意也。”其他名句:“隔墙送过秋千影”等。诗词作品:《题西溪无相院》、《青门引》(乍暖还轻冷)、《千秋岁》(数声鶗鴂)、《一丛花》(伤高怀远几时穷)等。

·梅尧臣　安徽宣城人,世称“宛陵先生”。诗作:《七律·小村》、《鲁山山行》(霜落熊升树,林空鹿饮溪。人家在何许,云外一声鸡)等。

·黄庭坚　字鲁直,号山谷道人、涪翁、黄山谷,洪州分宁(今江西省修水县)人。“苏门四学士”之一。书法上为“宋四家”之一。诗与苏轼齐名,并称“苏黄”,被奉为江西诗派祖师。有《山谷琴趣外编》。诗词作品:《牧童诗》、《登快阁》、《清明》、《鹧鸪天》(黄菊枝头生晓寒)等。名句:“桃李春风一杯酒,江湖夜雨十年灯”“世上岂无千里马,人中难得九方皋”“未到江南先一笑,岳阳楼上对君山”“佳节清明桃李笑,野田荒冢只生愁”等。

·贺铸　字方回,自号庆湖遗老,卫州(今河南省汲县)人。其词刚柔兼济,或盛丽妖冶,或幽洁悲壮,既有婉约佳篇,又有慷慨悲歌。因《青玉案》中“梅子黄时雨”之句,人称“贺梅子”。有《东山词》。词作:《青玉案》(凌波不过横塘路)、《芳心苦》(杨柳回塘)、《更漏子》(上东门)、《石州慢》(薄雨初寒)等。

·张耒　字文潜,号柯山,楚州淮阴(今属江苏省)人。“苏门四学士”之一。词作清新婉丽,与秦观相近。有《柯山诗余》。词作:《风流子》(木叶亭皋下)等。

·晁补之　子无咎,号归来子,济州巨野(今属山东省)人。“苏门四学士”之一。词风接近东坡,气象雄俊。有《晁氏琴趣外篇》。词作:《汉宫春》《水龙吟·次韵林圣予惜春》等。名句:“永夜闲阶卧桂影”“香非在蕊,香非在萼,骨中香彻”等。

·林逋　字君复,杭州钱塘人。幼丧父母,致力求学。性情恬淡好古,不追求名誉利益,隐居西湖孤山,世称“和靖先生”。一生未娶妻,故世称“梅妻鹤子”“逋仙”。有《林和靖先生诗集》。诗词作品:《山园小梅》(疏影横斜水清浅,暗香浮动月黄昏)、《长相思》等。

·王禹偁　字元之,济州巨野(今山东省巨野县)人。为北宋诗文革新运动的先驱,文学韩愈、柳宗元,诗崇杜甫、白居易,多反映社会现实,风格清新平易。有《小畜集》。诗词作品:《村行》(马穿山径菊初黄)、《对雪》、《点绛唇》(雨恨云愁)等。

·王观　字通叟,如皋(今江苏如皋)人,与秦观并称“二观”。有《冠柳集》。词作:《卜算子·送鲍浩然之浙东》(水是眼波横)、《临江仙·离杯》、《菩萨蛮·归思》等。

二、南宋

·辛弃疾　字幼安,号稼轩,山东东路济南府历城(今济南市历城区)人。南宋将领,豪放派词人代表人物,与苏轼并称“苏辛”,与李清照并称“济南二安”。有“词中之龙”之誉。生于金国,少年抗金归宋,曾任江西安抚使、福建安抚使等。著有《美芹十论》《九议》等,条陈守战之策。一生以恢复为志,以功业自许,却命运多舛,备受排挤,壮志难酬,却把满腔热情寄寓于词作之中,为著名爱国词人。在词上最大贡献与苏轼相当——内容的扩大,题材的拓宽。风格沉雄豪迈而又不乏细腻柔媚之处。善于化用典故入词。有《稼轩长短句》。词作:《破阵子·为陈同甫赋壮词以寄之》、《永遇乐·京口北固亭怀古》、《水龙吟·登建康赏心亭》、《菩萨蛮·书江西造口壁》、《西江月》(明月别枝惊鹊)、《丑奴儿》(少年不识愁滋味)、《青玉案·元夕》、《摸鱼儿》(更能消几番风雨)等。名句:“七八个星天外,两三点雨山前”“悠悠,不尽长江滚滚流”“蓦然回首,那人却在、灯火阑珊处”等。

·陆游　字务观,号放翁,越州山阴(今浙江绍兴)人,尚书右丞陆佃之孙。南宋文学家、史学家、爱国诗人。少年深受家庭爱国思想熏陶,力主抗金,却遭主和派排挤。历任福州宁德县主簿、隆兴府通判等,官至宝章阁待制。为现存诗最多的诗人。其诗语言平易晓畅,章法整饬谨严,兼具李白的雄奇奔放与杜甫的沉郁悲凉,尤以饱含爱国热情对后世影响深远。诗词作品:《卜算子·咏梅》、《游山西村》、《示儿》、《十一月四日风雨大作二首》、《冬夜读书示子聿》(古人学问无遗力)、《钗头凤》(红酥手)、《诉衷情》(当年万里觅封侯)、《书愤》、《临安春雨初霁》、《梅花绝句》、《病起书怀》、《关山月》、《金错刀行》、《剑门道中遇微雨》等。名句:“位卑未敢忘忧国,事定犹须待阖棺”“文章本天成，妙手偶得之”“纸上得来终觉浅，绝知此事要躬行”“古人学问无遗力，少壮工夫老始成”“小楼一夜听春雨，深巷明朝卖杏花”“无意苦争春，一任群芳妒。零落成泥碾作尘，只有香如故”“出师一表真名世，千载谁堪伯仲间”“遗民泪尽胡尘里，南望王师又一年”“王师北定中原日，家祭无忘告乃翁”“书到用时方恨少，事非经过不知难”“壮心未与年俱老，死去犹能作鬼雄”“天机云锦用在我，剪裁妙处非刀尺”等。

·杨万里　字廷秀，号诚斋，吉州吉水（今江西吉水县）人。南宋大臣，著名文学家，与陆游、尤袤、范成大合称“中兴四大诗人”（又叫“南宋四大家”）。因宋光宗曾为其亲书“诚斋”二字，故学者称其为“诚斋先生”。官至宝谟阁直学士，封庐陵郡开国侯。他创造了语言浅近明白、清新自然、富有幽默情趣的“诚斋体”。其诗作大多描写自然景物，且以此见长。有《诚斋集》。诗作：《小池》（泉眼无声惜细流）、《晓出净慈寺送林子方》（毕竟西湖六月中）、《宿新市徐公店》（篱落疏疏一径深）等。名句：“小荷才露尖尖角，早有蜻蜓立上头”“接天莲叶无穷碧，映日荷花别样红”“儿童急走追黄蝶，飞入菜花无处寻”“落红满路无人惜，踏作花泥透脚香”等。

·范成大　字至能，一字幼元，晚年号石湖居士，平江吴县（今江苏苏州）人。南宋名臣、文学家、诗人。累官礼部员外郎兼崇政殿说书。曾出使金国，不畏强暴，不辱使命，还朝后除中书舍人。素有文名，尤工于诗，自成一家，风格平易浅显、清新妩媚；题材广泛，以反映农村社会生活的作品成就最高。其作品在南宋末年即产生了显著影响，到清初更有“家剑南而户石湖”之说。有《石湖集》等。诗作：《四时田园杂兴》《州桥》《横塘》等。名句：“童孙未解供耕织，也傍桑阴学种瓜”“蝴蝶双双入菜花，日长无客到田家”“愿我如星君如月，夜夜流光相皎洁”等。

·姜夔　字尧章，号白石道人，饶州鄱阳（今江西鄱阳县）人。南宋文学家、音乐家，被誉为“词中老杜”。少年孤贫，终生未仕，一生转徙江湖，靠卖字和朋友接济为生。多才多艺，诗词、散文、书法、音乐，无不精善，是继苏轼后又一难得的艺术全才。尤精通音律，能自度曲，其词格律严密。其作品风格空灵含蓄，题材广泛，有感时、抒怀、咏物、恋情、写景、记游、交游等，抒发了自己虽然流落江湖，但不忘君国的感时伤世之思想，描写了自己漂泊的羁旅生活，抒发自己不得用世及情场失意的苦闷心情，以及超凡脱俗、飘然不群，有如孤云野鹤般的个性。有《白石道人诗集》《白石道人歌曲》等。词作:《扬州慢》(淮左名都)(自度曲，又名“郎州慢”)、《暗香·旧时月色》、《江梅引·丙辰之冬》等。

·尤袤　字延之，号遂初居士，晚号乐溪、木石老逸民，常州无锡(今江苏无锡)人。南宋大臣，著名诗人、藏书家。官至礼部尚书兼侍读。“中兴四大诗人”之一。少小受家学熏陶，五岁能为诗句，十岁有神童之称，以辞赋闻名。一生嗜书，素有“尤书橱”之称。其诗平易自然，晓畅清新。诗作:《落梅》《青山寺》等。

·吴文英　字君特，号梦窗，晚年号觉翁，四明(今浙江宁波)人。未入仕，以布衣出入侯门，结交权贵，多居苏州。其词绵丽，措辞深雅，守律精严，多自度腔，独树一帜，对南宋后期词坛影响很大，但题材狭窄。有《梦窗词甲乙丙丁稿》。词作:《霜叶飞·重九》、《齐天乐》(烟波桃叶西陵路)等。

·刘克庄　字潜夫，号后村居士，莆田(今属福建)人。累官至中书舍人，但晚节不保，趋奉权奸贾似道。为江湖派重要作家，又是后期辛(弃疾)派词人中成就最高的。其爱国豪情和雄放风格统一，不受格律限制，发展了词的艺术表现力。有《后村长短句》。词作:《生查子》(繁灯夺霁华)、《贺新郎》(深院榴花吐)等。

·史达祖　字邦卿，号梅溪，汴(今河南开封)人。曾为宰相韩侂胄属吏。其词奇秀清逸，辞情俱佳，咏物词善用拟人手法，妥帖轻圆，描写细腻。有《梅溪词》。词作:《绮罗香·咏春雨》、《双双燕·咏燕》(自度曲)等。

·陈与义　字去非，号简斋，洛阳(今属河南)人。累官参知政事。“江西诗派三宗”之一。诗重意境，擅白描，学杜甫，词语意超绝，清婉奇丽。有《简斋词》。词作:《临江仙》(高咏楚辞酬午天)、《临江仙·夜登小阁忆洛中旧游》(忆昔午桥桥上饮)等。

·陈亮　字同甫,人称龙川先生,永康(今属浙江)人。其词自抒胸臆,充满爱国愤世之情,也有清幽疏宕之作。有《龙川词》。词作:《水龙吟·春恨》(闹花深处层楼)等。

·张元幹　字仲宗,自号真隐山人,又号芦川居士、芦川老隐等,永福(今福建永泰县)人。其词慷慨悲凉,壮志激昂,洋溢着爱国主义豪情。对南宋爱国词人有重要影响。也有伤漂泊、叹人生、啸傲山林、抒情写景之作,清丽明畅。有《芦川词》。词作:《石州慢》(寒水依痕)、《兰陵王》(卷珠箔)等。

·张孝祥　字安国,号于湖居士,历阳乌江(今安徽和县)人。绍兴二十四年中进士第一,为秦桧所忌。历任中书舍人、领建康留守等职。其词反映社会现实,表现爱国思想,上承苏轼,下启辛弃疾,为豪放派代表作家。词作淋漓酣畅,气势雄健,意俊语峭。有《于湖居士长短句》。词作:《六州歌头》(长淮望断)等。

·刘辰翁　字会孟,号须溪,庐陵(今江西吉安)人。曾任临安府学教授等,宋亡后隐居不仕。作为遗民,其词多写战乱之苦、故国之思,其爱国情怀及遒劲词风与苏、辛一脉相承,含蓄而不隐晦,真挚而不雕琢,清丽中又发激越豪情。有《须溪词》。词作:《兰陵王·丙子送春》、《永遇乐》(璧月初晴)等。

·刘过　字改之,自号龙洲道人,吉州太和(今江西泰和县)人。屡试不第,放浪湖海间,与陆游、辛弃疾、陈亮等交游,终身未仕。诗多悲壮之调,词则感慨国事,痛斥奸佞,始终不忘恢复国土。词风粗豪激越。有《龙洲词》。词作:《唐多令》(芦叶满汀洲)等。

·叶梦得　字少蕴,号石林学士,吴县(今苏州)人。累官翰林学士,南渡后任江东安抚大使、兼知建康府,抗金有功。早期词作婉丽,后学苏轼清旷,能于简淡中时出雄杰。有《石林词》。词作:《贺新郎》(睡起啼莺语)、《虞美人》(落花已作风前舞)等。

·张炎　字叔夏,号玉田,又号乐笑翁,临安(今浙江杭州)人。

作《词源》(词论专著)二卷,重韵律,讲技巧。词作写景咏物,形神兼备,凄清婉转;写国破家亡、浪迹江湖的凄苦,苍凉蕴藉。有《玉田词》。词作:《八声甘州·记玉关》《高阳台·西湖春感》等。

·岳飞　字鹏举,相州汤阴(今属河南省)人。南宋抗金名将,被奸臣秦桧以莫须有罪名杀害。追谥武穆,封鄂王,改谥忠武。有《岳忠武文集》。词作:《满江红》(怒发冲冠)等。

·文天祥　字宋瑞,一字履善,道号浮休道人、文山,江西吉州庐陵(今江西吉安市青原区富田镇)人。宋末政治家、文学家、爱国诗人、抗元名臣,与陆秀夫、张世杰并称为"宋末三杰"。宝祐四年进士第一。有《文山诗集》《指南录》《指南后录》《正气歌》等。诗作:《过零丁洋》(辛苦遭逢起一经)、《正气歌》(天地有正气)等。名句:"人生自古谁无死,留取丹心照汗青。"

·叶绍翁　字嗣宗,号靖逸,祖籍建安(今福建建瓯)。江湖派诗人,以七言绝句最佳。诗作:《游园不值》(应怜屐齿印苍苔)、《夜书所见》、《嘉兴界》、《田家三咏》等。名句:"春色满园关不住,一枝红杏出墙来""萧萧梧叶送寒声,江上秋风动客情。知有儿童挑促织,夜深篱落一灯明"。

·朱熹　字元晦,又字仲晦,号晦庵,晚称晦翁。谥文,世称朱文公,祖籍徽州府婺源县(今江西婺源),出生于南剑州尤溪(今属福建省尤溪县)。宋朝著名理学家、思想家、哲学家、教育家、诗人,闽学派代表人物,儒学集大成者,世尊称为朱子。是中国教育史上继孔子之后又一著名教育家。诗作:《观书有感》(半亩方塘一鉴开)、《活水亭观书有感》(昨夜江边春水生)、《劝学诗》(《偶成》,少年易老学难成)、《春日》(胜日寻芳泗水滨)等。名句:"问渠那得清如许,为有源头活水来""少年易老学难成,一寸光阴不可轻。未觉池塘春草梦,阶前梧叶已秋声""等闲识得东风面,万紫千红总是春"等。

·志南　僧人。诗作:《绝句》(古木阴中系短篷,杖藜扶我过桥东。沾衣欲湿杏花雨,吹面不寒杨柳风)。

第六节　元代诗歌

元代戏剧、散曲以及小说的兴盛，给元代文学增添了新异的色彩，词在很大程度上为散曲所替代。在文人文学中居于“正宗”地位的诗歌，则大都反映着元代社会的生活及知识阶层的人生观念和审美趣味的变化，诗歌创作逐渐崇尚唐代乃至汉魏六朝的风气，力求把诗歌从重理智而轻感情的道路上拉回来，向现代方向靠拢。

·耶律楚材　字晋卿，号玉泉老人、湛然居士，别名耶律文正、长髯人等，出生于燕京。汉化契丹贵族，耶律阿保机九世孙，蒙古成吉思汗、窝阔台汗时重臣，官至中书令，备受重用。自幼秉承家族传统，受到儒家思想熏陶，精通汉文。诗作：《过夏国新安县》《庚辰西域清明》《过阴山和人韵》等。

·赵孟頫　字子昂，号松雪道人，又号水晶宫道人、鸥波等，别称赵孟俯、赵文敏等，浙江吴兴（今浙江湖州）人。南宋末元初著名书法家、画家、诗人，宋太祖赵匡胤十一世孙、秦王赵德芳嫡派子孙。累官翰林学士承旨、荣禄大夫。博学多才，能诗善文，工书法，精绘画，通音律，擅金石，开创元代新画风，人称“元人冠冕”。书法尤以楷、行书著称于世，书风遒媚秀逸，结构严谨，笔法圆熟，创“赵体”书，与欧阳询、颜真卿、柳公权并称“楷书四大家”。诗词作品：《点绛唇》（昏晓相催）、《蝶恋花》（侬是江南游冶子）、《绝句》（溪头月色白如沙）等。

·郝经　字伯常，祖籍泽州陵川（今山西陵川），出生于许州临颍城皋镇（今河南许昌）。家贫好学，官至翰林侍读学士充任国信使，奉诏使宋，被奸相贾似道拘于真州达十六年。著名政治家、学者、文人。有《陵川集》。诗作:《落花》《老马》《贤台行》等。

·刘因　字梦吉,号静修,元雄州容城(今河北徐水县)人。元代著名理学家、诗人。元灭南宋,他屡作哀宋之文,思想感情与元蒙格格不入。逝世后,朝廷追赠翰林学士、资政大夫、上护军,追封容城郡公,谥文靖。刘因是元代重要儒学代表人物、元初北方理学大家,为理学由宋到明的过渡起了重要作用。有诗集《丁亥集》五卷。诗词作品:《下山》、《观梅有感》、《木兰花》(未开常探花开未)等。

·仇远　字仁近,一字仁父,钱塘(今浙江杭州)人。自号山村、山村民,人称山村先生。元代文学家、书法家。生性雅澹,喜游名山大川。生当乱世,诗中常流露国家兴亡、人事变迁的感叹。有《七言诗卷》。诗词作品:《采薇吟》《怀古》《齐天乐·蝉》等。

·戴表元　字帅初,一字曾伯,号剡源,庆元奉化剡源榆林(今属浙江班溪镇榆林村)人。宋末元初文学家,被称为"东南文章大家"。论诗主张宗唐得古,诗风清深雅洁,类多伤时悯乱、悲忧感愤之辞。有《剡源集》。诗作:《东门行二首》《采藤行》《四明山中十绝》等。

·虞集　字伯生,号道园,世称邵庵先生。祖籍成都仁寿(今四川眉山市仁寿县)。元代著名学者、诗人,南宋左丞相虞允文五世孙。素负文名,与揭傒斯、柳贯、黄溍并称"元儒四大家",与揭傒斯、范梈、杨载并称"元诗四大家"。其诗内容表现出强烈的民族意识,反映民生疾苦,风格清和淡远,承平气象,声律圆熟。有《虞文靖公诗集》。诗词作品:《挽文丞相》《杞菊轩》《风入松》等。

·杨载　字仲弘,蒲城(今福建蒲城县)人。元代中期著名诗人,与虞集、范梈、揭傒斯并称"元诗四大家"。官至宁国路总管府推官。文名颇大,文章以气为主,诗作含蓄,颇有新意境。诗作:《暮春游西湖北山》《宿浚仪公湖亭》《春晚喜晴》《赠孙思顺》等。

·揭傒斯　字曼硕,号贞文,龙兴富州(今江西丰城杜市镇大屋场)人。元代著名文学家、书法家。家贫力学,前后三入翰林,官集贤学士等,修辽、金、宋三史,为总裁。善楷、行、草书,朝廷典册多出其手。与虞集、杨载、范梈同为“元诗四大家”。其诗清婉丽密，虞集称其“如美女簪花”。有《揭傒斯全集》。诗作：《杨柳青谣》《渔父》《秋雁》《高邮城》等。

·杨维桢　字廉夫，号铁崖、铁笛道人、梅花道人等，元绍兴路诸暨州枫桥全堂（今浙江绍兴诸暨市枫桥镇全堂村）人。元末明初著名诗人、文学家、书画家和戏曲家。与陆居仁、钱惟善合称“元末三高士”。其诗最富特色的是古乐府，既婉丽动人，又雄迈自然，史称“铁崖体”，极为历代文人所推崇。有《铁崖古乐府》《复古诗集》等。诗作：《相思》《题春江渔父图》《漫成》等。

·萨都剌　字天锡，号直斋，其先世为西域人，出生于雁门（今山西代县）。累迁至江南行台侍御史。元代诗人、书画家。诗歌内容以游山玩水、归隐赋闲、慕仙礼佛、酬酢应答之类为多，思想价值不太高。诗作：《大同驿》《黄河月夜》《寄朱县尹》等。

·顾瑛　又名阿瑛、德辉，字仲瑛，昆山（今属江苏）人。元代文学家。家业豪富，轻财好客，广集名士诗人，诗酒唱和，风流豪爽。元末动乱，他散尽家财，自称金粟道人。有《玉山璞稿》《玉山逸稿》等。诗作：《发阊门》《口占》《次韵二首》等。

·关汉卿　字汉卿，号已斋，金末元初大都（今北京市）人，元杂剧奠基人，“元曲四大家”（另有马致远、白朴、郑光祖）之首。以杂剧成就最大，今知有 67 部，现存 18 部，以《窦娥冤》为杂剧代表作。散曲今存小令 40 多首、套数 10 多首。他塑造的自我形象是：“我是个蒸不烂、煮不熟、捶不扁、炒不爆、响当当一粒铜豌豆。”（《不伏老》）被誉为“曲圣”。曲作：《南吕·一枝花·不伏老》。

·马致远　字千里，号东篱，河北沧州人。因散曲《天净沙·秋思》而被称为“秋思之祖”。元代著名散曲家、杂剧家，与关汉卿、白朴、郑光祖合称“元曲四大家”。从事杂剧创作时间很长，有“曲状元”之誉，杂剧以《汉宫秋》为代表作。散曲共有 120 多首，有辑本《东篱乐府》。散曲代表作《天净沙·秋思》脍炙人口，匠心独运，自然天成而不见雕琢痕迹。

·张养浩　字希孟，号云庄，又称齐东野人，济南（今山东济南市）人。少有才学，累官至礼部尚书、中书省参知政事，为元代著名的政治、文化人物，其人品、政事、文章皆为当代及后世称扬，元代名臣之一。曲作：《山坡羊·潼关怀古》（小令）等。

·王冕　字元章，号煮石山农，也号食中翁、梅花屋主等，浙江诸暨枫桥人，元代著名画家、诗人、篆刻家。性格孤傲，鄙视权贵，诗作多同情人民疾苦、谴责豪门权贵、轻视功名利禄、描写田园隐逸生活之作。一生爱好梅花，种梅、咏梅，又工画梅。有《竹斋集》。诗作：《墨梅》（吾家洗砚池头树，朵朵花开淡墨痕。不要人夸好颜色，只留清气满乾坤）等。

第七节　明代诗歌

在近三百年的明代历史上，诗歌总的来看是相当繁荣的，无论是诗人或诗作的数量，都超过前代。但是诗歌发展道路是很曲折的，状况复杂。具体来说，创作流派多，有前七子、后七子、公安派、竟陵派等；提出了诗歌理论主张，如复古、独抒性灵等。由于八股取士，使得明代诗歌创作退居其次，在反映社会生活的深度和广度方面都不如唐诗和宋诗。

·高启　字季迪，号槎轩，长洲（今江苏苏州）人。元末隐居吴淞青丘，自号青丘子。才华高逸，学问渊博，能文，尤精于诗，与刘基、宋濂并称"明初诗文三大家"，又与杨基、张羽、徐贲被誉为"吴中四杰"，时论比之"初唐四杰"，后人誉为"明代诗人之冠"。其诗兼采众家之长，无偏执之病，惜其死于盛年，未能熔铸创造出独立的风格。反映人民生活的诗质朴真切，富有生活气息；吊古抒怀之作风格雄劲奔放。有《高太史大全集》《扣舷集》等。诗词作品：《牧牛词》《寓感》《梅花九首》《忆秦娥·感叹》等。

·刘基　字伯温，青田县南田乡（今属浙江文成县）人，故称刘青田。元末明初军事家、政治家、文学家，明代开国元勋。洪武初被封诚意伯，又称刘诚意；谥号文成，又称刘文成、文成公等。"明初诗文三大家"之一。民间流传"三分天下诸葛亮，一统江山刘伯温""前朝军师诸葛亮，后朝军师刘伯温"之说。聪颖过人又十分好学，有神童之称。其诗论力主讽喻，提倡理、气并重，重视时代风格。常以诗论政，既继承宋人之传统，又有经世致用之功，诗作情理兼具，既有社会认识价值，又有艺术审美价值。词作题材广泛，长于兴寄、铺叙，善于用典，造语精工典雅，词风以婉丽为主。诗词作品：《感怀》、《五月十九日大雨》、《水龙吟》（鸡鸣风雨潇潇）等。

·唐寅　字伯虎，号六如居士、桃花庵主等，南直隶苏州府吴县人。明代著名画家、书法家、诗人。28 岁中南直隶乡试第一，次年应会试受科举案牵连入狱被贬，让其丧失功名进取之心，从此游荡江湖，终成一代名画家。绘画上与沈周、文徵明、仇英并称“吴门四家”，诗文上与祝允明、文徵明、徐祯卿并称“吴中四才子”。其文才轶事广为后世流传。诗作：《桃花庵歌》《无题》《事茗图》等。

·徐渭　字文长，号青藤老人、青藤道士、田丹水等，绍兴府山阴（今浙江绍兴）人。明代著名文学家、书画家、戏曲家、军事家，在诗文、书画、戏剧等各方面都独树一帜。与解缙、杨慎并称“明代三才子”，为中国“泼墨大写意画派”创始人、“青藤画派”鼻祖。其诗作注重表达个人对社会生活的实际感情，风格略近李贺。诗作：《题葡萄图》《蛙声》《燕子楼》等。

·宋濂　字景濂，号潜溪，别号龙门子等，祖籍金华潜溪（今浙江义乌），后迁居金华浦江（今浙江浦江）。明初著名政治家、文学家、史学家、思想家。与高启、刘基并称“明初诗文三大家”，又与张溢、刘基、叶琛并称“浙东四先生”。朱元璋誉其为“开国文臣之首”，学者称其为太史公、宋龙门。自幼多病，家境贫寒，但他聪明好学，号称神童。明初受朱元璋之聘，累官至翰林学士承旨、知制诰。他与刘基均以散文著称，并被称为一代宗师。诗作：《忆山中》《春夜辞》《画楼歌》等。

·文徵明　原名壁，字徵明。因先世衡山人，故号衡山居士，长州（今江苏苏州）人。明代书画家、文学家。官至翰林待诏，故称文待诏。书画造诣极为全面，诗、文、书、画无所不精，人称“四绝”。在诗文上与祝允明、唐寅、徐祯卿并称“吴中四才子”。其诗取法白居易、苏轼，形成了“雅饬之中，时饶逸韵”的风格。诗词作品：《拜年》、《念奴娇·中秋对月》、《满江红》（拂拭残碑）等。

·李攀龙　字于鳞，号沧溟，山东济南府历城（今山东济南）人。

明代著名文学家，为“后七子”领袖人物，被尊为“宗工巨将”。主盟文坛二十余年，其影响及于清初。倡导文主秦汉，诗规盛唐。各体诗中，以七律、七绝较优。七律声调清亮，词采俊爽。有《沧溟先生集》。诗作:《送皇甫别驾往开州》《塞上曲送元美》《杪秋登太华山绝顶》等。

·袁宏道　字中郎，又字无学，号石公，又号六休，湖广公安(今属湖北公安)人。任礼部主事、国子博士等职。与其兄袁宗道、其弟袁中道并有才名，史称“公安三袁”，其文学流派世称“公安派”或“公安体”，而世人认为宏道成就最高。文学上提出“独抒性灵，不拘格套”的“性灵说”。其诗能反映现实生活，通俗清新，隽秀活泼。诗作:《竹枝词》《久雪忽晴喜而有作》《桃花雨》等。

·杨士奇　名寓，字士奇，以字行，号东里，谥文贞，江西泰和(今江西吉安泰和)人。官至礼部侍郎兼华盖殿大学士、兵部尚书，历五朝，首辅二十一年。诗作:《刘伯川席上作》《发淮安》《清明有感》等。

·王世贞　字元美，号凤洲，又号弇州山人，南直隶苏州府太仓(今江苏太仓)人。明代文学家、史学家。累官至南京刑部尚书。文学史上的“后七子”之一。李攀龙故后，王世贞独领文坛二十年。有《弇州山人四部稿》《弇山堂别集》《艺苑卮言》等著作。诗作:《戚将军赠宝剑歌》《岳坟》《正德宫词八首》等。

·夏完淳　别名复，字存古，号小隐，又号灵首，松江府华亭县(今上海松江)人。民族英雄，明末诗人，江南名士夏允彝之子。自幼聪明，有神童之誉，“五岁知五经，七岁能诗文”。十四岁随父抗清，后兵败被俘，不屈而死，年仅十六岁。以殉国前怒斥洪承畴而称名于世。有《玉樊堂词》。诗作:《别云间》、《精卫》(北风荡天地)、《绝句四首》等。

·方孝孺　字希直，一字希古，号逊志，斋名逊志斋；因故里旧属缑城里，故称缑城先生；世称正学先生。明代大臣、文学家、思想家。自幼聪明好学，机警敏捷；长大后拜宋濂为师，为同辈人所推崇。官翰林侍讲等，因不愿给朱棣起草即位诏书而被株族。诗作：《书事》《谈诗二首》《感旧九首》等。

·张以宁　字志道，因家居翠屏峰下，自号翠屏山人，古田（今属福建宁德）人。元末明初文学家。有俊才，博学强记，擅名于时，人呼“小张学士”。官至翰林侍读学士。工于诗，主张复古，诗歌大都揭露现实的黑暗，表现对民众的关注，富有社会意义。有《翠屏稿》《淮南稿》等。诗作：《峨眉亭》《送重峰阮子敬南还》《严陵钓台》等。

·袁凯　字景文，号海叟，松江华亭（今上海松江）人。明初诗人，以《白燕》负盛名，人称袁白燕。洪武三年曾任监察御史。诗作多为抒发个人情怀，描述旅人思乡之篇。有《海叟集》。诗作：《白燕》（名句：“月明汉水初无影，雪满梁园仍未归”）、《客中夜坐》、《采石春望》、《淮东逢张十二信》等。

·袁宗道　字伯修，号玉蟠，又号石浦，明湖广公安（今属湖北公安）人。任翰林院编修等职。文学上独推白居易、苏轼，书斋取名“白苏斋”，为公安派代表人物。有《白苏斋集》。诗作：《和东坡歧亭戒杀诗》《咏怀效李白》《同惟长舅读唐诗有感》等。

·袁中道　字小修，一作少修，湖广公安人，袁宗道、袁宏道胞弟。明代文学家，公安派领袖之一。官至南京御史郎中。少即能文，长愈豪迈，与二兄并称“三袁”。文学上反对复古拟古，提倡真率，独抒性灵。其诗偶有关心民生疾苦之作，较清新。有《珂雪斋集》。诗作：《夜泉》《感怀诗五首》《晨起》等。

·文嘉　字休承，号文水，明湖广衡山人，吴门派代表画家文徵明仲子，吴门派代表画家。能诗，工书，精于鉴别古书画，工石刻，为明一代之冠。有《和州诗》。诗作：《三日歌》（《昨日歌》［昨日兮昨日］、《明日歌》［明日复明日］、《今日歌》［今日复今日］，关于《明日歌》的作者有两种说法，一为明朝钱鹤滩）。

·于谦　字廷益，号节庵，杭州府钱塘县（今浙江杭州上城区）人。明代政治家，与岳飞、张煌言并称“西湖三杰”。诗作：《石灰吟》（千锤万凿出深山，烈火焚烧若等闲。粉骨碎身浑不怕，要留清白在人间)、《咏煤炭》(凿开混沌得乌金)等。

·解缙　字大绅,一字缙绅,号春雨、喜易,吉水(今江西吉水)人。官至内阁首辅、右春坊大学士。因才学高、好直言被忌惮,屡遭贬黜,最终下狱致死。后赠朝议大夫,谥文毅。自幼聪颖绝人,文章雅劲奇古,诗歌豪宕丰赡,书法小楷精绝,行、草皆佳,尤擅狂草,与徐渭、杨慎并称"明代三大才子"。总裁《太祖实录》。主持编纂《永乐大典》。有《解文毅公集》。诗作:《游七星岩偶成》《庐山歌》《藤县即事》等。

·杨慎　字用修,初号月溪、升庵,又号逸史氏、博南山人等,四川新都(今成都新都区)人,祖籍庐陵。明代著名文学家,明代三大才子之首,东阁大学士杨廷和之子。正德六年状元及第,官翰林院修撰,参与编修《武宗实录》。谥文宪,世称"杨文宪"。博览群书,后人论及明代记诵之博、著述之富者,首推杨慎。能文、词及散曲,诗沉酣六朝,揽采晚唐,创为渊博靡丽之词,造诣深厚,独立于当时风气之外。著作达四百余种,后人辑为《升庵集》。存诗 2300 首,题材广泛,思乡、怀归之诗比重很大。诗作:《江陵别内》《宿金沙江》《海口行》《宝井篇》等。

第八节　清代诗歌

清代诗人数量之多，超过以往各朝；清代诗人创作之丰，也是历代诗人无法相比的。明清鼎革，激化了民族矛盾；中原动荡，沧桑变革，唤起了民族意识和文人的创作才情，给文学注入了新的生命力。明朝遗民诗人和仕清的文坛名流都在诗歌里抒发家国之痛，寄寓失节的忏悔；其后诗人虽无强烈的家国之痛，也感叹时世，俯仰人生，写出了风格独特的诗篇。清诗在艺术上不满元诗的纤弱、明诗的肤廓和狭隘，在技巧上兼学唐、宋诗的长处，不断追求创新，改变了元明以来的颓势，出现了新的繁荣。

·袁枚　字子才，号简斋，晚年自号仓山居士、随园主人、随园老人。钱塘（今浙江杭州）人。清代乾嘉时期代表诗人、散文家、文学评论家和美食家。历任溧水等四县县令，为官勤政，颇有名声。后辞官隐居于南京小仓山随园，吟咏其中，广收诗弟子，女弟子尤多。世称随园先生。有《小仓山房文集》《随园诗话》《子不语》等。散文以《祭妹文》著称。诗作：《遣兴》《所见》《马嵬》等。

·纳兰性德　叶赫那拉氏，字容若，号楞伽山人，满洲正黄旗人，清初著名词人，大学士明珠长子。自幼饱读诗书，文武兼修，颇受康熙赏识，惜英年早逝。其词以“真”取胜，写景逼真传神，词风清丽婉约，格高韵远，独具特色，被誉为“国初第一词手”。有《通志堂集》《侧帽集》《饮水词》等。词作：《长相思》（山一程，水一程）、《木兰词·拟古决绝词柬友》（人生若只如初见，何事秋风悲画扇）、《忆秦娥·龙潭口》等。

·龚自珍　字璱人，号定庵，仁和（今浙江杭州）人。出身世代官宦人家。清代思想家、诗人、文学家和改良主义先驱。幼承母教，好读诗文，诗歌多咏怀、讽喻之作。诗作：《己亥杂诗》(共 315 首)等。名句："落红不是无情物，化作春泥更护花""九州生气恃风雷，万马齐喑究可哀。我劝天公重抖擞，不拘一格降人才""一箫一剑平生意，负尽狂名十五年"等。

·林则徐　字元抚，又字少穆、石麟，晚号俟村老人、俟村退叟等，福建侯官人。清代政治家、思想家、诗人。官至一品，任湖广总督等，两次受命钦差大臣。因其主张严禁鸦片而有"民族英雄"之誉。诗作：《赴戍登程口占示家人二首》《塞外杂咏》《题双松山馆二律》等。名句："海纳百川，有容乃大；壁立千仞，无欲则刚""苟利国家生死以，岂因祸福避趋之""海到无边天作岸，山登绝顶我为峰""岂能尽如人意，但求无愧我心"等。

·郑燮　字克柔，号理庵，又号板桥，人称板桥先生，祖籍苏州，后客居扬州。官山东范县、潍县县令，政绩显著。"扬州八怪"重要代表人物，著名文人画家，一生只画兰、竹、石，自称"四时不谢之兰，百节长青之竹，万古不败之石，千秋不变之人"。其诗书画世称"三绝"。有《郑板桥集》。诗作：《江晴》、《题竹石》(咬定青山不放松)、《墨竹图题诗》(衙斋卧听萧萧竹，疑是民间疾苦声。些小吾曹州县吏，一枝一叶总关情)等。名句："虚心竹有低头叶，傲骨梅无仰面花"等。

·顾炎武　字忠清、宁人，也自署蒋山佣，别名继坤、圭年；因为仰慕文天祥的学生王炎午，改名炎武；因故居旁有亭林湖，学者尊为亭林先生，南直隶苏州府昆山(今江苏昆山)人。明末清初杰出的思想家、经学家、史地学家和音韵学家，与黄宗羲、王夫之并称为"明末清初三大儒"。一生辗转，读万卷书，行万里路，创立一种新的治学方法，被称为清初继往开来的一代宗师，被誉为清学"开山始祖"。有《日知录》《天下郡国利病书》《亭林诗文集》等。诗作：《古北口》《赋得秋柳》《秋山》等。名句："天下兴亡，匹夫有责"等。

·魏源　名远达，字默深，又字墨生、汉士，号良图，湖南邵阳隆回金潭(今隆回司门前镇)人。官高邮知州，晚年弃官归隐，潜心佛学，法名承贯。近代中国“睁眼看世界”的首批知识分子的优秀代表，提出“师夷长技以制夷”的主张，开启了了解世界、向西方学习的新潮流，这是中国思想从传统转向近代的重要标志。著述颇丰，诗歌有《古微堂诗文集》。诗作：《晓窗》（少闻鸡声眠）、《湘江舟行》、《三湘棹歌》等。

·钱谦益　字受之，号牧斋，晚号蒙叟、东涧老人，学者称虞山先生，苏州府常熟县鹿苑奚浦（今张家港塘桥鹿苑奚浦）人。明万历三十八年探花（一甲三名进士）。为东林党领袖之一，官至礼部侍郎。文学著作有《牧斋诗抄》《有学集》《初学集》等。诗作：《金陵后观棋绝句六首》《和盛集陶落叶》《告别戏题十四绝句》等。

·王世祯　原名王士禛，字子真，一字贻上，号阮亭，又号渔洋山人，世称王渔洋，山东新城（今山东桓台）人。出身官宦之家。官至刑部尚书，颇有政声。清初杰出诗人、文学家，继钱谦益之后主盟诗坛，与朱彝尊并称“南朱北王”。诗论创“神韵”说，于后世影响深远。早年诗作清丽澄淡，中年转为苍劲。擅长各体，尤工七绝。“书法高秀似晋人”。博学好古，好为笔记，有《池北偶谈》等著述。诗作多抒写个人情怀，清新蕴藉，刻画工整。有《渔洋诗集》。诗作：《秦淮杂诗》《真州绝句六首》《高邮雨泊》等。

·朱彝尊　字锡鬯，号竹垞，晚号小长芦钓鱼师，又号金风亭长，浙江秀水（今浙江嘉兴）人。博通经史，与王世祯并称两大宗（“南朱北王”）；词作风格清丽，为“浙西词派”创始人，与陈维崧并称“朱陈”；执掌词坛牛耳，开创清词新格局。精于金石文史，购藏古籍图书不遗余力，为清初著名藏书家之一。选《明诗综》100卷，《词综》36卷（汪森增补）。《词综》是中国词学方面的重要选本。有《曝书亭词》。词作：《洞仙歌·吴江晓发》、《眼儿媚》（那年私语小窗边）、《金明池·燕台怀古和申随叔翰林》等。

·陈维崧　字其年，号迦陵，江苏宜兴人。明末清初词坛第一人，阳羡词派领袖，“明末四公子”之一陈贞慧之子。幼有文名，十七岁应童子试第一，为“江左三凤”之一、“骈体三家”之一。诗词作品：

《岁暮杂忆》《虞美人·无聊》《题秦邮露筋祠》等。

·查慎行　字夏重，号查田；后改名慎行，字悔余，号他山、初白、橘洲，赐号烟波钓徒。当代著名作家金庸的先祖，“清初六家”之一，浙江海宁袁花人。诗学东坡、放翁，尝注苏诗。自朱彝尊去世后，为东南诗坛领袖。有《他山诗钞》。诗作：《舟夜书所见》《三闾祠》等。

·高鼎　字象一，又字拙吾，仁和（今浙江杭州市）人。清代后期诗人，因一首有关风筝的《村居》诗闻名。有《拙吾诗稿》。诗作：《村居》（草长莺飞二月天，拂堤杨柳醉春烟。儿童散学归来早，忙趁东风放纸鸢）。

·赵翼　字云崧，一字耘崧，号瓯北，晚号三半老人，江苏阳湖（今江苏常州市）人。清代文学家、史学家。官至贵西兵备道，旋辞官，主讲安定书院。长于史学。诗论主张独创，反对模拟，与袁枚、张问陶并称“性灵派三大家”，有《瓯北诗话》。其诗以五言古诗最具特色。诗作：《论诗五首》（名句：“江山代有才人出，各领风骚数百年”）、《山行杂诗》、《野步》、《和友人落花诗》等。

·曹雪芹　名霑，字梦阮，号雪芹，又号芹溪、芹圃，祖籍辽宁铁岭，出生于南京，约十三岁时迁回北京，中国古典名著《红楼梦》作者。诗词作品：《咏菊》（无赖诗魔昏晓侵）、《代别离·秋窗风雨夕》（秋花惨淡秋草黄）、《临江仙·柳絮》（白玉堂前春解舞）、《葬花词》（花谢花飞飞满天）、《咏白海棠》（半卷湘帘半掩门）等。

·屈大均　字骚余、翁山等，号非池、菜圃等，广东番禺人。明末清初著名学者、诗人，与陈恭尹、梁佩兰并称“岭南三大家”。诗作有李白、屈原遗风。有《翁山诗外》。诗作：《秣陵》《壬戌清明作》《读陈胜传》等。

·吴伟业　字骏公，号梅村，别署鹿樵生、大云道人等，江苏太仓人。官至国子监祭酒。明末清初著名诗人，与钱谦益、龚鼎孳并称“江左三大家”，为娄东诗派开创者。长于七言歌行，初学“长庆体”，后自成新吟，把李商隐的色泽秾丽的笔法与元白叙事诗善于铺张的特点结合起来，语言工丽，章法多变，用典贴切，叙写新题材，表现新主题，后人称为“梅村体”。有《梅村诗余》。诗作：《圆圆曲》《洛阳行》《永和宫词》《萧史青门引》等。

·黄景仁　字汉镛，一字仲则，号鹿菲子，常州府武进县（今江苏常州武进）人。黄庭坚后裔，清代诗人。四岁而孤，家境贫寒，一生悲哀困顿。少时即有诗名，后与王昙并称“二仲”，与洪亮吉并称“二俊”，为“毗陵七子”之一。诗学李白，其诗作多抒发穷愁不遇、寂寞凄怆之情怀，也有愤世嫉俗之作。七言诗极有特色。有《两当轩集》。诗作：《杂感四首》《别老母》《都门秋思四首》《少年行》等。

·纪昀　字晓岚，一字春帆，晚号石云，道号观弈道人，谥号文达，世称文达公，直隶献县（今河北沧州）人。清代政治家、文学家，乾隆年间官员，历任左都御史、兵部尚书、礼部尚书、协办大学士等。学宗汉儒，博览群书，工诗及骈文，尤长于考证训诂。一生领导和参与多部重要典籍编修，尤其是担任《四库全书》总纂，是中国文化史上有重大贡献的学者。有《阅微草堂笔记》。诗作：《富春至严陵山水甚佳》等。

·阮元　字伯元，号芸台、雷塘庵主，晚号怡性老人，江苏仪征人。清代著名经学大师、刊刻家、思想家，被尊为三朝阁老、九省疆臣、一代文宗。历任浙江巡抚、江西巡抚、两广总督等。诗作：《吴兴杂诗》（深处种菱浅种稻，不深不浅种荷花）。

·丘逢甲　字仙根，又字吉甫，号蛰庵、华严子等，别署海东遗民、南武山人、仓海君，祖籍广东嘉应州镇平县（今广东蕉岭），生于台湾苗栗县铜锣湾。晚清爱国诗人、抗日保台志士。中日甲午战争时，曾创办义军，担任全台义军统领，并刺血上书，抗议李鸿章卖国行径。曾任台南崇文书院、嘉义罗山书院主讲，后投身孙中山民主革命，民国后参加临时政府。少时即有诗名，其后诗歌以怀念台湾和感愤时事之作最为突出。有《柏庄诗草》《岭云海日楼诗钞》等。诗作：《山村即目》《韩江有感》《春愁》《秋怀》《元夕无月》等。

·苏曼殊　原名戬，字子谷，更名元瑛（玄瑛），法名博经，法号曼殊，另号燕子山僧、南国行人，笔名印禅等，广东香山县（今广东珠海沥溪)人。近代作家、诗人、翻译家。光绪十年出生于日本横滨，父亲是广东茶商，母亲是日本人。苏曼殊能诗善画，通晓汉文、日文、英文、梵文等多种文字，多才多艺。其诗风清艳明秀，别具一格，当时影响很大。诗作:《七绝·本事诗》《七绝·淀江道中口占》《莫愁湖寓望》《柬法忍》等。

·姚鼐　字姬传，一字梦谷，室名惜抱轩(在今桐城中学内)，世称惜抱先生、姚惜抱，安庆府桐城县(今安徽枞阳)人。清代著名散文流派“桐城派”散文之集大成者，与方苞、刘大櫆并称“桐城三祖”，提出“义理、考据、辞章”三者不可偏废，发展和完善了桐城派文论。一生勤于文章，诗文双绝。有《惜抱轩诗集》。诗作:《山行》(布谷飞飞劝早耕)、《夜抵枞阳》(轻帆挂与白云来)等。

·何绍基　字子贞，号东洲，别号东洲居士，湖南道州(今湖南道县)人。晚清诗人、书画家。历主山东泺源、长沙城南书院。通经史，精小学金石碑版。其诗名为书法名所掩，尤长于草书。有《东洲草堂诗文钞》。诗作:《元象》《山雨》《沪上杂书》等。

·李渔　字谪凡，号笠翁，别署觉世稗官、笠道人、随庵主人等，浙江兰溪夏李村人。明末清初文学家、戏剧家、戏剧理论家和美学家。自幼聪颖，素有才子之誉，世称“李十郎”。曾家设戏班，至各地演出，积累了丰富的戏曲创作和演出经验，提出了较为完善的戏剧理论体系，被后世誉为中国戏剧理论始祖、“东方莎士比亚”等，是休闲文化的倡导者、文化产业的先驱，为世界文化名人。著述代表作:《笠翁十种曲》《笠翁一家言》《闲情偶寄》《笠翁对韵》。诗作:《清明前一日》《夏寒不雨为楚人忧岁》等。

·谭嗣同　字复生，号壮飞，湖南浏阳人。中国近代著名政治家、思想家、维新志士，“戊戌六君子”之一。所著《仁学》是维新派的第一部哲学著作，也是中国近代思想史中的重要著作。诗作:《狱中题壁》(望门投止思张俭)等。

·黄遵宪　字公度，号人境庐主人。清代诗人、外交家、政治家、教育家，“近代中国走向世界第一人”“诗界革新导师”。出生于广东嘉应州。历充师日参赞、旧金山总领事、驻英参赞、新加坡总领事等。工诗,喜以新事物熔铸入诗。 有《人境庐诗草》。诗作:《今别离》(别肠转如轮)等。

第三章

重要诗词知识

第一节　主要流派及风格

·现实主义风格发展脉络　《诗经·国风》(“饥者歌其食,劳者歌其事”)→汉乐府民歌(“感于哀乐,缘事而发”)→曹操等人古题乐府(“借古题写时事”)→唐代杜甫(“即事名篇,无复依傍”)→白居易新乐府(“文章合为时而著,歌诗合为事而作”)。《诗经》为现实主义诗歌传统的源头。

·浪漫主义风格发展脉络　《楚辞》(屈原《离骚》)→李白诗歌。《楚辞》为浪漫主义诗歌传统的源头。

·豪放派　指宋词的一个流派,以苏轼、辛弃疾为代表。豪放派开拓了宋词的题材及内容,在写法上以诗为词,风格刚劲,境界宏大,不拘格律,多抒写理想抱负、爱国情怀。

·婉约派　指宋词的一个流派,以柳永、李清照为代表。词作以离情别绪、伤春悲秋、个人愁绪的题材为主。

豪放、婉约是根据不同风格划分的,并非绝对的。词还是以婉约为正统,苏轼、辛弃疾等人也并非全写豪放词,他们也有许多婉约风格的词作，如苏轼的《蝶恋花》(花褪残红青杏小)、《江城子》(十年生死两茫茫)等。

·中国现代新诗的代表　一般认为是胡适的《尝试集》和郭沫若的《女神》。

·朦胧诗　1980 年开始，诗坛出现的一个新诗派，以舒婷、顾城、北岛、江河等为代表。这群青年诗人,没有形成统一的组织,也未发表什么宣言，但是他们以各自独立又呈现出共性的艺术主张和创作实绩构成一个“崛起的诗群”。后来还包括食指、梁小斌、海子等诗人。

第二节 中国诗歌大体分类

中国诗歌总体上可分为两大类：古典诗歌和现代新诗。古典诗歌又分为四种：古体诗、近体诗、词和曲。其中近体诗又分为律诗和绝句两大类。律诗分为五律、七律和排律，绝句分为五绝和七绝。词根据篇幅长短可分为长调、中调和小令。曲分为杂剧和散曲两类，这里就是指散曲。散曲又分为套数和小令。图示如下：

- 诗歌
  - 古典诗歌
    - 古体诗（古诗、古风）
    - 近体诗（今体诗、格律诗）
      - 律诗
        - 五律
        - 七律
        - 排律
      - 绝句（截句）
        - 五绝
        - 七绝
    - 词
      - 长调
      - 中调
      - 小令
    - 曲
      - 杂剧
      - 散曲
        - 套数
        - 小令
  - 现代新诗（五四运动以后）

第三节　古体诗与近体诗的区别

古体诗是与近体诗相对而言的。

·古体诗　唐以前的诗(不含“齐梁体”)被称为古体诗,又叫古诗、古风。古体诗句式长短可以不一,押韵可以两个以上,韵脚可平可仄,篇幅长短自由,便于自由抒情。一般以“五古”“七古”为常见,如李白《蜀道难》、杜甫《兵车行》《茅屋为秋风所破歌》、白居易《长恨歌》等等。

·近体诗　产生于唐代。唐代一部分古诗有律化倾向,律诗格律逐渐定型,所以近体诗又称格律诗、今体诗。一般押平声韵,句式一致(五言或七言),篇幅有定制(四句者为绝句,八句及以上者为律诗),且中间联句讲究对仗。五律、七律的一二句称首联,三四句为颔联,五六句为颈联,七八句为尾联,其中颔联、颈联必须对仗,其他两联可对可不对。律诗只有四种格式,即平起式、仄起式、首句入韵式、首句不入韵式。五绝、七绝的格律是分别从五律、七律中任意取两联组成的四句诗,所以“绝句”又叫“截句”。

第四节 词的起源、兴盛及词牌

·词　又称长短句、曲子词、歌词等，产生于唐代，兴盛于宋代。相传最早的两首词《清平乐》《菩萨蛮》为李白所作。词最早是用来配乐歌唱的，一首词就是一首歌，后来逐渐独立为一种诗歌形式。早期的词只有词牌名，没有题目，后来才有题目。根据词作的长短，词又分为小令、中调和长调。词的一段叫一阕或一片。

·词牌　词的格式名称。词共有一千多个格式，称为“词谱”，宋代有《钦定词谱》，创作词叫“填词”，依谱填写。人们为了便于记忆和使用这些格式，就给它们起了一些名字，这就是词牌。一般的词牌名没有什么典故或无从考证，有的取自前人的某个词句，或者只是一个风雅的名词而已，如鹧鸪天、踏莎行、相见欢、点绛唇等等。“令”与酒令有关，“歌头”即前奏或序曲。还有些词牌与人名有关，如沁园春（沁园，园林名，为东汉昭帝之女沁水公主所有）、念奴娇（念奴为唐代天宝年间的一个歌伎）、虞美人（与项羽的虞姬有关）、阮郎归（东汉刘晨、阮肇在天台山采薇遇仙女）、雨霖铃（与唐玄宗逃到成都避难有关）等。还有“自度曲”（自己创作的歌曲），如姜夔《扬州慢》（又名《郎州慢》）、柳永《鹤冲天》等等。一剪梅又叫玉簟秋，蝶恋花又叫凤栖梧、鹊踏枝，鹧鸪天又叫千叶莲、思佳客，渔家傲又叫吴门柳、荆溪咏，忆秦娥又叫秦楼月、碧云深，渔歌子又叫渔父歌，相见欢又叫乌夜啼、秋夜月，忆江南又叫江南好、望江南、梦江南、江南柳，等等。

·部分题材代表作品　写相会有秦观《鹊桥仙》（纤云弄巧），写离别有柳永《雨霖铃》（寒蝉凄切），写邂逅有辛弃疾《青玉案·元夕》，写愤怒有岳飞《满江红》（怒发冲冠），写怀古有苏轼《念奴娇·赤壁怀古》等。

第五节　曲的兴起及类别

·元曲　包括杂剧和散曲两部分。杂剧是在宋杂剧、金院本的基础上发展起来的一种新兴的戏剧文学；而散曲则是金元时期在我国北方兴起的一种合乐歌唱的诗歌新体式，兴于金而盛于元。元曲与唐诗、宋词并称，代表了元代文学的最高成就。散曲又分为小令和套数两类，杂剧的唱词就是用套数写的。元曲作者根据风格不同，大致可分为两类：一类是以马致远为代表，他们的散曲风格豪放；另一类是以张可久为代表，他们的散曲风格清丽。曲有宫调名、曲牌名和题目，如关汉卿《南吕·一枝花·不伏老》、睢景臣《般涉调·哨遍·高祖还乡》，其中"南吕""般涉调"是宫调名，"一枝花""哨遍"是曲牌名，"不伏老""高祖还乡"是题目；张养浩的《山坡羊·潼关怀古》（小令），其中"山坡羊"是曲牌名，"潼关怀古"是题目。

第六节 关于“诗”

·“诗言志” 出自《尚书·舜典》。在谈到宫廷中乐官该如何依制度主持典乐时，使用了“诗言志，歌永(咏)言”的话，后面还有“声依永，律和声”两句。(诗言志：诗歌是用来表达志意的。)

·“不学《诗》，无以言” 出自《论语·季氏》：“不学《诗》，无以言”，“不学礼，无以立”。(无以言：不知道怎么说话。无以立：不知道怎么立身。)

·“诗者，志之所之也，在心为志，发言为诗，情动于中而形于言。言之不足，故嗟叹之；嗟叹之不足，故咏歌之；咏歌之不足，不知手之舞之，足之蹈之也。” 出自《诗·大序》。说的是诗歌创作要有感情，有思想，不是空洞的语言，而是作者的情怀和思想。(情动于中而形于言：情感在心里被触动必然会表达为语言。言之不足，故嗟叹之：语言不足以表达，就会吁嗟叹息。)

·“情发于声，声成文谓之音。治世之音安以乐，其政和；乱世之音怨以怒，其政乖；亡国之音哀以思，其民困。故正得失，动天地，感鬼神，莫近于诗。先王以是经夫妇，成孝敬，厚人伦，美教化，移风俗。” 出自《诗·大序》。说的是诗歌的特点和功用。(情发于声，声成文谓之音：情感要用声音来表达，声音有宫、商、角、徵、羽之调，就是音乐。乖：乖戾残暴。经夫妇：矫正夫妻关系。)

·《毛诗》 西汉时鲁国毛亨、赵国毛苌所辑和注的古文《诗》，也就是现在流行的《诗经》。《诗》被称为《诗经》，为汉代以后，因人们把《诗》奉为儒家经典，故称《诗经》。

·《玉台新咏》 是一部上继《诗经》《楚辞》、下至南朝梁代的诗歌总集，为南朝徐陵所编。收集诗歌 870 篇(其中 179 篇宋刻本未收)，有五言诗8卷、歌行1卷、五言四句诗1卷，共10卷。内容多为男女情感的记述表达，以及日常生活的方方面面，刻画出古代女子丰富的感情世界，也展示出深刻的社会背景和文化内涵。在编纂体例上按题材或主题归类，将所收录作家作品按历史时间先后编排，还收录在世人物之作。

·《乐府诗集》 是汉代、魏晋、南北朝民歌精华所在，为北宋郭茂倩所编。内容十分丰富，反映社会生活面很广，主要辑录汉、魏到唐、五代的乐府歌词，兼及先秦至唐末的歌谣，共5000多首。搜集广泛，各类有总序，每曲有题解。其重要贡献是把历代歌曲按其曲调收集分类，使许多作品得以汇编成书。这对乐府诗的整理和研究提供了很大的方便。在现存的诗歌总集中，《乐府诗集》是成书较早、收集历代各种乐府诗最为完备的一部重要总集。

·《千家诗》 是由宋代谢枋得《重订千家诗》(七言律诗)和明代王相所选《五言千家诗》合并而成，是我国旧时带有启蒙性质的读物。因为所选诗歌大多是唐宋时期的名家名篇，易学好懂，题材多样，较为广泛地反映了唐宋时的社会现实，所以民间流传非常广泛，影响也非常深远。

·《唐诗三百首》 是一部流传很广的唐诗选集，成书于清代乾隆二十八年，蘅塘退士编。编订后，“风行海内，几至家置一编”。全书选诗范围相当广泛，收录了77家诗，共310首。在数量上以杜甫的诗最多，有38首，王维的诗29首、李白的诗27首、李商隐的诗22首。它是中小学生接触中国古典诗歌最好的入门书籍。

·《唐诗别裁集》 是清代沈德潜编的一部唐诗选集，共20卷，选有270余人，诗作1900余首，分体编排。因杜甫《戏为六绝句》中有“别裁伪体亲风雅”语，故名“别裁”。此书为旧时较有影响的唐诗选本。

·《宋诗选注》 是著名文学家、学者钱钟书著。书中收录了宋代诗人柳开、郑文宝、梅尧臣、欧阳修等人的作品，每部作品除原文外均附有较为详尽的注释。该书内容全面，注释通俗易懂，读者从中可以对宋诗有个较全面的了解。

·《文心雕龙》 南朝梁刘勰著。这是中国文学理论批评史上第一部有严密体系的、“体大而虑周”（章学诚《文史通义·诗话篇》）的文学理论专著。全书以孔子的美学思想为基础，兼采道家，认为道是文学的本源，圣人是文人学习的楷模，“经书”是文章的典范等。还系统论述了文学的形式与内容、继承与革新的关系等，对文学的艺术本质及其特征有较自觉的认识，开研究文学形象思维的先河。还全面总结了齐梁时代以前的美学成果，细致地探索和论述了语言文学的审美本质及其创造、鉴赏的美学规律。

·《诗品》 南朝梁钟嵘著。这是中国古代第一部诗论和诗歌美学专著。它是继《文心雕龙》以后出现的一部品评诗歌的文学批评名著，它和《文心雕龙》都是反对齐梁时代形式主义文风斗争的产物。

·四书五经 四书：《论语》《孟子》《大学》《中庸》。
五经：《诗》《书》《礼》《易》《春秋》。

·六艺 ①指六种才艺：礼、乐、射、御、书、数。
②指《诗》《书》《礼》《乐》《易》《春秋》。

第七节　四声与平仄

·古四声与现代四声

古四声　古四声是中古汉语声调的四种分类，以表示音节的高低变化,包括平声、上声、去声、入声。南北朝时梁武帝曾问周舍什么是“四声”,周舍回答“天子圣哲”,这四个字正好代表“平上去入”四个不同的声调。

现代四声　阴平、阳平、上声、去声。所谓“平分阴阳,入派三声”是指汉语声调分化的一种历史现象,元代周德清提出“平分阴阳,入派三声”之说,认为中古的平声已分为阴阳两类,全清、次清音字归入阴平,全浊、次浊音字归入阳平。古代的入声字(“入声短促急收藏”)逐渐消失,分别演变派生到平、上、去三个声调中去了。

·平仄　古代诗歌,特别是近体诗和词曲,讲究平仄。古四声中的平声字即为平,上、去、入三声的字皆为仄。现代人作诗,由于古代入声字的消失,平声字又一分为二,所以一般就以现代汉语的阴平、阳平二声的字作为平,上声、去声的字作为仄。如果能区分古代四声,或者熟悉《平水韵》的,也可以依照古四声或《平水韵》作诗,这样会更正统、典雅一些。

·《平水韵》　因其刊行者为南宋末年平水（今山西临汾尧都）人刘渊而得名。《平水韵》依据唐人用韵情况,把汉字划分成106个韵部(其书今佚),是更早的北宋陈彭年编纂的206个韵部的《广韵》的一种略本。每个韵部包含若干个字,作律诗绝句用韵,其韵脚的字必须出自同一韵部,不能出韵、错用。清代康熙年间,后人所编的《佩文韵府》把《平水韵》并为106个韵部,这就是广为流传的《平水韵》。

第八节　对句的基本要求

对句即对偶句，分为上下两句，又叫上下联。对句必须上下联字数相等、句式结构相同、意义相关联、平仄相谐（一句之中）相对（上下句之间），同一位置词性相同。例如：

无边落木萧萧下，不尽长江滚滚来。（杜甫《登高》名句）此属“正对”。上下联内容不同，但语意一致、互补。

梨花院落溶溶月，柳絮池塘淡淡风。（晏殊《无题》名句）同上解。

墙上芦苇，头重脚轻根底浅；山间竹笋，嘴尖皮厚腹中空。（解缙对联）同上解。

虚心竹有低头叶，傲骨梅无仰面花。（郑燮联句）此属“反对”。上下联语意相反相成，形成对比。

板凳要坐十年冷，文章不写一句空。（现代历史学家范文澜自勉联）同上解。

欲穷千里目，更上一层楼。（王之涣《登鹳雀楼》）此属“串对”，又叫“流水对”。上下联语意连贯而下，往往构成因果、条件、递进、假设等关系，上下联位置不可对调，不然语意不通。

野火烧不尽，春风吹又生。（白居易《赋得古原草送别》）同上解。

对句之避忌在“合掌”和“重字”。“合掌”就是上下联同一位置上的词语意思雷同、内容重复，正如左右手掌相合一般，如“华夏”对“神州”、“儿女”对“子孙”等。“重字”就是上下联同一位置上的用字一样，重叠（但少数虚词除外）。

第九节　近体诗的基本格律

近体诗有律诗和绝句两大类。律诗分为五律、七律和排律(长律)。以五律为例分析。

五律分为平起和仄起两大类,即开头的词(第二个字)是平声还是仄声;平起的又分为首句入韵和首句不入韵两式,举例如下:

平起首句入韵式

凄凉宝剑篇,　平平仄仄平(韵脚)
羁泊欲穷年。　仄仄仄平平(韵脚)
黄叶仍风雨,　仄仄仄平仄
青楼自管弦。　平平仄仄平(韵脚)
新知遭薄俗,　平平平仄仄
旧好隔良缘。　仄仄仄平平(韵脚)
心断新丰酒,　仄仄平平仄
销愁斗几千。　平平仄仄平(韵脚)
(李商隐《五律·风雨》)

平起首句不入韵式

空山新雨后,　平平平仄仄
天气晚来秋。　仄仄仄平平(韵脚)
明月松间照,　仄仄平平仄
清泉石上流。　平平仄仄平(韵脚)
竹喧归浣女,　平平平仄仄
莲动下渔舟。　仄仄仄平平(韵脚)
随意春芳歇,　仄仄平平仄

王孙自可留。　平平仄仄平(韵脚)
(王维《山居秋暝》)

仄起首句入韵式

城阙辅三秦，　仄仄仄平平(韵脚)
风烟望五津。　平平仄仄平(韵脚)
与君离别意，　平平平仄仄
同是宦游人。　仄仄仄平平(韵脚)
海内存知己，　仄仄平平仄
天涯若比邻。　平平仄仄平(韵脚)
无为在歧路，　平平平仄仄
儿女共沾巾。　仄仄仄平平(韵脚)
(王勃《送杜少府之任蜀州》)

仄起首句不入韵式

国破山河在，　仄仄平平仄
城春草木深。　平平仄仄平(韵脚)
感时花溅泪，　平平平仄仄
恨别鸟惊心。　仄仄仄平平(韵脚)
烽火连三月，　仄仄平平仄
家书抵万金。　平平仄仄平(韵脚)
白头搔更短，　平平平仄仄
浑欲不胜簪。　仄仄仄平平(韵脚)
(杜甫《春望》)

律诗押平声韵。第一、第三字一般不论平仄，七律第五字也不论，所谓“一三五不论，二四六分明”。

七律的格律就是在五律的前面加上与开头平仄相反的词（两个字）即可。

五绝、七绝的格律分别取五律、七律的任意两联组成即可，如：

白日依山尽，
黄河入海流。
欲穷千里目，
更上一层楼。
（王之涣《登鹳雀楼》）

此诗格律取五律首联和尾联组成。

朱雀桥边野草花，
乌衣巷口夕阳斜。
旧时王谢堂前燕，
飞入寻常百姓家。
（刘禹锡《乌衣巷》）

此诗格律取七律首联和尾联组成。五绝、七绝的格律取五律、七律的首联和尾联组成的居多。

五绝也有不少押仄声字韵的，如：

松下问童子，
言师采药去。
只在此山中，
云深不知处。
（贾岛《寻隐者不遇》）

另如柳宗元《江雪》（千山鸟飞绝）、孟浩然《春晓》（春眠不觉晓）等。

第四章

作品选读

一、《诗经》

桃夭

桃之夭夭，灼灼其华。
之子于归[1]，宜[2]其室家。

桃之夭夭，有蕡其实[3]。
之子于归，宜其家室。

桃之夭夭，其叶蓁蓁[4]。
之子于归，宜其家人。

注释：①之子：这个人，指新婚女子。于归：女子出嫁。②宜：适当、相宜和顺。③蕡（fén）：形容果实肥大。实：果实。这里以结果比喻生子。④蓁（zhēn）蓁：草木茂盛的样子，此处比喻家族兴旺而福荫后代。

式微[1]

式微，式微，胡不归？
微君之故，胡为乎中露[2]？

式微，式微，胡不归？
微君之躬[3]，胡为乎泥中？

注释：①式：语气助词。微：昏暗，指天快要黑了。②中露：露水中。倒文以协韵。③躬：身体。

静　女[1]

静女其姝，俟我于城隅。
爱而不见，搔首踟蹰。

静女其娈，贻我彤管[2]。
彤管有炜，说怿[3]女美。

自牧[4]归荑[5]，洵美且异。
匪女之为美，美人之贻。

注释：①静女：文雅的女子。②彤(tóng)管：红色的管箫。③说怿(yuè yì)：喜爱。说，通“悦”。④牧：野外放牧的地方。⑤归荑(kuì tí)：赠送荑草。归，通“馈”，赠送。荑，初生的茅草。

相　鼠[1]

相鼠有皮，人而无仪[2]。
人而无仪，不死何为。

相鼠有齿，人而无止[3]。
人而无止，不死何俟。

相鼠有体，人而无礼。
人而无礼，胡不遄[4]死？

注释：①相：视也。②仪：威仪也。③止：假借为“耻”。④遄(chuán)：快。

二、《楚辞》

国殇

操吴戈兮披犀甲①，车错毂兮短兵接②。
旌蔽日兮敌若云③，矢交坠兮士争先④。
凌余阵兮躐余行⑤，左骖殪兮右刃伤⑥。
霾两轮兮絷四马⑦，援玉枹兮击鸣鼓⑧。
天时怼兮威灵怒⑨，严杀尽兮弃原野⑩。
出不入兮往不反⑪，平原忽兮路超远⑫。
带长剑兮挟秦弓⑬，首身离兮心不惩⑭。
诚既勇兮又以武，终刚强兮不可凌⑮。
身既死兮神以灵⑰，魂魄毅兮为鬼雄⑱。

注释：①操：持。吴戈：战国吴地所制的戈（因制作精良、锋利而著名）。戈，武器名。被：通“披”。犀甲：犀牛皮制作的铠甲。②车错毂（gǔ）：指两国双方激烈交战，战车交错。毂，车轮中心插轴的地方。短兵：指刀剑一类的短兵器。③旌（jīng）蔽日兮敌若云：旌旗遮蔽了太阳，敌兵好像云一样涌上来。旌，用羽毛装饰的旗子。④矢交坠兮士争先：流矢在双方的阵地上纷纷坠落，战士们奋勇争先。矢，箭。⑤凌：侵犯。躐（liè）：践踏。行（háng）：队伍的行列。⑥左骖（cān）：古代战车用四匹马拉，中间的两匹马叫“服”，左右两边的叫“骖”。殪（yì）：倒地而死。右：指右骖。刃伤：为兵刃所伤。⑦霾（mái）两轮兮絷（zhí）四马：车轮陷入泥中，驾车的四马被绊住了。霾，通“埋”，指两轮陷入泥中。絷：绊住。⑧援玉枹（fú）兮击鸣鼓：主帅鸣击战鼓以振作士气。援，拿着。玉枹，用玉装饰的鼓槌。⑨天时：天意。怼（duì）：怨怒。威灵怒：神明震怒。⑩严杀：酣战痛杀。弃原野：指骸骨弃在战场上。⑪出不入兮往不反：是说战士抱着义无反顾的必死决心。⑫忽：指原野宽广无际。超：通“迢”。⑬挟（xié）：携，拿。秦弓：战国秦地所造的弓（因射程较远而著名）。⑭首身离：头和身体分离，指战死。惩：止。⑮诚：果然是，诚然。武：力量强大。⑯终：始终。⑰神以灵：指死者的英灵不泯，精神不死。以，连词，而。⑱魂魄毅兮为鬼雄：牺牲将士的魂魄都是鬼中雄杰。鬼雄，鬼中雄杰。

涉　江

余幼好此奇服[1]兮，年既老而不衰[2]。
带长铗之陆离兮[3]，冠切云之崔嵬[4]。
被明月兮佩宝璐[5]。
世混浊而莫余知[6]兮，吾方高驰而不顾[7]。
驾青虬兮骖白螭[8]，吾与重华游兮瑶之圃[9]。
登昆仑兮食玉英[10]，与天地兮同寿，与日月兮齐光。
哀南夷之莫吾知兮[11]，旦余济乎江湘[12]。

乘鄂渚而反顾兮[13]，欸秋冬之绪风[14]。
步余马兮山皋[15]，邸余车兮方林[16]。
乘舲船余上沅兮[17]，齐吴榜以击汰[18]。
船容与而不进兮[19]，淹回水而凝滞[20]。
朝发枉陼兮，夕宿辰阳[21]。
苟余心其端直兮，虽僻远之何伤[22]。

入溆浦余儃徊兮[23]，迷不知吾所如[24]。
深林杳以冥冥兮[25]，乃猿狖之所居[26]。
山峻高以蔽日兮，下幽晦以多雨[27]。
霰雪纷其无垠兮，云霏霏而承宇[28]。
哀吾生之无乐兮，幽独处乎山中。
吾不能变心以从俗兮，固将愁苦而终穷[29]。
接舆髡首兮，桑扈臝行[30]。
忠不必用兮，贤不必以[31]。
伍子逢殃兮，比干菹醢[32]。

与前世而皆然[33]兮，吾又何怨乎今之人！
余将董道而不豫兮[34]，固将重昏[35]而终身！

乱曰：鸾鸟凤皇，日以远兮[36]。
燕雀乌鹊[37]，巢堂坛兮[38]。
露申辛夷[39]，死林薄兮[40]。
腥臊并御[41]，芳不得薄兮[42]。
阴阳易位[43]，时不当兮[44]。
怀信侘傺[45]，忽[46]乎吾将行兮！

注释：①奇服：奇伟的服饰，用来象征自己与众不同的志向品行。②衰：懈怠，衰减。③铗：剑柄，这里代指剑。长铗即长剑。陆离：长貌。④切云：当时一种高帽子之名。崔嵬：高耸。⑤被：通“披”，戴着。明月：夜光珠。璐：美玉名。⑥莫余知：即“莫知余”，没有人理解我。⑦方：将要。高驰：远走高飞。顾：回头看。⑧虬：无角的龙。骖：四马驾车，两边的马称为骖，这里指用螭来做骖马。螭（chī）：一种龙。⑨重华：帝舜的名字。瑶之圃：指神话传说中天帝所居的盛产美玉的花园。瑶，美玉。圃，花园。⑩玉英：玉树之花。英，花朵。⑪南夷：指屈原流放的楚国南部的土著。夷，当时对周边落后民族的称呼，带有蔑视侮辱的意思。⑫旦：清晨。济：渡过。湘：湘江。⑬乘：登上。鄂渚：地名，在今湖北武昌西。反顾：回头看。⑭欸（āi）：叹息声。绪风：余风。⑮步余马：让马徐行。山皋：山冈。⑯邸：通“抵”，抵达，到。方林：地名。⑰舲（líng）船：有窗的小船。上：溯流而上。⑱齐：同时并举。吴：国名，也有人解为“大”。榜：船桨。汰：水波。⑲容与：缓慢，舒缓。⑳淹：停留。回水：回旋的水。这句是说船徘徊在回旋的水流中停滞不前。㉑陼：通“渚”。枉陼：地名，在今湖南常德一带。辰阳：地名，在今湖南辰溪西。㉒苟：如果。端：正。伤：损害。这两句是说如果我的心是正直的，即使流放在偏僻荒远的地方，对我又有什么伤害呢？㉓溆浦：溆水之滨。儃佪：徘徊。㉔如：到，往。以上两句是说进入溆浦之后，我徘徊犹豫，不知该去哪儿。㉕杳：幽暗。冥冥：幽昧昏暗。㉖狖（yòu）：长尾猿。㉗幽晦：幽深阴暗。㉘霰：雪珠。纷：繁多。垠：边际。这句是说雪下得很大，一望无际。霏霏：云气浓重的样子。承：弥漫。宇：天空。这句是说阴云密布，弥漫天空。㉙终穷：终生困厄。㉚接舆：春秋时楚国的隐士，佯狂傲世。髡(kūn)首:古代刑罚之一,即剃光头发。相传接舆自己剃去头发,避世不出仕。桑扈:古代的隐士。臝:通“裸”。桑扈用裸体行走来表示自己的愤世嫉俗。㉛以:用。这两句是说忠臣贤士未必会为世所用。㉜伍子:伍子胥,春秋时吴国贤臣。逢殃:指伍子胥被吴王夫差杀害。比干:商纣王时贤臣,因为直谏,被纣王杀死剖心。菹醢(zūhǎi):古代的酷刑,将人剁成肉酱。㉝皆然:都一样。㉞董道:坚守正道。豫:犹豫,踯躅。㉟重:重复。昏:暗昧。这句是说必定将终生看不到光明。㊱鸾鸟、凤皇:都是祥瑞之鸟,比喻贤才。这两句是说贤者一天天远离朝廷。㊲燕雀、乌鹊:比喻谄佞小人。㊳堂:殿堂。坛:祭坛。比喻小人挤满朝廷。㊴露申:一做“露甲”,即瑞香花。辛夷:一种香木,即木兰。㊵林薄:草木杂生的地方。㊶腥臊:恶臭之物,比喻谄佞之人。御:进用。㊷芳:芳洁之物,比喻忠直君子。薄:靠近。㊸阴阳易位:比喻楚国混乱颠倒的现实。㊹当:合。㊺怀信:怀抱忠信。侘傺:惆怅失意。㊻忽:恍惚,茫然。

三、秦汉诗歌

·项羽

垓下歌①

力拔山兮②气盖世，时不利兮骓③不逝。

骓不逝兮可奈何④，虞⑤兮虞兮奈若何⑥！

注释：①垓（gāi）下：古地名，在今安徽省灵璧县南沱河北岸。②兮：文言助词，类似于现代汉语的“啊”或“呀”。③骓（zhuī）：意为顶级宝马。④奈何：怎样，怎么办。⑤虞：即虞姬。⑥奈若何：拿你怎么办。若，你。

·刘邦

大风歌①

大风起兮云飞扬，

威加海内②兮归故乡，

安得③猛士兮守四方。

注释：①刘邦平英布（英布［公元前？—公元前196］，秦末汉初名将。六县［今安徽六安］人，因受秦律被黥，又称黥布）还，过沛县，邀集故人饮酒。酒酣，刘邦击筑，同时唱了这首歌。汉朝人称这篇歌辞为《三侯之章》，后人题为《大风歌》（始于《艺文类聚》）。②威：威力，威武。加：凌驾。海内：四海之内，天下的意思。我国古人认为天下是一片大陆，四周大海环绕，海外则荒不可知。③安得：怎样得到。

·汉乐府

长歌行

青青园①中葵②，朝露待日晞③。

阳春布德泽，万物生光辉。
常恐秋节[4]至，焜黄[5]华[6]叶衰[7]。
百川东到海，何时复西归？
少壮[8]不努力，老大[9]徒[10]伤悲。

注释：①园：园圃，种蔬菜、花果、树木的场所。②葵：《诗经·豳风·七月》："七月烹葵及菽。"李时珍《本草纲目》："葵菜古人种为常食，今之种者颇鲜。有紫茎、白茎二种，以白茎为胜。大叶小花，花紫黄色，其最小者名鸭脚葵。其实大如指顶，皮薄而扁，实内籽轻虚如榆荚仁。"③晞：晒干。④秋节：秋季。节，时节，节令。⑤焜黄：草木凋落枯黄的样子。⑥华：通"花"。⑦衰：为了押韵，文里可按古音读 cuī，指衰老，衰败。⑧少：少年时期。壮：成年时期。⑨老大：指人生命力衰败的老年时期。⑩徒：徒然，白白地。

江　南

江南可[1]采莲，莲叶何[2]田田[3]，鱼戏莲叶间。
鱼戏莲叶东，鱼戏莲叶西，鱼戏莲叶南，鱼戏莲叶北。

注释：①可：在这里有适宜、正好的意思。②何：多么。③田田：莲叶长得茂盛相连的样子。

十五从军征

十五从军征，八十始[1]得归[2]。
道逢[3]乡里人："家中有阿[4]谁？"
"遥望是君[5]家，松柏冢[6]累累[7]。"
兔从狗窦[8]入，雉从梁上飞，
中庭[9]生旅谷[10]，井上生旅葵。
舂[11]谷持作饭，采葵持作羹。
羹饭一时熟，不知贻[12]阿谁。
出门东向看，泪落沾我衣。

注释：①始：才。②归：回家。③道逢：在路上遇到。道，路途。④阿(ā)：在文章中是一个语音词。⑤遥望：远远地看。君：你，表示尊敬的称呼。⑥冢(zhǒng)：坟墓。⑦累累：通"垒垒"，形容丘坟一个连着一个的样子。⑧狗窦

(dòu):给狗出入的墙洞。窦,洞穴。⑩中庭:屋前的院子。⑩旅谷:未经播种的野生谷子。⑪舂(chōng):把东西放在石臼或乳钵里捣掉皮壳或捣碎。⑫贻(yí):送,赠送。

战城南

战城南,死郭①北,野死②不葬乌③可食。
为我谓乌:且为客④豪⑤!
野死谅⑥不葬,腐肉安能去子逃?
水深激激⑦,蒲苇冥冥⑧;
枭骑⑨战斗死,驽马⑩徘徊鸣。
梁⑪筑室,何以南?何以北?
禾黍不获君何食?愿为忠臣安可得?
思子良臣⑫,良臣诚可思:
朝行出攻,暮不夜归!

注释:①郭:外城。②野死:战死荒野。③乌:乌鸦。④客:指战死者,死者多为外乡人,故称为"客"。⑤豪:通"嚎",大声哭叫,号叫。⑥谅:当然。⑦激激:清澈的样子。⑧冥冥:深暗的样子。⑨枭(xiāo)骑:指善战的骏马。枭,通"骁"。⑩驽(nú)马:劣马,此诗中指疲惫的马。⑪梁:桥梁。⑫良臣:指忠心为国的战士。

平陵东

平陵①东,松柏桐②,
不知何人劫义公③。
劫义公,在高堂④下,
交钱百万两走马⑤。
两走马,亦诚难,
顾见追吏⑥心中恻⑦。
心中恻,血出漉⑧,
归告我家卖黄犊⑨。

注释：①平陵：汉昭帝陵墓，在今陕西省咸阳市西北七十里处。②松柏桐：指墓地。古代墓地多种植松柏梧桐。仲长统《昌言》："古之葬者，松、柏、梧桐以识坟。"③"不知"句：不知是什么人绑架了一个善良的人。劫，劫持，绑架。义公，善良的人。一说义公是姓义的人，一说义公是翟义。④高堂：高门大堂，代指官府衙门。⑤"交钱"句：必须交出一百万钱外加两匹快马才能放人。走马，善跑的马。⑥顾见：回头看见。追吏：逼索财物的官吏。⑦恻(cè)：悲痛。⑧"心中"二句：因心中悲痛，心血都要渗出来了。漉(lù)，渗出。一作"流尽"解。⑨"归告"句：回去转告家人把小黄牛卖掉凑钱来赎人。

·古诗十九首

行行重[1]行行

行行重行行，与君生别离[2]。
相去[3]万余里，各在天一涯[4]。
道路阻且长，会面安可知？
胡马依北风，越鸟[5]巢南枝。
相去日已[6]远[7]，衣带日已缓[8]。
浮云蔽白日，游子不顾返[9]。
思君令人老[10]，岁月忽已晚[11]。
弃捐勿复道，努力加餐饭[12]。

注释：①重(chóng)：又。这句是说行而不止。②生别离：是"生离死别"的意思。屈原《九歌·少司命》："悲莫悲兮生别离。"③相去：相距，相离。④涯：方。⑤越鸟：南方的鸟。"胡马倚北风，越鸟朝南枝"，是当时习用的比喻，借喻眷恋故乡的意思。⑥已：通"以"。⑦远：久。⑧缓：宽松。这句意思是说，人因相思而一天天消瘦。⑨顾返：还返，回家。顾，返。⑩老：并非实指年龄，而指消瘦的体貌和忧伤的心情，形容身心憔悴，有似衰老。⑪晚：指行人未归，岁月已晚，表明春秋忽更替，相思又一年，暗喻青春易逝。⑫弃捐：抛弃。这两句的意思是说这些都丢开不必再说了，只希望你在外保重。一说是指这些都丢开不必再说，自己要努力保重，以待日后相会。

涉江采芙蓉[①]

涉江采芙蓉，兰泽[②]多芳草。
采之欲遗[③]谁，所思在远道[④]。
还顾望旧乡[⑤]，长路漫浩浩[⑥]。
同心而离居[⑦]，忧伤以终老[⑧]。

注释：①芙蓉：荷花的别名。②兰泽：生有兰草的沼泽地。③遗（wèi）：赠予。④所思：所思念的人。远道：犹言“远方”，遥远的地方。⑤还顾：回顾，回头看。旧乡，故乡。⑥漫浩浩：犹“漫漫浩浩”，这里用以形容路途的广阔无边。漫，路长貌。浩浩，水流貌。⑦同心：古代习用语，多用于男女之间的爱情关系，这里是说夫妇感情的融洽。⑧终老：度过晚年直至去世。

青青河畔草

青青河畔草，郁郁[①]园中柳。
盈盈[②]楼上女，皎皎[③]当窗牖[④]。
娥娥[⑤]红粉妆，纤纤出素手。
昔为倡家[⑥]女，今为荡子[⑦]妇。
荡子行不归，空床难独守。

注释：①郁郁：茂盛的样子。②盈盈：形容举止、仪态美好。③皎皎：皎洁，洁白。④牖（yǒu）：古建筑中室与堂之间的窗子。古院落由外而内的次序是门、庭、堂、室。进了门是庭，庭后是堂，堂后是室。室门叫“户”，室和堂之间有窗子叫“牖”，室的北面窗子叫“向”。上古的“窗”专指屋顶上的天窗，开在墙壁上的窗叫“牖”，后泛指窗。⑤娥娥：形容女子姿容美好。《方言》：“秦晋之间，美貌谓之娥。”⑥倡家：古代指从事音乐歌舞的乐人。《说文》：“倡，乐也。”就是指歌舞妓。⑦荡子：即“游子”，辞家远出、羁旅忘返的男子。《列子》里说“有人去乡土游于四方而不归者，世谓之为狂荡之人也”，可以为证。

迢迢牵牛星[①]

迢迢牵牛星，皎皎河汉女[②]。
纤纤擢素手[③]，札札弄机杼[④]。
终日不成章[⑤]，泣涕零[⑥]如雨。

河汉清且浅，相去复几许[7]！

盈盈[8]一水间[9]，脉脉[10]不得语。

注释：①迢（tiáo）迢：遥远。牵牛星：隔银河和织女星相对，俗称“牛郎星”，是天鹰星座的主星，在银河南。②皎皎：明亮。河汉女：指织女星，是天琴星座的主星，在银河北。河汉：即银河。③擢(zhuó)：伸出，拔出，抽出。素：白皙。这句是说，伸出细长而白皙的手。④札(zhá)札弄机杼（zhù）：正摆弄着织机（织着布），发出札札的织布声。弄，摆弄。杼，织机的梭子。⑤终日不成章：引用《诗经·大东》语意，说织女终日也织不成布。《诗经》原意是织女徒有虚名，不会织布；这里则是说织女因相思而无心织布。章，指布帛上的经纬纹理，这里指布帛。⑥涕：眼泪。零：落。⑦几许：多少。这两句是说，织女和牵牛二星只隔着一条银河，相距才有多远！⑧盈盈：清澈、晶莹的样子。⑨间：相隔。⑩脉脉(mòmò)：默默地用眼神或行动表达情意。

四、魏晋南北朝诗歌

·曹操

观[1]沧海

东临[2]碣石[3],以观沧[4]海[5]。
水何[6]澹澹[7],山岛竦峙[8]。
树木丛生,百草丰茂。
秋风萧瑟[9],洪波[10]涌起。
日月[11]之行,若[12]出其中;
星汉[13]灿烂,若出其里。
幸甚至哉[14],歌以咏志[15]。

注释:①观:欣赏。②临:登上,有游览的意思。③碣(jié)石:山名。碣石山,在现在河北昌黎。汉献帝建安十二年(207)秋天,曹操征乌桓时经过此地。④沧:通"苍",青绿色。⑤海:渤海。⑥何:多么。⑦澹澹(dàndàn):水波摇动的样子。⑧竦峙(sǒngzhì):高高地耸立。竦,通"耸",高起。峙,挺立。⑨萧瑟(xiāosè):草木被秋风吹发出的声音。⑩洪波:汹涌澎湃的波浪。⑪日月:太阳和月亮。⑫若:如同,好像是。⑬星汉:银河。⑭幸:庆幸。甚:极其,很。至:极点。哉(zāi):语气词。幸甚至哉意为真是幸运极了。⑮歌以咏志:可以用歌来表达自己的心志或理想。最后两句与本诗正文没有直接关系,是乐府诗结尾的一种方式,为了配乐歌唱而加上去的。以,用(歌以咏)。咏志,表达心志。咏,歌吟。志,理想。

龟虽寿[1]

神龟虽寿[2],犹有竟[3]时。
螣蛇[4]乘雾,终为土灰。

老骥伏枥⑤，志在千里。
烈士暮年⑥，壮心不已⑦。
盈缩⑧之期，不但⑨在天。
养怡⑩之福，可得永年⑪。
幸甚至哉⑫，歌以咏志。

注释：①龟虽寿：曹操所作乐府组诗《步出夏门行》中的第四章。②神龟：传说中的通灵之龟，能活几千岁。寿：长寿。③竟：终结，这里指死亡。④螣蛇：传说中龙的一种，能乘云雾升天。⑤骥：良马，千里马。伏：趴，卧。枥：马槽。⑥烈士：有远大抱负的男子。现在专指为革命事业或见义勇为而献身的人。暮年：晚年。⑦已：停止。⑧盈缩：原指岁星的长短变化，这里指人的寿命长短。盈，增长。缩，亏，引申为短。⑨但：仅，只。⑩养怡：指调养身心，保持身心健康。怡，愉快、和乐。⑪永年：长寿，活得长。永，长久。⑫幸甚至哉：庆幸得很，好极了。幸，庆幸。至，极点。最后两句每章都有，应为合乐时的套语，与正文内容没有直接关系。

·曹丕

燕歌行·其一

秋风萧瑟天气凉，草木摇落①露为霜，群燕辞归鹄②南翔。
念君客游思断肠，慊慊③思归恋故乡，君何淹留④寄他方？
贱妾茕茕⑤守空房，忧来思君不敢忘，不觉泪下沾衣裳。
援琴鸣弦发清商⑥，短歌微吟不能长。
明月皎皎照我床，星汉西流夜未央⑦。
牵牛织女遥相望，尔⑧独何辜限河梁⑨。

注释：①摇落：凋残。②鹄：天鹅。③慊慊(qiànqiàn)：空虚之感。④淹留：久留。上句是设想对方必然思归，本句是因其不归而生疑问。⑤茕茕(qióngqióng)：孤独无依的样子。出自《楚辞·九章·思美人》："独茕茕而南行兮，思彭咸之故也。"⑥援：执，持。清商：乐名。清商音节短促，所以下句说"短歌微吟不能长"。⑦夜未央：夜已深而未尽的时候。古人用观察星象的方法测定时间，这首诗所描写的是初秋的夜间。牛郎星、织女星在银河两旁，初秋傍晚时正见于天顶，这时银河应该西南指，"星汉西流"，就是银河转向西，表示夜已很深了。⑧尔：指牛郎、织女。⑨河梁：河上的桥。传说牛郎和织女隔着天河，只能在每年七月七日相见，乌鹊为他们搭桥。

·曹植

野田黄雀行[1]

高树多悲风[2]，海水扬其波[3]。
利剑[4]不在掌，结友何须多[5]？
不见篱间雀，见鹞自投罗[6]。
罗家[7]得雀喜，少年见雀悲。
拔剑捎[8]罗网，黄雀得飞飞。
飞飞[9]摩苍天[10]，来下谢少年。

注释：①《乐府诗集》收于《相和歌·瑟调曲》，是曹植后期的作品。②悲风：凄厉的寒风。③扬其波：掀起波浪。此二句比喻环境凶险。④利剑：锋利的剑。这里比喻权势。⑤结友：交朋友。何须：何必，何用。⑥鹞（yào）：一种非常凶狠的鸟类，鹰的一种，似鹰，略小。罗：捕鸟用的网。⑦罗家：设罗网捕雀的人。⑧捎（xiāo）：挥击，削破，除去。⑨飞飞：自由飞行貌。⑩摩苍天：形容黄雀飞得很高。摩，接近，迫近。

·陶渊明

读山海经·其十

精卫衔微木[1]，将以填沧海。
刑天[2]舞干戚，猛志[3]固常在。
同物既无虑[4]，化去不复悔[5]。
徒[6]设在昔心[7]，良辰讵可待[8]。

注释：①精卫：古代神话中鸟名。据《山海经·北山经》及《述异记》卷上记载，古代炎帝之女精卫，因游东海淹死，灵魂化为鸟，经常衔木石去填东海。衔：用嘴衔。微木：细木。②刑天：神话人物，因和天帝争权，失败后被砍去了头，埋在常羊山，但他不甘屈服，以两乳为目，以肚脐当嘴，仍然挥舞着盾牌和板斧。（《山海经·海外西经》）③猛志：勇猛的斗志。④同物既无虑：精卫既然淹死而化为鸟，就和其他的相同，即使再死也不过从鸟化为另一种物，所以没有什么忧虑。⑤化去不复悔:刑天已被杀死,化为异物,但他对以往和天帝争神之事并不悔恨。⑥徒:徒然,白白地。⑦昔心:过去的壮志雄心。⑧良辰:实现壮志的好日子。讵:表示反问,岂。这两句是说精卫和刑天徒然存在昔日的猛志,但实现他们理想的好日子岂能等得到!

归园田居·其三

种豆南山①下，草盛豆苗稀②。
晨兴③理荒秽④，带月荷锄⑤归。
道狭⑥草木长⑦，夕露⑧沾我衣。
衣沾⑨不足⑩惜，但使愿无违⑪。

注释:①南山:指庐山。②稀:稀少。③兴:起床。④荒秽:形容词作名词,荒,指豆苗里的杂草。秽,肮脏,这里指田中杂草。⑤荷锄:扛着锄头。荷,扛着。⑥狭:狭窄。⑦草木长:草木丛生。长,生长。⑧夕露:傍晚的露水。⑨沾:(露水)打湿。⑩足:值得。⑪但使愿无违:只要不违背自己的意愿就行了。但,只。愿,指向往田园生活,“不为五斗米折腰”,不愿与世俗同流合污的意愿。违,违背。

·谢灵运

登池①上楼

潜虬媚幽姿②,飞鸿响远音③。
薄④霄愧⑤云浮,栖川怍渊沉⑥。
进德⑦智所拙,退耕力不任。
徇禄⑧反穷海,卧疴⑨对空林。
衾枕昧节候⑩,褰开⑪暂窥临。
倾耳聆波澜,举目眺岖嵚⑫。
初景革绪风⑬,新阳改故阴⑭。
池塘⑮生春草,园柳变鸣禽。
祁祁伤豳歌⑯,萋萋感楚吟⑰。
索居⑱易永久,离群难处心⑲。

持操[20]岂独古，无闷征在今[21]。

注释：①池：谢灵运居所的园池。②潜虬媚幽姿：潜游的虬龙怜惜美好的姿态。③响：发出。远音：悠远的鸣声。④薄：迫近，靠近。⑤愧：惭愧。⑥栖川：指深渊中的潜龙。怍：内心不安，惭愧。⑦进德：增进道德，这里指仕途上的进取。⑧徇禄：追求禄位。⑨疴：病。⑩衾枕昧节候：卧病时衾枕之间分不清季节变化。衾，大被。昧，昏暗。⑪褰开：揭开帷帘，打开窗子。⑫岖嵚：山势险峻的样子。⑬初景革绪风：初春的阳光消除了冬季残留下来的寒风。⑭新阳改故阴：新春改变了已过去的残冬。⑮塘：堤岸。⑯祁祁伤豳歌："采蘩祁祁"这首豳歌使我悲伤。祁祁，众多的样子。豳歌，指《诗经·豳风·七月》中"春日迟迟，采蘩祁祁。女心伤悲，殆及公子同归"的句子。⑰萋萋感楚吟："春草兮萋萋"这首楚歌使我感伤。萋萋，茂盛的样子。楚吟，指《楚辞·招隐士》中"王孙游兮不归，春草生兮萋萋"的句子。⑱索居：独居。⑲群：朋友。处心：安心。⑳持操：保持节操。㉑无闷：没有烦闷。出自《易经·乾卦》："遁世无闷。"意为贤人能避世而没有烦恼。征：验证，证明。

·左思

咏　史

郁郁[1]涧底松[2]，离离山上苗[3]。
以彼径寸茎，荫此百尺条[4]。
世胄[5]蹑[6]高位，英俊沉下僚[7]。
地势使之然，由来非一朝[8]。
金张藉旧业，七叶珥汉貂[9]。
冯公[10]岂不伟[11]，白首不见招[12]。

注释：①郁郁：茂密的样子。②涧底：谷底。松：喻英才。③离离：下垂的样子。苗：初生的草木。④以彼径寸茎，荫此百尺条：意思是柔弱的山上苗遮蔽了高大的涧底松。彼，指山上苗。径寸茎，一寸粗的茎秆。荫，遮蔽。此，指涧底松。⑤世胄(zhòu)：世家子弟。胄，后裔。⑥蹑：登。⑦下僚：低级官吏。⑧地势使之然，由来非一朝：意思是世胄和英俊所处情况，正与松、苗相似，是地势使他们如此，非一朝一夕变成这样。然，这样，如此。⑨金张藉旧业，七叶珥汉貂：意思是金、张两家子孙凭借祖先的功业，世代都做大官。金张，指西汉金日(mì)磾(dī)和张汤两家的子孙。金家从武帝到平帝七代担任内侍。张家自宣帝、元帝以来,子孙相继有十多人为侍中、中常侍。藉,凭借。旧业,祖先的功业。七叶,七代。珥,插。貂,貂尾。汉代凡侍中、中常侍等大官都插貂尾以证明其身份。⑩冯公:冯唐,汉文帝时人。他才能出众,但直到老年仍屈居低微的郎署。⑪伟:奇伟出众。⑫不见招:不被重用的意思。

·陆机

赴洛道中作

远游越山川,山川修①且广。
振策陟崇丘②,案辔遵平莽③。
夕息抱影寐④,朝徂衔思往⑤。
顿辔倚嵩岩⑥,侧听悲风响。
清露坠素辉⑦,明月一何朗⑧。
抚枕不能寐,振衣⑨独长想。

注释:①修:长。②振策:挥动马鞭。陟(zhì):登上。崇丘:高丘、高山。③案辔:按辔,谓扣紧马缰使马缓行或停步。遵:沿着。平莽:平坦广阔的草原。④夕:傍晚。抱影:守着影子。寐:入睡。⑤徂(cú):往,行走。衔思:心怀思绪。⑥顿辔:拉住马缰使马停下。倚:斜靠。嵩岩:即指岩石。嵩,泛指高山。⑦清露:洁净的露水。素辉:白色的亮光。⑧一何:多么。朗:明亮。⑨振衣:振衣去尘,即指披衣而起。

·萧统

长相思

相思无终极①,长夜起叹息②。
徒见貌婵娟③,宁知心有忆④。
寸心无以因④,愿附归飞翼⑥。

注释:①相思:互相思念。多指男女相悦而无法接近所引起的想念。终极:终了和极限。②长夜:指漫长难挨的夜晚,比喻漫长的黑暗时代。起:起身,兴起。叹息:叹气息止,叹惜。③徒见:徒然看见。貌:貌似,相貌相同之人。婵娟:形容姿态曼妙优雅。婵,指美女。娟,秀丽,美好。④宁知:岂能知晓。宁,岂，宁肯。心有忆：内心有思念。忆，回忆，思念。⑤寸心：方寸大小的心脏，微薄的心意。心，心愿。无以因：无所用以依托。因，依靠，凭借，因循。⑥愿：愿意。附：依附，附加以，附带着。归飞：回归飞行的，飞向归家的。翼：羽翼。

·庾信

拟咏怀·其二十六

萧条亭障远，凄惨风尘多。
关门临白狄①，城影入黄河。
秋风别苏武，寒水送荆轲。
谁言气盖世，晨起帐中歌②。

注释：①白狄：亦作白翟，我国古代汉族先民之一。春秋前主要分布于古雍州北部（今陕北一带）。前550年，因受秦国的压迫和晋国和戎政策的诱惑，东迁至今河北石家庄一带。后建立中山国，前296年为赵国所灭。②这四句用了三个历史人物典故：苏武牧羊、荆轲刺秦及项羽兵败四面楚歌。

·谢朓

晚登三山还望京邑①

灞涘望长安，河阳视京县②。
白日丽飞甍，参差皆可见③。
余霞散成绮，澄江静如练④。
喧鸟覆春洲，杂英满芳甸⑤。
去矣方滞淫，怀哉罢欢宴⑥。
佳期怅何许，泪下如流霰⑦。
有情知望乡，谁能鬒不变⑧？

注释：①三山：山名，在今南京市西南。还望：回头眺望。京邑：指南齐都城建康，即今南京市。②灞涘望长安：借用汉末王粲《七哀》“南登霸陵岸，回首望长安”诗意。灞，水名，源出陕西蓝田，流经长安城东。河阳视京县：借用西晋诗人潘岳《河阳县诗》“引领望京室”诗意。河阳，故城在今河南梦县西。京县，指西晋都城洛阳。两句意为：我怀着眷恋之情，傍晚登上三山，回头眺望都城建康。③丽：使动用法，这里有“照射使……色彩绚丽”的意思。飞甍：

上翘如飞翼的屋脊。甍,屋脊。参差:高下不齐的样子。两句意为:在日光的照耀下,京都建筑色彩绚丽,高高低低都能望见。④绮:有花纹的丝织品,锦缎。澄江:清澈的江水。练:洁白的绸子。两句意为:澄清的江水平静得如同一匹白练。⑤喧鸟覆春洲:形容鸟儿众多。覆,盖。杂英:各色的花。甸:郊野。⑥方:将。滞淫:久留,淹留。怀:想念。⑦佳期:指归来的日期。怅:惆怅。霰:雪珠。两句意为:分别了,想到何日才能回来,不由得令人惆怅悲伤,流下雪珠般的眼泪。⑧鬒:黑发。变:这里指变白。两句意为:怀着望乡之情的人,又有谁能不白了头发呢?

五、唐代诗歌

·李白

月下独酌[①]

花间一壶酒，独酌无相亲。
举杯邀明月，对影成三人[②]。
月既不解饮[③]，影徒随我身。
暂伴月将[④]影，行乐须及春。
我歌月徘徊，我舞影零乱。
醒时相交欢，醉后各分散。
永结无情游[⑤]，相期邈云汉[⑥]。

注释：①原诗有四首，此为第一首。以月下独饮为背景，想象以“月”与“影”为伴，抒发孤独无知音的苦闷。酌(zhuó)：喝酒。②三人：指李白自己、月亮和自己的影子。③不解饮：不会饮酒。④将：和。⑤无情游：忘情地游乐。⑥相期：相约。邈(miǎo)：远。云汉：银河，此指天上的仙境。

春　思[①]

燕草如碧丝，秦桑低绿枝[②]。
当君怀归日，是妾断肠时。
春风不相识，何事入罗帏[③]。

注释：①此诗为闺情诗，描写春天将临，秦地少妇思念远戍燕地的丈夫之苦。②“燕草”二句：燕地的草嫩绿如丝时，秦中的桑树早已茂盛，枝条也低垂了，说明两地时节不同。燕(yān)，今河北一带，诗中征人所在地。秦，今陕西一带。③罗帏：丝织的帏帐。此指女子的闺房。

子夜吴歌[1]

长安一片月，万户捣衣[2]声。
秋风吹不尽，总是玉关情[3]。
何日平胡虏[4]，良人罢[5]远征。

注释：①此题下有四首，分咏春、夏、秋、冬。此为第三首《秋歌》，写女子秋夜思念远征丈夫。子夜吴歌：古乐府名。相传是东晋一位名叫子夜的女子所作，因起于吴地，故名。《清商曲·吴声歌曲》有《子夜歌》《子夜四时歌》《大子夜歌》等。②捣衣：深秋时，家家少妇捣衣，准备冬衣，同时寄托对远戍边关丈夫的思念。③玉关情：指对玉门关外戍边丈夫的思念之情。④胡虏：侵扰边境的敌人，此指匈奴。⑤良人：古时妻子对丈夫的尊称。罢：停止。

金陵酒肆留别[1]

风吹柳花满店香，吴姬压酒唤客尝[2]。
金陵子弟来相送，欲行不行各尽觞[3]。
请君试问东流水，别意与之谁短长[4]。

注释：①此诗是李白离开金陵，东游扬州前留赠友人之作。金陵：今江苏南京市。酒肆：酒店。②吴姬：指酒店侍女，因金陵古属吴地，故称吴姬。压酒：取酒。酿就新酒，须压酒槽取之，故称压酒。③尽觞（shāng）：干杯。④"请君"二句：请你问一问东流的江水，离别的情意与这水比起来，谁短谁长？

宣州谢朓楼饯别校书叔云[1]

弃我去者，昨日之日不可留；
乱我心者，今日之日多烦忧。
长风万里送秋雁，对此可以酣[2]高楼。
蓬莱文章建安骨[3]，中间小谢又清发[4]。
俱怀逸兴壮思飞，欲上青天览明月[5]。
抽刀断水水更流，举杯销愁愁更愁。
人生在世不称意，明朝散发弄扁舟[6]。

注释：①此诗是天宝末年李白在宣州饯别族叔时所作，以谢朓比李云，抒写在世不称意的苦闷。宣州：在今安徽宣城一带。谢朓：字玄晖，阳夏（今河南太康)人，南朝齐时诗人。谢朓楼为谢朓任宣州太守时所建，又称北楼，唐时改名叠嶂楼。校书叔云：李白族叔，名李云，曾任秘书省校书郎。②酣：畅饮。③蓬莱文章建安骨：此为称赞李云的文章。蓬莱文章，此指李云的文章。因李云任秘书省校书郎，专事校订图书，故借蓬莱作比喻。蓬莱，《后汉书·窦章传》记载，东汉学者称朝廷藏书楼东观为“蓬莱山”，因为传说海上仙山蓬莱藏有“幽经秘籍”。此处借指李云所在的秘书省。建安骨，建安风骨。汉末建安年间，曹操父子和建安七子所作诗文苍劲刚健，史称“建安风骨”。④小谢：谢朓。后人把他与谢灵运并称，称谢灵运“大谢”，称谢朓“小谢”。清发：清新秀发。此处是指李白自比“小谢”。⑤览：通“揽”，摘取。⑥散发：古人平时都束发戴帽，闲散时松开头发，称散发。后因其有不受冠冕拘束之意，引申出弃官归隐之意。又因头发披散零乱，便有了疏狂放纵的意味。扁(piān)舟：小船。

赠孟浩然①

吾爱孟夫子②，风流天下闻。
红颜弃轩冕③，白首卧松云④。
醉月频中圣⑤，迷花⑥不事君。
高山安可仰⑦，徒此揖清芬⑧。

注释：①此诗为孟浩然归南山时，李白送行之作。孟浩然：唐代大诗人，李白之友。②孟夫子：指孟浩然。③红颜：指青壮年。弃轩冕：指轻视仕宦。轩，车。冕，礼帽。古时高官才能乘轩戴冕。④卧松云：隐居于山林白云之间。⑤醉月：对月醉酒。中(zhòng)圣：指醉酒。典出《三国志·魏书·徐邈传》。尚书郎徐邈醉酒，有人来问事，他答道：“中圣人。”曹操得知，大怒。度辽将军鲜于辅解释道：“平日醉客谓酒清者为圣人，浊者为贤人。”⑥迷花：留恋自然花草，这里指隐居。⑦高山安可仰：语本《诗经·小雅·车舝》：“高山仰止，景行行止。”用以比喻孟浩然品行之高洁。⑧徒此：唯此。揖：致敬之意。清芬：指高洁的节操。

渡荆门送别①

渡远荆门外，来从楚国②游。
山随平野尽，江入大荒流③。

月下飞天镜[4]，云生结海楼[5]。

仍怜故乡水[6]，万里送行舟。

注释：①此诗作于开元十四年(726)，李白沿长江出蜀东下时。描绘出一幅渡荆门的长江长轴山水图，将深挚乡思与远游壮怀水乳交融。荆门：荆门山，在今湖北宜都北，长江南面，为楚蜀交界之地。②楚国：长江出荆门，即属古时楚国之地，故称。③“山随”二句：意谓山随着平原的出现渐渐远去消失，大江汇入旷野中，从容流去。大荒，广阔的原野。④月下飞天镜：江中月影，如同空中飞下的天镜。⑤海楼：海市蜃楼，为云气折射出的各种景象。⑥怜：爱。故乡水：指从四川流来的水，因诗人从小生活在四川，故称。

送友人[1]

青山横北郭[2]，白水绕东城。

此地一为别，孤蓬万里征[3]。

浮云游子意[4]，落日故人情[5]。

挥手自兹[6]去，萧萧班马鸣[7]。

注释：①此诗写送别却充满诗情画意和豁达乐观之情。②郭：外城。③蓬：蓬草。蓬草随风飞转，漂泊无定，古诗中常用以比喻远行者。④浮云：因浮云四处飘荡，古诗中也用以形容游子漂泊。⑤落日：比喻与人告别。⑥自兹：从此。⑦萧萧班马鸣：双方分别时，主客之马也萧萧长鸣，似有离群之憾。萧萧，马叫声。班马，离群的马。

登金陵凤凰台[1]

凤凰台上凤凰游，凤去台空江自流。

吴宫[2]花草埋幽径，晋代衣冠成古丘[3]。

三山[4]半落青天外，二水中分白鹭洲[5]。

总为浮云能蔽日[6]，长安不见使人愁。

注释：①此诗借怀古写景并写出诗人独特的感受。金陵：今江苏南京市。凤凰台：在今南京凤台山。相传南朝元嘉年间有三凤凰集于山，因筑凤凰台，山也因此得名。②吴宫：三国时吴国建都于金陵。③晋代：东晋南渡后即建都金陵。衣冠：指名门望族。古丘：指古墓、坟丘。④三山：指金陵西南临长江的三座山峰。陆游《入蜀记》:“三山自石头及凤凰台望之,杳杳有无中耳,及过其下,则距金陵才五十余里。”⑤二水:一作“一水”,指秦淮河穿越金陵城而入长江,江中有白鹭洲,分水为二支。白鹭洲:长江中沙洲,因多聚白鹭而得名。⑥浮云能蔽日:古诗文中多以“浮云蔽日”来作比喻,有的喻乡关之念,《古诗十九首》中有“浮云蔽白日,游子不顾反”语;有的喻奸邪之蔽贤良,汉陆贾《新语·慎微篇》“邪臣之蔽贤,犹浮云之障日月也”;有的喻未得帝王垂幸,《载记》“秦苻坚幸慕容垂夫人,宦者赵整歌云:不见雀来入燕室,但见浮云蔽白日”。李白此诗用何意,历代说法纷纭。

清平调①三首

其　一

云想衣裳花想容②,春风拂槛露华③浓。
若非群玉山头见,会向瑶台月下逢④。

注释:①清平调:此为乐府曲牌名,为李白所创。诗题一作“清平调辞”。此首以花暗喻人,写杨贵妃如仙之美。②云想衣裳花想容:云彩想变作她的衣裳,花朵想变作她的容颜,极喻杨贵妃之美。③露华:带露之花。④“若非”两句:赞美杨贵妃的美貌,只有在天上仙界中才会见到。群玉山,据《山海经》说,群玉之山为西王母所居之处。会,终应。瑶台,据《拾遗记》说,昆仑山有瑶台,为西王母之宫。

其　二①

一枝红艳露凝香,云雨巫山枉断肠②。
借问③汉宫谁得似,可怜飞燕倚新妆④。

注释:①此首诗以巫山、神女和汉宫飞燕衬托杨贵妃之美。②“一枝”二句:意谓楚王神女巫山云雨的传说终是虚幻,真比不上杨贵妃受唐玄宗的宠爱,如牡丹花承雨露滋润,让人羡慕。③借问:请问。④可怜:可爱。飞燕:指赵飞燕。她初为宫女,因貌美,能歌善舞,为汉成帝所宠爱,后立为皇后。倚:依靠。

其　三①

名花倾国两相欢②,常得君王带笑看。

解释春风无限恨[③],沉香亭[④]北倚栏杆。

注释:①此首诗写在沉香亭中唐玄宗与杨贵妃赏花情景。②名花:指牡丹花。唐朝贵族特别看重牡丹。白居易《买花》:“一丛深色花,十户中人赋。”倾国:指杨贵妃。《汉书·外戚传》引《李延年歌》:“北方有佳人,绝世而独立。一顾倾人城,再顾倾人国。”③解释春风无限恨:君王所爱的名花和美人,能释解心中所有的愁闷怅恨,使心情舒畅。解释,消释。④沉香亭:在唐兴庆宫图龙池东。

客中行[①]

兰陵美酒郁金香[②],玉碗盛来琥珀[③]光。
但使主人能醉客[④],不知何处是他乡[⑤]。

注释:①诗题一作“客中作”。诗作于唐玄宗开元二十八年(740),李白移家东鲁,初游鲁地。前两句极力写酒的名贵与色泽,后两句写只要主人能殷勤待客,就没有客居他乡的羁旅之思,抒发了诗人的豪情逸兴,表现了诗人豪放不羁的个性。也有人认为李白以豪语抒悲怀,暗寓祈求得到求才用贤的主人的重用,以实现远大抱负。客中行:旅居他乡所作的诗歌。②兰陵:地名,今山东枣庄,据传因附近土陵兰草繁茂、兰花芳香而得名。战国时,楚国始设立兰陵县,唐代以产酒闻名。郁金香:一种珍贵的植物,古人用以泡酒,泡后酒带金黄色。③琥珀:一种树脂化石,黄色或深褐色,晶莹透明,富有光彩,这里用来形容酒的色泽鲜亮。④但:只要。⑤他乡:异乡,外乡。

题北榭碑[①]

一为迁客去长沙[②],西望长安不见家。
黄鹤楼[③]中吹玉笛,江城五月落梅花[④]。

注释:①诗题一作“与史郎中钦听黄鹤楼上吹笛”,又作“黄鹤楼闻笛”。这首诗是李白乾元元年(758)流放夜郎途经武昌时登黄鹤楼所作。唐肃宗至德二载(757)五月,永王军次浔阳,李白入幕,作《永王东巡歌十一首》,不久永王兵败丹阳,李白于乱军中仓皇奔亡,不久陷浔阳狱中,经江南宣慰使崔涣及御史中丞宋若思多方辩解洗冤,岁暮李白判流放夜郎。诗以贾谊自比,表现了被贬后内心的悲怆、凄凉与惆怅,抒发了对朝廷的眷恋和对国事的关切。北榭碑:楼上有台叫榭。黄鹤楼四面都有台榭,这首诗题写在北榭碑上,因而得名。②一为:一旦成为。迁客:被贬谪的人。迁,贬谪,放逐。去长沙:暗用西汉贾谊典故,贾谊受谗,贬官长沙,诗人以此自喻。③黄鹤楼:楼名,在今武昌。④江城:鄂州,今湖北武昌。落梅花:古曲名,这里有双关之意,即也可理解为《梅花落》笛曲使人听了凛然生寒意,似乎五月的江城落满了梅花。

秋登宣城谢朓北楼[①]

江城如画里[②],山晚望晴空。
两水夹明镜[③],双桥[④]落彩虹。
人烟寒橘柚,秋色老梧桐。
谁念北楼上,临风怀谢公[⑤]。

注释:①李白在长安郁郁不得志,不得已浪迹天涯。唐玄宗天宝十二载(753)秋季,他第二次来到宣城,在谢公楼写下了这首诗。诗描绘了谢朓北楼明丽的秋景和萧瑟的秋意,抒发了对谢朓深切的思古幽情,反映了诗人对谢朓的敬意。宣城:唐宣州治所,在今安徽水阳江西岸。谢朓北楼:即谢朓楼、谢公楼,为南齐谢朓任宣城太守时所建,在陵阳山顶,御史中丞兼宣州刺史独孤霖将北楼改建,因其地势高且险,崖叠如嶂,故题名"叠嶂楼"。②江城:指宣城。③两水:指环绕宣城的宛溪、句溪。④双桥:指宛溪上的凤凰、济川二桥,隋朝开皇年间建造。⑤谢公:对谢朓的敬称。

独坐敬亭山[①]

众鸟高飞尽[②],孤云独去闲[③]。
相看两不厌[④],只有[⑤]敬亭山。

注释:①诗作于唐玄宗天宝十二载(753)秋,这一年,李白在长安对朝政极度失望,预感到将有动乱,遂离开长安,秋至宣城,第二次漫游宣城。诗将敬亭山人格化,写山与人的默默交流,寄托了诗人超脱现实追求内心平静的愿望,含蓄地表达了对社会现实的不满。敬亭山:一名昭亭山,在今安徽宣城北,东临皖溪,山顶有敬亭,为南齐谢朓吟咏处。②高飞尽:群鸟高飞,消失在遥远的天际。③孤云:片云。闲:悠闲。④两不厌:山与诗人互不厌烦,情意相随,是拟人的手法。⑤只有:一作"唯有"。

送友人入蜀[①]

见说蚕丛路[②],崎岖[③]不易行。
山从人面起,云傍马头生。
芳树笼秦栈[④],春流绕蜀城。
升沉[⑤]应已定,不必问君平[⑥]。

注释:①这首诗大约作于天宝二年(743),李白在长安送友人回四川时。这年春天,李白游坊州,不久归长安,适逢友人王炎入蜀,便作此诗及《剑阁赋》送之。诗中借用神话传说,描绘了蜀山的悬崖峭壁,突出了蜀道的崎岖和艰险,流露出李白对友人的关切之情;劝慰友人不要对功名利禄耿耿于怀,同时用之自勉,暗寓诗人失意后的不满。入蜀:到蜀地(今四川省)去。②见说:听说。蚕丛:古蜀国国王,借指蜀地。③崎岖:形容道路高低不平。④笼:笼罩。秦栈:秦时的栈道,这里是说栈道的古老。栈,在陡岩峭壁之上凿岩架木,上铺木板以通行。⑤升沉:宦途得失。⑥君平:汉代严遵,字君平,隐居成都,以占卜为生。

·杜甫

望　岳[①]

岱宗[②]夫如何？齐鲁青未了[③]。
造化钟[④]神秀,阴阳割昏晓[⑤]。
荡胸生层云[⑥],决眦[⑦]入归鸟。
会当凌绝顶,一览众山小[⑧]。

注释:①此诗作于开元二十四年(736)杜甫游齐、赵时,由望岳而生登临之想,表现了青年杜甫壮志凌云的气概和抱负。岳:指东岳泰山。②岱宗:即泰山。因泰山别称岱山,位居五岳之首,故称岱宗。③齐鲁:春秋时,齐国在泰山之北,鲁国在泰山之南。后泛指山东一带为齐鲁。青:指泰山青翠的山色。未了:不尽,无穷无尽之意。④造化:大自然。钟:聚集。⑤阴:山北为阴,即山之背阴面。阳:山南为阳,即山之向阳面。割:分割。昏晓:山北背日故曰昏,山南向日故曰晓。⑥荡胸生层云:意为山中云气吞吐,涤荡胸襟。⑦决眦(zì):睁大眼睛。决,裂开。眦,眼眶。⑧"会当"二句:表达了作者昂扬向上,积极进取,欲攀登绝顶俯视一切的豪情。会当,终将,定要。凌,登上。绝顶,即泰山的最高峰。一览众山小，此句出自《孟子·尽心上》"登泰山小天下"。这是孔子的理想。

兵车行[1]

车辚辚[2]，马萧萧[3]，行人[4]弓箭各在腰。
爷娘妻子[5]走相送，尘埃不见咸阳桥[6]。
牵衣顿足拦道哭，哭声直上干[7]云霄。
道傍过者[8]问行人，行人但云点行频[9]。
或从十五北防河[10]，便至四十西营田[11]。
去时里正与裹头[12]，归来头白还戍边。
边庭流血成海水，武皇开边意未已[13]。
君不闻汉家山东二百州[14]，千村万落生荆杞[15]。
纵有健妇把锄犁，禾生陇亩无东西[16]。
况复秦兵[17]耐苦战，被驱[18]不异犬与鸡。
长者[19]虽有问，役夫敢申恨[20]？
且如今年冬，未休关西卒[21]。
县官[22]急索租，租税从何出？
信知[23]生男恶，反是生女好。
生女犹得嫁比邻[24]，生男埋没随百草[25]。
君不见青海头[26]，古来白骨无人收。
新鬼烦冤旧鬼哭，天阴雨湿声啾啾[27]！

注释：①此诗当作于天宝十载(751)。天宝九载(750)六月，哥舒翰攻克吐蕃石堡城，但唐军死伤数万人。十二月，关西游奕使王难得又与吐蕃交战。战争使内郡凋蔽，民不聊生，杜甫作诗讥刺之。②辚辚：车行声。③萧萧：马鸣声。④行人：行役之人。⑤妻子：妻子和儿女。⑥咸阳桥：在咸阳西南渭水上，秦汉时称"便桥"，为出长安西行必经之地。⑦干：冲。⑧过者：杜甫自称。⑨点行(háng)：按户籍依次点名，强行征调。行，一说读 xíng。频：多次。以下是行人的答话。⑩十五：十五岁。防河：亦称防秋，即调集军队守御河西，以防吐蕃于秋季侵犯骚扰。⑪四十：四十岁。营田：屯田，戍边时期战时作战，平时种田。⑫里正：唐时每百户为一里，设里正一人，管理农桑、赋役、户籍等事。与裹头:古时人以皂罗三尺裹头做头巾。因应征者年纪太小,故里正替他裹头。⑬武皇开边意未已:有讽刺唐玄宗穷兵黩武之意。武皇,指汉武帝,此隐喻唐玄宗。开边,开拓边境。意未已,没有停止的想法。⑭山东:指华山以东。二百州:唐于潼关以东凡设二百一十七州。⑮荆杞:荆棘等灌木丛。⑯无东西:指庄稼长得不成行列,难辨东西。⑰秦兵:即关中之兵,最善勇战。⑱被驱:被役使。⑲长者:行人对杜甫的尊称。⑳役夫:行人自称。敢:岂敢。㉑休:罢。关西卒:函谷关以西的士卒,即秦兵。㉒县官:古时天子称县官,此指朝廷。㉓信知:真的明白。㉔比邻:近邻。㉕生男埋没随百草:生男从军,战死疆场,埋没于野草之中。㉖青海头:青海边。唐时与吐蕃大战,多于青海附近。㉗天阴:古人以为天阴则能闻鬼哭。啾(jiū)啾:象声词,呜咽哭声。

月　夜①

今夜鄜州②月,闺中③只独看。
遥怜小儿女,未解忆长安④。
香雾云鬟湿,清辉玉臂寒⑤。
何时倚虚幌,双照泪痕干⑥。

注释:①天宝十五载(756)五月,杜甫携家避难于鄜州。八月,只身投奔肃宗,途中被叛军俘获,陷于长安。此诗即杜甫在长安因思念住在鄜州的家人而作的。②鄜(fū)州:今陕西富县。③闺中:此处指妻子。④“遥怜”二句:儿女还小,还不懂思念在长安的父亲。⑤“香雾”二句:写妻子在月下思念自己的情景。清辉,指月光。⑥“何时”二句:什么时候我们能团圆重聚,拭干泪痕,共享同一地的月色。虚幌,透明的帷幔。

月夜忆舍弟①

戍鼓②断人行,秋边一雁③声。
露从今夜白,月是故乡明。
有弟皆分散,无家④问死生。
寄书长不达⑤,况乃未休兵⑥。

注释:①此诗作于乾元二年(759)秋,流寓秦州时。此时唯杜占与诗人同在,而其他兄弟则散居于河南、山东等地,故作诗怀念。舍弟:对外人称自己的弟弟为“舍弟”。杜甫有四弟：杜颖、杜观、杜丰、杜占。②戍鼓：戍楼上的更鼓。鼓后，禁止行人往来。③一雁：孤雁。古人以雁行喻兄弟，一雁，喻兄弟分散。④无家：指杜甫在洛阳附近的老宅已毁于安史之乱。⑤书：信。不达：收不到。⑥未休兵：时叛军史思明正与唐将军李光弼激战。

天末怀李白①

凉风起天末，君子②意如何。
鸿雁③几时到，江湖秋水多。
文章憎命达④，魑魅喜人过⑤。
应共冤魂语⑥，投诗赠汨罗⑦。

注释：①此诗作于乾元二年(759)流寓秦州时。杜甫得知李白流放夜郎，但尚未知晓他已遇赦而归，写此诗同情其遭遇，表达怀想之情。天末：天边。秦州地处边塞，故称天末。②君子：指李白。③鸿雁：比喻音信。④文章憎命达：好文章都是在命运艰难时才写出来的。⑤魑魅(chīmèi)喜人过：要提防山神鬼怪把你吃了，这是要李白提防小人陷害。魑魅，山神鬼怪。夜郎偏远多魑魅。⑥冤魂：指屈原。屈原无罪被流放，投汨罗江而死。李白被流放，与屈原相似，不为生者理解，可与死者共语。⑦汨(mì)罗：汨罗江，在今湖南湘阴县。

登　楼①

花近高楼伤客心，万方多难此登临②。
锦江③春色来天地，玉垒浮云变古今④。
北极朝廷终不改⑤，西山寇盗⑥莫相侵。
可怜后主还祠庙，日暮聊为梁甫吟⑦。

注释：①此诗是杜甫于广德二年(764)春回成都所作。写万方多难，急欲报效朝廷之情。②“花近”二句：万方多难之时，登临高楼，见花而伤心。③锦江：即濯锦江，一称浣花溪，岷江的支流，流经成都城西。杜甫的草堂临近锦江。④玉垒：玉垒山，在今四川灌县西。变古今：与古今一同变幻。⑤北极朝廷终不改：唐王朝如北极星一样不可动摇。北极，北辰。《论语·为政》：“为政以德，譬如北辰，居其所而众星拱之。”广德元年(763)十月，吐蕃军攻陷长安，立广武王李承宏为帝。后郭子仪收复京师，代宗回京，吐蕃败走。⑥西山寇盗：指吐蕃。广德元年十二月，吐蕃攻陷松、维、保三州及云山、新筑二城，后剑南西川诸州也被吐蕃吞并。⑦“可怜”二句：杜甫怀念诸葛亮，叹息唐王朝没有诸葛亮一样的英雄济世匡君，担心代宗身后，其命运连平庸可怜的后主刘禅都比不上。后主还祠庙，指刘备之子刘禅得诸葛亮辅佐，尚可立国，死后还有祠庙。刘禅后主祠在刘备先主祠的东边，西边为诸葛亮武侯祠。梁甫吟，乐府曲名。诸葛亮躬耕南阳时，好为《梁甫吟》。

咏怀古迹①·其一

支离东北风尘际，漂泊西南天地间②。
三峡楼台淹日月，五溪衣服共云山③。
羯胡事主终无赖④，词客哀时且未还⑤。
庾信平生最萧瑟，暮年诗赋动江关⑥。

注释：①此是杜甫作于大历元年(766)的一组七律连章诗，五首分咏五处古迹，一指江陵的庾信宅，二指归州（今湖北秭归）的宋玉宅，三指归州的昭君村，四、五分指夔州的先主庙和武侯祠。杜甫由古迹而追怀古人，又由古人而抒发一己之怀抱。②“支离”二句：指作者在安史之乱期间，逃离长安，入蜀往来漂泊。支离，流离之意。东北风尘际，指安史之乱时期。③“三峡”二句：意谓作者在三峡、五溪地区都居住过。楼台，泛指房屋。淹日月，指滞留多日。五溪，指雄溪、蒲溪、酉溪、沅溪、辰溪，在今鄂贵交界处，为古代少数民族所居住。《后汉书·南蛮传》：“武陵五溪蛮，皆槃瓠之后。……织绩木皮，好五色衣服。”④羯(jié)胡：指安禄山，亦指反南朝梁的侯景。无赖：狡猾可恶之意。⑤词客：指庾信，也指自己。哀时：感伤时事。未还：指漂泊异乡，不能回家。⑥“庾信”二句：梁朝诗人庾信，字子山，新野（今属河南）人，梁元帝时出使北周，被留不归，常怀乡国之思，作《哀江南赋》曰：“将军一去，大树飘零；壮士不还，寒风萧瑟。提挈老幼，关河累年。”有《伤心赋》：“对玉关而羁旅，坐长河而暮年。”此处作者把安禄山叛唐比作梁朝侯景叛梁，把自己乡国之思比作庾信之哀思故乡。

咏怀古迹·其五

诸葛大名垂宇宙，宗臣遗像肃清高[①]。
三分割据纡筹策，万古云霄一羽毛[②]。
伯仲之间见伊吕[③]，指挥若定失萧曹[④]。
运移汉祚终难复，志决身歼军务劳[⑤]。

注释：①宗臣：为后世所敬仰的重臣。《三国志·蜀书·诸葛亮传》注引张俨《默记》：“亦一国之宗臣，霸主之贤佐也。”肃清高：为其清高的节操而肃然起敬。②“三分”二句：诸葛亮以其出色的谋略促使了三分天下，他就像千百年来仅见的鸾凤翱翔在云霄。三分割据，指魏、蜀、吴三国鼎立。纡筹策，周密的筹划谋略。羽毛，指鸾凤。③伯仲之间：意谓不相上下。伊吕：指商之伊尹和周之吕尚，皆为辅佐贤主开基立国的名相。④失萧曹：意谓萧曹有所不及。萧曹，指辅佐汉高祖的萧何、曹参，皆一代名臣。⑤“运移”二句：不可抗拒的气运转移，再不护佑汉朝，诸葛亮终究难以复兴汉室，虽然他志向坚定，但终因军务繁杂，积劳成疾，不治而亡。运，指气运。汉祚(zuò)，指汉朝的国统。祚，帝位。身歼，死亡。

八阵图[①]

功盖三分国[②]，名成八阵图。
江流石不转[③]，遗恨失吞吴[④]。

注释：①此诗作于大历元年(766)，杜甫初到夔州之时。借评述孔明表明自己的识见。八阵图：诸葛亮所布八阵共有四处，以夔州为最著名。八阵即天、地、风、云、飞龙、翔鸟、虎翼、蛇盘。②功盖三分国：诸葛亮佐蜀，三分天下，成盖世之功。三分国，即魏、蜀、吴三国鼎立。③江流石不转：八阵之石虽经江水冲激，仍屹立不动。石不转，八阵在夔州西南江边，聚石成堆，纵横棋布，夏季为水所淹，冬季水退则现。④遗恨失吞吴：此处说法不一，一解作以失策于吞吴为恨。诸葛亮本意在联吴抗曹，故不赞成刘备兴兵伐吴，猇亭大败，以为失策。一解作以未能灭吴为恨。诸葛亮立志灭吴伐魏，复兴汉室，本有灭吴之心，而刘备未能成功，以此为恨。一解作以不能用八阵图制吴为恨。三说中，以第一说较为合理。

曲江·其二[①]

朝回日日典春衣[②],每日江头尽醉归[③]。
酒债寻常行处有[④],人生七十古来稀[⑤]。
穿花蛱蝶深深见[⑥],点水蜻蜓款款飞[⑦]。
传语风光共流转[⑧],暂时相赏莫相违[⑨]。

注释:①诗描写了诗人强作解愁,抒发了惜春、伤春之情,表现了诗人对世事无可奈何之后的及时行乐思想。②朝(cháo)回:上朝回来。典:典当。③江头:曲江头。尽:尽是,都是。④酒债:赊欠的酒钱。寻常:平常。行处:到处。⑤古来稀:又称古稀之年,古代为七十岁的代称。⑥蛱蝶:蝴蝶。深深见(xiàn):时隐时现。见,现。⑦款款:缓慢。⑧传语:寄语,传话。风光:春光。⑨相违:互相分开。

江南逢李龟年[①]

岐王宅里寻常见[②],崔九堂[③]前几度闻。
正是江南好风景,落花时节又逢君。

注释:①此诗作于大历五年(770)春,杜甫少时曾听李龟年唱过歌,此时在潭州(今湖南长沙)重逢,即作此诗相赠。江南:指长江、湘水一带。李龟年:唐时著名音乐家,善歌,开元、天宝年间颇负盛名,得玄宗优遇。安史之乱后,流落江南,每逢良辰胜景,为人歌数曲,座中无不掩泪罢酒。②岐王宅:在洛阳尚善坊。岐王,李范,睿宗之子、玄宗之弟,喜爱文学,好结纳文士。寻常:平常。③崔九堂:崔涤有宅在洛阳遵化里。崔九,即崔涤,玄宗宠臣,常出入禁中。杜甫少时"出游瀚墨场",常于岐王、崔九的宅第中出入,见过李龟年。

漫兴[①]·其五

肠断[②]春江欲尽头,杖藜徐步立芳洲[③]。
颠狂柳絮随风舞,轻薄桃花逐水流[④]。

注释:①杜甫有《绝句漫兴九首》,这是其中的第五首。作于唐肃宗上元二年(761),当时杜甫正寓居成都草堂。此诗写诗人本为春日游赏散心,然而所见却是春景狼藉,无非是残柳落花,抒发了诗人对国计民生的忧虑。漫兴:即兴而作,兴之所至随意写成。②肠断:形容极度伤心。据传桓温伐蜀,军士取一猿，母猿随之沿江而啼。温不忍，欲还幼猿，军士不肯，母猿声竭力尽而死，取而剖之，其肠寸断。后人便形容悲伤过度为肠断。③藜：藜杖。徐步：缓行，漫步。芳洲：长满花草的水中陆地。④“颠狂”两句：用拟人的修辞手法描绘柳絮、桃花的动态。颠狂，放荡不羁，指柳絮上下翻飞。轻薄，轻浮。

漫兴①·其七

糁径②杨花铺白毡，点溪荷叶叠青钱③。

笋根雉子④无人见，沙上凫雏⑤傍母眠。

注释：①作于唐肃宗上元二年(761)初夏成都草堂，是杜甫《绝句漫兴九首》的第七首。诗用对偶的手法，细腻而传神地描写了初夏郊野的杨花、幼荷、笋根、雉子与凫雏，意境优美温馨，抒发了诗人的闲适之情。②糁(sǎn)径：散乱地落满细碎杨花的小路。糁，原意为饭粒，这里引申为散落、散布。③青钱：古代的一种青铜钱，这里比喻刚长出的荷叶点缀在小溪上，像重叠的青钱。④雉子：小野鸡。一作“稚子”，指嫩笋芽。⑤凫雏：小野鸭。

江　村①

清江一曲抱村流②，长夏江村事事幽③。

自去自来④梁上燕，相亲相近⑤水中鸥。

老妻画纸为棋局⑥，稚子⑦敲针作钓钩。

多病所须惟药物⑧，微躯⑨此外更何求。

注释：①诗作于唐肃宗上元元年(760)夏成都浣花溪畔。诗通过描写燕子来去自由、鸥鸟无猜、妻子画纸为棋盘和儿子做钓钩等表现出浣花溪生活的惬意自适，而末句含蓄地流露出怅然之意。②江：锦江，岷江的支流，在成都西郊的一段又叫浣花溪。抱：环抱，绕着。③幽：幽静，安闲。④自去自来：来去随意的样子。⑤相亲相近：形容鸥鸟融洽亲近的样子。⑥棋局：棋盘。⑦稚子：幼子。⑧须：需要。惟：只是。⑨微躯：微贱的身体，诗人谦称。

秋兴·其三①

千家山郭静朝晖②，日日江楼坐翠微③。

信宿渔人还泛泛④，清秋燕子故飞飞⑤。

匡衡抗疏[⑥]功名薄，刘向传经[⑦]心事违。

同学少年多不贱[⑧]，五陵裘马自轻肥[⑨]。

注释：①诗歌表现晨曦中的夔州虽然秋色清明，江面宁静，却并没有给诗人带来内心的平静，诗人回顾往昔，慨叹诸事不遂愿。②山郭：靠山的城郭。静：安静，静穆。③翠微：青绿的山色。④信宿：再宿，连宿两夜。古代称一宿为宿，二宿叫次，二次以上叫信。还泛泛：仍在水上漂浮。⑤清秋：深秋。飞飞：飞动的样子。⑥匡衡抗疏：汉元帝时匡衡多次上疏，议论朝政，升光禄大夫、太子少傅。这里诗人慨叹自己任左拾遗时上书救房琯，结果遭贬。⑦刘向传经：汉宣帝时，刘向奉命传授《谷梁传》，在石渠阁讲论五经（《诗经》《尚书》《礼》《易》《春秋》，五部儒家经典著作），汉成帝时又点校内府五经。这里诗人以刘向自比，感叹自己虽有传授经书、辅佐朝廷的愿望，但往往事与愿违，反而被朝廷疏远。⑧不贱：显贵。贱，贫贱。⑨五陵：长安北郊五座汉代帝王陵墓，即长陵、安陵、阳陵、茂陵、平陵，汉代每建一座陵墓，都将各地豪族外戚迁到附近。轻肥：轻裘肥马，指代豪贵生活。

·王维

渭川田家[①]

斜阳照墟落[②]，穷巷[③]牛羊归。

野老念牧童，倚杖候荆扉[④]。

雉雊麦苗秀[⑤]，蚕眠[⑥]桑叶稀。

田夫荷[⑦]锄至，相见语依依。

即此羡闲逸[⑧]，怅然吟式微[⑨]。

注释：①此诗以自然的笔触描写了乡村黄昏的山水田园景象，寄托向往之情，抒发宦海沉浮的彷徨。渭川，渭水。②墟落：村庄。③穷巷：深巷。④荆扉：柴门。⑤雉雊（zhìgòu）：野鸡鸣叫。⑥蚕眠：蚕成长时，在蜕皮前，不食不动，似睡眠样，称“蚕眠”。⑦荷（hè）：扛着。⑧即此：就这样，此指所见上述的农家情景。羡闲逸：羡慕闲散安逸的生活。⑨怅然：失意的样子。式微：《诗经·邶风》有《式微》一篇，咏服役者思归之情，有“式微，式微，胡不归”句。王维取其思归之意，表达去官归隐田园的愿望。

辋川闲居赠裴秀才迪[①]

寒山转苍翠，秋水日潺湲[②]。
倚杖柴门外，临风听暮蝉。
渡头余落日，墟里[③]上孤烟。
复值接舆[④]醉，狂歌五柳[⑤]前。

注释：①此诗写闲居之乐和对友人的深切情谊。辋川：河名，在今陕西蓝田终南山下，宋之问建有别墅。王维晚年得此别墅隐居，与裴迪唱和。秀才：古时泛称士子为秀才。②潺湲(chányuán)：水徐缓流淌的样子。③墟里：村落。陶渊明《归园田居》有“暧暧远人村，依依墟里烟”之句，即此句所本。④接舆：春秋时隐士陆通，字接舆，楚国人，曾狂歌避世。此处指裴迪。⑤五柳：陶渊明因其住宅旁有五株柳树而自号“五柳先生”，曾作《五柳先生传》。此处王维自比陶渊明。

过香积寺[①]

不知香积寺，数里入云峰。
古木无人径，深山何处钟。
泉声咽危石[②]，日色冷青松。
薄暮空潭曲[③]，安禅制毒龙[④]。

注释：①此诗写王维游香积寺的感受。香积寺：故址在今陕西长安区山中。②泉声咽危石：语本孔稚珪《北山移文》“石泉咽而下怆”句。危石，高而险峻的山石。③曲：隐僻之处。④安禅制毒龙：坐禅能制服心中的妄念。安禅，佛家语。佛教徒坐禅空净守一而入境界，称安禅。毒龙，用以比喻人心中的妄念。据《涅槃经》载：“毒龙宜作妄心譬喻，犹所谓心马情猴者。”又说：“但我住处，有一毒龙，其性暴急，恐相危害。”

积雨辋川庄作[①]

积雨空林烟火迟[②]，蒸藜炊黍饷东菑[③]。
漠漠水田飞白鹭，阴阴夏木[④]啭黄鹂。
山中习静观朝槿[⑤]，松下清斋折露葵[⑥]。
野老与人争席罢[⑦]，海鸥何事更相疑[⑧]。

注释：①此诗描写雨后辋川庄清幽的景色和纯朴的生活。积雨：久雨。庄：别墅。②烟火迟：因久雨后，故烟火之燃徐缓。③藜：一种野菜。黍：黄米。饷东菑(zī)：把饭送到东边新开的田地里。菑，新开一年的土地。④夏木：大树。⑤习静：道家静坐守一的方法。观朝槿(jǐn)：静观槿花，可以体悟人生短暂、荣枯无常之理。朝槿，木槿花早开午谢，故称朝槿。⑥清斋：素食之意。《旧唐书·王维传》载："维弟兄俱奉佛，居常素食，不茹荤血，晚年常斋，不衣文彩。"露葵：葵菜有"百菜之主"之称。此指新鲜蔬菜。⑦野老：王维自称。争席罢：是说自己已经没有倨傲损人之心，已与世无争。争席，典出《庄子·杂篇·寓言》。杨朱倨傲骄矜，自见老子之后，学会了谦恭礼敬，人们也敢于与他争座席了。⑧海鸥何事更相疑：我已无好胜损人之心，海鸥为什么还怀疑我呢？海鸥，典出《列子·黄帝》。有海边好鸥者，每天与海鸥相亲。后其父要他捉海鸥来玩，第二天，海鸥再也不与他亲近了。

鹿　柴①

空山不见人，但闻人语响。

返景②入深林，复照青苔上。

注释：①王维有《辋川集》，收诗二十首，前有序，举孟城坳、华子冈、鹿柴、竹里馆等二十景，每景一诗，并有裴迪的同咏。此诗写山林幽趣。鹿柴(zhài)：用带枝杈树木搭成的栅栏，形似鹿角，故名。这是王维辋川别业中的一景。柴，通"寨""砦"，木栅栏。②返景：落日返照。

送　别

山中相送罢，日暮掩柴扉②。

春草年年绿，王孙归不归③。

注释：①诗题一作"山中送别"，疑居辋川时作。以别后寂寞写希望重聚。②柴扉：柴门。③"春草"二句：典出《楚辞·招隐士》。王孙，王维自指。

相　思①

红豆②生南国，春来发几枝。

愿君多采撷③，此物最相思。

注释:①此诗以咏物而咏人,有因物而寄相思之意。②红豆:相思木所结之籽,又名相思子,产于亚热带地区。相传相思子圆而红,昔有人死于边塞,其妻思之,哭于树下而卒,因以为名。③采撷(xié):采摘。

杂　诗[1]

君自故乡来,应知故乡事。

来日绮窗前[2],寒梅著花[3]未?

注释:①原题下有三首,此为其二。以淡绝口吻写思乡之切,宛然如画。②来日:来的时候。绮窗:镂花之窗。③著花:开花。

竹里馆[1]

独坐幽篁里[2],弹琴复长啸[3]。

深林人不知,明月来相照。

注释:①王维自唐玄宗天宝三载(744)至十五载(756)前后常居于辋川,作《辋川集》,期间与裴迪诗相往来。此诗用白描手法,描绘出一个空明澄净、清幽绝俗的境界,抒发了诗人闲适自得、了无杂念的情愫。竹里馆:王维建在辋川的别馆。②幽篁(huáng):幽深的竹林。篁,竹林。屈原《山鬼》:"余处幽篁兮终不见天,路险难兮独后来。"③复:又。长啸:撮口发出长而清晰的声音,古代雅士常借此抒情。

田园乐[1]·其六

桃红复含宿雨[2],柳绿更带朝烟。

花落家童未扫,莺啼山客[3]犹眠。

注释:①田园乐是由七首六言绝句组成的组诗,表现了王维退居辋川别墅与大自然亲近的乐趣,所以一题作"辋川六言"。②宿雨:昨夜下的雨。③山客:隐居山中的人。

终南别业

中岁颇好道[1],晚家南山陲[2]。

兴来每独往,胜事[3]空自知。

行到水穷处，坐看云起时。

偶然值林叟④，谈笑无还期⑤。

注释：①中岁：中年。好（hào）：喜好。道：这里指佛教。②家：安家。南山陲（chuí）：指辋川别墅所在地，意思是终南山脚下。南山，即终南山。陲，边缘，旁边，边境。③胜事：美好的事。④值：遇到。叟（sǒu）：老翁。⑤无还期：没有回还的准确时间。

·杨炯

从军行①

烽火照西京②，心中自不平。

牙璋辞凤阙③，铁骑绕龙城④。

雪暗凋⑤旗画，风多杂鼓声。

宁为百夫长⑥，胜作一书生。

注释：①从军行：为乐府《相和歌·平调曲》旧题，多写军旅生活。②烽火：古代边防告急的烟火。西京：长安。③牙璋：古代发兵所用之兵符，分为两块，相合处呈牙状，朝廷和主帅各执其半。这里指代奉命出征的将帅。凤阙：阙名。汉建章宫的圆阙上有金凤，故以凤阙指皇宫。④龙城：又称龙庭，在今蒙古国鄂尔浑河的东岸，汉时匈奴的要地。汉武帝派卫青出击匈奴，曾在此获胜。这里指塞外敌方据点。⑤凋：原意指草木枯败凋零，此指失去了鲜艳的色彩。⑥百夫长：一百个士兵的头目，泛指下级军官。

·孟郊

游子吟①

慈母手中线，游子身上衣。

临行密密缝，意恐迟迟归。

谁言寸草心，报得三春晖②。

注释：①此题下有自注“迎母溧上作”，可知此诗是孟郊为溧阳县尉时迎养母亲时所作的。吟：诗体之一。②“谁言”二句：谁说儿女微薄的孝心能报答得了阳光般温暖的母爱呢？寸草心，指小草生出的嫩芽，又象征儿女的孝心。寸草，小草。三春晖，指春天的阳光，也象征母爱。三春，春天。因春季有三个月，故称。

登科后

昔日龌龊[1]不足夸，今朝放荡[2]思无涯。

春风得意马蹄疾，一日看尽长安花。

注释：①龌龊：指处境不如意和思想上的拘谨局促。②放荡：自由自在，无所拘束。

劝　学

击石乃[1]有火，不击元[2]无烟。

人学始[3]知道[4]，不学非[5]自然[6]。

万事须已运[7]，他得非我贤[8]。

青春[9]须早为，岂[10]能长[11]少年。

注释：①乃：才。②元：原本、本来。③始：方才。④道：事物的法则、规律。这里指各种知识。⑤非：不是。⑥自然：天然。⑦运：运用。⑧贤：才能。⑨青春：指人的青年时期。⑩岂：难道。⑪长：长期。

·陈子昂

登幽州台歌[1]

前不见古人，后不见来者。

念天地之悠悠[2]，独怆然而涕下[3]。

注释：①此诗是万岁通天初年(696)，陈子昂随军北征契丹，登台而作。其诗意本《楚辞·远游》："惟天地之无穷兮，哀人生之长勤。往者余弗及兮，来者吾不闻。步徙倚而遥思兮，怊惝恍而乖怀。"慨叹人生短暂，宇宙无穷。幽州台：即蓟北楼，又叫蓟丘、燕台，相传是燕昭王为招揽人才而筑的黄金台，故址在今北京市。幽州，郡名，治所蓟，在今北京大兴区。②悠悠：无穷无尽的样子。③怆然：伤感悲凉的样子。涕：眼泪。

赠乔侍御[1]

汉廷荣巧宦[2]，云阁薄边功[3]。

可怜骢马使[4],白首为谁雄[5]。

注释:①诗题一作“题祀山烽树赠乔十二侍御”。诗歌借古喻今,借汉代桓典之事,抒发了对唐朝不重视贤良、赏罚不公的不满和愤激,表达了对乔侍郎怀才不遇的深切同情。乔侍御:即诗人乔知之,时任御史。②汉廷:这里借指唐朝。巧宦:善于钻营的官员。③云阁:云台、麒麟阁,汉代悬挂名将功臣图像的地方。薄:轻视。④可怜:可叹。骢(cōng)马使:汉桓典为御史,有威名,常骑马,人称骢马御史,这里借指戍守边地的将领。⑤为谁雄:为谁而称雄,意思是说,一片雄心无法抒展。

·岑参

走马川行奉送封大夫出师西征[1]

君不见走马川行雪海边[2],平沙莽莽[3]黄入天。
轮台[4]九月风夜吼,一川碎石大如斗,随风满地石乱走。
匈奴草黄马正肥[5],金山[6]西见烟尘飞,汉家大将[7]西出师。
将军金甲夜不脱,半夜军行戈相拨[8],风头如刀面如割。
马毛带雪汗气蒸,五花连钱旋作冰[9],幕中草檄[10]砚水凝。
虏骑闻之应胆慑[11],料知短兵不敢接[12],车师西门伫献捷[13]。

注释:①此诗当作于天宝十二载(753)九月。诗歌极力铺展自然环境的险恶以反衬大军的一往无前。走马川:地名,在北庭川,今新疆古尔班通古特。行:古诗体裁之一。封大夫:指封常清,蒲州猗氏(今山西临猗)人。天宝年间任北庭都护、伊西节度使、瀚海军使,调岑参任安西、北庭节度判官,军府驻轮台。因封常清曾任御史大夫,故称封大夫。西征:封常清于天宝十三载(754)率军对突厥西叶护阿布思叛军余部用兵,一月之内,受降而归。②雪海:山区名,为今新疆吉木萨尔县南之天山,因常年雨雪,雪峰层叠,故称雪海。③莽莽:浩渺无边的样子。④轮台:在今新疆库车县东。封常清驻军于此,岑参亦常居于此。⑤匈奴草黄马正肥:据《汉书·匈奴传》记载,秋天草黄马肥时,匈奴人常侵汉境劫掠。⑥金山:即阿尔泰山,在今新疆北部和蒙古国西部。此指敌军侵犯的方向。⑦汉家大将:指封常清。⑧戈相拨:指戈与铠甲互相碰击。⑨五花连钱旋作冰:马鬃和马身上的雪与汗被冷风一吹很快冻成了冰。五花,即五花马。唐人剪马鬃成花状,三瓣称三花,五瓣称五花。连钱,指马身上斑驳如钱的花纹。旋，随即。⑩草檄：起草军中征讨文书。⑪慑（shè）：惧怕。⑫料知短兵不敢接：敌人不敢短兵相接。短兵，指刀剑之类的短兵器。⑬车师：古国名，唐时为北庭都护府治所北庭城。伫（zhù）：站着等待。

白雪歌送武判官归京①

北风卷地白草②折，胡天③八月即飞雪。
忽如一夜春风来，千树万树梨花开。
散入珠帘湿罗幕，狐裘不暖锦衾④薄。
将军角弓不得控⑤，都护铁衣冷难着⑥。
瀚海阑干⑦百丈冰，愁云惨淡万里凝。
中军⑧置酒饮归客，胡琴琵琶与羌笛。
纷纷暮雪下辕门⑨，风掣红旗冻不翻⑩。
轮台⑪东门送君去，去时雪满天山⑫路。
山回路转不见君，雪上空留马行处。

注释：①此诗与《轮台歌》作于同时，描写边地八月飞雪的奇丽景象，抒发送别武判官的无尽离思。白雪歌：乐府琴曲有《白雪歌》。武判官：其人不详。判官，官名。唐时节度使、观察使下掌书记之官吏。②白草：因西域牧草秋天变白，故称。③胡天：此处指西域的气候。④衾（qīn）：被子。⑤角弓：以兽角为装饰的硬弓。控：拉弦。⑥都护：官名。唐时曾设安西等六大都护府，每府有大都护，管理行政事务。铁衣：护身铁甲衣。着：穿。⑦瀚海：即大沙漠。阑干：纵横交错的样子。⑧中军：主帅所在的军营。此指主帅营帐。⑨辕门：军营之门。⑩风掣（chè）红旗冻不翻：红旗因被冰雪冻住，风吹也不能使它拂动。掣，拽动。⑪轮台：轮台县，北庭都护府治所。⑫天山：唐时称伊州、西州以北一带的山脉为天山。

逢入京使①

故园东望路漫漫，双袖龙钟②泪不干。
马上相逢无纸笔，凭君传语报平安。

注释：①此诗作于天宝八载（749）岑参前往安西时，写故园难归的乡思酸辛。②龙钟：被泪水沾湿的样子。

行军九日思长安故园[1]

强欲登高去[2]，无人送酒来[3]。
遥怜[4]故园菊，应傍[5]战场开。

注释：①诗作于至德二载(757)农历九月九日重阳节。天宝十五载(756)，安禄山攻陷长安。七月，李亨在灵武即位，改元至德。至德二载(757)二月，肃宗李亨由灵武进至凤翔。六月，诗人由杜甫等举荐，任右补缺谏官。诗歌通过描写重阳节的思绪，抒发了对长安的思念和对国都沦陷的忧虑以及内心的无限沉痛。九日：九月九日重阳节。②强欲：勉强要。登高：旧时风俗，重阳节携亲友登高、饮酒、赏菊。③送酒：暗指陶渊明的事。《南史·陶渊明传》载，陶渊明素喜饮酒，家贫，重阳无酒，空坐菊花丛中。太守王弘知道后，叫人给他送酒。④怜：怜惜。⑤应傍：应该挨着。

·韩愈

山　石[1]

山石荦确行径微[2]，黄昏到寺蝙蝠飞。
升堂坐阶新雨足，芭蕉叶大支子肥[3]。
僧言古壁佛画好，以火来照所见稀[4]。
铺床拂席置羹饭，疏粝[5]亦足饱我饥。
夜深静卧百虫绝，清月出岭光入扉[6]。
天明独去无道路[7]，出入高下穷烟霏[8]。
山红涧碧[9]纷烂漫，时见松枥皆十围。
当流赤足蹋涧石，水声激激风吹衣。
人生如此自可乐，岂必局束为人鞿[10]。
嗟哉吾党二三子[11]，安得至老不更归[12]。

注释：①此诗作于贞元十七年(801)韩愈在洛阳惠林寺时，描写游山寺的所遇、所见、所闻、所感。②荦(luò)确：险峻不平的样子。微：狭窄。③支子：即栀子，夏天开白花。④稀：模糊，少见。⑤疏粝(lì)：糙米饭。⑥扉：门。⑦无道路：意指随处闲走，不择路径。⑧烟霏(fēi)：指云雾。⑨山红：指山花红艳。涧碧：指涧水碧绿。⑩局束：约束之意。为人鞿(jī)：形容被人所控制。鞿，马络头。⑪吾党二三子：意谓我的几个志趣相投的朋友。吾党，语出《论语·公冶长》:"吾党之小子简狂。"二三子,语出《论语·述而》:"二三子以我为乎?"⑫不更归:即再不归。更,再。

春　雪

新年①都未有芳华②,二月初③惊见草芽。

白雪却嫌春色晚,故④穿庭树⑤作飞花。

注释:①新年:指农历正月初一。②芳华:芬芳的鲜花。③初:刚刚。④故:因此,所以。⑤庭树:花园里的树木。

初春小雨①

天街小雨润如酥②,草色遥看近却无。

最是一年春好处③,绝胜烟柳满皇都④。

注释:①诗题一作"早春呈水部张十八员外",张十八员外指任水部员外郎的张籍。这首诗写于唐穆宗长庆三年(822)初春的长安,当时韩愈任吏部侍郎。诗用极其细腻的笔法,巧妙地运用通感与错觉,描绘出对春雨的独特感受与不易为人察觉的春色,抒发了对早春的喜爱之情。而诗中描绘出草色若隐若现的妙趣,既符合自然规律又颇具哲理趣味,历来受人推崇。②天街:御街,帝都街道。酥:奶酪,这里比喻春雨的滋润。③处:时。在诗词中多作时间用,不作地点解。④绝胜:绝对超过。皇都:京城。

晚　春①

草木知春不久归②,百般红紫斗芳菲③。

杨花榆荚④无才思,惟解⑤漫天作雪飞。

注释:①诗约作于唐宪宗元和十一年(816)前后,是《游城南》十六首之三。诗写暮春景象,以拟人手法,生动形象地写出草木知道春天将要远去,争艳斗奇,而杨花、榆荚因乏文采,只好漫天飞舞,赋予晚春以灵性,同时寓有珍惜年华的含义。②归:回归,春色将尽。③百般:各种各样或千方百计。斗芳菲:竞艳吐芳,争相开放。④榆荚:榆钱,呈白色,状如古钱。⑤惟解:只知道。

自　咏[①]

一封朝奏九重天[②]，夕贬潮阳路八千[③]。
本为圣明除弊政[④]，敢将衰朽惜残年[⑤]。
云横秦岭[⑥]家何在，雪拥蓝关[⑦]马不前。
知汝[⑧]远来应有意，好收吾骨瘴江边[⑨]。

注释：①诗题一作“左迁至蓝关示侄孙湘”，作于唐宪宗元和十四年(819)。当年正月，宪宗派人到凤翔(今陕西境内)法门寺迎接佛骨入宫供养，韩愈上《论佛骨表》劝谏，触怒宪宗，被贬为潮州(今广东潮阳一带)刺史。这首诗作于赴潮州途中。诗写出被贬官的原因和地点、获罪之速、获罪之重，委婉地写出诗人一心为国却遭贬谪的愤激，表达了为国除弊的决心。②封：奏章，呈给皇帝的意见书，即《论佛骨表》。奏：向皇帝上书。九重天：这里指皇帝。③贬：贬官。潮阳：即潮州，今广东省潮阳市。八千：指想象中长安到潮州的距离，说明路途遥远。④圣明：朝廷。弊政：一作“弊事”，有害的事。⑤敢：一作“肯”，岂敢，岂肯。衰朽：体弱年迈。惜残年：爱惜残余的岁月。⑥秦岭：泛指陕西南部的山岭。⑦蓝关：蓝田关，在今陕西蓝田县东南。⑧汝：你，指韩湘。⑨瘴(zhàng)江：泛指岭南河流，当时岭南多瘴疠之气，所以称瘴江。

·柳宗元

渔　翁[①]

渔翁夜傍[②]西岩宿，晓汲清湘燃楚竹[③]。
烟销日出不见人，欸乃[④]一声山水绿。
回看天际下中流，岩上无心云相逐[⑤]。

注释：①此诗作于柳宗元被贬永州司马期间，以写渔翁写景，寄托超脱心绪。②傍：靠。③汲：打水。清湘：指湘江。楚竹：楚地之竹。因永州古属楚国，故称。④欸(ǎi)乃：摇桨发出的声音。唐时湘中有渔歌《欸乃曲》，有人也认为此处指船歌。⑤无心云相逐：语本陶渊明《归去来辞》“云无心以出岫”，指任意飘荡的云。

与浩初上人同看山寄京华亲故[①]

海畔尖山似剑铓[②]，秋来处处割愁肠[③]。

若为化得身千亿[④]，散上峰头望故乡[⑤]。

注释：①与：同。浩初：作者的朋友，潭州（今湖南长沙）人，龙安海禅师的弟子。时从临贺到柳州会见柳宗元。上人：对和尚的尊称。山：指柳州附近山峰。京华：京城长安。亲故：亲戚、故人。②海畔：海边。柳州在南方，距海较近，故称海畔。剑铓（máng）：剑锋，剑的顶部尖锐部分。《玉篇》卷十八："铓，刃端。"③秋：秋季。割：断。愁肠：因思乡而忧愁，有如肝肠寸断。④若：假若。化得身：柳宗元精通佛典，同行的浩初上人又是龙安海禅师的弟子，作者自然联想到佛经中"化身"的说法，以表明自己的思乡情切。千亿：极言其多。《诗经·大雅·假乐》："千禄百福，子孙千亿。"⑤散上：飘向。一作"散作"。峰头：山峰的顶端。望：遥望。故乡：这里指长安，而作者的家乡在河东。

重别梦得[①]

二十年来万事同[②]，今朝歧路忽西东[③]。
皇恩若许归田去[④]，晚岁当为邻舍翁[⑤]。

注释：①梦得：即唐代文学家刘禹锡，"梦得"是他的字。②二十年来：柳宗元和刘禹锡二人同时中进士，到作此诗时已度过了二十二个春秋。③歧（qí）路：岔路。《列子·说符》："杨子之邻人亡羊，既率其党，又请杨氏之竖追之。杨子曰：'嘻！亡一羊，何追者之众？'邻人曰：'多歧路。'"④皇恩：皇帝的恩德。《文选·张衡〈西京赋〉》："皇恩溥，洪德施。"李善注："皇，皇帝。"归田：谓辞官回乡务农。《艺文类聚》卷六六引晋鲁褒《钱神论》："谚曰：官无中人，不如归田。"⑤晚岁：晚年。唐杜甫《羌村》诗之二："晚岁迫偷生，还家少欢趣。"邻舍：邻居。《后汉书·陈忠传》："邻舍比里，共相压迮。"

·高适

燕歌行[①]（并序）

开元二十六年，客有从元戎出塞而还者[②]，作《燕歌行》以示适，感征戍之事，因而和焉[③]。

汉家烟尘[④]在东北，汉将辞家破残贼。
男儿本自重横行[⑤]，天子非常赐颜色[⑥]。
摐金伐鼓下榆关[⑦]，旌旆逶迤碣石间[⑧]。

校尉羽书飞瀚海[9]，单于猎火照狼山[10]。
山川萧条极边土[11]，胡骑凭陵[12]杂风雨。
战士军前半死生[13]，美人帐下犹歌舞。
大漠穷秋塞草腓，孤城落日斗兵稀[14]。
身当恩遇常轻敌[15]，力尽关山未解围。
铁衣[16]远戍辛勤久，玉箸[17]应啼别离后。
少妇城南欲断肠，征人蓟北[18]空回首。
边庭飘飖那可度[19]，绝域苍茫更何有。
杀气三时作阵云[20]，寒声一夜传刁斗[21]。
相看白刃血纷纷，死节从来岂顾勋[22]？
君不见沙场征战苦，至今犹忆李将军[23]。

注释：①此诗描军塞北征战之苦，礼赞士卒的爱国舍身精神。燕歌行：乐府旧题，属《相和歌·平调曲》，为曹丕所创，多写边塞苦寒或思妇征夫的内容。②元戎：主帅。一作“御史大夫张公”，指河北节度副使张守珪。据《旧唐书·张守珪传》记载，开元二十六年(738)，张守珪之部伍战败，张却反称大胜。③和：作诗相答。④汉家：唐时人常以汉喻唐。此指唐朝。烟尘：指烽火，泛指边警。⑤横行：在疆场纵横驰骋。⑥非常：破格。赐颜色：给予恩遇。⑦摐(chuāng)：击打。金：指钲，一种行军乐器。伐：击。榆关：山海关。⑧逶迤：连绵不绝的样子。碣石：山名，在今河北昌黎。此泛指东北滨海地区。⑨校尉：武将官名。此处泛指将领。羽书：插羽毛表示万分紧急的文书。瀚海：大沙漠。⑩单于：古代匈奴首领。此泛指敌方首领。狼山：一在今内蒙古乌拉特旗，一在河北易县。此泛指敌军活动地区。⑪极边土：直到边境的尽头。⑫凭陵：侵凌、冲击。⑬半死生：战死者和生还者各占一半。此指战事之惨烈。⑭斗兵稀：还能战斗的士兵已很少。⑮恩遇：朝廷的恩典。轻敌：蔑视敌军。⑯铁衣：铠甲，此借指远征战士。⑰玉箸：比喻眼泪，此借指闺中少妇。⑱蓟北：在今天津蓟县，此泛指边境。⑲边庭飘飖那可度：无法借风向家乡传递消息。度，过。⑳杀气三时作阵云：白天杀气腾腾，化作阵地上的云，历久不散。三时，指一天的早、午、晚三时。㉑刁斗：军中铜制炊具，夜间用以巡夜打更。㉒死节从来岂顾勋：战士为国捐躯，难道是为了功名利禄？死节，为国家而死。顾勋，因军功而获得功名利禄。㉓李将军：指西汉名将李广。李广号飞将军，镇守边境，与士卒同甘共苦，匈奴数年不敢犯境。

除夜[①]作

旅馆寒灯独不眠，客心何事转凄然[②]？
故乡今夜思千里，愁鬓明朝又一年[③]。

注释：①除夜：除夕之夜。②客心：自己的心事。转：变得。凄然：凄凉悲伤。③愁鬓：白色的鬓发。明朝(zhāo)：明天。

·张九龄

望月怀远[①]

海上生明月，天涯共此时[②]。
情人怨遥夜[③]，竟夕[④]起相思。
灭烛怜光满[⑤]，披衣觉露滋[⑥]。
不堪盈手赠[⑦]，还寝梦佳期[⑧]。

注释：①这首羁旅诗以悬想妻子思念自己的情状来写游子的相思深情。怀远：思念远方之人。②“海上”二句：意谓海上明月升起，远在天涯之人此时此刻正和我一样望月思人。③情人：有情谊之人。遥夜：长夜。④竟夕：整夜。⑤怜：爱。光满：月光满照，指月色皎洁，浩渺无边。⑥滋：滋生。⑦不堪：不能。盈手：满手，指把月光捧在手中。⑧还(huán)寝：回去睡觉。佳期：指相会的好日子。

·骆宾王

在狱咏蝉[①]

西陆[②]蝉声唱，南冠客思深[③]。
不堪玄鬓[④]影，来对白头吟[⑤]。
露重飞难进，风多响易沉[⑥]。
无人信高洁，谁为表予[⑦]心？

注释：①此诗作于狱中，借咏蝉的高洁喻自己不肯同流合污的节操。在狱：唐高宗仪凤三年(678)，骆宾王任侍御史，因上疏进谏，被诬下狱。②西陆：指秋天。司马彪《续汉书》有“日行西陆谓之秋”句。西陆为二十八宿中的昴宿。③南冠:《左传·成公九年》记楚钟仪戴南冠被囚于晋军,后以南冠代指囚徒。深,一作"侵"。④玄鬓:指蝉。古代妇女梳鬓发如蝉翼状,称蝉鬓。此处反过来以蝉鬓称蝉。⑤白头吟:古乐府名,传说是汉代卓文君因丈夫司马相如再娶而写的,曲调哀怨。⑥"露重"二句:因露重则蝉飞不快,风大则蝉鸣声易被风声掩盖。比喻世途艰难,阻力重重。⑦予:我。

易水送别①

此地别燕丹②,壮士发冲冠③。
昔时人已没,今日水犹寒。

注释:①诗题一作"于易水送人"。作于唐高宗仪凤四年(679)秋,骆宾王出狱后离开长安奔赴定襄(今山西)时,一说作于唐高宗开耀元年(681)诗人出使燕齐时。此诗借荆轲易水别燕丹的史实,抒发了诗人易水别友人的无限凄楚以及古今同悲的深沉感慨。易水:水名,发源于河北省易县。②燕丹:燕太子丹。③壮士:指荆轲。《战国策·燕策三》载:荆轲替燕太子丹刺杀秦王,出发前"太子及宾客知其事者皆白衣冠以送之,至易水上,既祖,取道,高渐离击筑,荆轲和而歌。为变徵之声,士皆垂泪涕泣。又前而为歌曰:'风萧萧兮易水寒,壮士一去兮不复还。'复为慷慨羽声,士皆瞋目,发尽上指冠。"发冲冠:愤怒得头发直竖,将帽子顶起来。

·杜审言

和晋陵陆丞早春游望①

独有宦游人,偏惊物候新②。
云霞出海曙,梅柳渡江春③。
淑气催黄鸟④,晴光转绿蘋⑤。
忽闻歌古调⑥,归思欲沾巾⑦。

注释:①陆丞曾作《早春游望》诗赠给当时在江阴县的杜审言。杜作此诗和之,写自己宦游异乡的思归心绪。晋陵:县名,在今江苏常州。陆丞:姓陆的县丞,其人不详。②"独有"二句:只有在外做官的人,才会对自然界中季节景物的变化感到格外惊异。宦游人,在外做官的人。物候,指在不同季节里自然界的景物变化。③"云霞"二句:云霞从海上升起,那正是曙色初露;梅柳间的绿意从江南渡到江北,那是春天已经到来。④淑气催黄鸟:春天的气息使黄莺叫得更欢。淑气,指春天的和暖气息。黄鸟,黄莺。⑤晴光转绿蘋:晴明的春光在绿色的水草间流转浮动。绿蘋,指水中绿色的水草。⑥古调:此指陆丞的诗篇。⑦沾巾:指眼泪沾湿衣巾。

·王湾

次北固山下①

客路②青山外,行舟绿水前。
潮平两岸阔③,风正④一帆悬。
海日生残夜⑤,江春入旧年⑥。
乡书何由达⑦,归雁⑧洛阳边。

注释:①诗题一作"江南意"。诗歌描绘出江南壮阔的美景,借鸿雁北飞抒发了客子淡淡的思乡愁绪。②客路:大路,旅途。③潮平:江水高涨而又平静。两岸阔:一作"两岸失"。④风正:风顺。⑤海日:从海上升起的朝阳。残夜:夜尽时,天快亮的时候。⑥入旧年:指春暖早到,节令交替。⑦乡书:家信。何由达:由谁传递。⑧归雁:我国古代有鸿雁传书的说法,源于《汉书·苏武传》。

·常建

题破山寺后禅院①

清晨入古寺,初日照高林。
曲径通幽处,禅房②花木深。
山光悦鸟性,潭影空人心③。
万籁④此皆寂,惟闻钟磬音。

注释:①这是一首游破山寺的题壁诗。破山寺:即兴福寺,在今江苏常熟虞山北麓。②禅房:僧房。③空人心:使人心空明洁净。④万籁:各种声响。籁,从孔穴里发出的各种声音,泛指声响。

·孟浩然

临洞庭湖赠张丞相[①]

八月湖水平[②],涵虚混太清[③]。
气蒸云梦泽,波撼岳阳城[④]。
欲济无舟楫[⑤],端居耻圣明[⑥]。
坐观垂钓者,徒有羡鱼情[⑦]。

注释:①诗题一作“望洞庭湖赠张丞相”。开元二十一年(733),张九龄为相,作者以此诗相赠,有乞仕之意。洞庭:洞庭湖。张丞相:指张九龄。②湖水平:八月江汛,湖水涨满,故说“平”。③涵虚:水气弥漫。太清:天空。④“气蒸”二句:形容水势之浩荡。云梦泽,古时有云、梦二泽,在今湖北南部、湖南北部的长江沿岸一带低洼地区,后大部分淤成陆地。今洞庭湖即为古云、梦二泽的一部分。岳阳城,在今湖南岳阳,洞庭湖东岸。⑤欲济无舟楫:意谓自己要出仕而无人引荐。济,渡水。舟楫,指船。古时也用之比作贤臣。楫,橹。⑥端居耻圣明:自己在圣明之世闲居,实感有愧。端居,安居。⑦“坐观”二句:典出《淮南子·说林训》:“临河而羡鱼,不如归家织网。”意谓与其在河边羡慕别人钓到鱼,不如回家织网来捕鱼。作者化用此典,说自己有心出仕(羡鱼情),可无人引荐,也只能坐观他人(垂钓者)。

与诸子登岘山[①]

人事有代谢[②],往来成古今。
江山留胜迹[③],我辈复登临。
水落鱼梁[④]浅,天寒梦泽[⑤]深。
羊公碑[⑥]字在,读罢泪沾襟。

注释:①此诗写登岘山见羊公碑的感受。岘(xiàn)山:一名岘首山,在今湖北襄阳。据《晋书·羊祜传》记载,西晋名将羊祜镇荆襄时,常登岘山置酒言咏,终日不倦。他曾对同游者叹息道:“自有宇宙,便有此山。由来贤达胜士,登此远望如我与卿者多矣,皆湮没无闻,使人悲伤!如百岁后有知,魂魄犹应登此也。”羊祜死后,百姓念其功德,在山上立庙建碑祭祀,望见碑者,无不落泪,杜预因名为垂泪碑。②代谢:交替。③胜迹:即指庙与碑。④鱼梁:即渔梁洲,在今湖北省襄樊市。⑤梦泽:即云梦泽。⑥羊公碑:即羊祜垂泪碑。

岁暮归南山[①]

北阙[②]休上书，南山归敝庐。

不才明主[③]弃，多病故人疏。

白发催年老，青阳逼岁除[④]。

永怀愁不寐，松月夜窗虚。

注释：①诗题一作“归终南山”。作于开元十六年(728)，时孟浩然进京应进士落第。南山：此指岘山，因在襄阳城南，故称孟浩然隐居的园庐就在附近。②北阙：指皇帝的居处，因宫殿坐北朝南，故名。也代称皇帝。③明主：指当时皇帝。④青阳：指春天。《尔雅》有“春为青阳，一日发生”。因春天气清而温阳，故称。岁除：旧俗在腊月三十击鼓驱疫，称“逐除”。后以年终之日为岁除。

宿建德江[①]

移舟泊烟渚[②]，日暮客愁新。

野旷天低树，江清月近人。

注释：①此诗作于诗人漫游吴越时，约在开元十六年(728)后，写羁旅之思。建德江：新安江流经建德县(今浙江建德)的一段。②烟渚(zhǔ)：暮烟笼罩的小洲。

送朱大入秦[①]

游人五陵[②]去，宝剑值千金[③]。

分手脱[④]相赠，平生[⑤]一片心。

注释：①诗人化用了战国时期吴季札以宝剑相赠友人的典故，表达了对友人的期许、勉励，并抒发了自己仕途的失意。朱大：诗人友人，生平事迹不详。②游人：朱大。五陵：长安附近，当时豪侠多在此居住。③值千金：价值千金，是夸张的手法，言其珍贵。④分手：分别。脱：摘下。⑤平生：平素，往常。

·刘长卿

饯别王十一南游[①]

望君烟水阔，挥手泪沾巾。

飞鸟没[2]何处，青山空向[3]人。
长江一帆远，落日五湖[4]春。
谁见汀洲[5]上，相思愁白蘋[6]。

注释：①此诗以眼前景物写离愁别绪。饯别：饮酒送行。王十一：其人不详。②没(mò)：消失。③向：面对。④五湖：具体所指有多种说法，此指太湖。⑤汀洲：水中可居之地。⑥“相思”以上四句：化用梁朝柳恽《江南曲》诗意，诗曰：“汀洲采白蘋，落日江南春。洞庭有归客，潇湘逢故人。故人何不返，春花复应晚。不道新知乐，只言行路远。”故此处隐含着故人不返之意，抒发惆怅思念之情。白蘋，一种白色小草。

送灵澈[1]

苍苍竹林寺[2]，杳杳[3]钟声晚。
荷[4]笠带斜阳，青山独归远。

注释：①此诗以写景而写送别，似一幅有声之画。灵澈：唐朝著名诗僧，本姓汤，生于会稽，后出家，号灵澈，字源澄。②竹林寺：在今江苏镇江南。③杳杳：形容钟声幽远。④荷：背着。

别严士元

春风倚棹[1]阖闾城，水国春寒阴复晴。
细雨湿衣看不见，闲花落地听无声。
日斜江上孤帆影，草绿湖南万里情。
东道若逢相识问，青袍[2]今日误儒生。

注释：①倚棹：停船。②青袍：唐三品官以上服紫，五品以上服绯，六七品服绿，八九品服青。

·韦应物

淮上喜会梁州故人[1]

江汉[2]曾为客，相逢每醉还。
浮云一别后，流水十年间。

欢笑情如旧，萧疏鬓已斑[③]。

何因北归去，淮上对秋山[④]。

注释：①此写故友相逢悲喜交集的情景。淮上：淮河边。梁州：今陕西南郑。故人：老朋友。②江汉：即汉江。③萧疏：形容头发零落、稀少。斑：斑白。④"何因"二句：为什么不回乡去？是因为淮上有秋山之美景值得留恋。

寄李儋元锡[①]

去年花里逢君别，今日花开又一年。

世事茫茫难自料，春愁黯黯[②]独成眠。

身多疾病思田里，邑有流亡愧俸钱[③]。

闻道欲来相问讯[④]，西楼[⑤]望月几回圆。

注释：①此诗当作于韦应物为滁州刺史任上。因春愁而怀友寄赠。李儋(dān)：武威(今甘肃武威)人，曾任殿中侍御史。元锡：字君贶，曾任淄王傅。二人皆韦应物之友。②黯(àn)黯：形容心情郁闷。③邑：指滁州属境。流亡：逃亡之灾民。俸钱：指自己所得的薪金。④问讯：探问消息，此为探望之意。⑤西楼：指滁州西楼。

秋夜寄丘员外[①]

怀君属[②]秋夜，散步咏凉天。

空山松子落，幽人[③]应未眠。

注释：①此诗作于韦应物任苏州刺史任上，时丘丹正在临平山中学道。此诗以秋夜独吟怀想未眠的幽人，诗意空灵。丘员外：指丘丹，嘉兴(今浙江嘉兴)人，曾任仓部员外郎。②属(zhǔ)：适逢。③幽人：指学道的丘丹。

闻　雁

故园眇[①]何处，归思方悠[②]哉。

淮南[③]秋雨夜，高斋闻雁[④]来。

注释：①故园：指作者在长安的家。眇(miǎo)：仔细地察看。②方：刚开始。悠：远。③淮南：作者所在地滁州(今安徽滁州，位于淮河南岸)。④高斋：楼阁上的书房。闻雁：听到北来的雁叫声。

·司空曙

喜外弟卢纶见宿[①]

静夜四无邻，荒居旧业[②]贫。
雨中黄叶树，灯下白头人。
以我独沉[③]久，愧君相见频。
平生自有分[④]，况是蔡家亲[⑤]。

注释：①此诗写荒村独居喜见亲人的情景。外弟：表弟。卢纶：中唐诗人。见宿：来住宿。见，一作“访”。②旧业：原有的家产。③沉：沉沦。④分（fèn）：缘分。⑤蔡家亲：指表亲。晋大将羊祜是蔡邕的外孙，因有功被封爵，而他却要求将爵位转赐给表兄弟蔡袭。蔡家亲一作“霍家亲”，亦指表亲。因西汉霍去病是卫青姐姐的儿子。

·杜牧

旅　宿[①]

旅馆无良伴，凝情自悄然[②]。
寒灯思旧事，断雁警[③]愁眠。
远梦归侵晓[④]，家书[⑤]到隔年。
沧江好烟月，门系钓鱼船。

注释：①此诗写旅途的寂寞之感。②悄然：指心情忧郁。③断雁：离群之雁。此指离雁的鸣叫。警：惊醒。④远梦归侵晓：因距家遥远，梦魂归家也要到天破晓时才能到达。侵晓，破晓。⑤家书：家信。

寄扬州韩绰判官[①]

青山隐隐水迢迢[②]，秋尽江南草未[③]凋。
二十四桥[④]明月夜，玉人[⑤]何处教吹箫。

注释：①杜牧曾在扬州节度使下任掌书记，此诗当为离职后所作，寄给仍在扬州的老友。韩绰：其人不详。判官：唐时节度使、观察使的僚属。②迢迢：形容遥远。③未：一作“木”。④二十四桥：此桥有二说，一为宋沈括《梦溪笔谈·补笔谈》中记载了扬州二十四座桥的名称；一为清李斗《扬州画舫录》中说，二十四桥即吴家砖桥，又名红药桥，因古时有二十四位美人在桥上吹箫，故名。⑤玉人：美人。

遣　怀[1]

落魄[2]江湖载酒行，楚腰纤细掌中轻[3]。
十年一觉扬州梦，赢得青楼薄幸[4]名。

注释：①杜牧年轻时曾在扬州放浪冶游，颇受责备，后反省前事而作此诗。②落魄：漂泊之意。③楚腰纤细掌中轻：此句是说，喜爱那些体态轻盈、腰肢纤细、能歌善舞的美女。楚腰，典出《韩非子·二柄》："楚灵王好细腰，而国中多饿人。"此处借喻美人细腰。掌中轻，典出《飞燕外传》，说汉成帝皇后赵飞燕体轻，能在掌中起舞。④青楼：歌楼妓院。薄幸：薄情负心。

秋　夕[1]

银烛秋光冷画屏[2]，轻罗[3]小扇扑流萤。
天阶[4]夜色凉如水，卧看牵牛织女星[5]。

注释：①此诗向被认作宫词，写宫女秋夜冷落寂寥的心情。②银烛秋光冷画屏：意谓秋夜中烛光照在画屏上，透出凉意。银烛，白蜡烛。③轻罗：轻薄丝织品。④天阶：指皇宫里的台阶。⑤牵牛织女：相传牵牛、织女二星原为地上夫妇，因得罪天庭，被召回天上，隔于银河两端，相望而不相及。

赠别二首[1]

其　一

娉娉袅袅[2]十三馀，豆蔻[3]梢头二月初。
春风十里扬州路，卷上珠帘总不如[4]。

注释：①此二诗作于大和九年(835)，杜牧由淮南节度府掌书记升任监察御史，将离扬州赴长安，此为杜牧临行前留赠妓女之作。②娉(pīng)娉袅(niǎo)袅：形容女子柔美。③豆蔻(kòu)：豆蔻花，形似芭蕉，初夏开花。二月初正是含苞未放之时。此处用以比喻少女。④"春风"二句：繁华的扬州城里，一路上有众多红粉佳丽，但卷起珠帘一看，总是不如你漂亮。

其　二

多情却似总无情，唯觉尊前笑不成[①]。

蜡烛有心还惜别，替人垂泪到天明。

注释：①“多情”二句：意谓我对你满怀爱情，但离别之际、杯酒之间，却笑不出来，无言以对，倒像彼此无情一样。尊，通“樽”，酒杯。

金谷园[①]

繁华事散逐香尘[②]，流水[③]无情草自春。

日暮东风怨啼鸟，落花犹似堕楼人[④]。

注释：①此为咏春吊古之作。金谷园：西晋石崇别墅。《晋书·石崇传》：“崇有别馆，在河阳之金谷，一名梓泽。”在今洛阳西北金谷涧，极尽豪华。石崇爱妾绿珠即在此园中跳楼自尽。②繁华事散逐香尘：意谓金谷园昔日繁华随香尘一起烟消云散。香尘，据《拾遗记》记载，石崇曾“屑沉水之香如尘末，布象床上，使所爱者践之，无迹者赐以真珠”。石崇巨富，生活极其奢靡，曾与贵戚王恺等斗富。③流水：此指金谷涧水。④堕楼人：指绿珠。据《晋书·石崇传》记载，石崇有爱妾名绿珠，美艳聪慧。权臣孙秀想要她。石崇说：“绿珠吾所爱，不可得也！”孙秀怒而假托圣旨，逮捕石崇。石崇对绿珠说：“我今为尔得罪。”绿珠哭曰：“当效死于君前。”遂跳楼殉情。石崇一门俱被害。

江南春[①]

千里莺啼绿映红[②]，水村山郭酒旗风[③]。

南朝四百八十寺[④]，多少楼台烟雨中[⑤]。

注释：①这首诗以概括洗练的笔法描绘江南春色、春声与建筑，写出了江南春景的丰富多彩与深邃迷离，表现了对江南美景的赞美与热爱。也有人认为此诗借楼台虽在而南朝已亡讽刺唐代佞佛政策。②绿映红：绿叶映衬着红花。③水村：水乡。山郭：依山建的外城，古代内城为城，外城称郭。酒旗：悬挂于酒店门口，招揽酒客的招牌，又称酒望子、酒帘、青旗、锦旆等。④南朝：指420—589年先后建都于建康(今江苏南京)的宋、齐、梁、陈四个王朝的总称。南朝君臣好佛，广置寺院，据说有五百余所，此处四百八十举其约数，并非实指。⑤楼台：寺院佛殿建筑。烟雨：蒙蒙细雨。

·李商隐

风　雨[1]

凄凉《宝剑篇》[2],羁泊欲穷年[3]。
黄叶仍风雨,青楼自管弦[4]。
新知遭薄俗,旧好隔良缘[5]。
心断新丰酒[6],销愁斗几千[7]?

注释:①此诗是作者自伤身世,慨叹飘零沦落、怀才不遇的苦闷,当作于大中十一年(857)游江东时。②《宝剑篇》:一名《古剑篇》。唐代名将郭震所作,借宝剑埋尘喻才士沦落飘零,抒发抑郁不平之气。郭震少有大志,武则天闻其名,征见,令录旧文,震献《古剑篇》,得以升擢。③羁泊:羁旅漂泊。穷年:终年。④"黄叶"二句:自己如风雨中黄叶般飘零,而豪富之家却在歌舞取乐。仍,更。青楼,指富家高楼。⑤"新知"二句:新知遭受世俗的非难,旧友也良缘阻隔,关系疏远。新知,新交的知己。薄俗,浅薄世俗。旧好,旧日的好友。⑥心断新丰酒:自己再不会有马周那样的幸遇了。心断,犹绝望。新丰酒,典出《新唐书·马周传》:马周游长安,宿新丰旅店,遭店主慢待,便取酒独饮。后马周得唐太宗赏识,授监察御史。⑦销愁斗几千:想用新丰美酒销愁,又不知道这酒值多少钱了。斗几千,一作"又几千"。王维《少年行》有"新丰美酒斗十千"句,言酒价极贵。

无　题[1]

昨夜星辰昨夜风,画楼西畔桂堂东[2]。
身无彩凤双飞翼,心有灵犀一点通[3]。
隔座送钩[4]春酒暖,分曹射覆[5]蜡灯红。
嗟余听鼓应官去,走马兰台类转蓬[6]。

注释:①此题下原有诗二首,作于李商隐做秘书省校书郎时,此为其一,写一场聚会的经过。至于其主旨则很难确证,历代诸说纷纭,了无定见。②"昨夜"二句:写聚会的时间、地点。画楼、桂堂,指富丽的屋舍。③"身无"二句:虽然身无双翼飞越阻隔,但两心都如灵犀般一脉相通。灵犀,旧说犀牛角为灵异之物,中间有一条白纹贯通上下。④送钩:又叫"藏钩",一种游戏,人分两队,一队传递一钩,令另一队猜钩所在,猜不中则罚。⑤分曹射覆:分两队互相猜。射覆，也是一种游戏，猜盖在器皿下的东西。⑥"嗟余"二句：比喻自己为官，像蓬草遇风一样身不由己。听鼓应官，唐时官府五更二点击鼓召集官员。兰台，即指秘书省。转蓬，指随风吹转的飞蓬。

无　题

飒飒东风细雨来，芙蓉塘外有轻雷。
金蟾啮锁烧香入[1]，玉虎牵丝汲井回[2]。
贾氏窥帘韩掾少[3]，宓妃留枕魏王才[4]。
春心莫共花争发，一寸相思一寸灰！

注释：①"金蟾"句：意谓虽有金蟾啮锁，香烟犹得进入。金蟾，旧注说是"蟾善闭气，古人用以饰锁"。啮，咬。②"玉虎"句：意谓井水虽深，玉虎犹得牵丝汲之。玉虎，井上的辘轳。丝，井索。汲，引。③"贾氏"句：晋韩寿貌美，侍中贾充招为僚属，贾女于窗格中见韩寿而悦之，遂通情。贾充知后，便将女儿嫁给了他。韩掾少，因为韩寿的年轻俊美。掾，僚属。少，年轻。④"宓妃"句：魏曹植曾作《洛神赋》，赋中叙述他和洛河女神宓妃相遇事。宓妃，指洛神，传说为伏(宓)羲之女。留枕，这里指幽会。魏王，曹植封东阿王，后改陈王。

登乐游原[1]

向晚意不适[2]，驱车登古原。
夕阳无限好，只是近黄昏。

注释：①此诗以登高远览，抒发迟暮之感、沉沉之痛。乐游原：又名乐游苑、乐游阙，本为汉宣帝所立的乐游庙。地处长安东南，登高可眺望全城。②不适：不快。

咏　史[1]

历览前贤国与家[2]，成由勤俭败由奢[3]。
何须琥珀方为枕，岂得真珠始是车[4]。
远去不逢青海马[5]，力穷难拔蜀山蛇[6]。
几人曾预南熏曲[7]，终古苍梧哭翠华[8]。

注释：①本篇题为"咏史"，实系伤悼唐文宗逝世之作。诗作于开成五年

(840)正月文宗逝世后。②《韩非子·十过》载,秦穆公问古明主得国失国之由,由余对曰:"臣尝得闻之矣,常以俭得之,以奢失之。"③沈约《宋书》载,武帝时宁州献琥珀枕,时北征需琥珀治金疮,即命捣碎分给诸将。④《史记·田敬仲完世家》载:魏惠王向齐威王夸耀他有"径寸之珠,照车前后各十二乘者十枚",威王说自己看重的是贤臣,"将以照千里,岂特十二乘哉"!得真:一作"待珍"。⑤青海马:一种产于青海湖的杂交马,据说能日行千里,喻可任军国重职的贤才。⑥《艺文类聚》引《蜀王本纪》,秦惠王将五位美女赐给蜀王,蜀王派五壮士迎接。回来时路过梓潼,见大蛇入山洞,五壮士力拔蛇尾,山崩,壮士与美女均被压死。此以"蜀山蛇"喻盘踞在朝廷与地方的恶势力,如宦官、藩镇。⑦《礼记·乐记》:"昔者舜作五弦之琴以歌南风。"疏,"其辞曰:'南风之薰兮,可以解吾民之温兮。'"文宗尝与诸学士联句,尝作诗曰:"人皆苦炎热,我爱夏日长。"柳公权嘱曰:"薰风自南来,殿阁生余凉。"见《新唐书·柳公权传》。熏:通"薰"。⑧《礼记·檀弓》:"舜葬于苍梧之野。"苍梧:山名,即九嶷山。翠华:以翠羽为饰的旗,为皇帝用的仪仗。

嫦　娥[1]

云母屏风烛影深,长河渐落晓星沉[2]。

嫦娥应悔偷灵药,碧海青天夜夜心[3]。

注释:①此诗众说纷纭,不知所指何事。嫦娥:古代传说中的后羿之妻。后羿从西王母处得到不死灵药,嫦娥窃而食之,成仙而奔向月宫。后称嫦娥为月中仙子。②"云母"二句:写月宫之冷清寂寞状。云母屏风,用云母石饰制的屏风。长河,银河。③"嫦娥"二句:要知道天上如此,嫦娥也要懊悔,不该偷药奔月了。

贾　生[1]

宣室求贤访逐臣[2],贾生才调[3]更无伦。

可怜夜半虚前席[4],不问苍生[5]问鬼神。

注释:①李商隐借古事讽今时,讥刺唐王好仙崇鬼,不能识贤任贤、体恤民生。贾生:指贾谊。据《史记·屈原贾生列传》记载,西汉贾谊才高志大,曾任大中大夫。汉文帝召见他,问以鬼神之事,却不请教有关百姓生计之事。②宣室:汉未央宫正室。汉文帝在此召见贾谊。逐臣:贾谊曾被贬长沙,故称逐臣。

③才调:才气。④前席:把座席向前挪动。据载,汉文帝听贾谊讲鬼神之事,直到半夜;因听得入神,不觉将座席移近贾谊。⑤苍生:指百姓。

霜　夜①

初闻征雁已无蝉②,百尺楼台③水接天。
青女素娥俱耐冷④,月中霜里斗婵娟⑤。

注释:①诗用绮丽独特的语言写秋夜雁声、楼台碧水以及秋月寒霜的竞相媲美,将普通人眼里凄清萧瑟的秋夜写得生意盎然,赞扬经得起风霜磨难的精神。②征雁:远飞的雁,这里指南飞的雁。已无蝉:已经听不到蝉声了。③百尺楼台:泛指高楼。唐王昌龄《从军行》之一:"烽火城西百尺楼,黄昏独坐海风秋。"④青女:神话传说中的霜神。《淮南子·天文训》:"至秋三月……青女乃出,以降霜雪。"高诱注:"青女,天神,青霄玉女,主霜雪也。"素娥:嫦娥。谢庄《月赋》:"引玄兔于帝台,集素娥于后庭。"俱:都。⑤婵娟:姿态美好貌。

·杜荀鹤

春宫怨①

早被婵娟误,欲妆临镜慵②。
承恩③不在貌,教妾若为容④。
风暖鸟声碎,日高花影重。
年年越溪女,相忆采芙蓉⑤。

注释:①此诗一说周朴所作。作者借咏宫怨,寄托自己幽寂郁闷之情。②"早被"二句:因貌美而入宫中却耽误了青春,连梳妆镜都懒得照了。婵娟,容貌美丽。慵,懒。③承恩:指得皇帝宠爱。④若为容:怎样梳妆打扮。⑤"年年"二句:西施由浣女而入宫为妃,倒是那些女伴,年年想起一同采芙蓉的快乐。越溪,《方舆胜览》:若耶溪,一名越溪,西施采莲于此。王维《西施咏》有"朝为越溪女,暮作吴宫妃"。越溪女,指与西施一起浣纱的女伴。芙蓉,荷花。

·崔颢

黄鹤楼[1]

昔人[2]已乘黄鹤去，此地空余黄鹤楼。
黄鹤一去不复返，白云千载空悠悠。
晴川历历汉阳树[3]，芳草萋萋鹦鹉洲[4]。
日暮乡关[5]何处是？ 烟波江上使人愁。

注释：①此诗写登黄鹤楼之所见及引发的乡愁，被誉为题黄鹤楼之绝唱。黄鹤楼：在今湖北武汉黄鹤山西北黄鹤矶上，面江而立。传说是因仙人王子安乘鹤路经此地而得名。②昔人：指传说中的仙人。③历历：分明的样子。汉阳：在今武昌西北，与黄鹤楼隔江相望。④萋萋：草茂盛的样子。鹦鹉洲：长江中的小沙洲，在武汉市西南段的长江中，相传因东汉祢衡曾作《鹦鹉赋》而得名。⑤乡关：故乡。

长干行二首[1]

其　一

君家何处住，妾住在横塘[2]。
停船暂借问[3]，或恐是同乡。

注释：①崔颢此题下原有四首诗，此选前二首。以青年男女邂逅水上相互问答写其相悦之情。长干行：乐府《杂曲歌辞》旧题，本为江南一带民歌。长干，地名，古时建业(今江苏南京市)有长干里，在秦淮河南，地近长江。②横塘：地名，在今南京市西南，与长干里相近。③借问：请问。

其　二

家临九江[1]水，来去九江侧。
同是长干人，生小[2]不相识。

注释：①九江：泛指长江下游。②生小：从小。

·祖咏

望蓟门[①]

燕台[②]一望客心惊，箫鼓喧喧汉将营[③]。
万里寒光生积雪，三边曙色动危旌[④]。
沙场烽火连胡月[⑤]，海畔云山拥蓟城[⑥]。
少小虽非投笔吏[⑦]，论功还欲请长缨[⑧]。

注释：①此诗是祖咏的一首边塞诗，勾画蓟(jì)门的山川形胜，写出雄伟阔大的意象。蓟门：蓟门关，在今北京市。②燕台：即幽州台。一名蓟北楼。相传燕昭王在此筑黄金台以招揽天下贤士。③汉将营：指唐将军营。④三边：古称幽、并、凉三州为三边。危旌：高扬的旗帜。⑤胡月：指边地之月。⑥海畔：因蓟门关地近渤海，故称海畔。蓟城：即蓟门关。⑦投笔吏：典出《后汉书·班超传》。班超原为抄写文书的小吏，一天投笔叹道："大丈夫无他志略，犹当效傅介子、张骞立功异域，以取封侯，安能久事笔砚间乎？"⑧论功：指论功封赏。请长缨：典出《汉书·终军传》。终军出使南越，对汉武帝说："愿受长缨，必羁南越王而致之阙下。"即说用一根长绳把南越王牵来。此句与上句表达愿从军报国的志向。

·刘禹锡

西塞山怀古[①]

王濬楼船下益州，金陵王气黯然收[②]。
千寻铁锁[③]沉江底，一片降幡出石头[④]。
人世几回伤往事，山形依旧枕寒流[⑤]。
今逢四海为家日，故垒萧萧芦荻秋[⑥]。

注释：①此诗作于长庆四年(823)刘禹锡由夔州调任和州刺史，途经西塞山时，是一首咏晋、吴兴亡事迹的怀古诗。西塞山：在今湖北大冶，为长江中流要塞，三国时东吴曾在此设防。②"王濬"二句：王濬出兵益州，吴国都城的王气便黯然消散，国运将终。王濬，字士治，弘农湖县(今河南灵宝)人，官益州刺史。楼船，晋咸宁五年(279)，王濬奉晋武帝之命，为伐吴造战船，船上以木为城，起楼，每船可容两千人。益州，今四川成都。太康元年(280)，王濬率船队从益州出发，顺流而下，征伐东吴。金陵王气，金陵即建业，今南京市。相传战国楚威王时，有人见此地有王气，埋金以镇之，故名金陵。东吴也以金陵为都城。黯然，形容伤神。③千寻：形容长。寻，古时八尺为一寻。铁锁：为防守晋国战船的进攻，吴国在江面上拉起铁锁，横绝江面，但被王濬用大火烧断。④降幡：降旗。石头：石头城，在今江苏江宁，为吴都的屏障。王濬率军攻入石头城，吴主孙皓亲至营门投降。⑤寒流：指长江。⑥"今逢"二句：在今唐代一统天下的时代，旧日的营垒都荒废遗弃了，只剩下瑟瑟芦荻、萧萧秋风了。四海为家，四海为一家所有，即天下统一之意。故垒，旧日的营垒。

春　词①

新妆宜面②下朱楼，深锁春光一院愁。
行到中庭数花朵，蜻蜓飞上玉搔头③。

注释：①这是一首宫怨诗，一题"和乐天春词"。②宜面：指打扮得很漂亮。③蜻蜓飞上玉搔头：打扮一新，却不见皇帝到来，而蜻蜓倒欣赏我的美貌。玉搔头，玉簪。《西京杂记》卷上载："武帝过李夫人就取玉簪搔头，自此宫人搔头皆用玉。"

玄都观桃花①

紫陌红尘②拂面来，无人不道看花回③。
玄都观里桃千树，尽是刘郎去后栽④。

注释：①原题作"元和十年自朗州召至京戏赠看花诸君子"，作于元和十年(815)春，柳宗元、刘禹锡、韩泰等一起被召回京师。这是首政治讽刺诗，借春日玄都观桃花的繁盛艳丽和游人如织，影射贤良被逐，奸邪得势，抒发了诗人对朝廷新贵的讽刺与蔑视之情。玄都观：唐代一道观，在今西安南门外。②紫陌：长安街道。红尘：街道上人行马驰扬起的尘土。③道：说。④尽是刘郎去后栽：暗指新贵们都是在王叔文变法失败后攀附当权者而得势的。刘郎，诗人自称。

再游玄都观①

百亩庭中半是苔②，桃花净尽菜花开。
种桃道士③归何处，前度刘郎④今又来。

注释:①诗作于唐文宗太和二年(828)三月,仍以桃花为喻,通过玄都观桃花的命运,写当初得位权势者今日已经一败涂地,销声匿迹,显示了自己的不屈与乐观。刘禹锡《游玄都观诗序》曰:“予贞元二十一年为尚书屯田员外郎,时此观中未有花木。是岁出牧连州,寻贬朗州司马。居十年,召还京师,人人皆言有道士手植红桃满观,如烁晨霞,遂有诗以志一时之事。旋又出牧,于今十有四年,得为主客郎中。重游兹观,荡然无复一树,唯兔葵燕麦动摇于春风耳,因再题二十八字,以俟后游。”②庭中:《刘禹锡集》卷二四作“中庭”。庭,庭院。苔:苔藓。③种桃道士:喻当年竭力培植党羽而打击王叔文变法的执政者。④前度刘郎:自指。度,次。

竹枝词[①]二首

其　一

杨柳青青江水平,闻郎江上唱歌声。
东边日出西边雨,道是无晴[②]却有晴。

注释:①竹枝词:乐府近代曲名,又名“竹枝”。原为四川东部一带民歌,唐代诗人刘禹锡根据民歌创作新词,多写男女爱情和三峡的风情,流传甚广。后代诗人多以“竹枝词”为题写爱情和乡土风俗。其形式为七言绝句。②晴:与“情”谐音。《全唐诗》也写作“情”。

其　二

楚水巴山[①]江雨多,巴人[②]能唱本乡歌。
今朝北客[③]思归去,回入纥那披绿罗[④]。

注释:①楚水巴山:泛指蜀楚之地的山水。②巴人:古巴州人;古曲名,“《阳春》无和者,《巴人》皆下节。”晋张协《杂诗》之五:“试为《巴人》唱,和者乃数千。”此诗中指古巴州人。③北客:作者自称,言客有思乡情也。④纥(hé)那:踏曲的和声。刘禹锡另有《纥那曲》:“杨柳郁青青,竹枝无限情。周郎一回顾,听唱纥那声。”“踏曲兴无穷,调同词不同。愿郎千万寿,长作主人翁。”绿罗:绿色的绮罗;比喻绿水微波;荔枝名。川人有称荔枝为绿罗者。诗中所指解释历来未能统一。三种解释者皆有,也都讲得通。

秋风引[1]

何处[2]秋风至，萧萧[3]送雁群。
朝来入庭树[4]，孤客最先闻[5]。

注释：①秋风引：乐府琴曲歌词的一种。诗作于唐宪宗元和中朗州。唐顺宗永贞元年(805)十一月，刘禹锡贬官朗州司马，赴朗州。宪宗元和元年(806)至元和九年(814)在朗州，冬奉诏还京。诗描写了游子对秋季时节变迁、物候变化的内心细微感触，抒发了诗人的羁旅之思。②何处：什么地方，从什么地方来的。③萧萧：风吹草木声。④入庭树：吹动了庭院里的树木。⑤孤客：羁旅在外的人。闻：听到。

·元稹

遣悲怀·其三[1]

闲坐悲君亦自悲，百年多是几多时[2]。
邓攸无子寻知命[3]，潘岳悼亡犹费词[4]。
同穴窅冥[5]何所望，他生缘会更难期[6]。
惟将终夜常开眼[7]，报答平生未展眉[8]。

注释：①此首由哀余生、疑来生引发百年长恨，哀思无尽。②百年多是几多时：就算多至百年又有多少时间呢？③邓攸无子：晋河东太守邓攸，字伯道，战乱中曾保侄舍子，后终无子，时人叹道："天道无知，使伯道无儿！"诗人妻子韦丛曾生五人，仅存一女，故元稹如此慨叹。寻知命：眼看到了知天命之年。④潘岳悼亡：晋人潘岳为大文学家，妻子死后，作《悼亡》词三首，世所传诵。费词：浪费笔墨，意谓多说无用。⑤同穴：指夫妻死后合葬一处。窅(yǎo)冥：形容渺茫深远。⑥他生缘会：指来世有缘重会，仍为夫妻。期：期待，期望。⑦终夜常开眼：传说中鳏鱼的眼睛终夜不闭，而无妻之人又称鳏夫。此处用作长鳏不娶之意。事实上，元稹在韦丛死后两年就纳安氏为妾，六年后，又娶裴氏，"终夜长开眼"，实为一时冲动之词。⑧未展眉：没有快乐。此指韦丛一生都过着清贫的生活。

菊　花

秋丛[1]绕舍[2]似陶家[3]，遍绕[4]篱[5]边日渐斜[6]。

不是花中偏爱菊，此花开尽[7]更[8]无花。

注释：①秋丛：指丛丛秋菊。②舍（shè）：居住的房子。③陶家：陶渊明的家。陶，指东晋诗人陶渊明。④遍绕：环绕一遍。⑤篱（lí）：篱笆。⑥日渐斜（xiá）：太阳渐渐落山。斜，倾斜。因古诗需与上一句押韵，所以应读 xiá。⑦尽：完。⑧更（gèng）：再。

离思·其四

曾经[1]沧海难为[2]水，除却[3]巫山不是云。

取次[4]花丛[5]懒回顾，半缘[6]修道[7]半缘君[8]。

注释：①曾经：曾经到临。经，经临，经过。②难为：这里指"不足为顾""不值得一观"的意思。③除却：除了，离开。这句意思为：相形之下，除了巫山，别处的云便不称其为云。此句与前句均暗喻自己曾经有过的一段恋情。④取次：草草，仓促，随意。这里是"匆匆经过""仓促经过"或"漫不经心地路过"的样子，不应解释为"按次序走过"。如宋陆游《秋暑夜兴》："呼童持烛开藤纸，一首清诗取次成。"元朱庭玉《青杏子·送别》曲："肠断处，取次作别离。"⑤花丛：这里并非指自然界的花丛，乃借喻美貌女子众多的地方，暗指青楼妓馆。⑥半缘：此指"一半是因为……"。⑦修道：指修炼道家之术。此处阐明的是修道之人讲究清心寡欲。⑧君：此指曾经心仪的恋人。

行　宫[1]

寥落[2]古行宫，宫花[3]寂寞红。

白头宫女在，闲坐说玄宗[4]。

注释：①此诗以白头宫女闲坐说玄宗寄托深远感慨。行宫：皇帝外出时所住之处。此指连昌宫，在今河南宜阳。②寥落：寂静冷落。③宫花：行宫中所开的花。④"白头"二句：暗示此宫女在玄宗时已入宫，现已白头，寂寞数十年了。玄宗，唐玄宗李隆基。

·王建

新嫁娘词①

三日入厨下②,洗手作羹汤。

未谙姑食性③,先遣小姑尝。

注释:①此题下原有三首,此为其二。此诗写纯朴的民间风俗人情。②三日入厨下:按古代风俗,婚后三天叫“过三朝”,新娘要下厨房做菜。③谙(ān):熟悉。姑:指婆婆。食性:口味。

·白居易

问刘十九①

绿蚁新醅酒②,红泥小火炉。

晚来天欲雪③,能饮一杯无④?

注释:①此诗为白居易在江州时所作,是一首邀请好友来饮酒赏雪的闲适诗。刘十九:其人不详。作者另有一首《刘十九同宿》,有“唯共嵩阳刘处士”,疑刘十九即刘处士,诗人江州任时好友。②绿蚁:未经过滤的米酒上浮有米粒,呈微绿色,称“浮蚁”。新醅(pēi)酒:新酿的酒。③雪:下雪,作动词。④无:犹“否”。

宫　词①

泪尽罗巾梦不成,夜深前殿按歌声②。

红颜未老恩③先断,斜倚熏笼④坐到明。

注释:①此为代色衰的宫人所作的怨诗。诗题一作“后宫词”。②按歌声:给歌声打节拍。③恩:指皇帝的宠幸。④熏笼:熏香炉上罩的竹笼。

暮江吟①

一道残阳②铺水中,半江瑟瑟半江红③。

可怜九月初三夜④,露似真珠月似弓⑤。

注释:①暮江吟:黄昏时分在江边所作的诗。吟,古代诗歌的一种形式。②残阳:快落山的太阳的光。也指晚霞。③瑟瑟:原意为碧色珍宝,此处指碧绿色 。④可怜:可爱。九月初三:农历九月初三。⑤真珠:即珍珠。月似弓:农历九月初三，上弦月，其弯如弓。

长相思

汴水[1]流，泗水[2]流，流到瓜州[3]古渡头。吴山[4]点点愁。

思悠悠[5]，恨悠悠，恨到归时方始休。月明人倚楼。

注释：①汴水：源于河南，东南流入安徽宿县、泗县，与泗水合流，入淮河。②泗水：源于山东曲阜，经徐州后，与汴水合流入淮河。③瓜州：在今江苏扬州南面。④吴山：泛指江南群山。⑤悠悠：深长的意思。

忆江南[1]

江南好，风景旧曾谙[2]。

日出江花红胜火[3]，春来江水绿如蓝[4]。

能不忆江南？

注释：①忆江南：唐教坊曲名。作者题下自注说："此曲亦名'谢秋娘'，每首五句。"按《乐府集》："'忆江南'一名'望江南'，因白氏词，后遂改名'江南好'。"至晚唐、五代成为词牌名。这里所指的江南主要是长江下游的江浙一带。②谙(ān)：熟悉。作者年轻时曾三次到过江南。③江花：江边的花朵。一说指江中的浪花。红胜火：颜色鲜红胜过火焰。⑤绿如蓝：比蓝草还要绿。如，用法犹"于"，有胜过的意思。蓝，蓝草，其叶可制青绿染料。

卖炭翁[1]

卖炭翁，伐薪烧炭南山中[2]。

满面尘灰烟火色[3]，两鬓苍苍[4]十指黑。

卖炭得钱何所营[5]？身上衣裳口中食。

可怜[6]身上衣正单，心忧炭贱愿[7]天寒。

夜来城外一尺雪，晓驾炭车辗冰辙[8]。

牛困[9]人饥日已高，市[10]南门外泥中歇。

翩翩两骑[11]来是谁？黄衣使者白衫儿[12]。

手把文书口称敕[13]，回车叱牛牵向北[14]。

一车炭，千余斤[15]，宫使驱将惜不得[16]。
半匹红绡一丈绫[17]，系向牛头充炭直[18]。

注释：①卖炭翁：此篇是组诗《新乐府》中的第32首，题注云："苦宫市也。"宫市，指唐代皇宫里需要物品，就向市场上去拿，随便给点钱，实际上是公开掠夺。唐德宗时用太监专管其事。②伐：砍伐。薪：柴。南山：城南之山。③烟火色：烟熏色的脸。此处突出卖炭翁的辛劳。④苍苍：灰白色，形容鬓发花白。⑤得：得到。何所营：做什么用。营，经营，这里指需求。⑥可怜：使人怜悯。⑦愿：希望。⑧晓：天亮。辗(niǎn)：通"碾"，轧。辙：车轮滚过地面轧出的痕迹。⑨困：困倦，疲乏。⑩市：长安有贸易专区，称市，市周围有墙有门。⑪翩翩：轻快洒脱的情状。这里形容得意忘形的样子。骑(jì)：骑马的人。⑫黄衣使者：指皇宫内的太监。白衫儿：指太监手下的爪牙。⑬把：拿。称：说。敕(chì)：皇帝的命令或诏书。⑭回：掉转。叱：喝斥。牵向北：指牵向宫中。⑮千余斤：不是实指，形容很多。⑯驱：赶着走。将：语助词。惜不得：舍不得。惜，舍。得，能够。⑰半匹红绡一丈绫：唐代商务交易，绢帛等丝织品可以代货币使用。当时钱贵绢贱，半匹纱和一丈绫，和一车炭的价格相差很远。这是官方用贱价强夺民财。⑱系(jì)：绑扎。这里是挂的意思。直：通"值"，指价格。

轻　肥[1]

意气骄满路[2]，鞍马[3]光照尘。
借问何为者，人称是内臣[4]。
朱绂[5]皆大夫，紫绶或将军[6]。
夸赴军中宴，走马去如云。
樽罍溢九酝[7]，水陆罗八珍[8]。
果擘洞庭橘[9]，脍切天池鳞[10]。
食饱心自若[11]，酒酣气益振。
是岁江南旱，衢州[12]人食人。

注释：①轻肥：语出《论语·雍也》："乘肥马，衣轻裘。"代指达官贵人的奢华生活。②意气骄满路：行走时意气骄傲，好像要把道路都"充满"了。意气，指意态神气。③鞍马：指马匹和马鞍上华贵的金银饰物。④内臣：原指皇上身边的近臣，这里指臣官。⑤朱绂(fú)：与下一句的"紫绶"都指挂用的丝织绳带，只有高官才能用。⑥军：指左右神策军，皇帝的禁军之一。⑦樽罍：指盛酒的器皿。九酝：美酒名。⑧水陆罗八珍：水产陆产的各种美食。⑨洞庭橘：洞庭山产的橘子。⑩脍切：将鱼肉切做菜。天池鳞：大海的鱼。⑪心自若：心里自在舒服。⑫衢州：唐代州名，今属浙江。

望月有感①

自河南经乱，关内阻饥，兄弟离散，各在一处。因望月有感，聊书所怀，寄上浮梁大兄、于潜七兄、乌江十五兄，兼示符离及下邽弟妹。②

时难年荒世业③空，弟兄羁旅④各西东。
田园寥落干戈⑤后，骨肉流离道路中。
吊影分为千里雁⑥，辞根散作九秋蓬⑦。
共看明月应垂泪，一夜乡心五处同⑧。

注释：①此诗是作者在吴越避乱时所作，直叙流离之苦。②河南经乱：贞元十五年(799)二月，宣武军节度使董智部下叛乱；三月，彰义军节度使吴少诚叛乱，都在河南道境内。关内：关内道，在今陕西、甘肃一带。阻饥：因时世艰难而致饥荒。语出《尚书·舜典》："黎民阻饥。"浮梁大兄：白居易大哥白幼文曾任浮梁主簿。浮梁，在今江西景德镇。于潜七兄：为白居易之堂兄，曾任于潜尉。于潜，在今浙江临安。乌江十五兄：为白居易之堂兄，曾任乌江主簿。乌江，在今安徽和县。符离：唐时属宿州，即今安徽宿州符离集。白居易家属曾居此地。下邽(guī)：即今陕西渭南县之下邽镇，为白居易家乡。③世业：世代传下的祖业。④羁旅：漂泊于旅途。⑤干戈：古代的两种兵器，此指代战争。⑥吊影分为千里雁：兄弟姐妹各自分散，远隔千里，顾影自怜，倍感孤独。吊影，顾影自怜之意。千里雁，古人常以雁行比作兄弟。⑦辞根：指蓬草离根飞散。九秋：深秋。蓬：蓬草。古人常以草木同根比作兄弟，以蓬草离根飞散比喻游子离家，兄弟分散。⑧"共看"二句：今夜分散在五处的亲人们遥望明月，定会流泪，因为大家的思乡之心是一样的。乡心，思乡之心。

·张祜

何满子[①]

故国[②]三千里,深宫二十年。

一声《何满子》[③],双泪落君前!

注释:①此题下原有二首,此为第一首,写宫女之怨。诗题又作“宫词”。②故国:故乡。③何满子:又作“河满子”,乐府曲名。据白居易《听歌六绝句》之五《何满子》一诗自注说:“开元中,沧州有歌者何满子,临刑进此曲以赎死,上意不免。”后以其名命曲,曲调哀婉悲切。也为舞曲名。苏鹗《杜阳杂编》记载,唐文宗时,“宫人沈阿翘为帝舞《何满子》,调辞风态,率皆宛畅”。张祜又有一诗《孟才人叹》,序中说,唐武宗病重临终前,问宠姬孟才人今后怎么办,孟才人指着笙囊说:“请以此就缢。”又说:“妾尝艺歌,愿对上歌一曲,以泄其愤。”于是,“乃歌一声《何满子》,气亟立殒”。武宗让医生看视,医生说:“脉尚温而肠已断。”张祜听知其事,作《孟才人叹》诗:“偶因歌态咏娇嚬,传唱宫中十二春。却为一声《何满子》,下泉须吊旧才人。”

集灵台·其二[①]

虢国夫人承主恩[②],平明[③]骑马入宫门。

却嫌脂粉污颜色,淡扫蛾眉朝至尊[④]。

注释:①此诗表面恭维虢国夫人的美艳,实则讥刺其轻佻。②虢(guó)国夫人:杨玉环三姐,嫁于裴家,封虢国夫人。倚仗权势,荒淫骄纵。承主恩:指得到唐玄宗的恩宠。③平明:天刚亮。④“却嫌”二句:典出乐史《太真外传》:“虢国不施脂粉,自炫美艳,常素面朝天。”朝,朝见。至尊,皇帝,指唐玄宗。

·贾岛

寻隐者不遇[①]

松下问童子[②],言师采药去。

只在此山中,云深不知处[③]。

注释:①诗歌用对话的形式,写出拜访隐士不遇的情形,同时描绘出隐士所在的幽深广阔的环境,衬托出隐士的高雅志趣。寻:寻访。隐者:隐居的人。不遇:没有见到。②童子:隐者的童仆。③不知处:不知道在什么地方。

剑　客[1]

十年磨一剑，霜刃[2]未曾试。
今日把示君[3]，谁有不平事？

注释：①剑客：行侠仗义的人。②霜刃：形容剑锋寒光闪闪，十分锋利。③把示君：拿给您看。

题李凝[1]幽居

闲居少邻并[2]，草径入荒园[3]。
鸟宿池边[4]树，僧敲月下门。
过桥分野色[5]，移石动云根[6]。
暂去[7]还来此，幽期不负言[8]。

注释：①李凝：诗人的友人，也是一个隐者，其生平事迹不详。②少(shǎo)：不多。邻并：邻居。③荒园：指李凝荒僻的居处。④池边：亦作"池中"。⑤分野色：山野景色被桥分开。⑥云根：古人认为"云触石而生"，故称石为云根。这里指石根云气。⑦去：离开。⑧幽期：隐居的约定。幽，隐居。期，约定。负言：指食言，不履行诺言，失信的意思。

题诗后

两句三年得[1]，一吟[2]双泪流。
知音[3]如不赏[4]，归卧故山秋。

注释：①得：此处指想出来。②吟：读，诵。③知音：指了解自己思想情感的好朋友。④赏：欣赏。

·宋之问

渡汉江[1]

岭外音书绝[2]，经冬复立春。
近乡情更怯，不敢问来人[3]。

注释:①宋之问因张易之事而被贬岭南,于神龙二年(706)逃归洛阳,此诗作于途经汉水时。诗以白描手法写特定时间、环境中的特殊心态。此诗原题李频作,误。汉江:汉水。②岭外:指岭南。书:信。③来人:指从家乡来的人。

·金昌绪

春　怨①

打起黄莺儿,莫教枝上啼。

啼时惊妾②梦,不得到辽西③。

注释:①诗题一作"伊州歌"。此为一首闺怨诗,写丈夫从军在外,少妇梦中与之相会,却被黄莺惊醒。②妾:古时女子自称。③辽西:辽河以西,为丈夫从军之地。

·卢纶

塞下曲·其二①

林暗草惊风②,将军夜引弓③。

平明寻白羽,没在石棱中④。

注释:①此诗写将军黑夜射虎的神勇之事。②林暗草惊风:写猛虎出现之状。③引弓:拉弓。④"平明"两句:用李广事。《史记·李将军列传》:"广出猎,见草中石,以为虎而射之,中石没镞,视之,石也。"平明,天刚亮。白羽,指箭。因箭上装有鸟羽,故称。石棱,石之边角。

塞下曲·其三①

月黑雁飞高,单于夜遁逃②。

欲将轻骑逐,大雪满弓刀。

注释:①此诗写雪夜闻警追击的场面。②单(chán)于:匈奴首领之称。遁:逃避。

·王昌龄

闺　怨①

闺中少妇不知愁,春日凝妆②上翠楼。

忽见陌头[3]杨柳色，悔教夫婿觅封侯[4]。

注释：①此诗以春光反衬闺中少妇的孤清、寂寞和怨悔。②凝妆：盛妆。③陌头：道边。④觅封侯：为封侯而从军。

送魏二[1]

醉别江楼橘柚香，江风引雨入舟凉。

忆君遥在潇湘月[2]，愁听清猿[3]梦里长。

注释：①魏二：作者友人。排行第二，名字及生平均不详。②潇湘月：一作“湘江上”。潇湘，潇水在零陵县与湘水会合，称潇湘。泛指今湖南一带。③清猿：即猿。因其啼声凄清，故称。南朝梁任昉《齐竟陵文宣王行状》：“清猿与壶人争旦，缇幕与素濑交辉。”

采莲曲·其二

荷叶罗裙一色裁[1]，芙蓉向脸两边开[2]。

乱入池中看不见[3]，闻歌始觉有人来。

注释：①罗裙：用细软而有疏孔的丝织品制成的裙子。一色裁：像是用同一颜色的衣料剪裁的。②芙蓉：指荷花。③看不见：指分不清哪是芙蓉的绿叶红花，哪是少女的绿裙红颜。

长信[1]秋词·其三

奉帚平明[2]金殿开，暂将团扇[3]共裴回[4]。

玉颜不及寒鸦色，犹带昭阳日影[5]来。

注释：①长信：汉宫殿名。《长信怨》写班婕妤失宠后自避长信宫的故事。②奉帚平明：意为清早殿门一开，就拿着扫帚在打扫。③团扇：圆形的扇。④裴回：即徘徊。⑤日影：象征皇帝恩德。

答武陵太守[1]

仗剑[2]行千里，微躯[3]敢一言。

曾为大梁客[4]，不负信陵[5]恩。

注释：①诗题一作“答武陵田太守”。诗歌将武陵田太守比作战国时代的魏公子，将自己比作魏公子门下食客，委婉地表达了自己的敬意和知恩图报的思想。武陵：武陵郡，在今湖南省常德市。太守：唐代郡的最高行政长官。②仗剑：持剑，拿着剑。③微躯：微贱的躯体，谦辞，诗人自称。④大梁客：战国时魏国侠士侯嬴，原来是看守大梁(魏都，今河南开封)东门的官吏，因受信陵君魏公子无忌的赏识，被待为上宾。后秦兵围赵，赵向魏求救，魏王按兵不动。侯嬴为无忌谋划窃取兵符救赵，解得其围。这里诗人以侯嬴自许，暗喻自己知恩必报，不辜负武陵太守之恩。⑤信陵：信陵君魏公子无忌，这里将武陵太守比作信陵君。

·王翰

凉州曲[1]

蒲萄美酒夜光杯[2]，欲饮琵琶马上催[3]。
醉卧沙场君莫笑，古来征战几人回。

注释：①此诗是描写出征情景的边塞诗。凉州曲：又作“凉州词”，唐乐府名。据《乐府诗集》引《乐苑》说，它是开元年中西凉府都督郭知运进献给朝廷的。凉州，在今甘肃武威。②蒲萄美酒：西域盛产葡萄，酿成美酒，汉武帝时已传入中国。蒲萄，即葡萄。夜光杯：据《海内十洲记》记载，周穆王时，西域曾进献白玉制作的“光明照夜”的“夜光常满杯”。这里借以形容酒杯的晶莹精致。③琵琶：据刘熙《释名·释琵琶》说，琵琶是在马上弹奏的乐器。催：弹奏。

·韩翃

寒　食[1]

春城无处不飞花[2]，寒食东风御柳[3]斜。
日暮汉宫传蜡烛[4]，轻烟散入五侯[5]家。

注释：①此诗描绘寒食节景象和改火习俗。寒食：古代以冬至后第一百零五天为寒食节，约在清明节前两天，其时禁火，吃寒食。寒食禁火是古代“改火”习俗的延续，每年春天，灭旧火，用新火，除旧迎新。②飞花：初春柳絮纷飞，称飞花。③御柳：指皇宫之柳。④汉宫：指唐宫。传蜡烛：寒食节时，据唐制，须由宫廷取新火，由蜡烛以赐群臣。⑤五侯：《汉书·元后传》载，汉成帝时封王谭等五个外戚为侯，称“五侯”。此处指豪门贵族。

·刘方平

月　夜①

更深月色半人家②，北斗阑干南斗斜③。

今夜偏知春气暖，虫声新透④绿窗纱。

注释：①此诗描写春夜的静谧、虫鸣的欢快，写景幽深，含情言外。②半人家：半个庭院。指月亮已西斜，只能照亮半个院落。③阑干：形容星斗横斜。南斗：即斗宿，二十八宿之一，位于北斗之南，故称。④新透：初透。

·柳中庸

征人怨①

岁岁金河复玉关②，朝朝马策与刀环③。

三春白雪归青冢④，万里黄河绕黑山⑤。

注释：①此诗写征人久戍边塞不能还乡之怨。征人：指征戍边塞的将士。②岁岁金河复玉关：意谓年年战争不断。金河，即黑河，在今内蒙古呼和浩特之南，唐时属匈奴辖地。玉关，即玉门关。③朝朝马策与刀环：意谓每天都有战斗。马策，马鞭。刀环，指刀。④三春白雪归青冢：指三月阳春，仍有白雪，形容此地之苦寒。三春，三月阳春。青冢，指昭君墓，在今内蒙古呼和浩特之西南。⑤万里黄河绕黑山：意谓此地还应是大唐帝国的疆土 。黑山，即杀虎山，在今呼和浩特之东南。

·李益

夜上受降城闻笛①

回乐烽②前沙似雪，受降城外月如霜。

不知何处吹芦管③，一夜征人④尽望乡。

注释：①此诗写边塞月夜，芦管引乡思。受降城：唐中宗景龙二年(708)，朔方军总管张仁愿为出击突厥，在黄河以北筑东、西、中三座受降城。此指西城，在今宁夏灵武。②回乐烽：指回乐城附近的烽火台。回乐城故址在今宁夏灵武西南。③芦管：以芦叶所做的笛子。④征人：指远征的将士。

·朱庆馀

近试上张水部[1]

洞房昨夜停红烛[2],待晓堂前拜舅姑[3]。
妆罢低声问夫婿,画眉深浅入时[4]无。

注释:①诗题一作“闺意献张水部”。这是一首以新妇自比的求荐诗。近试:临近考试。张水部:指张籍,曾任水部员外郎。水部,工部四司之一,掌水道事。②停:置放。③舅姑:公婆。④入时:时髦。

·韦庄

金陵图[1]

江雨霏霏[2]江草齐,六朝[3]如梦鸟空啼。
无情最是台城[4]柳,依旧烟笼十里堤。

注释:①诗题一作“台城”,原有诗二首,此为其二,乃作者吊古伤今之作。金陵:今江苏南京。②霏霏:雨细密的样子。③六朝:指吴、东晋、宋、齐、梁、陈六朝。金陵为此六朝的都城。④台城:为六朝建邺城的旧址,在南京市鸡鸣山麓,玄武湖边。

·陈陶

陇西行[1]

誓扫匈奴不顾身,五千貂锦丧胡尘[2]。
可怜无定河[3]边骨,犹是春闺梦里人。

注释:①题下原有诗四首,此为其二。写战争给百姓带来的痛苦和灾难。陇西行:古乐府《相和歌辞·瑟调曲》旧题。②“誓扫”二句:用汉李陵故事。李陵为击败匈奴,率步卒不足五千人深入沙漠,为诱兵之计。但因救兵不至,死伤殆尽。貂锦,汉羽林军着貂裘锦衣。此处指将士。③无定河:源出内蒙古鄂尔多斯,流经陕西,汇入黄河。

·杜秋娘

金缕衣[1]

劝君莫惜金缕衣,劝君惜取少年时。

花开堪折直须[2]折，莫待无花空折枝。

注释：①诗题一作“劝少年”。此诗主旨颇有歧解，或解为劝人惜取光阴，或解为及时行乐，或解为妓家以花柳自比。此诗词气明爽，令人百读不厌。金缕衣：唐教坊曲调名，《乐府诗集》编入《近代曲辞》。②直须：就须。

·李颀

望秦川[1]

秦川朝望迥[2]，日出正东峰。
远近山河净[3]，逶迤城阙重[4]。
秋声万户竹，寒色五陵松。
客有归欤叹[5]，凄其[6]霜露浓。

注释：①诗作于唐玄宗开元二十九载(741)，李颀弃官后隐居颍阳东川，与王维、高适、王昌龄等人相过往，这首诗写于诗人离职之后出长安过秦川时。诗描绘出帝都的壮丽与秦川萧瑟的秋景，委婉含蓄地表达了诗人罢职之后内心的惆怅与苦闷。②秦川：地名，泛指今陕西、甘肃秦岭以北地区。朝望：早晨东望。迥(jiǒng)：远。③净：明净。④逶迤(wēiyí)：连绵不断的样子。重：重叠。⑤归欤叹：回去吧。孔子困陈，有“归欤”之叹。陶渊明《归去来兮辞》云：“归去来兮，田园将芜胡不归？”⑥凄其：寒冷貌。《诗经·邶风·绿衣》有：“凄其以风。”

·崔涂

旅　怀[1]

水流花谢两无情，送尽东风过楚城[2]。
蝴蝶梦[3]中家万里，杜鹃[4]枝上月三更。
故园书动经年绝[5]，华发[6]春催两鬓生。
自是不归归便得[7]，五湖烟景[8]有谁争。

注释：①诗题一作“春夕旅梦”，又作“春夕旅游”“春夕旅怀”。诗以残春景色渲染思乡愁绪，归梦未得、杜鹃夜啼进一步突出了愁绪难泯，早生的华发时刻在唤醒着难堪的迟暮之悲。旅怀：客居他乡的情怀。②楚城：泛指楚地。③蝴蝶梦：典出《庄子·齐物论》：“昔者庄周梦为胡蝶，栩栩然胡蝶欤。自喻适志与，不知周也。俄然觉，则蘧蘧然周也。不知周之梦为胡蝶与？胡蝶之梦为周与？周与胡蝶则必有分矣。此之谓物化。”这里泛指梦。④杜鹃：鸟名，声音似“不如归去”，听到杜鹃啼叫声，诗人思乡的心情更为急切。⑤故园：家乡。书：书信。动：动辄，每每。经年：常年。绝：音信断绝。⑥华发：花白头发。⑦自是：本来是。归便得：要回去就可以回去。⑧五湖：旧称滆湖、洮湖、衬湖、贵湖、太湖为五湖，泛指太湖一带。春秋时期范蠡辅佐越王勾践成就霸业后，功成身退，泛舟五湖。烟景：风烟景物。

·杨巨源

城东早春[1]

诗家清景[2]在新春，绿柳才黄半未匀[3]。
若待上林[4]花似锦，出门俱[5]是看花人。

注释：①这首诗吟咏早春，用细腻的笔触通过对柳色的描绘写出了早春的清新可人，抒发了对早春的偏爱。尽管繁花似锦有它的佳处，可是游人如织过于喧闹，并不是诗人所喜爱的。对比的手法显示出了诗人清远含蓄的审美意趣，这其实也是中国文人含蓄品质的一个表现。②诗家：诗人。清景：清新的景色。③绿柳才黄半未匀：此句写柳树刚显现出鹅黄色，色泽还不鲜艳。匀，均匀。④上林：古代皇家园林上林苑，故址在今陕西西安。⑤俱：都。

·王驾

社　日[1]

鹅湖山[2]下稻粱肥，豚栅鸡栖对掩扉[3]。
桑柘影斜春社散[4]，家家扶得醉人归。

注释：①这首诗写乡村社日风俗，没有正面描写社日仪式活动，而是侧面着笔，描绘出一幅富庶、太平、热闹的景象，无怪乎清人沈德潜在《唐诗别裁集》中说它于“极村朴中传出太平风景”。②鹅湖山：山名，江西铅山之北，原名荷湖山，有湖，多生荷。晋末有龚氏畜鹅于此，因名鹅湖山。宋淳熙二年(1175)朱熹与吕祖谦、陆九渊兄弟讲学鹅湖寺，后人立为四贤堂。③豚(tún)栅：猪栅栏，猪圈。鸡栖：鸡窝。扉(fēi)：门。④桑柘(zhè)影斜：日过午后，树影越来越斜，此指天色已晚。柘，树。春社：古代祭祀土神、五谷神，按其季节称为春社与秋社。《荆楚岁时记》载:“四邻并结宗会社,宰牲牢,为屋于树下,先祭祀,然后享其胙。”旧时二十五家合为一社,聚土为坛,上面种树,作为向神祭祀祈祷的地方。春季祭祀祈求五谷丰登,其时间周代用甲日,汉以后,一般用戊日,以立春后第五个戊日,又称作中和节。春社有饮中和酒、宜春酒的习俗,说是可以医治耳疾,因而人们又称之为“治聋酒”;秋天则是报答神的恩典,由于神的赏赐,人们获得丰收。春、秋二社又简称“春祈秋报”。

春　晴①

雨前初见花间蕊②,雨后全无叶底花。
蜂蝶纷纷过墙去,却疑③春色在邻家。

注释:①诗题一作“晴景”,又作“雨晴”。这是首即兴之作,运用拟人的手法,捕捉雨前雨后风景的不同,写春色易逝,表达了诗人惜春之情,用语巧妙,构思别致。②蕊(ruǐ):花苞,花心。③疑:疑心。

·李涉

登　山①

终日昏昏醉梦间,忽闻春尽强②登山。
因过竹院逢僧话,又得浮生③半日闲。

注释:①诗题一作“题鹤林寺僧院”。鹤林寺,故址在今江苏镇江。诗前两句写整日醉生梦死,毫无乐趣,只是听说春天快要结束了才想起登山;后两句写与僧人聊天,才得到半日闲适,表现了诗人不得志下的无奈与烦闷。②强:勉强。③浮生:《庄子·刻意》:“其生若浮,其死若休。”以人生在世,虚浮不定,因称人生为“浮生”。南朝宋鲍照《答客》:“浮生急驰电,物道险弦丝。”

·高骈

山亭夏日①

绿树荫浓②夏日长,楼台倒影入池塘。
水晶帘③动微风起,满架蔷薇一院④香。

注释:①诗题原作“山居夏日”。诗以白描的手法,描绘夏日的绿树浓荫、楼台倒影、池塘水波与蔷薇花香,构成一幅色彩鲜明、格调优雅的风景图,表现了寄情山水的闲适。②浓：树荫很密。③水晶帘：装饰有水晶的帘子，这里比喻水面，形容微风吹拂水面，波光荡漾，水纹与楼台倒影汇在一起，如同水晶帘在微微摆动。④一院：满院。

·赵嘏

江楼有感[1]

独上江楼思悄然[2]，月光如水水如天。

同来玩月人何在[3]，风景依稀[4]似去年。

注释：①诗抚今追昔，写皓月依旧当空，去岁共游故人不在，抒发了对友人的怀念、独登江楼的惆怅心情以及物是人非的感慨。②思悄然：形容愁思萦绕的神态。悄然，一作"渺然"。③玩月：赏月。一作"望月"，又作"看月"。何在：在哪里。④依稀：仿佛，隐隐约约。

长安秋望[1]

云物凄凉拂曙流[2]，汉家宫阙动高秋[3]。

残星几点雁横塞[4]，长笛一声人倚楼。

紫艳[5]半开篱菊静，红衣落尽渚[6]莲愁。

鲈鱼正美不归去[7]，空戴南冠[8]学楚囚。

注释：①诗题一作"长安秋夕"，又作"长安秋晚"。唐文宗大和初年(827)，诗人客游浙东，后至宣城，数应举，不第。诗作于赵嘏滞留长安未第时。诗通过描绘长安拂晓的凄清秋色，运用典故，抒发了诗人孤寂怅惘的愁思和对田园生活的向往。②云物：云雾。拂曙：拂晓，天刚亮。流：流动，指拂晓的光亮在逐渐延伸。③汉家宫阙：借汉喻唐，指唐代的宫殿。动高秋：巍然耸立的宫殿，似乎触动了高高的秋空。④残星：晨星，因为天色将亮，星辰已经稀疏黯淡，所以称为残星。雁横塞：雁飞过边塞。横，度，越过。⑤紫艳：艳丽的紫色菊花。⑥红衣：这里指红色的莲花瓣。渚(zhǔ)：水中的小块陆地。⑦鲈鱼正美不归去：《世说新语·鉴识》载，晋时吴郡(今苏州)张翰在洛阳做官，一次见秋风起，便想起家乡的鲈鱼莼羹正是味美时候，便弃官而归，后被传为归隐美谈。这里流露出思乡心切之意。⑧南冠：囚犯，用楚国钟仪囚于晋国的典故，表现身不由己，难以归乡。《左传·成公九年》："晋侯观于军府，见钟仪，问之曰:'南冠而禁者,谁也?'有司对曰:'郑人所献楚囚也。'"唐骆宾王《在狱咏蝉》:"西陆蝉声唱,南冠客思侵。"

闻　笛[①]

谁家吹笛画楼[②]中,断续[③]声随断续风。
响遏行云横碧落[④],清和冷月[⑤]到帘栊。
兴来三弄有桓子[⑥],赋就一篇怀马融[⑦]。
曲罢[⑧]不知人在否,余音嘹亮尚[⑨]飘空。

注释:①本诗不见于《全唐诗·赵嘏集》中,《分门纂类唐宋时贤千家诗选》卷十八署名刘后村,但也不见于《后村居士诗》,作者待考。这首诗用拟人、夸张、通感、典故等多种手法生动形象地描绘出听笛的音乐感受,赞扬吹笛人技艺高超。②画楼:装饰精美的楼。③断续:断断续续。④响遏(è)行云:《列子·汤问》:"(秦青)抚节悲歌,声震林木,响遏行云。"形容笛声响彻云霄,阻挡住了流动的云彩。遏,阻止。碧落:碧空,天空。⑤清和冷月:清冷柔和的月色。⑥三弄:三支曲子。弄,乐曲称作弄。桓子:指东晋桓伊,善音乐。据《世说新语·任诞》载,王子猷听说桓伊善吹笛,而不相识。王在船中,适逢桓在岸上,就请为他吹笛。桓伊就下车,踞胡床,为作三调,吹毕上车而去。两人不作言。相传《梅花三弄》就是依据他的"三调"改编的。⑦马融:东汉人,字季长,才学博洽,善鼓琴,好吹笛,著有《长笛赋》。⑧曲罢:曲终。⑨尚:还。

·温庭筠

商山[①]早行

晨起动征铎[②],客行悲故乡。
鸡声茅店月,人迹板桥霜。
槲[③]叶落山路,枳花明驿墙[④]。
因思杜陵梦[⑤],凫雁[⑥]满回塘[⑦]。

注释:①商山:山名,又名尚阪、楚山,在今陕西商洛东南山阳与丹凤辖区交汇处。作者曾于大中(唐宣宗年号,847—860)末年离开长安,经过这里。②动征铎(duó):振动出行的铃铛。征铎,车行时悬挂在马脖上的铃铛。铎,大铃。③槲(hú):陕西山阳盛长的一种落叶乔木。叶子在冬天虽枯而不落,春天树枝发芽时才落。每逢端午用这种树叶包出的槲叶粽也成了当地特色。④枳(zhǐ):也叫“臭橘”,一种落叶灌木或小乔木,春天开白花,果实似橘而略小,酸不可吃,可用作中药。明:使……明艳。驿(yì)墙:驿站的墙壁。驿,古时候递送公文的人或来往官员暂住、换马的处所。这句意思是说:枳花鲜艳地开放在驿站墙边。⑤杜陵:地名,在长安城南(今陕西西安东南),古为杜伯国,秦置杜县,汉宣帝筑陵于东原上,因名杜陵,这里指长安。作者此时从长安赴襄阳投友,途经商山。这句意思是说:因而想起在长安时的梦境。⑥凫(fú):野鸭。雁:一种候鸟,春往北飞,秋往南飞。⑦回塘:圆而曲折的池塘。这句写的就是“杜陵梦”的梦境。

六、宋代诗词

·程颢

春日偶成[①]

云淡风轻近午天[②]，傍花随柳过前川[③]。
时人不识余[④]心乐，将[⑤]谓偷闲学少年。

注释：①诗题一作“偶成”，作于1058—1062年春程颢任陕西鄠县主簿时。诗人以清丽的语言描绘出春光融融的景象，通过自己的游赏之乐被“时人”误解，用反衬的手法抒写了诗人的闲适自得之乐，表达了理学家对平淡自然境界的追求。②午天：正午时分。③傍花随柳：穿行于花柳之间。傍，一作“望”，依靠。川，平原或河畔。④时人：一作“旁人”。识：知道。余：一作“予”。⑤将：乃，于是，就。

偶　成[①]

闲来无事不从容[②]，睡觉[③]东窗日已红。
万物静观[④]皆自得，四时佳兴与人同。
道通[⑤]天地有形外，思入风云变态中。
富贵不淫贫贱乐[⑥]，男儿到此是豪雄[⑦]。

注释：①诗歌描绘出诗人作为一位理学大师潜心治学的闲适生活以及体验到世间真知的快乐，表现了诗人的价值观。②闲来：闲时。从容：悠闲舒适，不慌不忙。③睡觉：一觉醒来。④万物：天地间的事物。静观：静静地观察。⑤道：我国古代一个基本的哲学概念，是超乎具体形体以外的范畴，大致相当于道理、真理。《易·系辞上》：“形而上者谓之道，形而下者谓之器。”通：贯通。⑥富贵不淫贫贱乐：语出《孟子·滕文公下》：“富贵不能淫，贫贱不能移，威武不能屈，此之谓大丈夫。”《论语·雍也》：“一箪食，一瓢饮，在陋巷，人不堪其忧，回也不改其乐。”意思是说富贵不能乱志,贫贱之中仍然怡然自乐。⑦到此:到达这个境界。豪雄:英雄豪杰。

·朱熹

春　日①

胜日寻芳泗水滨②,无边光景一时新。

等闲识得东风面③,万紫千红总是春④。

注释:①这是一首哲理诗,而一般被认为是游赏之作。诗篇用诗人探寻春天以及对春天的勃勃生机的感受来讲明一个道理:只要进了孔圣之门,懂得了儒家真谛,就能领略到无边生机。②胜日:原指节日或亲朋相聚的日子,这里指美好的日子,天气晴朗的日子。寻芳:看花观景。泗水:在今山东省中部,源于泗水东部陪尾山下,由趵突、响水、洗钵、红石四大泉汇流而成,与运河相通,因四源并发而名。出泗水境后汇入了西沂水、险水、汴水等,成为淮河下游最大支流。因此,历史上常把泗河与淮河并称为“淮泗”。因为孔子曾经在洙水、泗水聚徒讲学,所以后世用作孔子与儒家的典故。阮侃《答嵇康诗二首》:“唐虞旷千载,三代不我并。洙泗久已往,微言谁为听。曾参易箦毙,仲由结其缨。”③等闲识得:容易识别的意思。等闲,寻常,随便。东风:春风,此指春天。④万紫千红:形容色彩缤纷。总是:都是。

秋　月①

清溪流过碧山头,空水澄鲜②一色秋。

隔断红尘③三十里,白云黄叶共悠悠④。

注释:①此为《入瑞岩道间得四绝句呈彦集、充父二兄弟》之第三首。诗借物喻人,通过描绘秋月的玲珑皎洁、秋空的明朗,表观诗人超脱凡俗的人生境界。②空水:清澈透明的水。澄鲜:明净清亮。谢灵运《登江中孤屿》:“云日相辉映,江水共澄鲜。”③红尘:世俗之处。④黄叶:落叶。一作“红叶”。悠悠:悠远,自由。

泛　舟①

昨夜江边春水生,艨艟巨舰一毛轻②。

向来枉费[3]推移力，此日中流自在行[4]。

注释：①此为《观书有感二首》之二。诗以泛舟作比喻，说明做事情一定要遵循客观规律，客观条件达到了，就会事半功倍，一气呵成；做学问也要厚积薄发，功到自然成。泛舟：舟浮行于水上。②艨艟(méngchōng)：古代的一种战船。一毛轻：像一根羽毛一样轻。③向来：一向，历来。枉费：徒费，白费。④中流：河流之中。自在：悠闲自在。

·苏轼

春　宵[1]

春宵一刻值千金[2]，花有清香月有阴。
歌管[3]楼台声细细，秋千院落夜沉沉[4]。

注释：①诗题一作“春夜”。这首诗先用警醒的语句单刀直入，点明主旨，富于哲理意味，接着以欢快流畅的语言从嗅觉、视觉、听觉描写春天夜空中的花香、月影以及楼台上的歌管声，抒发了浓郁的惜春之情。②春宵一刻值千金：用夸张的手法写出惜春之意。春宵，春夜。一刻，古代计时单位，一昼夜为一百刻。③歌管：歌唱的声音和乐器的演奏声。管，管乐器，如笛、笙、箫之类。④院落：庭院。沉沉：形容夜很深了。

上元侍宴[1]

淡月疏星绕建章[2]，仙风吹下御炉[3]香。
侍臣鹄立通明殿[4]，一朵红云捧玉皇[5]。

注释：①这首诗是苏轼《上元侍饮楼上呈同列》三首的第一首，是首应制诗，内容上除了歌功颂德之外，通过生动形象的比喻，如天鹅的站立、红云缭绕，描绘出一幅庄严肃穆、尊贵气派的画面。诗人围绕歌颂这一主题，采取了由外及里、由物及人、层层推进的顺序，视线先由天上转移到殿前，再由殿前进入殿中，最后定格于歌颂对象皇帝身上，点出诗歌的主题，层次分明，次序井然。上元：节日，农历正月十五。②建章：汉宫名，故址在今西安市西，此指北宋皇宫(在汴梁，今属河南开封)。③御炉：皇帝用的香炉。④鹄立：像天鹅一样立着，形容肃立的样子。鹄，天鹅，因其站立时总是伸直脖子，故用来形容站立时的端正恭敬。通明殿：传说中玉皇大帝的宫殿，此指皇帝临朝大殿。元好问《记梦》诗:“梦中望拜通明殿,曾见金书两字来。”⑤玉皇:天帝,此指皇帝。

花 影

重重叠叠[1]上瑶台[2],几度[3]呼童[4]扫不开。

刚被太阳收拾去[5],又叫[6]明月送将来[7]。

注释:①重重叠叠:形容地上的花影一层又一层,很浓厚。②瑶台:华贵的亭台。③几度:几次。④童:男仆。这两句是说,亭台上的花影太厚了,几次叫仆人扫都扫不掉。⑤收拾去:指日落时花影消失,好像被太阳收拾走了。⑥叫:让。⑦送将来:指花影重新在月光下出现,好像是月亮送来的。将,语气助词,用于动词之后。这两句是说,太阳落了,花影刚刚消失,明月升起,它又随着月光出现了。

浣溪沙·游蕲水清泉寺[1]

游蕲水清泉寺,寺临兰溪,溪水西流。

山下兰芽短浸[2]溪,松间沙路净无泥,潇潇[3]暮雨子规[4]啼。

谁道人生无再少[5]?门前流水尚能西!休将白发[6]唱黄鸡[7]。

注释:①该诗为诗人与医人庞安时(字安常)同游后所作,见《东坡题跋》卷三《书清泉寺词》。蕲(qí)水:县名,今湖北浠水县。②浸:泡在水中。③潇潇:形容雨声。④子规:杜鹃,又叫杜宇、布谷、子规、望帝、蜀鸟等。⑤无再少:不能再回到少年时代。⑥白发:老年。⑦唱黄鸡:感慨时光的流逝。因黄鸡可以报晓,故表示时光的流逝。

海 棠[1]

东风袅袅泛崇光[2],香雾空蒙月转廊[3]。

只恐夜深花睡去,故烧高烛照红妆[4]。

注释:①诗作于宋神宗元丰三年(1080)至元丰七年(1084)之间,苏轼因“乌台诗案”被贬黄州,任团练副使。一说作于元丰三年(1080),苏轼被贬黄州,寓居定慧院时。这是首咏物之作,前两句写物,从视觉、嗅觉角度描写,表现了月色朦胧的夜晚,微风吹拂之下,海棠花摇曳多姿,香气弥漫;后两句写诗人的情态，因为害怕海棠在深夜中睡去，所以特意点上高高的蜡烛，传神地写出了诗人的痴情、海棠的美丽；典故的运用拓宽了想象的空间。②东风：春风。袅(niǎo)袅：形容微风吹拂的样子。泛：浮动。崇光：春光。③空蒙：一作“空濛”，雾气迷蒙。廊：回廊、走廊。④“只恐”二句：写人与花对话，怕花睡去，燃亮烛火，近赏红妆。这种痴语与顽行写出了苏轼对这株无人观赏的海棠的痴情。只恐，只怕，只是担心。故，因此。红妆，女子盛装，此处喻指海棠。据《明皇杂录》载，唐玄宗在沉香亭，要召见杨贵妃，而她酒醉未醒。等到高力士和侍女将她搀扶来后，仍然是醉眼蒙眬，鬓乱钗横，衣冠不整。见此情景，玄宗笑道：“岂是妃子醉耶？真海棠睡未足耳。”唐玄宗是以花喻人，苏轼这里以人喻花。李商隐《花下醉》中有诗句“客散酒醒深夜后，更持红烛赏残花”，苏轼的诗句可以说是点石成金。

饮湖上初晴后雨[1]

水光潋滟[2]晴方好，山色空蒙[3]雨亦奇。

欲把西湖比西子[4]，淡妆浓抹总相宜[5]。

注释：①宋神宗熙宁四年(1071)六月，苏轼以太常博士直史馆出为杭州通判，熙宁六年(1073)作此诗，原诗共两首，本诗是其二。诗描写了西湖的湖光山色和晴姿雨态，用概括性极强的语言写出西湖奇景，西子的比喻更是遗形取神，空灵通脱。湖：西湖。②潋滟(liànyàn)：波光动荡的样子。③空蒙：烟雨迷蒙。④西子：西施，姓施名夷光，春秋末期越国人，与王昭君、貂蝉、杨玉环并称古代四大美女，因为此诗，后世又称西湖为西子湖。⑤相宜：相称，合适。

冬　景[1]

荷尽已无擎雨盖[2]，菊残[3]犹有傲霜枝。

一年好景君须记[4]，最是橙黄橘绿时[5]。

注释：①诗作于宋哲宗元祐五年(1090)初冬，苏轼知杭州时。诗题一作“赠刘景文”。刘景文，刘季孙，河南祥符(今河南开封境内)人，苏轼任杭州知州时，刘任两浙兵马都监，与苏轼有诗酒往来，交往很深。诗写深秋初冬的景色，将萧瑟的景物写得富有生机，借物喻人，赞颂刘景文的品格与节操，表现了诗人旷达乐观的性情和胸襟。②擎(qíng)：举。雨盖：指荷叶。③菊残：秋菊已经开败。④君：您。须：应该。⑤最是：正是。橙黄橘绿：指秋季，橙橘成熟于秋天。

水龙吟[①]·次韵章质夫杨花词[②]

似花还似非花，也无人惜从教坠。抛家傍路，思量却是，无情有思[③]。萦损柔肠，困酣娇眼，欲开还闭。梦随风万里，寻郎去处，又还被、莺呼起[④]。

不恨此花飞尽，恨西园、落红难缀。晓来雨过，遗踪何在，一池萍碎[⑤]。春色三分，二分尘土，一分流水。细看来，不是杨花，点点是离人泪。

注释：①调名取自李白诗《宫中行乐词八首》其三："笛奏龙吟水，箫鸣凤下空。"《词谱》以苏轼这首词为正调。这是东坡少有的婉约风格的咏物词作。词人借暮春之际"抛家傍路"的杨花，化"无情"之花为"有思"之人，"直是言情，非复赋物"，幽怨缠绵而又空灵飞动地抒写了带有普遍性的离愁。王国维《人间词话》："咏物之词，自以东坡《水龙吟》为最工。"②章质夫：名楶(jié)，字质夫，浦城(今属福建)人。曾作《水龙吟》咏杨花，苏轼依章词原韵唱和，故称"次韵"。③无情有思：前代诗人有的说杨花无情，如韩愈《晓春》诗"杨花榆荚无才思"；有的说杨花有情，如杜甫《白丝行》诗"落絮游丝亦有情"。④"梦随"三句：与唐金昌绪《春怨》"打起黄莺儿，莫教枝上啼。啼时惊妾梦，不得到辽西"句意相似。⑤萍碎：苏轼自注："杨花落水为浮萍，验之信然。"此说并无科学根据，是词人的误解。

永遇乐[①]

彭城夜宿燕子楼[②]，梦盼盼，因作此词。

明月如霜，好风如水，清景无限。曲港跳鱼，圆荷泻露，寂寞无人见。紞如[③]三鼓，铿然[④]一叶，黯黯梦云[⑤]惊断。夜茫茫，重寻无处，觉来小园行遍。

天涯倦客，山中归路，望断故园心眼。燕子楼空，佳人何在，空锁楼中燕。古今如梦，何曾梦觉，但有旧欢新怨。异时对，黄楼[⑥]夜景，为余浩叹。

注释：①《锦绣万花谷》前集卷十七："唐杜秘书，工于小词。邻翁有女，小字酥香，凡才人所为歌曲，悉能讽之。一夕，逾墙而至，杜始望不及此，邻翁失女所在。后半年，仆有过，杜笞之，窜而闻官，杜流河朔，临行述《永遇乐》一词诀别，女持纸三唱而死。"《锦绣万花谷》为南宋著作，其所云"杜秘书"则不知为唐代何时人物，若所述真实，则唐代当有《永遇乐》歌调。现在看到的最早的《永遇乐》词作见于柳永的《乐章集》。《词谱》以苏轼词为正体。这首词即景抒情，情理交融，状燕子楼小园清幽夜景，抒燕子楼惊梦后萦绕于怀的惆怅之情，言词人由人去楼空而悟得的"古今如梦，何曾梦觉"之理。上片写夜宿燕子楼的四周景物和梦；下片直抒感慨，议论风生。整首词传达了一种禅意玄思的人生空幻，隐藏着某种要求彻底解脱的出世意念。②燕子楼：唐代尚书张愔侍妾关盼盼居处，在徐州（古彭城）。张死后，盼盼感念旧情，独居此楼十余年。③紞（dǎn）如：击鼓声。④铿（kēng）然：金石声。此喻树叶落地声。⑤梦云：指梦见盼盼。⑥黄楼：苏轼守徐州时，为治理黄河水患，在彭城东门堆黄土建成黄楼。

卜算子①·黄州②定惠院寓居作

缺月挂疏桐，漏断③人初静。谁见幽人④独往来，飘渺孤鸿影。

惊起却回头，有恨无人省。拣尽寒枝不肯栖，寂寞沙洲冷。

注释：①清万树《词律》云：唐骆宾王诗用数目名，人谓之"卜算子"。宋黄庭坚词有"似扶着，卖卜算"句。词调名称盖缘于此，又名"百尺楼""楚天遥"。《词谱》以苏轼《卜算子》（缺月挂疏桐）为正体，所以"缺月挂疏桐"也是"卜算子"又名。词中借月夜孤鸿这一形象托物寓怀，表达了词人孤高自许、蔑视流俗的心境。黄庭坚评此词道："语意高妙，似非吃烟火食人语，非胸中有万卷书，笔下无一点尘俗气，孰能至此！"②黄州：今湖北黄冈。③漏断：漏壶水已滴尽，表示夜深。④幽人：隐居之人。苏轼《定惠院寓居月夜偶出》诗："幽人无事不出门，偶逐东风转良夜。"

·王安石

春　夜①

金炉香尽漏声残②，剪剪③轻风阵阵寒。

春色恼人④眠不得，月移花影上栏杆。

注释：①诗题一作“夜值”。宋代制度，翰林学士每夜轮流一人在学士院里值班留宿。王安石于英宗治平四年(1067)九月为翰林学士，宋神宗熙宁元年(1068)四月到京师。此诗写于熙宁二年(1069)初春。这首诗写入翰林院值夜班的感受。早春的天气，轻风吹拂，晓寒微侵，最能给人以春的气息；月的清冷，花的芬芳，令春风得意的诗人激动不已，不由得走出屋子，陶醉于宫禁中的美好春色。作者一般认为是王安石，周紫芝《竹坡诗话》则认为是王安石之弟王安国。②炉：香炉。漏声残：天将亮。漏为古代计时工具，以铜壶等容器盛水，使之滴入有刻度的器具中，看器具中盛水的情况来计时。③剪剪：形容春风轻微。④春色恼人：春色撩人。欧阳修《少年游》：“拈花嗅蕊，恼烟撩雾，拚醉倚西风。”

登飞来峰①

飞来峰上千寻塔②，闻说③鸡鸣见日升。

不畏浮云遮望眼④，自缘⑤身在最高层。

注释：①飞来峰：有两说，一说在浙江绍兴城外的林山。唐宋时其中有座应天塔。传说此峰是从琅琊郡东武县飞来的，故名飞来峰。一说在今浙江杭州西湖灵隐寺前。②千寻塔：很高很高的塔。寻，古时长度单位，八尺为一寻。③闻说：听说。④浮云：在山间浮动的云雾。望眼：视线。⑤缘：因为。

明妃①曲·其一

明妃初出汉宫时，泪湿春风②鬓脚垂。

低徊③顾影无颜色，尚得君王不自持④。

归来却怪丹青手⑤，入眼平生几曾有。

意态⑥由来画不成，当时枉杀毛延寿。

一去心知更不归，可怜着尽汉宫衣⑦。

寄声欲问塞南⑧事，只有年年鸿雁飞。

家人万里传消息，好在毡城⑨莫相忆。

君不见咫尺长门闭阿娇⑩，人生失意无南北。

注释：①明妃：即王昭君，汉元帝宫女，容貌美丽，品行正直。晋人避司马昭讳，改昭为明，后人沿用。②春风：比喻面容之美。杜甫《咏怀古迹五首》中《咏昭君》一首有“画图省识春风面”之句。这里的“春风”即“春风面”的省称。③低徊：徘徊不前。④不自持：不能控制自己的感情。⑤归来：回过头来。丹青手：指画师毛延寿。⑥意态：风神。⑦着尽汉宫衣：指昭君仍全身穿着汉服。⑧塞南：指汉王朝。⑨毡城：此指匈奴王宫。游牧民族以毡为帐篷(现名蒙古包)。⑩咫尺：极言其近。长门闭阿娇：西汉武帝曾将陈皇后幽禁长门宫。长门，汉宫名。阿娇，陈皇后的小名。

元　日①

爆竹声中一岁除②，春风送暖入屠苏③。

千门万户曈曈④日，总把新桃⑤换旧符。

注释：①元日：元旦，农历正月初一，是我国最为隆重的传统节日，象征着旧年的结束，新年的开始。旧俗家家放爆竹，换桃符，饮屠苏。这首诗用简明轻快的语言，白描的手法，把元日的习俗，人们除旧布新的喜悦、欢庆热闹的气氛、对未来的憧憬融入诗中，描绘出新年伊始举国上下一派欢欣鼓舞、热闹非凡的景象。②除：过去。③屠苏：一种美酒，古人在酒里泡屠苏草、肉桂、山椒等，故有此名。唐宋有正月初一饮屠苏酒习俗，据说可以除灾避邪。④曈(tóng)曈：形容太阳初升的样子。⑤桃：桃符，用桃木做的木匾，上画神像，如钟馗、秦琼等，古代元旦更换，用来驱邪。桃符后来演化为春联。

书湖阴先生壁①

茅檐常扫净无苔②，花木成蹊手自栽③。

一水护④田将绿绕，两山排闼⑤送青来。

注释：①诗以清丽的语言、工整的对仗写出湖阴先生居所的清幽、景色的优美，从而含蓄地赞扬其人品高洁，气度不凡。湖阴先生：即杨德逢，是作者晚年住金陵钟山时的朋友。②茅檐：盖着茅草的房檐。③蹊(xī)：小路。一作“畦”，指划分成块的田地。手自栽：亲自栽种。④护：回护。⑤排闼(tà)：推门。

门在古代又称“闼”。王勃《滕王阁序》有“披绣闼，俯雕甍”句。

·张栻

立春偶成①

律回②岁晚冰霜少，春到人间草木知。

便觉眼前生意③满，东风吹水绿参差④。

注释：①诗题一作“立春日禊厅偶成”。这首即兴之作以“律回”为契机，捕捉春回大地的气息，通过春草、春树、春水写出“一元复始，万象更新”，昭示春意盎然的景象。立春：二十四节气之一，一般在阳历二月三、四或五日。《逸周书·时训》：“立春之日，东风解冻；又五日，蛰虫始振；又五日，鱼上冰。”②律回：节令回转，又指新春伊始。律，律历，古代以十二乐律配十二月令。相传黄帝命伶伦（古乐官名，又作泠伦，中国音乐的始祖）断竹为筒（后人多用金属管），以定音和候十二月之气。阳六为律，即黄钟、太簇、姑洗、蕤宾、夷则、无射；阴六为吕，即大吕、夹钟、仲吕、林钟、南吕、应钟。农历十二月属吕，正月属律，立春往往在农历十二月与一月之交，所以曰“律回”。③生意：生机。④参差（cēncī）：不平衡或不整齐的样子，此指风吹绿水所产生的水纹相接之状。

·王禹偁

清　明①

无花无酒过清明，兴味萧然似野僧②。

昨日邻家乞新火③，晓窗分与读书灯。

注释：①这首诗以清明佳节为背景，在他人插柳赏花、踏青饮酒之时，诗人却像山僧一样过着萧条冷清的日子，新乞得火种，便挑灯夜读，直到拂晓。全诗运用衬托、对比手法，描绘出清贫寒士发奋攻读的情形。宋谢维新《古今合璧事类备要》卷十六认为，作者是魏野，《宋诗纪事》卷十从之。②萧然：索然寡味，兴致极低。野僧：长期漂流在外的和尚。③乞：讨，求取火种。新火：清明节前一日为寒食节，据传春秋时介之推随晋公子重耳出亡十九年，后重耳回国为君，介之推不求官俸，母子隐居绵山（今山西介休）。重耳求之不得，焚山逼之，介之推拒不出山，被烧死。后人为了纪念他，冬至后第一百零五日禁烟冷食,寒食节后新生的火种称为新火。

村　行

马穿山径菊初黄,信马悠悠野兴长①。
万壑有声含晚籁②,数峰无语立斜阳。
棠梨③叶落胭脂色,荞麦④花开白雪香。
何事吟余忽惆怅?村桥原树⑤似吾乡。

注释:①信马:骑着马随意行走。野兴:指陶醉于山林美景,怡然自得的乐趣。②晚籁:指秋声。籁,大自然的声响。③棠梨:杜梨,又名白梨、白棠,落叶乔木,木质优良,叶含红色。④荞麦:一年生草本植物,秋季开白色小花,果实呈黑红色,三棱状。⑤原树:原野上的树。原,原野。

·志南

绝　句①

古木阴中系短篷②,杖藜扶我③过桥东。
沾衣欲湿杏花雨,吹面不寒杨柳风④。

注释:①诗用清新明丽的语言写春风、春花及春游感受,意境明快,节奏鲜明,不提春字而春意盎然,不言喜悦而喜悦之情跃然纸上,是歌咏春天的佳作。②短篷:小船。小船上有短篷,故名,是借代的修辞方法。③杖藜扶我:即"我扶杖藜"。杖藜,藜杖。藜,一种藤类植物。扶,助。④"沾衣"二句:为倒装句式,即杏花雨沾衣欲湿,杨柳风吹面不寒。杏花雨,杏花开放时节下的雨,即春雨。杨柳风,杨柳发芽时吹的风,即春风。

·叶绍翁

游园不值①

应怜屐齿印苍苔②,小扣柴扉③久不开。
春色满园关不住④,一枝红杏出墙来⑤。

注释:①诗题一作"游小园不值"。这是一首富于哲理的绝句,诗人将游园未逢主人的懊恼心情化为对红杏、春色的礼赞,反映了春天万物复苏的勃勃生机,形象地说明了新生的、美好的事物是无法阻挡的。不值:没有遇见人，这里指没有进入花园。值，面对，遇到。②怜：爱惜、怜惜。屐(jī)：一种鞋底有齿的木鞋，此处借代指鞋。谢灵运喜着木屐登山，上山去屐前齿，下山去屐后齿，此为“谢公屐”。苍苔：青苔。③小扣：轻轻地敲。扣，敲。柴扉：柴门。④春色满园关不住：即“满园春色关不住”，是为了平仄的需要。⑤一枝红杏出墙来：唐吴融《途中见杏花》：“一枝红杏出墙头，墙外行人正独愁。”《杏花》：“独照影时临水畔，最含情处出墙头。”叶绍翁化用前人诗句，意象更为醒豁，含义更加丰富。

夜书所见

萧萧①梧叶送寒声，江上秋风动客情②。
知有儿童挑③促织④，夜深篱落⑤一灯明。

注释：①萧萧：风声。②客情：旅客思乡之情。③挑：用细长的东西拨动。④促织：俗称蟋蟀，有的地区又叫蛐蛐。⑤篱落：篱笆。

·杨万里

闲居初夏午睡起①

梅子留酸软②齿牙，芭蕉分绿与窗纱③。
日长睡起无情思④，闲看儿童捉柳花⑤。

注释：①诗题一作“初夏睡起”。绍兴三十二年(1162)孝宗即位，张浚重新被起用，杨万里被荐为临安教授，以父丧未能赴任，诗作于诗人赋闲丁忧期间。诗描绘初夏午睡醒来后闲观儿童捕捉柳花的情状，形象地写出梅子给人的感受，抒写了赋闲在家的闲愁，委婉含蓄地表达了英雄无用武之地的苦闷。②留酸：带酸。留，一作“流”。软：一作“溅”。③芭蕉分绿与窗纱：写芭蕉的绿阴映照在窗户上，使纱窗也多了些绿色。与，一作“上”，一作“映”。④长：一作“高”。无情思：无心绪。⑤柳花：柳絮。

小　池

泉眼无声惜①细流，树阴照水爱晴柔②。
小荷才露尖尖角③，早有蜻蜓立上头④。

注释：①泉眼：泉水的出口。惜：吝惜。②照水：映在水里。晴柔：晴天里柔和的风光。③尖尖角:初出水端还没有舒展的荷叶尖端。④上头:上面,顶端。为了押韵,“头”不读轻声。

宿新市徐公店

篱[1]落疏疏[2]一径[3]深,树头花落未成阴[4]。
儿童急走[5]追黄蝶,飞入菜花无处寻。

注释:①篱:篱笆。②疏疏:稀疏。③径:小路。④阴:树叶茂盛浓密而形成的树阴。⑤急走:奔跑。

晓出净慈寺送林子方[1]

毕竟[2]西湖六月中,风光不与四时[3]同。
接天莲叶无穷碧[4],映日荷花别样[5]红。

注释:①诗用白描的手法描绘了西湖六月独特优美的风光,表现了对西湖风光的由衷赞赏,含蓄地表达了惜别之情。净慈寺:原名净慈报恩光孝禅寺,位于西湖边,与灵隐寺并为西湖两大名寺。林子方:林枅,莆田人,曾除直秘阁等职。②毕竟:到底。③四时:四季,这里泛指夏季以外的三季。④接天莲叶:极力写西湖荷花种植面积大,远远地与天相连,是夸张的手法。无穷碧:也是用夸张的手法极力描绘六月西湖荷花的碧绿。⑤别样:分外,格外。

伤　春[1]

准拟今春乐事浓[2],依然枉却一东风[3]。
年年不带看花眼,不是愁中即[4]病中。

注释:①诗题一作“晓登万花川谷看海棠”,原诗二首,此为第二首。前两句写今春赏春乐事落空,后两句进一步发出感慨,说年年如此,抒发因病不能赏春的失意,虽然通篇议论而读来不觉枯燥。伤春:为春天将逝而伤感。②准拟:料想,本以为。浓:多,深。③枉却:白白地辜负。东风:春风。④即:就是。

·王令

送　春[1]

三月残花落更[2]开,小檐[3]日日燕飞来。

子规[4]夜半犹啼血，不信东风[5]唤不回。

注释：①诗通过残花落后又开、燕子日日飞来，将暮春景色写得富有生机，而杜鹃唤春更写出了诗人对春天的执着，惜春之情跃然纸上。②更：又。③檐：屋檐。④子规：杜鹃，相传古蜀国国王杜宇亡国，化为杜鹃，自春至夏啼叫不已，声音凄苦，以至于口中泣血，所以说啼血。⑤不信：不相信。东风：春风，春光。

·赵师秀

有　约[1]

黄梅时节家家雨[2]，青草池塘处处蛙。
有约不来过夜半，闲敲棋子落灯花[3]。

注释：①诗题一作《约客》。诗通过描写观灯花坠落与闲敲棋子，表现夏天深夜等待客人到来时的怅然、孤寂与落寞之情；而此时的雨声、蛙鸣似乎更加重了诗人的烦闷情绪。②黄梅时节：春末夏初梅子成熟时节。家家雨：天天下雨，人们多闭门不出。③"有约"二句：友人因风雨所阻未能赴约，诗人毫无情绪地闲坐在灯下，无聊地敲着棋子，把灯花也震落了。

·曾几

三衢道中[1]

梅子黄时日日晴[2]，小溪泛尽却山行[3]。
绿阴不减来时路，添得黄鹂四五声。

注释：①这是首记游诗，首句写梅子成熟时节本来多雨，而此时却又是难得的晴天，所以能尽情游赏；次句写游踪，写尽兴之乐；后两句写返途兴味不减，抒写了愉悦的心情。三衢：山名，在今浙江衢州境内。②梅子黄时日日晴：梅子熟时江南多雨，称为梅雨季节，而此时却天天晴，最是难得的游赏机会。③小溪泛尽却山行：坐船到了小溪的尽头，又改走山路，极写游兴之浓。

·范成大

四时田园杂兴·田家[1]

昼出耘田夜绩麻[2]，村庄儿女各当家[3]。

童孙未解供[4]耕织，也傍桑阴学种瓜[5]。

注释：①宋孝宗淳熙十三年(1186)，范成大退居苏州石湖时作《四时田园杂兴》绝句六十首，这是其中一首。诗人用清新的笔调，对农村初夏时紧张的劳动气氛，作了较为细致的描写，歌颂了田家的辛勤劳作。②耘田：除草。绩麻：搓麻线。③各当家：各项一行。当家，在行。④童孙：泛指年幼儿童。未解：不知道。供：从事，参加。⑤傍桑阴：在桑树阴下。

四时田园杂兴·其二

梅子金黄杏子肥，麦花雪白菜花稀。

日长篱落[1]无人过，惟有蜻蜓蛱蝶飞。

注释：①篱落：篱笆。

四时田园杂兴·春日

土膏欲动雨频[2]催，万草千花一饷[3]开。

舍后荒畦犹绿秀[4]，邻家鞭笋[5]过墙来。

注释：①《春日》之二，原小引：淳熙丙午，沉疴少纾，复至石湖旧隐，野外即事，辄书一绝，终岁得六十首，号“四时田园杂兴”。题原作“春”，据《宋诗钞·石湖集》改。②土膏：土地中的膏泽，即土地的肥力，指肥沃的土地。《国语·周语一》：“阳气俱蒸，土膏其动。”频：屡次，连续多次。③一饷：片刻。饷，通“晌”。④舍后荒畦犹绿秀：此句是说屋后的荒地里也增添了新的绿意。⑤鞭笋：竹根上的新芽。《本草纲目》：“土人于竹根行鞭时掘取嫩者，谓之鞭笋。”此句是说邻家的竹根已开始发芽，从墙下钻到这边来了。

·翁卷

村居即事[1]

绿遍山原白满川[2]，子规声里雨如烟[3]。

乡村四月闲人少，才了蚕桑又插田[4]。

注释：①诗题一作“乡村四月”。诗以景物作衬托，写江南田家四月冒雨耕作的情形，赞颂了农民的辛勤劳作。②山原：山和原野。川：河流。③雨如烟：细雨蒙蒙，如烟如雾。④了：结束。

·雷震

村　晚①

草满池塘水满陂②，山衔落日浸寒漪③。
牧童归去横牛背，短笛无腔信口吹④。

注释：①这首诗描写优美的乡村景象以及牧童晚归的悠闲自在，表现了对隐逸生活的赞美与向往。②池塘：《宋诗纪事》作“寒塘”。陂(bēi)：池塘或山坡。③山衔落日：太阳被山峦遮挡住了一部分，好像山含着太阳一样。衔，含。陆游《溪上作》：“山衔落日青横野，鸦起平沙黑蔽空。”寒漪(yī)：指带有寒意的水纹。漪，水纹。④无腔：没有腔调，这里是说随意地吹，不是说难听得跑调。信口吹：随意地吹。

·林升

题临安邸①

山外青山楼外楼②，西湖歌舞几时休③。
暖风熏④得游人醉，直把杭州作汴州⑤。

注释：①这是首政治讽刺诗，讽刺南宋统治阶层早已把恢复大业抛到九霄云外，偏安一隅，贪图享乐，过着醉生梦死的日子。临安：南宋都城，在今浙江杭州。邸(dǐ)：客栈。②山外青山楼外楼：写临安湖光山色，风景秀丽，都市繁华。山外青山，青山之外还有青山，言临安山多。楼外楼，楼外还有楼，说临安楼多。③西湖歌舞几时休：写上层人物歌舞升平。几时，何时。休，停止。④熏：熏染。⑤直把：《西湖游览志余》作“便把”。直，简直。汴州：北宋京城，在今河南开封附近。

·卢梅坡

雪梅·其一①

梅雪争春未肯降②，骚人阁笔费评章③。
梅须逊④雪三分白，雪却输梅一段香。

注释：①诗题一作“梅花”。诗歌以生动活泼的语言写梅、雪争春谁也不服输，只好请诗人来做个判断，而诗人费了好大工夫才发现二者各有千秋，借此写出诗人赏梅、赏雪的雅兴。②争春:竞春,争夺春色。降:降伏,认输。③骚人:诗人。阁笔:意为诗人自愧文采浅薄,无力表达梅、雪风韵,不敢妄自动笔。阁,通“搁”,放下。评章:评论、判断。④须:本来。逊:差,不如。

雪梅·其二①

有梅无雪不精神②,有雪无诗俗了人③。
日暮诗成天又雪④,与梅并作十分春⑤。

注释:①诗写梅、雪在审美境界上互相依存,谁也离不开谁,而真正的雅兴却在于梅、雪并存而且有吟诗。梅花开放的时刻,自己的咏梅诗刚写成,天公作美又下雪了,于是诗人感受到了无限春意。此诗又见方岳《秋崖集》卷四《梅花十咏》之九。②精神:神采,神韵。③俗了人:给人一种庸俗的感觉。④雪:下雪。⑤十分春:十足的春色。

·欧阳修

答丁元珍①

春风疑不到天涯②,二月山城未见花。
残雪③压枝犹有橘,冻雷④惊笋欲抽芽。
夜闻啼雁生乡思,病入新年感物华⑤。
曾是洛阳花下客⑥,野芳虽晚不须嗟⑦。

注释:①诗题一作“戏答元珍”。这首诗写于宋仁宗景祐四年(1037),欧阳修于上年作《朋党论》为范仲淹辩护,结果被贬为峡州夷陵(今湖北宜昌)县令,丁元珍作《花时久雨》诗赠他,欧阳修遂以此诗赠答。诗歌借山城春风迟迟不归寄予了诗人被贬后的苦闷、失意和对故乡的思念之情,颔联富于生机的景象暗含诗人对未来的信心,同时表达了自我宽慰之情。丁元珍:丁宝臣,字元珍,时为陕州军事判官。②春风疑不到天涯:即“疑春风不到天涯”,怀疑春风的来临。天涯,天边,这里指地处边远的峡州。③残雪:尚未融化的雪。④冻雷:早春的雷。⑤病入新年:拖着病体进入新年。物华:美好的景物。⑥洛阳花下客:作者自称,宋仁宗天圣八年(1030)至景祐元年(1034)欧阳修曾任西京(今河南洛阳)留守推官。洛阳盛产牡丹,北宋时花园最盛,有“天下名园重洛阳”的说法,所以自称“洛阳花下客”。⑦野芳:野花。嗟(jiē):叹息。

生查子·元夕

去年元夜[1]时，花市[2]灯如昼[3]。月上[4]柳梢头，人约黄昏后。

今年元夜时，月与灯依旧。不见[5]去年人，泪湿[6]春衫[7]袖。

注释：①元夜：元宵之夜。农历正月十五为元宵节。自唐朝起有观灯闹夜的民间风俗。北宋时从正月十四到十六三天，开宵禁，游灯街花市，通宵歌舞，盛况空前，也是年轻人密约幽会、谈情说爱的好机会。②花市：民俗每年春时举行的卖花、赏花的集市。③灯如昼：灯火像白天一样。据宋代孟元老《东京梦华录》卷六《元宵》载："正月十五日元宵，……灯山上彩，金碧相射，锦绣交辉。"可见当时元宵节的繁华景象。④月上：一作"月到"。⑤见：看见。⑥泪湿：一作"泪满"。⑦春衫：年少时穿的衣服，也指代年轻时的自己。

玉楼春[1]

别后不知君远近，触目凄凉多少[2]闷。渐行渐远渐无书[3]，水阔鱼沉[4]何处问？

夜深风竹敲秋韵[5]，万叶千声皆是恨。故攲单枕[6]梦中寻，梦又不成灯又烬[7]。

注释：①玉楼春：词牌名。《词谱》谓五代后蜀顾敻词起句有"月照玉楼春漏促""柳映玉楼春欲晚"句；欧阳炯起句有"日照玉楼花似锦""春早玉楼烟雨夜"句，因取以调名。亦称"木兰花""春晓曲""西湖曲""惜春容""归朝欢令"等。双调五十六个字，前后阕格式相同，各三仄韵，一韵到底。②多少：不知多少之意。③书：书信。④鱼沉：鱼不传书。古代有鱼雁传书的传说，这里指音讯全无。⑤秋韵：即秋声。此谓风吹竹声。⑥攲(yǐ)：古通"倚"，斜，倾。单枕：孤枕。⑦烬(jìn)：灯芯烧尽成灰。

别　滁[1]

花光浓烂柳轻明[2]，酌酒花前送我行。

我亦且[3]如常日醉，莫教弦管作离声[4]。

注释：①别滁：告别滁州。②浓烂：形容鲜花灿烂。轻明：一作"轻盈"。③且：一作"只"。④离声：指别离歌曲。

采桑子[①]

群芳过后西湖好，狼藉[②]残红。飞絮濛濛，垂柳阑干[③]尽日风。

笙歌[④]散尽游人去，始觉春空。垂下帘栊，双燕归来细雨中。

注释：①据《词谱》，唐教坊曲有《杨下采桑》，"采桑子"调名本此。"采桑子"的另名如下：南唐李煜词名"丑奴儿令"，冯延巳词名"罗敷艳歌"，贺铸词名"丑奴儿"，陈师道词名"罗敷媚"。这首词是欧阳修组词《采桑子》十首中的第四首，描写的是颍州西湖的暮春景象。上片以"残红""飞絮""垂柳"点出时令，末句着一"风"字，始将这些片段景物连成片。下片写人去春空，着一"空"字，便觉真味隽永，西湖之好，正在于此。西湖之美并不止于此，末句"双燕归来"，使西湖之美于空幽之外，平添几分灵动。②狼藉：纵横散乱貌。③阑干：纵横散乱貌，交错杂乱貌。岑参《白雪歌送武判官归京》："瀚海阑干百丈冰，愁云惨淡万里凝。"④笙（shēng）歌：奏乐唱歌。

踏莎行[①]

候馆[②]梅残，溪桥柳细。草薰风暖摇征辔[③]。离愁渐远渐无穷，迢迢不断如春水。

寸寸柔肠，盈盈粉泪。楼高莫近危阑倚。平芜[④]尽处是春山，行人更在春山外。

注释：①这首词写游子思妇天各一方、两处相思的情怀。上片写游子征途所见所感，由春景及离愁，其中以春水喻离愁，可谓上承李后主，下启秦少游。下片推己及人，遥想家中思妇凭高望远而不见所思之人的情景。整首词由陌上游子而及楼头思妇，由实景而及想象，层层递进，而又运思婉转。②候馆：原指可以登高观望的楼，此指旅舍。③草薰：青草发出香气。江淹《别赋》："闺中风暖，陌上草熏。"李善注："熏，香气也。"征辔（pèi）：远行之马的缰绳。此处代马。柳永《满江红》："匹马驱驱，摇征辔，溪边谷旁。"④平芜（wú）：草木丛生的平旷原野。江淹《去故乡赋》："穷阴匝海，平芜带天。"

蝶恋花[①]

庭院深深深几许，杨柳堆烟，帘幕无重数。玉勒雕鞍游冶处，楼高不见章台路[②]。

雨横[③]风狂三月暮,门掩黄昏,无计留春住。泪眼问花花不语[④],乱红飞过秋千去。

注释:①这是一首闺怨词,描写了一位独守深闺的少妇极其苦闷的心情。上片写女子生活的处境,整日禁锢于深宅大院之中,而负心的夫君,则终日游荡于歌楼妓馆,这是一桩不幸的婚姻。下片抒写少妇的心情,风雨无情,留春不住,使少妇想到自己易逝的芳年,情思绵邈,意境深远。②章台路:汉朝长安有章台街,歌妓居之。唐朝许尧佐有《章台柳传》,后人因以章台为歌妓聚居之地。③雨横(hèng):雨下得猛。④泪眼问花花不语:唐严恽《惜花》:"春光冉冉归何处,更向花前把一杯。尽日问花花不语,为谁零落为谁开。"

·梅尧臣

鲁山[①]山行

适[②]与野情[③]惬[④],千山高复低。
好峰随处改[⑤],幽径[⑥]独行迷。
霜落熊升树[⑦],林空鹿饮溪。
人家在何许[⑧],云外[⑨]一声鸡[⑩]。

注释:①鲁山:一名露山,在河南鲁山东北,接近襄城。②适:恰好。③野情:喜爱山野之情。④惬(qiè):心满意足。⑤随处改:(山峰)随观看角度的变化而变化。⑥幽径:小路。⑦熊升树:熊爬上树。一谓大熊星座升上树梢。⑧何许:何处,哪里。⑨云外:形容遥远。⑩一声鸡:暗示有人家。

·张耒

夏　日[①]

长夏江村风日清[②],檐牙[③]燕雀已生成。
蝶衣晒粉[④]花枝舞,蛛网添丝屋角晴。
落落疏帘邀月影[⑤],嘈嘈虚枕纳溪声[⑥]。
久斑[⑦]两鬓如霜雪,直欲樵渔[⑧]过此生。

注释:①诗用工笔细描的手法,描绘出夏日江村清幽美丽的景色,表达了对大自然的欣赏和归隐生活的自得之乐。②清:清爽,晴朗。③檐牙:屋檐,因边缘呈牙齿状得名。④蝶衣：蝴蝶翅膀。晒粉：晒翅膀上的粉。⑤落落：稀疏的样子。邀月影：月影透过帘子，好像受邀请而来，拟人手法。陈文瑛《盆梅》："赖君邀月影，使我涤尘襟。"⑥嘈嘈：流水声。虚枕：空心的枕头。纳溪声：枕边传来了流水声。⑦久斑：早已斑白。⑧直欲：真想，真愿意。樵渔：砍柴打鱼，借指归隐。

·林逋

梅　花①

众芳摇落独暄妍②，占尽风情③向小园。
疏影横斜水清浅，暗香浮动月黄昏④。
霜禽欲下先偷眼⑤，粉蝶如知合断魂⑥。
幸有微吟⑦可相狎，不须檀板共金樽⑧。

注释：①诗题一作"山园小梅"，原作二首，此选一。这首咏物诗从多方面写梅花神韵。首联写梅花凌寒独放，风光无限；颔联写其疏朗俊健之形与香气袭人；颈联用禽鸟、蝴蝶做衬托；尾联写吟赏之乐。自林逋《山园小梅》诗一出，咏梅之风日盛，宋代文坛上的几位大家如欧阳修、苏轼、王安石、陆游、辛弃疾、杨万里、梅尧臣等，都纷纷写咏梅诗词。苏轼甚至还把林逋的这首诗，作为咏物抒怀的范例让其子苏过模仿。随着咏梅风气的盛行，林逋之名与孤山梅花也热了起来，故明诗人王猗有"只因误识林和靖，惹得诗人说到今"之句。②众芳：百花。暄妍：原指天气和暖，景物明媚，这里形容梅花鲜艳夺目。③风情：风采，风光。④"疏影"二句：是林逋化用五代南唐诗人江为"竹影横斜水清浅，桂香浮动月黄昏"而来，由原作咏竹、咏桂转而吟咏梅花神韵，从此"暗香疏影"就成为梅的代名词，相关词语频频出现于文学作品中，如晏几道《诉衷情》："暗香浮动，疏影横斜，几处溪桥。"李复《观梅》："苦无疏影横斜句，深愧林逋处士诗。"赵希融《赋玉岩》："至今疏影横斜句，人与梅花其清癯。"疏影，梅花疏朗的影子。暗香，幽香，清香。黄昏，形容月色朦胧。⑤霜禽：冷天的鸟。偷眼：偷看。⑥合：应该。断魂：痴痴呆呆、丧魂落魄的样子。⑦微吟：轻声念诗。⑧檀板：演奏音乐用的檀木拍板，这里借指音乐。共：与。金樽：珍贵的酒杯，这里借指美酒。

·范仲淹

苏幕遮[①]·怀旧

碧云天，黄叶地。秋色连波，波上寒烟翠。山映斜阳天接水。芳草无情[②]，更在斜阳外。

黯乡魂[③]，追旅思。夜夜除非，好梦留人睡。明月楼高休独倚。酒入愁肠，化作相思泪。

注释：①苏幕遮，为唐教坊曲名。唐慧琳《一切经音义》卷四十“苏莫遮”条：“‘苏莫遮’，西域胡语也，正云‘飒磨遮’。此戏本出西龟兹国，至今犹有此曲。此国浑脱、大面、拔头之类也。”《唐会要》卷三十四《论乐》：(神龙)二年三月，并州清源县尉吕元泰上疏曰：“比见都邑城市，相率为浑脱，骏马胡服，名为苏莫遮。旗鼓相当，军阵之势也；腾逐喧噪，战争之象也；锦绣夸竞，害女工也；征敛贫弱，伤政体也；胡服相效，非雅乐也；浑脱为号，非美名也。安可以礼仪之朝，法戎虏之俗；军阵之势，列庭阙之下。窃见诸王，亦有此好，自家刑国，岂若是也。”可见，此曲流传当在唐中宗之前。据吕元泰的描述，此曲最早应属军乐。至宋，词家用此调度新曲。又名“鬓云松令”“云雾敛”。范仲淹的这首词上片写秾丽阔远的秋景，暗透乡思；下片直抒思乡情怀。纵观全词，词人将阔远之境、秾丽之景与深挚之情完美地统一在一起，显得柔而有骨，深挚而不流于颓靡。②芳草无情：据《穷幽记》载，小儿坡上草很旺盛，裴晋公经常散放几只白羊于其中，并说：“芳草无情，赖此装点。”温庭筠《经西坞偶题》：“摇摇弱柳黄鹂啼，芳草无情人自迷。”③黯(àn)乡魂：暗用江淹《别赋》“黯然销魂”语。黯，黯然失色。

渔家傲[①]·秋思

塞[②]下秋来风景异，衡阳雁去[③]无留意。四面边声[④]连角起，千嶂[⑤]里，长烟落日孤城闭。

浊酒一杯家万里，燕然未勒[⑥]归无计。羌管[⑦]悠悠[⑧]霜满地，人不寐[⑨]，将军白发征夫泪。

注释：①渔家傲：又名“吴门柳”“忍辱仙人”“荆溪咏”“游仙关”等。②塞：边境要塞之地，这里指西北边疆。③衡阳雁去：传说秋天北雁南飞，至湖南衡阳回雁峰而止，不再南飞。④边声：边塞特有的声音，如大风、号角、羌笛、马啸的声音。⑤千嶂：绵延而峻峭的山峰，崇山峻岭。⑥燕然未勒：指战事未平，功名未立。燕然，即燕然山，今名杭爱山，在今蒙古国境内。据《后汉书·窦宪传》记载，东汉窦宪率兵追击匈奴单于，去塞三千余里，登燕然山，刻石勒功而还。⑦羌管：即羌笛，出自古代西部羌族的一种乐器。⑧悠悠：形容声音飘忽不定。⑨寐：睡。不寐就是睡不着。

江上渔者[1]

江上往来人，但[2]爱[3]鲈鱼[4]美。

君[5]看一叶舟[6]，出没[7]风波里。

注释：①渔者：捕鱼的人。②但：只。③爱：喜欢。④鲈鱼：一种头大口大、体扁鳞细、背青腹白的鱼。⑤君：你。⑥一叶舟：像漂浮在水上的一片树叶似的小船。⑦出没：若隐若现。

·张先

一丛花[1]

伤高怀远几时穷，无物似情浓。离愁正引千丝乱，更东陌、飞絮濛濛。嘶骑[2]渐遥，征尘不断，何处认郎踪。

双鸳池沼水溶溶，南北小桡[3]通。梯横画阁黄昏后，又还是、斜月帘栊。沉恨细思，不如桃杏，犹解嫁东风[4]。

注释：①据《词谱》，“一丛花”调以苏轼《一丛花》(今年春浅腊侵年)为正体。其实在苏轼之前，张先这首《一丛花》就已流传很广了。宋人范公偁《过庭录》记载：子野郎中《一丛花》，时盛传。永叔尤爱之，恨未识其人。子野家南地，以故至都谒永叔，阍者以通，永叔倒屣迎之曰：“此乃‘桃杏嫁东风’郎中。”东坡守杭，子野尚在，尝预宴席，有《南乡子》词，末句云：“闻道贤人聚吴分，试问，也应傍有老人星。”盖年八十余矣。张先的这首《一丛花》是闺怨词，写一位女子独处深闺的相思与愁恨。上片用倒叙的手法着意渲染女主人公的愁绪。下片写相思无奈的沉恨和空虚。整首词紧扣“伤高怀远”，从登楼远望回忆，收归近处池沼、眼前楼阁，最后收归到自身，由远而近，次第井然。②骑(jì)：名词，乘坐的马。③桡(ráo)：船桨，此指船。④嫁东风：李贺《南园十三首》之一：“可怜日暮嫣香落，嫁于春风不用媒。”《全唐诗》收庚传素《木兰花》:“是何芍药争风彩,自共牡丹长作对。若教为女嫁东风,除却黄莺难匹配。”可见以花为女,嫁于东风,唐人已作此想。

天仙子[①]

时为嘉禾小倅[②],以病眠,不赴府会。

水调[③]数声持酒听,午醉醒来愁未醒。送春春去几时回,临晚镜,伤流景[④],往事后期空记省[⑤]。

沙上并禽池上暝[⑥],云破月来花弄影。重重帘幕密遮灯,风不定,人初静,明日落红应满径。

注释:①《词谱》云:“唐教坊曲名。按,段安节《乐府杂录》:天仙子,本名万斯年,李德裕进,属龟兹部舞曲,因皇甫松词有‘懊恼天仙应有以’句,取以为名。”这首词为临老伤春之作,起片写词人本想借听歌饮酒来解愁,谁承想一觉醒来,醉意虽消,愁却未曾稍减。词人遂心生感慨,人生也像眼前的春光,易逝而难寻。下片延续了上片的时间线索,在描写夜晚景色的同时,又见出作者惜春的一往情深。②嘉禾:郡名,宋置,治所在今浙江嘉兴。小倅(cuì):判官。③水调:曲调名,相传为隋炀帝所制,声调悲切。④流景:如流水般的光阴。唐武平一《薄命》诗:“流景一何速,年华不可追。”⑤记省(xǐng):思念和省悟。⑥并禽:成对的鸟。暝(míng):日暮。

青门引[①]·春思

乍暖还轻冷,风雨晚来方定。庭轩[②]寂寞近清明,残花中酒[③],又是去年病。

楼头画角[④]风吹醒,入夜重门静。那堪更被明月,隔墙送过秋千影。

注释:①调见《乐府雅词》及《天机余锦词》,张先本集《安陆集》不载。这首词为春日怀人之作。寒食佳节,清明方近,词人独处家中,感于自己生活孤独寂寞,触景生情,忧苦不堪。此词用景表情,寓情于景,“怀则自触,触则愈怀,未有触之至此极者”(沈际飞《草堂诗馀正集》)。②庭轩:庭院,走廊。③中(zhòng)酒:喝酒过量。杜牧《睦州四韵》:“残春杜陵客,中酒落花前。”④画角:绘彩的号角,军中用于警昏晓、振士气。

·晏殊

浣溪沙[①]

一曲新词酒一杯，去年天气旧亭台。夕阳西下几时回？

无可奈何花落去，似曾相识燕归来[②]。小园香径[③]独徘徊。

注释：①浣溪沙，唐教坊曲名，张泌词有“露浓香泛小庭花”句，名“小庭花”；贺铸名“减字浣溪沙”；有“广寒曾折最高枝”句，名“广寒枝”；有“春风初试薄罗衫”句，名“试香罗”；有“一番春事怨啼鹃”句，名“怨啼鹃”等等。这首词上片通过叠印时空，交错换位，进行了变与不变的哲学思考；下片则巧借眼前景物，着重写眼前的感伤。全词语言流转，明白如话，清丽自然，意蕴深沉，启人心智，耐人寻味。②无可奈何花落去，似曾相识燕归来：萧纲《春日》诗：“欲道春园趣，复忆春时人。春人竟何在，空爽上春期，独念春花落，还似昔春时。”两者立意相似。晏殊另有诗《假中示判官张寺丞王校勘》：“元巳清明假未开，小园幽径独徘徊。春寒不定斑斑雨，宿醉难禁滟滟杯。无可奈何花落去，似曾相识燕归来。游梁赋客多风味，莫惜青钱万选才。”可见这是晏殊的得意之作，只是不知先有诗，还是先有词。③香径：落花满径，留有芬芳，故云香径。唐戴叔伦《游少林寺》诗：“石龛苔藓积，香径白云深。”

浣溪沙[①]

一向[②]年光有限身，等闲离别易销魂[③]。酒筵歌席莫辞频。

满目山河空念远[④]，落花风雨更伤春。不如怜[⑤]取眼前人。

注释：①这是一首伤别词，所写的并非一时所感，也非一人一事，而是反映了作者对人生的认识：年光有限，世事难料；空间和时间的距离难以逾越，加之美好事物总难追寻，不如立足现实，牢牢地抓住眼前的一切。②一向(shǎng)：片刻。向，通“晌”。③等闲：平常。销魂：谓心灵震荡，如魂飞魄散。形容极度哀愁感伤。④满目山河空念远：由唐李峤《汾阴行》诗“山川满目泪沾衣”句化出。念远，思念远方友人。⑤怜：爱怜。唐《会真记》载崔莺莺诗：“还将旧时意，怜取眼前人。”此句化用其意。

寓　意[①]

油壁香车[②]不再逢，峡云[③]无迹任西东。

梨花院落溶溶月[4]，柳絮池塘淡淡风[5]。
几日寂寥伤酒后[6]，一番萧瑟禁烟中[7]。
鱼书欲寄何由达[8]，水远山长处处同。

注释：①诗题一作“无题”。诗以凄冷的景象作渲染，写出对一位女子的苦苦思念以及无由相通的怅然。一说是诗人借情事抒发求贤若渴的情愫。寓意：借其他事物寄托本意。②油壁：即油壁车，或谓油軿，一种车壁、车帷用油涂饰的华贵车子，有时驾以二马、三马。《南齐书·鄱阳王锵传》：“制局监谢粲说锵及随王子隆曰：‘殿下但乘油壁车入宫，出天子置朝堂。’”这里指美人乘坐的华贵车子。香车：用香木做的车，泛指华美的车或轿。③峡云：巫峡上空的云，这里暗用楚襄王梦中与巫山神女相会的典故，指所思念的女子。典出宋玉《高唐赋》。④梨花院落：开满梨花的院子。溶溶月：月光如水一样明净、皎洁、柔和。⑤柳絮池塘：飘着柳絮的池塘。淡淡风：风轻轻地吹着。⑥寂寥：寂寞。伤酒：中酒。⑦萧瑟：萧条，冷落。禁烟：即禁火，寒食禁火。⑧鱼书：旧时称书信为“鱼书”。典出汉乐府《饮马长城窟行》：“客从远方来，赠我双鲤鱼。呼儿烹鲤鱼，中有尺素书。”何由达：怎么能够寄到。

·宋祁

木兰花·春景[1]

东城渐觉风光好，縠[2]皱波纹迎客棹。绿杨烟外晓寒轻，红杏枝头春意闹。

浮生长恨欢娱少，肯爱千金轻一笑[3]。为君持酒劝斜阳，且向花间留晚照[4]。

注释：①这是一首惜春词。上片极力渲染盎然的春意，富有灵性的水波，如丝如烟的绿杨，喧闹于枝头的红杏，一派烂漫的春光。下片转而感叹春光易逝，良辰难驻，斜阳晚照，劝酒花间，情绪略显低沉。这与古人燃烛照花，秉烛夜游，取径相同，似不必以“及时行乐”责备古人。从写法上讲，于极盛处略抒愁思，全词意脉方显波澜。②縠（hú）：绉纱似的波纹。③肯爱千金轻一笑：意即怎么肯爱惜金银而轻视欢乐的生活呢？千金一笑，据《艺文类聚》卷五十七引东汉崔骃《七依》云：“酒酣乐中，美人进以承宴，调欢欣以解容。四顾百万，一笑千金。”盖宴席中侑酒美女难得笑颜，后遂用“一笑千金”形容歌姬舞女娇美的形象与动人的笑容。④且向花间留晚照：化用李商隐《写意》诗"日向花间留返照"句。

·柳永

蝶恋花[①]

伫倚危楼风细细，望极春愁，黯黯生天际[②]。草色烟光残照里，无言谁会凭阑意。

拟把疏狂[③]图一醉，对酒当歌[④]，强乐[⑤]还无味。衣带渐宽终不悔，为伊消得人憔悴[⑥]。

注释：①蝶恋花，为唐教坊曲名。本名为"鹊踏枝"。取梁简文帝萧纲诗句"翻阶蛱蝶恋花情"改作今名，又名"黄金缕""凤栖梧""卷珠帘""江如练"等。这是一首怀远之作，词人登高望远，独倚危栏，任思念在心头滋生，终无倦悔意。②望极春愁，黯黯生天际：黯黯春愁，生于天际。黯黯，伤心忧愁的样子。以黯黯言春愁有韦应物《寄李儋元锡》诗："世事茫茫难自料，春愁黯黯独成眠。"另，"愁因薄暮起，兴是清秋发"是古诗中一个常见的主题，此处言日暮时分，心生春愁。前人有不少类似的诗句，唐人张祜《折杨柳枝》："伤心日暮烟霞起，无限春愁生翠眉。"《鹤林玉露》引唐人赵嘏诗云："夕阳楼上山重叠，未抵春愁一倍多。"③疏狂：豪放而不受拘束。白居易《代书诗寄微之》："疏狂属年少，闲散为官卑。"朱敦儒《鹧鸪天·西都作》词："我是清都山水郎，天教懒慢带疏狂。"④对酒当歌：语出曹操《短歌行》"对酒当歌，人生几何"。⑤强乐：勉强作乐。《二程遗书》卷十八："勉强乐不得，须是知得了，方能乐得。"⑥"衣带渐宽"二句："衣带渐宽"化自《古诗十九首》中的"相去日已远，衣带日已缓"。柳词中的这两句言为思念而憔悴，虽憔悴而不悔，较之《古诗十九首》又更进一层。冯延巳《蝶恋花》有"日日花前常病酒，不辞镜里朱颜瘦"句，两相比较，意虽有相似，但境界、气象已是不同。王国维《人间词话》将这两句作为"古今之成大事业大学问"的第二重境界，看重的正是柳永在这首词中所创造的锲而不舍、执着如一的精神境界。消得，犹言值得。唐人崔涂《夷陵夜泊》："一曲巴歌半江月，便应消得二毛生。"柳永《尾犯》："一种劳心力，图利禄殆非长策。除是恁，点检笙歌，访寻罗绮消得。"

八声甘州[①]

对潇潇暮雨洒江天，一番洗清秋。渐霜风[②]凄紧，关河[③]冷落，残照当楼。是处红衰翠减[④]，苒苒物华休[⑤]。惟有长江水，无语东流。

不忍登高临远，望故乡渺邈[⑥]，归思[⑦]难收。叹年来踪迹，何事苦淹留。想佳人妆楼颙望[⑧]，误几回，天际识归舟[⑨]。争知我，倚阑干处，正恁[⑩]凝愁。

注释：①《甘州》为唐教坊大曲，杂曲中也有《甘州子》，属边塞曲。《八声甘州》是从大曲《甘州》改制而成，由于整首词共八韵，故称“八声甘州”，尽管规模比大曲《甘州》小了很多，但仍属慢词。这首词通过描写羁旅行役之苦，表达了强烈的思归情绪，语浅而情深。开头两句写雨后江天，澄澈如洗。复由苍莽悲壮，而转入细致沉思。下片词人推己及人，本是自己登高远眺，却偏想故园之闺中人，应也是登楼望远，伫盼游子归来。整首词结构细密，写景抒情融为一体，以铺叙见长。②霜风：刺骨的寒风。庾信《卫王赠桑落酒奉答》诗：“霜风乱飘叶，寒水细澄沙。”③关河：泛指关塞河川。《后汉书·荀彧传》：“此实天下之要地，而将军之关河也。”④红衰翠减：指花凋叶落。李商隐《赠荷花》：“此花此叶长相映，翠减红衰愁杀人。”⑤苒（rǎn）苒：渐渐。物华休：景物凋残。⑥渺邈（miǎo）：遥远。⑦归思：归家的心情。⑧颙（yóng）望：举首凝望。唐李白《姑孰十咏·望夫山》诗：“颙望临碧空，怨情感离别。”⑨天际识归舟：此句化自谢朓《之宣城郡出新林浦向板桥》：“江路西南永，归流东北骛。天际识归舟，云中辨江树。”⑩恁（nèn）：如此。

·晏几道

鹧鸪天[①]

彩袖殷勤捧玉钟[②]，当年拚却[③]醉颜红。舞低杨柳楼心月，歌尽桃花扇底风。

从别后，忆相逢，几回魂梦与君同。今宵剩把银釭照[④]，犹恐相逢是梦中[⑤]。

注释：①唐五代词中无此调，首见于宋祁之作，至晏几道多为此调。《词苑丛谈》云，调名取自唐郑嵎“春游鸡鹿塞，家在鹧鸪天”诗句。但杨慎《词品》认为此说未必确实。因贺铸词中有“化出白莲千叶花”句，故名“千叶莲”，又因其有“梧桐半死清霜后”句，又名“半死桐”等。这首词写恋人久别重逢后的喜悦。上片追忆初次相见的情景。女子的殷勤劝酒，词人的拼却一醉，以及花前月下的歌舞，所有这一切驻留在记忆深处，历久弥新。下片写别后相思，以及意外重逢。通篇词情婉丽，读来沁人心脾。②彩袖：代指歌女。玉钟：酒杯。③拼却：甘愿，不顾。④剩把：尽把。银釭（gāng）：银白色的烛台。⑤“今宵”二句：从杜甫《羌村》诗“夜阑更秉烛，相对如梦寐”二句化出。

临江仙①

梦后楼台高锁，酒醒帘幕低垂②。去年春恨却来③时。落花人独立，微雨燕双飞④。

记得小苹⑤初见，两重心字罗衣⑥。琵琶弦上说相思。当时明月在，曾照彩云⑦归。

注释：①临江仙：双调小令，唐教坊曲名，后用作词牌。《乐章集》入“仙吕调”，《张子野词》入“高平调”。五十八字，上下片各三平韵。约有三格，第三格增二字。柳永演变为慢曲，九十三字，前片五平韵，后片六平韵。②“梦后”二句：眼前实景，“梦后”“酒醒”互文，犹晏殊《踏莎行》（小径红稀）所云“一场秋梦酒醒时”。“楼台高锁”，从外面看；“帘幕低垂”，就里面说。许浑《客有卜居不遂薄游汧陇因题》：“楼台深锁无人到，落尽春风第一花。”③却来：又来，再来。“去年春恨”是较近的一层回忆，独立花前，闲看燕子，比今年的醉眠愁卧、静掩房栊意兴还稍好一些。郑谷《杏花》：“小桃初谢后，双燕却来时。”“独立”与“双燕”对照，已暗透怀人意。唐翁宏《春残》：“落花人独立，微雨燕双飞。”④“落花”二句直到篇末，是更远的回忆，即此篇的本事。⑤小苹：当时歌女名。汲古阁本《小山词》作者自跋：“始时沈十二廉叔，陈十君宠家，有莲鸿苹云，品清讴娱客。每得一解，即以草授诸儿。”小莲、小苹等名，又见他的《玉楼春》词中。⑥心字罗衣：未详。杨慎《词品》卷二：“心字罗衣，则谓心字香薰之尔，或谓女人衣曲领如心字。”说亦未必确。疑指衣上的花纹。“心”当是篆体，故可作为图案。“两重心字”，殆含“心心”义。李白《宫中行乐词八首》之一：“山花插鬓髻，石竹绣罗衣。”仅就两句字面意思虽似与此句差远，但太白彼诗篇末云：“只愁歌舞散，化作彩云飞。”显然为此词结句所本，则“罗衣”云云盖亦相绾合。前人记诵广博，于创作时，每以联想的关系，错杂融会，成为新篇。此等例子颇多，不胜枚举。⑦彩云：比喻美人。江淹《丽色赋》：“其少进也，如彩云出崖。”其美人之取义仍从《高唐赋》“行云”来，屡见李白集中，如《感遇四首》之四“巫山赋彩云”、《凤凰曲》“影灭彩云断”及前引《宫中行乐词八首》等。白居易《简简吟》：“彩云易散琉璃脆。”此篇“当时明月”“曾照彩云”，与诸例均合，寓追怀追昔之意。

·秦观

踏莎行·郴州旅舍①

雾失楼台，月迷津渡。桃源②望断无寻处。可堪③孤馆闭春寒，杜鹃声里斜阳暮。

驿寄梅花④，鱼传尺素⑤。砌成此恨无重数。郴江幸自绕郴山，为谁流下潇湘去。

注释：①这首词为词人贬谪郴州时所写。词中抒写了词人流徙僻远之地的凄苦失望之情和思念家乡的怅惘之情。上片以写景为主，描写了词人谪居郴州登高远望时的所见和谪居的环境，但景中有情，表现了他苦闷、孤寂的情怀。下片以抒情为主，写他谪居生活中的无限哀愁，偶尔也情中带景。②桃源：陶渊明《桃花源记》所写的理想境界。杜甫《春日江村》：“茅屋还堪赋，桃源自可寻。”③可堪：哪堪。④驿寄梅花：《太平广记》引《荆州记》曰：“陆凯与范晔为友，在江南寄梅花一枝诣长安与晔，并赠诗云：‘折梅逢驿使，寄与陇头人。江南无所有，聊赠一枝春。’”⑤鱼传尺素：指亲朋书信。蔡邕(yōng)《饮马长城窟行》诗有“客从远方来，遗我双鲤鱼。呼儿烹鲤鱼，中有尺素书”句。

浣溪沙①

漠漠轻寒上小楼，晓阴无赖似穷秋②。淡烟流水画屏幽。

自在飞花轻似梦，无边丝雨细如愁。宝帘③闲挂小银钩。

注释：①这是一首抒写淡淡春愁的词作。上片写景，漠漠轻寒，似雾如烟，春阴寒薄，使人感到郁闷无聊。环顾室内，画屏闲展，烟霭淡淡，流水轻轻。词作至此，眼前之景，画中之境，意中之情，三者交汇，亦幻亦真，亦虚亦实。下片正面描写春愁，飞花袅袅，飘忽不定；细雨如丝，迷迷蒙蒙，一派愁绪无边的景象。结语处提振全篇，帘外愁境、帘内愁人，交相呼应，不言愁而愁自现。②穷秋：深秋。③宝帘：即珠帘。

·李之仪

卜算子[①]

我住长江头，君住长江尾。日日思君不见君，共饮长江水。

此水几时休，此恨何时已。只愿君心似我心，定不负相思意[②]。

注释：①词以长江起兴。“我”“君”对起，而一住江头，一住江尾，见双方空间距离之悬隔，也暗寓相思之悠长。日日思君而不得见，却又共饮一江之水。深味之下，尽管思而不见，毕竟还能共饮长江之水。下片紧扣长江水，进一步抒写别恨。悠悠长江之水，不知何时才能休止，绵绵相思之恨，也不知何时才能停歇。结句词人翻出新意：阻隔纵然不能飞越，两相挚爱的心灵却可一脉遥通。②“只愿”二句：语本顾夏《诉忠情》“换我心，为你心，始知相忆深”。

·贺铸

青玉案[①]

凌波不过横塘路[②]，但目送、芳尘去。锦瑟华年[③]谁与度。月桥花院，琐窗朱户，只有春知处。

飞云冉冉蘅皋暮，彩笔[④]新题断肠句。试问闲愁都几许[⑤]？一川烟草，满城风絮，梅子黄时雨[⑥]。

注释：①这是一首表现相思之情的词作，写于作者晚年退隐苏州期间。上片以偶遇美人而不得见发端，下片则承上片词意，遥想美人独处幽闺的怅惘情怀。结句连用三个比喻形容闲愁，最为后人称道。愁之称“闲”，正是因为愁来之时，往往漫无目的，漫无边际，缥缥缈缈，捉摸不定，却又无处不在，无时不有。②凌波：在水面上行走。汉庄忌《哀时命》：“势不能凌波以径度兮，又无羽翼而高翔。”横塘：在苏州盘门外，水上有桥。崔颢《长干曲》之一：“君家住何处？妾住在横塘。”③锦瑟华年：指青春时光。语本李商隐《锦瑟》诗：“锦瑟无端五十弦，一弦一柱思华年。”④彩笔：相传江淹年少时，梦中人授以五色笔，因而文采非凡。⑤闲愁：一作“闲情”。几许：多少。⑥梅子黄时雨：语本唐人诗“楝花开后风光好，梅子黄时雨意浓”。

芳心苦

杨柳回塘[1]，鸳鸯别浦[2]，绿萍涨断莲舟路[3]。断无蜂蝶慕幽香，红衣脱尽芳心苦[4]。

返照[5]迎潮[6]，行云[7]带雨，依依[8]似与骚人[9]语。当年不肯嫁春风[10]，无端却被秋风误。

注释：①回塘：环曲的水塘。②别浦：江河的支流入水口。③绿萍涨断莲舟路：这句是说，水面布满了绿萍，采莲船难以前行。莲舟，采莲的船。④红衣：形容荷花的红色花瓣。芳心苦：指莲心有苦味。“断无”两句意谓，虽然荷花散发出清香，可是蜂蝶都断然不来，它只得在秋光中独自憔悴。⑤返照：夕阳的回光。⑥潮：指晚潮。⑦行云：流动的云。⑧依依：形容荷花随风摇摆的样子。⑨骚人：诗人。⑩不肯嫁春风：语出韩偓《寄恨》诗：“莲花不肯嫁春风。”张先在《一丛花》词里写道：“沉恨细思，不如桃杏，犹解嫁东风。”贺铸是将荷花和桃杏隐隐对比。以上两句写荷花有“美人迟暮”之感。

·岳飞

满江红[1]

怒发冲冠，凭阑处、潇潇雨歇。抬望眼、仰天长啸，壮怀激烈。三十功名尘与土，八千里路云和月，莫等闲、白了少年头，空悲切。

靖康耻[2]，犹未雪。臣子恨，何时灭。驾长车踏破、贺兰山[3]缺。壮志饥餐胡虏[4]肉，笑谈渴饮匈奴[5]血。待从头、收拾旧山河，朝天阙[6]。

注释：①《升庵词品》引唐人小说《冥音录》：曲名有“上江虹”，即满江红。又名“念良游”“伤春曲”。《词谱》以柳永“暮雨初收”为正调。此调有仄韵、平韵两体，仄韵词宋朝填者最多，声调激越，宜抒发壮烈情怀。姜夔始为平韵，而情调俱变。这是一首壮怀激烈、传诵千古的爱国主义名篇。上片写词人渴望杀敌报国的情怀、抱负；下片写词人雪耻复仇、重整乾坤的豪情壮志。整首词悲壮激昂，气势磅礴，读来振聋发聩，催人奋进。②靖康耻：指靖康二年(1127)金兵攻陷汴京，掳徽、钦二帝北去，北宋亡。③贺兰山：在今宁夏境内。此借指敌占区。④胡虏：对金兵的蔑称。⑤匈奴：代指金国。⑥朝天阙：朝见皇帝。

·陆游

卜算子·咏梅[①]

驿外断桥边，寂寞开无主。已是黄昏独自愁，更着风和雨。

无意苦争春[②]，一任群芳妒[③]。零落成泥碾作尘[④]，只有香如故。

注释：①这是一首咏梅词。上片写梅花的艰难处境：驿外断桥，寂寞无主，黄昏更兼风雨，天不眷顾，一何至此；下片托梅寄志，以梅花自喻，表现自己身处逆境、坚贞自守的孤高品格。②争春：唐戎昱《红槿花》："花是深红叶麹尘，不将桃李共争春。"③群芳妒：被其他花妒忌。屈原《离骚》："众女嫉余之娥眉兮，谣诼谓余以善淫。"④碾（niǎn）：滚压，碾碎。王安石《咏杏》："纵被春风吹作雪，绝胜南陌碾作尘。"

示　儿[①]

死去元知[②]万事空[③]，但悲不见九州同[④]。

王师北定中原日[⑤]，家祭无忘告乃翁[⑥]。

注释：①示儿：写给儿子们看。②元知：原本知道。元，通"原"，本来。在苏教版等大部分教材中第一句为"死去元知万事空"，但在人教版等教材中为"死去原知万事空"，并不影响对本诗的理解。③万事空：什么也没有了。④但：只是。悲：悲伤。九州：这里代指宋代的中国。古代中国分为九个州，所以常用"九州"指代中国。同：统一。⑤王师：指南宋朝廷的军队。北定：将北方平定。中原：指淮河以北被金人侵占的地区。⑥家祭：祭祀家中先人。无忘：不要忘记。乃翁：你的父亲，指陆游自己。

秋夜将晓出篱门迎凉有感[①]

三万里河[②]东入海，五千仞岳上摩天[③]。

遗民泪尽胡尘[④]里，南望王师[⑤]又一年。

注释：①将晓：天将要亮。篱门：竹子或树枝编的门。迎凉：出门感到一阵凉风。②三万里：形容河的长度，是虚指。河：指黄河。③五千仞（rèn）：形容岳的高度。仞，古代计算长度的一种单位，八周尺或七周尺，一周尺约合二十三厘米。岳：指西岳华山。黄河和华山都在金人占领区内。一说指北方泰、恒、嵩、华诸山。摩天：迫近高天，形容极高。摩，接触或触摸。④遗民：指在金占领区生活的认同南宋王朝统治的汉族人民。泪尽：眼泪流干了，形容十分悲惨、痛苦。胡尘：指胡人铁骑扬起的尘土或金朝的暴政。胡，中国古代对北方和西方少数民族的泛称。⑤南望：远眺南方。王师：指宋朝的军队。

文　章

文章本天成，妙手偶得之。
粹然无疵瑕①，岂复须人为②？
君看古彝器③，巧拙两无施④。
汉最近先秦⑤，固已殊淳漓⑥。
胡部何为者⑦，豪竹杂哀丝⑧。
后夔⑨不复作，千载谁与期⑩？

注释：①粹然：纯粹的样子。疵瑕：本谓玉病，这里指文章的毛病。②人为：人力所为，与“天成”相对。③彝器：也称“尊彝”，古代青铜器中礼器的通称。④无施：没有施加人力的影响，意谓是“天成”的。⑤汉：汉代。先秦：指秦代以前的历史时期。⑥固：本来。淳：淳厚。漓：浇薄。这两句是说：汉代与先秦紧接，可是在淳厚和浇薄上，已经表现得很不同了。言外之意指，汉代浇薄，先秦淳厚。⑦胡部：唐代掌管胡乐的机构，亦指胡乐。胡乐从西凉一带传入，当时称“胡部新声”。⑧豪竹：竹质的乐器。哀丝：弦乐器。⑨后夔：人名，相传为舜的乐官。⑩期：约会。这两句是说：后夔已成为历史人物，不可能再写乐曲了，千年以来，还有谁会创作出他那样纯粹无瑕疵的乐曲来呢？

冬夜读书示子聿①

古人学问无遗力②，少壮工夫老始成③。
纸上得来终觉浅④，绝知此事要躬行⑤。

注释：①示：训示、指示。子聿(yù)：陆游的小儿子。②学问：指读书学习，就是学习的意思。无遗力：用出全部力量，没有一点保留，不遗余力。遗，保留，存留。③少壮：青少年时代。工夫：做事所耗费的时间。始：才。④纸：书本。终：到底，毕竟。觉：觉得。浅：肤浅，浅薄，有限的。⑤绝知：深入、透彻地理解。躬行：亲身实践。行，实践。

钗头凤[1]

红酥手，黄縢酒[2]，满城春色宫墙[3]柳。东风[4]恶，欢情薄。一怀愁绪，几年离索[5]。错、错、错。

春如旧，人空瘦，泪痕红浥鲛绡透[6]。桃花落，闲池阁[7]。山盟[8]虽在，锦书[9]难托。莫、莫、莫[10]！

注释：①钗头凤：词牌名。原名“撷芳词”，相传取自北宋政和间宫苑撷芳园之名。后因有“可怜孤似钗头凤”词句，故名。又名“折红英”。双调六十字，上下片各七仄韵，两叠韵，两部递换。②黄縢（téng）酒：此处指美酒。宋代官酒以黄纸为封，故以黄封代指美酒。③宫墙：南宋以绍兴为陪都，绍兴的某一段围墙，故有宫墙之说。④东风：喻指陆游的母亲。⑤离索：离群索居的简说。⑥浥（yì）：湿润。鲛绡（jiāoxiāo）：神话传说鲛人所织的绡，极薄，后用以泛指薄纱，这里指手帕。绡，生丝，生丝织物。⑦池阁：池上的楼阁。⑧山盟：旧时常用山盟海誓，指对山立盟，指海起誓。⑨锦书：写在锦上的书信。⑩莫：相当于今“罢了”意。

病起[1]书怀

病骨支离[2]纱帽宽，孤臣万里客江干[3]。
位卑未敢忘忧[4]国，事定犹须待阖棺[5]。
天地神灵扶庙社[6]，京华父老望和銮[7]。
出师一表[8]通今古，夜半挑灯[9]更细看。

注释：①病起：病愈。②病骨：指多病瘦损的身躯。支离：憔悴，衰疲。③孤臣：孤立无助或不受重用的远臣。江干：江边，江岸。④忘忧：忘却忧虑。⑤阖（hé）棺：指死亡，意指盖棺定论。⑥庙社：宗庙和社稷，以喻国家。⑦京华：京城之美称。因京城是文物、人才汇集之地，故称。和銮（luán）：同“和鸾”。古代车上的铃铛，挂在车前横木上称“和”，挂在轭首或车架上称“銮”。诗中代指君主御驾亲征，收复祖国河山的美好景象。⑧出师一表：指三国时期诸葛亮所作《出师表》。⑨挑灯：拨动灯火，点灯，亦指在灯下。

梅花绝句

闻道梅花坼晓风[①]，雪堆[②]遍满四山中。

何方可化身千亿[③]，一树梅花[④]一放翁。

注释：①闻道：听说。这里是绽开的意思。坼(chè)晓风：(梅花)在晨风中开放。坼，裂开。②雪堆：指梅花盛开像雪堆似的。③何方：有什么办法。千亿：指能变成千万个放翁(陆游号放翁，字务观)。④梅花：一作“梅前”。

剑门[①]道中遇微雨

衣上征尘杂酒痕，远游无处不消魂[②]。

此身合[③]是诗人未[④]？细雨骑驴入剑门。

注释：①剑门：在今四川剑阁县北。据《大清一统志》：“四川保宁府大剑山在剑州北二十五里。其山削壁中断，两崖相嵌，如门之辟，如剑之植，故又名剑门山。”②消魂：心中沮丧得好像丢了魂似的。形容非常悲伤或愁苦。③合：应该。④未：表示发问。

·辛弃疾

摸鱼儿[①]

淳熙己亥，自湖北漕移湖南，同官王正之置酒小山亭，为赋。

更能消、几番风雨，匆匆春又归去。惜春长怕花开早，何况落红无数。春且住，见说道、天涯芳草迷归路。怨春不语。算只有殷勤，画檐蛛网，尽日惹飞絮。

长门事[②]，准拟佳期又误，蛾眉曾有人妒。千金纵买相如赋，脉脉此情谁诉。君莫舞，君不见、玉环飞燕[③]皆尘土。闲愁最苦，休去倚危阑，斜阳正在，烟柳断肠处。

注释：①摸鱼儿：唐教坊曲名。一名“摸鱼子”。晁补之词有“买陂塘、旋栽杨柳”句，更名“买陂塘”，又名“陂塘柳”，或名“迈陂塘”。辛弃疾《赋怪石》词名“山鬼谣”。李冶《赋并蒂荷》词有“请君试听双蕖怨”句，名“双蕖怨”。这是一首惜春词，实际上，词人利用惜春这一词体的经典形式，来表达对国事日非、壮志难酬的愤激与忧虑。②长门事：据汉司马相如《长门赋序》：“孝武皇帝陈皇后，时得幸，颇妒，别在长门宫，愁闷悲思，闻蜀郡成都司马相如，天下工为文，奉黄金百斤，为相如、文君取酒，因于解悲愁之辞，而相如为文以悟主上。陈皇后复得亲幸。”③玉环：指唐玄宗宠幸的杨贵妃。飞燕：指汉成帝宠爱的皇后赵飞燕。

青玉案·元夕①

东风夜放花千树，更吹落、星如雨②。宝马雕车香满路，凤箫声动，玉壶③光转，一夜鱼龙舞④。

蛾儿雪柳黄金缕⑤，笑语盈盈暗香去。众里寻他千百度，蓦然回首，那人却在，灯火阑珊⑥处。

注释：①这是一首描写上元节盛况的词作。上片渲染上元节热闹的盛况；下片写人，先写盛装打扮、笑语盈盈的游女，然而这些都不是词人关注的对象，词人在寻找那一位幽居空谷、孤高不群的佳人，而她的踪迹总是飘忽不定，让人捉摸不透。就在词人近乎绝望的当口，猛回头，在那一角残灯旁边，分明看见了那位佳人，她原来在这冷落的地方，还未归去，似有所待！发现那人的一瞬间，是人生精神的凝结和升华，是悲喜莫名的感激，词人竟有如此本领，把它变成了笔痕墨影，永志弗灭！②星如雨：指灯火。《左传·庄公七年》：“星陨如雨。”③玉壶：指月亮。④鱼龙舞：指鱼灯、龙灯之类。⑤蛾儿、雪柳、黄金缕：都是妇女头上所戴之物。⑥阑珊：零落。

西江月①·夜行黄沙②道中

明月别枝惊鹊③，清风半夜鸣蝉④。稻花香里说丰年，听取蛙声一片。

七八个星天外，两三点雨山前。旧时⑤茅店⑥社林⑦边，路转溪桥忽见⑧。

注释：①西江月：词牌名。②黄沙：黄沙岭，在江西上饶的西面。③别枝惊鹊：惊动乌鹊飞离树枝。④鸣蝉：蝉叫声。⑤旧时：往日。⑥茅店：茅草盖的乡村客店。⑦社林：土地庙附近的树林。社，土地庙。古时，村有社树，为祀神处，故曰社林。⑧见：同“现”，显现，出现。

丑奴儿[①]·书博山道中壁[②]

少年不识愁滋味[③]，爱上层楼。爱上层楼，为赋新词强说愁[④]。

而今识尽[⑤]愁滋味，欲说还休[⑥]。欲说还休，却道天凉好个秋。

注释：①丑奴儿：词牌名。又名“采桑子”“丑奴儿令”“罗敷媚”“罗敷艳歌”。唐教坊大曲有《杨下采桑》，是兼有歌舞的大曲。南卓《羯鼓录》作“凉下采桑”，属“太簇角”。“丑奴儿”为双调小令。②博山：在今江西广丰西南。因状如庐山香炉峰，故名。淳熙八年(1181)辛弃疾罢职退居上饶，尝过博山。③少年：指年轻的时候。不识：不懂，不知道什么是。陈慥《无愁可解》：“光景百年，看便一世，生来不识愁味。”④“为赋”句：为了写出新词，没有愁而硬要说有愁。强(qiǎng)，勉强地，硬要。⑤识尽：尝够，深深懂得。⑥欲说还(huán)休：内心有所顾虑而不敢表达。李清照《凤凰台上忆吹箫·香冷金猊》词：“生怕闲愁暗恨，多少事欲说还休。”休，停止。

鹧鸪天[①]

陌上柔桑破嫩芽，东邻蚕种已生些[②]。平冈[③]细草鸣黄犊，斜日寒林点暮鸦[④]。

山远近，路横斜，青旗[⑤]沽酒有人家。城中桃李愁风雨，春在溪头荠菜[⑥]花。

注释：①鹧鸪天：小令词调，双片五十五字，上片四句三平韵，下片五句三平韵。唐人郑嵎诗“春游鸡鹿塞，家在鹧鸪天”，调名取于此。又名“思佳客”“思越人”“剪朝霞”“骊歌一叠”等。②些(sā)：句末语助词。③平冈：平坦的小山坡。④暮鸦：见王安石《题舫子》诗：“爱此江边好，留连至日斜。眠分黄犊草，坐占白鸥沙。”这里隐括其句。⑤青旗：卖酒的招牌。⑥荠菜：两年生草本植物，花白色，茎叶嫩时可食。

菩萨蛮·书江西造口壁[①]

郁孤台下清江[②]水，中间多少行人泪。西北望长安[③]，可怜无数山。

青山遮不住，毕竟东流去。江晚正愁予[④]，山深闻鹧鸪。

注释：①这是一首登台望远、抒愤排忧的词作。词人登临郁孤台，眺望故国山川，抒发了对家国兴亡的忧愤与感慨。俞陛云《唐五代两宋词选释》："词仅四十四字，举怀人恋阙、望远思归，悉纳其中，而以清空出之，复一气旋析，深得唐贤消息，集中之高格也。"②清江：指赣江。③长安：此处借指北宋都城汴京。④愁予：使我发愁。

·姜夔

鹧鸪天·元夕有所梦[①]

肥水东流无尽期，当初不合种相思。梦中未比丹青见，暗里忽惊山鸟啼。

春未绿，鬓先丝[②]，人间别久不成悲。谁教岁岁红莲[③]夜，两处沉吟各自知。

注释：①唐圭璋《唐宋词简释》："此首元夕感梦之作。起句沉痛，谓水无尽期，犹恨无尽期。'当初'一句，因恨而悔，悔当初错种相思以致今日有此恨也。'梦中'二句，写缠绵颠倒之情，既经相思遂能不忘，以致入梦，而梦中隐约模糊，又不如丹青所见之真。'暗里'一句，谓即此隐约模糊之梦，亦不能久做，偏被山鸟惊醒。换头，伤羁旅之久。'别久不成悲'一语，尤道出人在天涯况味。"②先丝：先白。③红莲：灯名。

点绛唇·丁未冬过吴松作[①]

燕雁无心[②]，太湖[③]西畔随云去。数峰清苦，商略[④]黄昏雨。

第四桥[⑤]边，拟共天随[⑥]住。今何许[⑦]？凭阑怀古，残柳参差舞。

注释：①丁未：即宋孝宗淳熙十四年(1187)。吴松：即今苏州市吴江区。②燕雁无心：羡慕飞鸟的无忧无虑，自由自在。燕雁，指北方幽燕一带的鸿雁。③太湖：江苏南境的大湖泊。④商略：商量，酝酿。⑤第四桥：即吴松城外的甘泉桥。⑥天随：晚唐陆龟蒙，自号天随子。⑦何许：何处，何时。

·李清照

永遇乐[①]

落日镕金，暮云合璧，人在何处？染柳烟浓，吹梅笛怨[②]，春意知几许。元宵佳节，融和天气，次第岂无风雨？来相召、香车宝马，谢他酒朋诗侣。

中州[3]盛日，闺门多暇，记得偏重三五[4]。铺翠冠儿，捻金雪柳，簇带争济楚[5]。如今憔悴，风鬟霜鬓[6]，怕见夜间出去。不如向、帘儿底下，听人笑语。

注释：①这首词写词人晚年流寓临安时的生活境况。上片首二句一抹亮色突然而降，使人顿觉炫目。继而引出“人在何处”的疑问，隐含了人在异乡的漂泊之感。接下来描写盎然春意，满目烟柳，远处笛声，一切那么美好，词人运笔至此，又添波澜，“次第岂无风雨”，一个反问蕴含了词人对世事沧桑、变幻莫测的顾虑。这也正是词人谢绝邀请，不愿出游的原因。下片首六句忆昔，后五句伤今，结句“不如向、帘儿底下，听人笑语”，读之尤觉酸楚。②吹梅笛怨：笛曲《梅花落》凄婉哀怨。③中州：河南一带古称中州，此处指汴京。④三五：指元宵节。⑤簇带：插戴满头。济楚：整洁貌。⑥风鬟霜鬓：头发斑白零乱。

夏日绝句

生当作人杰[1]，死亦为鬼雄[2]。
至今思项羽[3]，不肯过江东[4]。

注释：①人杰：人中的豪杰。汉高祖曾称赞开国功臣张良、萧何、韩信是“人杰”。②鬼雄：鬼中的英雄。屈原《国殇》：“身既死兮神以灵，魂魄毅兮为鬼雄。”③项羽：秦末时自立为西楚霸王，与刘邦争夺天下，在垓下之战中，兵败自杀。④江东：项羽当初随叔父项梁起兵的地方。

如梦令

常[1]记溪亭[2]日暮[3]，沉醉不知归路[4]。
兴尽[5]晚回舟[6]，误[7]入藕花[8]深处。
争[9]渡，争渡，
惊起一滩鸥鹭[10]。

注释：①常：常常，经常。②溪亭：溪边的亭子。③日暮：太阳落山的时候，指时间已经不早了。④沉醉：大醉，形容醉的程度很深。归路：回家的路。⑤兴尽：游兴得到满足。⑥回舟：乘船而归。⑦误：不小心。⑧藕花：荷花。⑨争：

同“怎”，怎么(怎么把船划出去)。⑩鸥鹭：水鸥和白鹭的总称。

渔家傲[①]

天接云涛连晓雾，星河欲转千帆舞[②]。仿佛梦魂归帝所[③]，闻天语[④]，殷勤[⑤]问我归何处。

我报路长嗟日暮[⑥]，学诗谩有惊人句[⑦]。九万里风鹏正举[⑧]，风休住，蓬舟吹取三山去[⑨]。

注释：①渔家傲：词牌名。②星河：银河。转：《历代诗余》作“曙”。③帝所：天帝居住的地方。④天语：天帝的话语。⑤殷勤：关心貌。⑥路长：隐括屈原《离骚》“路漫漫其修远兮，我将上下而求索”之意。嗟(jiē)：慨叹。日暮：隐括屈原《离骚》“欲少留此灵琐兮，日忽忽其将暮”之意。⑦学诗谩有惊人句：隐括杜甫“语不惊人死不休”句。谩有，空有。⑧九万里：《庄子·逍遥游》中说大鹏乘风飞上九万里高空。鹏：古代神话传说中的大鸟。⑨蓬舟：像蓬蒿被风吹转的船。古人以蓬根被风吹飞，喻飞动。吹取：吹得。三山：《史记·封禅书》记载，渤海中有蓬莱、方丈、瀛洲三座仙山，相传为仙人所居住，可以望见，但乘船前往，临近时就被风吹开，终无人能到。蓬莱，又称蓬壶。

鹧鸪天[①]·桂花

暗淡轻黄体性柔，情疏迹远只香留。何须浅碧深红色，自是花中第一流。

梅定妒，菊应羞。画阑开处冠中秋[②]。骚人可煞无情思，何事当年不见收[③]。

注释：①鹧鸪天：词牌名。②“画阑”句：化用李贺《金铜仙人辞汉歌》“画栏桂树悬秋香”句意，谓桂花为中秋时节首屈一指的花木。③“骚人”二句：取意于陈与义《清平乐·木犀》“楚人未识孤妍，《离骚》遗恨千年”句意。“骚人”“楚人”均指屈原。可煞，疑问词，犹可是。情思，情意。何事，为何。此二句意谓《离骚》多载花木名称而未及桂花。

七、元明清诗词

·马致远

寿阳曲·江天暮雪

天将暮，雪乱舞，半梅花半飘柳絮。

江上晚来堪画处，钓鱼人一蓑归去①。

注释：①“钓鱼人”句：柳宗元《江雪》有“孤舟蓑笠翁，独钓寒江雪”诗句。张志和《渔歌子》有“青箬笠，绿蓑衣，斜风细雨不须归”诗句。本句整合上述二句意而成。

·张养浩

水仙子·咏江南

一江烟水照晴岚①，两岸人家接画檐②，芰荷③丛一段秋光淡。

看沙鸥舞再三，卷香风十里珠帘④。画船儿天边至，酒旗儿风外飐⑤。爱杀⑥江南！

注释：①“一江烟水”句：意思是说阳光照耀江水，腾起了薄薄的烟雾。烟水，江南水汽蒸腾有如烟雾。晴岚，岚是山林中的雾气，晴天天空中仿佛有烟雾笼罩，故称晴岚。②画檐：绘有花纹、图案的屋檐。③芰(jì)荷：芰是菱的古称。芰荷指菱叶与荷叶。④“卷香风”句：化用杜牧《赠别》“春风十里扬州路，卷上珠帘总不如”诗句。⑤飐(zhǎn)：风吹物使之颤动。⑥杀：用在动词后，表示程度深。

·王冕

墨萱图·其一

灿灿萱草花，罗生北堂下①。

南风吹其心，摇摇为谁吐②？
慈母倚门情③，游子行路苦④。
甘旨日以疏⑤，音问日以阻⑥。
举头望云林⑦，愧听慧鸟语⑧。

注释：①“灿灿”二句：灿灿的萱草花，生在北堂之下。②“南风”二句：南风吹着萱草，摇摆着是为谁吐露着芬芳？③“慈母”句：慈祥的母亲倚着门盼望着孩子。④“游子”句：远行的游子是那样的苦啊！⑤“甘旨”句：对双亲的奉养每天都在疏远。⑥“音问”句：孩子的音讯每天都不能传到。⑦“举头”句：抬头看着一片云林。⑧“愧听”句：听到慧鸟的叫声思念起来，很是惭愧。

·文嘉

今日歌

今日复今日，今日何其少！
今日又不为，此事何时了①？
人生百年几今日，今日不为真可惜②！
若言姑待明朝至，明朝又有明朝事③。
为君聊赋《今日诗》，努力请从今日始④！

注释：①“今日又不为”二句：今天又没做事情，那么这件事情何时才能完成呢？②“人生”二句：人这一生能有几个今日，今日不做事情，真是可惜啊！③“若言”二句：假如说姑且等到明天再去做，但是明天还有明天的事情啊！④“为君”二句：现在为诸位写这首《今日诗》，请从今日就开始努力吧！

明日歌

明日复①明日，明日何其②多！
我生待③明日，万事成蹉跎④。
世人若被明日累⑤，春去秋来老将至。
朝看水东流，暮看日西坠。
百年明日能几何⑥？请君⑦听我明日歌。

注释：①复：又。②何其：多么。这句是说：明日是何等多啊！③待：等待。

④蹉跎(cuōtuó):光阴虚度。以上两句是说:如果天天只空等明天,那么只会空度时日,一事无成。⑤累(lěi):带累,使受害。这句是说:世上的人都受“待明日”的害处。⑥几何:多少。⑦请君:请诸位。

·于谦

石灰吟[1]

千锤万凿[2]出深山,烈火焚烧若等闲[3]。

粉骨碎身浑[4]不怕,要留清白[5]在人间。

注释:①石灰吟:赞颂石灰。吟,吟颂,古代诗歌体裁的一种。②千锤万凿:无数次地锤击开凿,形容开采石灰非常艰难。千、万,虚词,形容很多。锤,锤打。凿,开凿。③若等闲:好像很平常的事情。若,好像,好似。等闲,平常,轻松。④浑:全。一作“全”。⑤清白:指石灰洁白的本色,又比喻高尚的节操。

咏煤炭

凿开混沌[1]得乌金[2],蓄藏阳和[3]意最深[4]。

爝火燃回春浩浩[5],洪炉照破夜沉沉[6]。

鼎彝[7]元赖[8]生成力[9],铁石犹存死后心[10]。

但愿苍生[11]俱饱暖,不辞辛苦出山林。

注释:①混沌:指世界还没有开辟的状态。古人认为天地未开时“混沌如鸡子”。这里指大地。②乌金:指煤炭。③阳和:原指暖和的阳光,这里借指煤炭所蓄藏的热能。④意最深:有深层的情意。⑤“爝火燃回”句:煤炭燃烧给人们带来温暖,就像春回大地一般。爝火,小火炬。浩浩,本意是形容水势大,这里引申为广大。⑥“洪炉照破”句:炉火能够冲破沉沉的黑夜。⑦鼎彝:烹饪工具。鼎,炊具。彝,酒器。⑧元:原来。赖:依赖。⑨生成力:煤炭燃烧生成的力量。⑩“铁石”句:古人以为铁石蕴藏在地下可以变成煤炭。意思是说:铁石虽然变成了煤炭,但它依然造福人类。此句和上面一句还有另一层意思:朝廷必须依靠臣民的忠心,暗喻自己至死也要为国家出力。⑪苍生:老百姓。

·解缙

桑[1]

一年两度伐枝柯，万木丛中苦最多。

为国为民皆是汝，却教桃李听笙歌。

注释：①桑树在一年之中有两次被人们砍伐枝条，在万木丛中所受的苦难最多，为民造福的事都由它来做，桃李却逍遥自在地整日欣赏笙歌。此诗虽为咏物，却有明显的寄托之意，讽喻人间的待遇不公。

·杨慎

临江仙

滚滚长江东逝水[1]，浪花淘尽[2]英雄。是非成败[3]转头空。青山[4]依旧在，几度[5]夕阳红。

白发渔樵江渚上[6]，惯看秋月春风[7]。一壶浊[8]酒喜相逢。古今多少事，都付笑谈中[9]。

注释：①东逝水：江水向东流逝而去，这里将时光比喻为江水。②淘尽：荡涤一空。③成败：成功与失败。《战国策·秦策三》："良医知病人之死生，圣主明于成败之事。"④青山：青葱的山岭。《管子·地员》："青山十六施，百一十二尺而至于泉。"⑤几度：几次，好几次。⑥渔樵：此处并非确指渔翁、樵夫，而是指隐居不问世事的人。渚(zhǔ)：原意为水中的小块陆地，此处意为江岸边。⑦秋月春风：指良辰美景。也指美好的岁月。白居易《琵琶行》："今年欢笑复明年，秋月春风等闲度。"⑧浊(zhuó)酒 ：用糯米、黄米等酿制的酒，较混浊。⑨都付笑谈中：一作"尽付笑谈中"。

·袁枚

所　见

牧童[1]骑黄牛，歌声振[2]林樾[3]。

意欲[4]捕[5]鸣蝉，忽然闭口立[6]。

注释：①牧童：指放牛的孩子。②振：振荡，回荡。说明牧童的歌声嘹亮。③林樾(yuè)：指道旁成荫的树。④欲：想要。⑤捕：捉。⑥立：站立。

马　嵬

莫唱当年长恨歌，人间亦自有银河[1]。
石壕村里夫妻别，泪比长生殿上多[2]。

注释：①“莫唱”二句：不用去歌唱当年皇帝妃子的悲欢离合，在人间也有银河，使得千千万万的夫妻离散。②“石壕”二句：像石壕村那样的夫妻诀别数也数不清，老百姓的泪水比长生殿上洒的那点泪水多得多了。石壕村，典出杜甫《石壕吏》。

·纳兰性德

木兰词·拟古决绝词柬[1]友

人生若只如初见，何事秋风悲画扇[2]。
等闲变却故人[3]心，却道故人心易变。
骊山语罢清宵半，泪雨零铃终不怨[4]。
何如薄幸锦衣郎，比翼连枝当日愿[5]。

注释：①柬：给……信札。②“何事”句：用汉朝班婕妤被弃的典故。班婕妤为汉成帝妃，被赵飞燕谗害，退居冷宫，后有《怨歌行》，以秋扇闲置为喻抒发被弃之怨情。南北朝梁刘孝绰《班婕妤怨》诗又点明“妾身似秋扇”，后遂以秋扇见捐喻女子被弃。这里是说，本应当相亲相爱，但却成了相离相弃。③故人：指情人。④“骊山”二句：用唐明皇与杨玉环的爱情典故。《太真外传》载，唐明皇与杨玉环曾于七月七日夜，在骊山华清宫长生殿里盟誓，愿世世为夫妻。白居易《长恨歌》：“七月七日长生殿，夜半无人私语时。在天愿作比翼鸟，在地愿为连理枝。”对此做了生动的描写。后安史乱起，明皇入蜀，于马嵬坡赐死杨玉环。杨死前云：“妾诚负国恩，死无恨矣。”又，明皇此后于途中闻雨声、铃声而悲伤，遂作《雨霖铃》曲以寄哀思。这里借用此典，意为即使是最后作决绝之别，也不生怨。⑤“何如”二句：化用唐李商隐《马嵬》诗“如何四纪为天子，不及卢家有莫愁”之句意。薄幸，薄情。锦衣郎，指唐明皇。

临江仙[1]·寒柳

飞絮飞花何处是，层冰[2]积雪摧残。疏疏一树五更寒。爱他明月好，憔悴[3]也相关[4]。

最是[5]繁丝[6]摇落后，转教人忆春山[7]。湔裙梦断续应难[8]。西风多少恨，吹不散眉弯。

注释：①临江仙：双调小令，唐教坊曲。《乐章集》入“仙吕调”，《张子野词》入“高平调”。②层冰：厚厚之冰。③憔悴：瘦弱无力，脸色难看的样子。④关：这里是关切、关怀之意。⑤最是：特别是。⑥繁丝：指柳丝的繁茂。⑦春山：春日之山。山色如黛，故借喻女子之眉毛，或指代女子。这里指代亡妻。这两句里的“繁丝”和“春山”，都暗喻女子的眉毛。⑧湔(jiān)裙梦断：意思是涉水相会的梦断了。湔裙，溅湿了衣裙。此谓亡妻已逝，即使梦里相见，可慰相思，但好梦易断，断梦难续。李商隐在《柳枝词序》中说：一男子偶遇柳枝姑娘，柳枝表示三天后将涉水湔裙来会。此词咏柳，故用此典故。

·龚自珍

己亥杂诗·其五

浩荡离愁[1]白日斜，吟鞭[2]东指[3]即天涯[4]。
落红[5]不是无情物，化作春泥更护花。

注释：①浩荡离愁：离别京都的愁思浩如水波，也指作者心潮不平。浩荡，无限。②吟鞭：诗人的马鞭。③东指：东方故里。④天涯：指离京都遥远。⑤落红：落花。花朵以红色者为尊贵，因此落花又称为“落红”。

·林则徐

赴戍登程口占示家人·其二

力微任重久神疲，再竭衰庸[1]定不支。
苟利国家生死以[2]，岂因祸福避趋之。
谪居[3]正是君恩厚，养拙刚于戍卒宜[4]。
戏与山妻谈故事，试吟断送老头皮[5]。

注释：①衰庸：意近“衰朽”，衰老而无能，这里是自谦之词。②苟利：郑国大夫子产改革军赋，受到时人的诽谤，子产曰：“何害！苟利社稷，死生以之。”(《左传·昭公四年》)诗语本此。以：用，去做。③谪居：因有罪被遣戍远方。④养拙：犹言藏拙，有守本分、不显露自己的意思。刚：正好。戍卒宜：做一名戍卒为合适。这句诗谦恭中含有愤激与不平。⑤“戏与”二句：作者自注，宋真宗闻隐者杨朴能诗，召对问："此来有人作诗送卿否？"对曰："臣妻有一首，云'更休落魄耽杯酒，且莫猖狂爱咏诗。今日捉将官里去，这回断送老头皮'。"上大笑，放还山。东坡赴诏狱，妻子送出门皆哭。坡顾渭曰："子独不能如杨处士妻作一首诗送我乎？"妻子失笑，坡乃出。这两句诗用此典故，表达诗人的旷达胸襟。山妻，对自己妻子的谦称。故事，旧事，典故。

·郑燮

题画竹

四十年来画竹枝，日间挥写夜间思。

冗繁削尽留清瘦①，画到生时是熟时②。

注释：①清瘦：指画竹的枝干。②此句是指画艺又上一个新层次，更加纯熟。

墨竹图题诗

衙斋①卧听萧萧②竹，疑是民间疾苦声。

些小③吾曹④州县吏，一枝一叶总关情⑤。

注释：①衙斋：官衙中供官员居住和休息之所。②萧萧：拟声词，形容草木摇动声。③些小：很小，这里指官职卑微。④吾曹：我们。⑤关情：牵动情怀。

·顾炎武

精　卫①

万事有不平，尔何空自苦；

长将一寸身，衔木到终古②？

我愿平东海，身沉心不改；

大海无平期，我心无绝时③。

呜呼！君不见，

西山衔木众鸟多，鹊来燕去自成窠④。

注释：①精卫：古代神话中所记载的一种鸟。相传是炎帝的女儿，由于在东海中溺水而死，所以死后化为鸟，名叫精卫，常常到西山衔木石以填东海。②"万事"四句：对精卫的发问。尔，指精卫。终古，永远。③"我愿"四句：精卫回答之语。④"呜呼"四句:讽刺当时托名遗民,而实为自己利禄打算的人。鹊、燕,比喻无远见、无大志,只关心个人利益的人。窠(kē),鸟巢。

·魏源

晓　窗

少闻鸡声眠,老听鸡声起①。

千古万代人,消磨数声里②。

注释:①"老听"一句:老年人睡眠时间减少,起得早。②消磨:指时光流逝。

·王士祯

秦淮杂诗·其一①

年来肠断秣陵②舟,梦绕③秦淮水上楼。

十日雨丝风片④里,浓春艳景似残秋⑤。

注释:①此诗作于顺治十八年辛丑(1661)。时作者官扬州推官以事至吴郡,归途游南京。秦淮河,在南京城南。②秣陵:南京古名。③梦绕:往事萦怀。④雨丝风片:细雨微风。多指春景。《牡丹亭·惊梦》:"雨丝风片,烟波画船,锦屏人忒看的这韶光贱!"⑤"浓春"句:情语,谓春光浓艳的季节也安慰不了内心如残秋般的无奈。

·朱彝尊

洞仙歌·吴江①晓发

澄湖淡月,响渔榔②无数,一霎③通波④拨柔橹⑤。过垂虹亭⑥畔,语鸭桥⑦边,篱根绽⑧、点点牵牛花吐。

红楼思此际,谢女檀郎,几处残灯在窗户⑨。随分且欹眠、枕上吴歌,声未了、梦轻重作⑩。也尽胜、鞭丝⑪乱山中,听风铎⑫郎当⑬,马头冲雾。

注释:①吴江:即吴淞江,为太湖最大的支流,经吴江、昆山、青浦、淞江、上海、嘉定等地,会合黄浦江入海。②渔榔:渔人结在船舷用以敲击驱鱼入网的长棒。③一霎:一会儿。④通波:指吴江。班固《两都赋》中有"与海通波"的说法，吴江流入海，故称“通波”。⑤柔橹：船桨。⑥垂虹亭：在江苏吴江的长桥上。宋庆历年间建，为历来诗人歌咏的对象。⑦语鸭桥：吴淞江上之桥名。⑧绽：开。⑨红楼思此际，谢女檀郎，几处残灯在窗户：想那红楼上，双双情人彻夜欢语，有几处残灯及晓犹存。谢女檀郎，泛指美貌的男女。⑩随分：随便。敧眠：侧卧。敧，倾斜。吴歌：吴地之歌，这里指船歌。这几句是说：自己颇能随遇而安，侧卧船中，时而听到船歌阵阵；歌声未息，又昏昏重入梦境。⑪鞭丝：马鞭。⑫风铎：检测风向的大铃，一般系于屋檐下，这里指驿马所系之铃。⑬郎当：象声词，指铃声。

·陈维崧

岁暮杂忆

江南忆，少小住长洲。

夜火千家红杏幙①，春衫十里绿杨楼。

头白想重游。

注释：①幙（mù）：通“幕”。

·查慎行

舟夜书所见

月黑见渔灯，孤光①一点萤。

微微风簇②浪，散作满河星。

注释：①孤光：孤零零的灯光。②簇：拥起。

·李渔

清明前一日①

正当离乱世②，莫说艳阳天③。

地冷易寒食④，烽多难禁烟⑤。

战场花是血，驿路柳为鞭⑥。

荒垄⑦关山隔，凭谁寄纸钱？

注释：①清明前一日：即寒食日。②离乱世：作者经历了明亡清兴，改朝换代的大变动，故云。③艳阳天：阳光灿烂、风景美好的春天。④地冷易寒食：

意谓在各地避乱奔波，地方不熟，生活不安定，常吃冷食。⑤烽：烽火。难禁烟：寒食禁烟火，但战火遍地，无法禁烟了。⑥“战场”二句：指在避难者眼中，花的红色使人联想起流血，柳条也使人联想起打人的皮鞭。⑦荒垄：久无人祭扫之墓。

·谭嗣同

狱中题壁

望门投止思张俭①，忍死须臾待杜根②。

我自横刀向天笑③，去留肝胆两昆仑④。

注释：①望门投止：意为在窘迫之中，见有人家，就去投宿，以求隐存。语出《后汉书·张俭传》：“俭得亡命，固迫遁走，望门投止。”投止，投宿。思：思慕。张俭：东汉初为东部督邮，因上疏弹劾宦官侯览图谋不轨，反被侯诬为结党营私，被迫逃亡。人们尊重他的正义行为，都冒死接纳他。诗人借此想到康、梁出逃，一定也会受到人们的热情相待。②忍死须臾待杜根：杜根，东汉末年人，上书要求专权的邓太后还政于皇帝，邓太后大怒，命人将他装入口袋，在大殿上摔死。行刑者敬其所为，施刑不加力，得不死。邓太后命人查看，他装死三天，目中生蛆。后隐身酒店当酒保。邓太后被诛后，杜根复官为侍御史。这里借以勉励幸存的维新派人士暂避一时，以待东山再起。忍死，装死。须臾，不长的时间。③我自：面对刽子手的屠刀，表现出作者视死如归的精神。横刀：指横放在脖子上的刀。向天笑：表示从容就义的英雄气概。④去留肝胆两昆仑：不管去者还是留者，都光明磊落，肝胆相照，像昆仑山一样巍峨高大。去，出逃或死去。留，留下或活着。指政变发生时留下的王五。梁启超《饮冰室诗话》：“所谓两昆仑者，其一指南海（康有为），其一乃侠客大刀王五。”昆仑，昆仑山，这里以此借喻无论去留都肝胆相照，同昆仑山一样巍峨高大。

诗词知识训练

一、单项选择题

1. 下列对《诗经》的解说不正确的选项是(　　)。

A.《诗经》是我国第一部诗歌总集,收录了从西周到春秋五百多年的诗歌。

B.《诗经》又叫《诗》《诗三百》,共有 305 首诗歌。

C.《诗经》分为风、雅、颂三部分,最有现实意义和艺术价值的是“风”,即民间歌谣,是我国诗歌现实主义风格的源头。

D.《诗经》的表现手法是赋、比、兴,与风、雅、颂合称“诗六义”。

E.雅分为大雅、小雅,是宗庙祭祀的乐歌,颂是宫廷乐歌。

2. 下列对《楚辞》的解说不正确的选项是(　　)。

A.《楚辞》是我国南方江淮流域,主要是楚国地区的诗歌。

B.《楚辞》在时间上比《诗经》晚,以四言句为主,多用“兮”字。

C.《楚辞》里的《离骚》,是我国诗歌浪漫主义风格的源头。

D.《楚辞》的主要作者是屈原及其学生宋玉等。

E.屈原的代表作有《离骚》《九歌》《天问》《国殇》《涉江》等。

3. 下列对秦汉时期诗人诗歌的解说不正确的选项是(　　)。

A.乐府原为音乐机构,后为新诗体名称。

B.乐府诗往往采自民间,大多使用现实主义手法。

C.“乐府双璧”是《孔雀东南飞》(古题为“古诗为焦仲卿作”)和《木兰诗》(《木兰辞》)。

D.《古诗十九首》为早期文人抒情诗的典范,为五言古诗。

E.建安文学代表人物是三曹父子,多使用现实主义手法,其中曹操的诗歌风格慷慨雄劲,代表作有《短歌行》《观沧海》《龟虽寿》等。

4. 下列对唐代诗人、诗歌的解说不正确的选项是( )。

A.初唐四杰为王勃、杨炯、卢照邻、骆宾王。

B.《(在狱)咏蝉》(西陆蝉声唱)为卢照邻的名作。

C. 张若虚的《春江花月夜》被誉为“孤篇压全唐”,表现了游子思妇的离别之情。

D.杜审言是杜甫的爷爷,初唐诗人,其名句为“云霞出海曙,梅柳渡江春”。

E.陈子昂的《登幽州台歌》中的幽州,即现在的北京市;幽州台即黄金台,又称蓟北楼,是当年燕昭王招纳天下贤才而建的,故址在今天的大兴。

5. 下列对唐代诗人、诗歌的解说不正确的选项是( )。

A.李白,字太白,号青莲居士。贺知章评他为“谪仙人”,世称“诗仙”。卒葬于安徽当涂县,为我国最伟大的浪漫主义诗人。

B.“清水出芙蓉,天然去雕饰”本是李白的诗句,后人也用以形容李白的诗风。

C.杜甫,字子美,世称杜工部、杜少陵、“诗圣”。其诗风格沉郁顿挫,现实主义风格,因而被称为“史诗”。

D.王维,字摩诘,被称为“诗佛”。“诗中有画”“画中有诗”是苏轼对他的诗歌、绘画作品的评价。唐代山水田园诗派代表人物。

E.孟浩然,又称孟襄阳、孟山人,与王维合称“王孟”,山水田园诗代表人物。代表作有《过故人庄》《夜归鹿门歌》等。

6. 下列对唐代诗人、诗歌的解说不正确的选项是( )。

A.王昌龄,著名边塞诗人。代表作有《从军行七首》《闺怨》《芙蓉楼送辛渐》《塞下曲》等。

B.贺知章，自称“四明狂客”。代表作有《回乡偶书二首》《咏柳》等。

C.王之涣的代表作有《登鹳雀楼》《凉州词二首》等。

D.刘长卿，安徽宣城人。代表作有《逢雪宿芙蓉山主人》（日暮苍山远）、《别严士元》（名句“细雨湿衣看不见，闲花落地听有声”）等。

E.岑参，边塞诗人。代表作有《白雪歌送武判官归京》《轮台歌》等。

7. 下列对唐代诗人、诗歌的解说不正确的选项是（　　）。

A.高适，边塞诗人，代表作有《别董大》《除夜作》等。

B.李白看到崔颢的《黄鹤楼》诗，称“眼前有景道不得，崔颢题诗在上头”。这首《黄鹤楼》意境开阔，气魄宏大，淳朴生动，一如口语。

C.金昌绪的《春怨》描写一位女子对远征辽西的丈夫的思念，意蕴深刻，构思新巧，独具特色。《全唐诗》仅存其一首诗，却千古留名。

D.韩愈，字退之，世称韩吏部、韩昌黎，唐宋八大家之首。代表作有《春雪》《听颖师弹琴》《山石》《早春呈水部张十八员外》等。

E.柳宗元，字子厚，世称柳柳州、柳河东。他与韩愈共倡古文运动，被苏轼称为“文起八代之衰”。

8. 下列对唐代诗人、诗歌的解说不正确的选项是（　　）。

A.白居易，字乐天，号香山居士、醉吟先生。有“诗魔”“诗王”之称，写了许多“讽喻诗”，反映民间疾苦，现实主义风格，语言平易通俗，倡导“新乐府运动”（文章合为时而著，歌诗合为事而作）。

B.孟郊，字东野，号“诗鬼”，以苦吟著称，与贾岛齐名（“郊寒岛瘦”）。

C.李贺，字长吉，世称李昌吉、“鬼才”。避父讳不举进士。诗歌名句有“衰兰送客咸阳道，天若有情天亦老”“黑云压城城欲摧，甲光向日金鳞开”等。

D.李绅，字公垂，唐代宰相，有《悯农诗二首》《长门怨》等。

E.刘禹锡，字梦得，世称“诗豪”。代表作有《西塞山怀古》《春词》《秋词》《竹枝词》《杨柳枝词》《再游玄都观》《酬乐天扬州席上初逢见赠》等。

9. 下列对唐代诗人、诗歌的解说不正确的选项是(　　)。

A.韦应物，曾在安徽滁州任职，山水田园诗人。代表作有《滁州西涧》《秋夜寄丘员外》《闻雁》《寄李儋元锡》《淮上喜会梁州故人》等。

B.元稹，字微之，诗歌与白居易齐名。代表作有《菊花》(不是花中偏爱菊)、《离思五首》(曾经沧海难为水，除却巫山不是云)、《行宫》(寥落古行宫)、《闻乐天授江州司马》(残灯无焰影幢幢)等。

C.李商隐，字义山，号玉谿生、樊南生，与杜牧合称“小李杜”，与温庭筠合称“温李”。七律诗、爱情诗、无题诗成就很高。代表作有《锦瑟》《夜雨寄北》《乐游原》《隋宫》《贾生》等。

D.杜牧，字牧之，号樊川居士，“七绝圣手”。代表作有《清明》《山行》《江南春》《赤壁》《泊秦淮》《过华清宫》《题乌江亭》等。

E.温庭筠，字飞卿，别号“温八叉”，“花间派”首要词人。代表作有《商山早行》、《菩萨蛮》(小山重叠金明灭)、《望江南》(梳洗罢)、《题扬州禅智寺》等。

10.下列有关文学常识表述不正确的选项是(　　)。

A.杜荀鹤，字彦之，号九华山人，安徽石台人。代表作有《闽中秋思》、《山中寡妇》(时挑野菜和根煮)等。

B.相传最早的两首词《菩萨蛮》《清平乐》出自李白之手。

C.近体诗产生于唐代，又名今体诗、格律诗，包括律诗和绝句。

D.词牌是词格式名称，早期词作只有词牌，没有题目。词一开始是配乐歌唱的，所以又称曲子词、歌词、长短句等。

E.写词又叫填词，依词谱填写。词牌都是来源于典故的，如“念奴娇”“沁园春”，分别与唐代歌女念奴和东汉沁水公主有关。

11.下列有关文学常识表述不正确的选项是(　　)。

A.近体诗中的律诗，分五律(五言)、七律(七言)和排律(超过八句)。五律、七律中间两联分别叫颔联、颈联，必须对仗。

B.绝句的格律是截取律诗的首尾两联组成，所以又叫截句。

C.词有“自度曲”，就是词人在旧词曲调之外，自行谱写的新曲或新创作的词牌，如姜夔的《扬州慢》(又叫《郎州慢》)。

D.有的词牌不止一个名称，如“蝶恋花”又叫“凤栖梧”“鹊踏枝”，“鹧鸪天”又叫“千叶莲”“思佳客”，“忆江南”又叫“江南好”“望江南”“梦江南”，“相见欢”又叫“乌夜啼”，“忆秦娥”又叫“秦楼月”等等。

E.部分题材代表作：写男女相会的有秦观的《鹊桥仙》(纤云弄巧)，写离别的有柳永的《雨霖铃》(寒蝉凄切)，写怀古的有苏轼的《念奴娇·赤壁怀古》等。

12.下列有关文学常识表述不正确的选项是(　　)。

A.宋诗多议论化、散文化，多“理趣”，以议论为诗，艺术成就也很高。

B.苏轼，字子瞻，号东坡居士，世称“苏仙”，四川眉山人，宋词豪放派代表人物，与辛弃疾合称“苏辛”。他的词作都是豪放风格的。

C.欧阳修，字永叔，号醉翁、六一居士，曾在滁州任职。代表作有《采桑子》(群芳过尽西湖好)、《蝶恋花》(庭院深深深几许)、《别滁》等。

D.柳永，字耆卿，又名“三变”“柳七”“柳屯田”，“凡有井水饮处，皆能歌柳词”。婉约派代表人物，第一个专力填词的人。代表作有《雨霖铃》(寒蝉凄切)、《八声甘州》(对潇潇暮雨洒江天)、《望海潮》(东南形胜)、《蝶恋花》(伫倚危楼风细细)等。

E.李清照,号易安居士,婉约派女词人,有《漱玉词》。代表作有《渔家傲》(天接云涛连晓雾)、《如梦令》(昨夜雨疏风骤)、《醉花阴》(薄雾浓云愁永昼)、《永遇乐》(落日熔金)、《声声慢》(寻寻觅觅)、《一剪梅》(红藕香残玉簟秋)等。

13.下列有关文学常识表述不正确的选项是(　　)。

A.秦观,字少游,号淮海居士,"苏门四学士"之一。代表作有《鹊桥仙》(纤云弄巧)、《浣溪沙》(漠漠轻寒上小楼)等。

B.范仲淹,字希文。代表作有《渔家傲·秋思》(塞下秋来风景异)、《苏幕遮·怀旧》(碧云天,黄叶地)、《江上渔者》(江上往来人)等。

C.晏殊,字同叔,宋代宰相。代表作有《蝶恋花》(槛菊愁烟兰泣露)、《浣溪沙》(一曲新词酒一杯)等。名句有"无可奈何花落去,似曾相识燕归来"等。

D.宋祁,"红杏尚书",宋代诗人、历史学家。代表作有《玉楼春·春景》(红杏枝头春意闹)等。

E.王安石,字介甫,号半山,世称王荆公,宋代宰相。代表作有《明妃曲》、《桂枝香·金陵怀古》、《书湖阴先生壁》、《泊船瓜洲》、《登飞来峰》(名句"不畏浮云遮望眼,只缘身在最高层")等。

14.下列有关文学常识表述不正确的选项是(　　)。

A.周邦彦,字美成,号清真居士,"词家之冠"。代表作有《苏幕遮》(燎沉香)、《少年游》(并刀如水)等。名句有"梨花院落溶溶月,柳絮池塘淡淡风"等。

B.张先,字子野,世称张安陆、张三影,有"桃杏嫁东风郎中"之称。"三影"中有一句是"云破月来花弄影"。

C.梅尧臣,安徽宣城人,世称宛陵先生。代表作有《七律·小村》、《鲁山山行》(名句"霜落熊升树,林空鹿饮溪")等。

D.晏几道，号小山，晏殊之子，父子齐名，世称“二晏”。代表作有《临江仙》(梦后楼台高锁，名句“落花人独立，微雨燕双飞”)、《长相思》、《鹧鸪天》(彩袖殷勤捧玉钟)等。

E.黄庭坚，字鲁直，号山谷道人、黄山谷，江西诗派祖师。为书法“宋四家”(苏、黄、米、蔡)之一、“苏门四学士”之一。代表作有《登快阁》《牧童诗》等。

15.下列有关文学常识表述不正确的选项是(　　)。

A.贺铸，字方回，号庆湖遗老，人称“贺梅子”。代表作有《青玉案·横塘路》(名句“试问闲愁都几许？一川烟草，满城风絮，梅子黄时雨”)、《芳心苦》(杨柳回塘，名句“断无蜂蝶慕幽香，红衣脱尽芳心苦……当年不肯嫁东风，无端却被秋风误”)等。

B.晁补之，号归来子。代表作有《汉宫春》等。

C.林逋，和靖先生，隐居西湖孤山，人称“梅妻鹤子”“逋仙”。代表作有《山园小梅》(名句“疏影横斜水清浅，暗香浮动月黄昏”)等。

D.王观，代表作有《卜算子》(水是眼波横)等。

E.志南，僧人，有《绝句》：古木阴中系短篷，杖藜扶我过桥东。沾衣欲湿杏花雨，吹面不寒杨柳风。

16.下列有关文学常识表述不正确的选项是(　　)。

A.王禹偁，代表作有《村行》(马穿山径菊初黄)等。

B.姜夔，字尧章，号白石道人，南宋文学家、音乐家，“词中老杜”。一生湖海飘零，寄人篱下。其词多写湖山之美、身世之慨，寄物托情，精深华妙，音乐文采为一时之冠。有《白石道人歌曲》六卷。代表作有《扬州慢》(自度曲，又叫《郎州慢》)、《鹧鸪天》(元夕有所梦)等。

C.辛弃疾，字幼安，号稼轩，南宋爱国词人，豪放派代表人物，与苏轼并称“苏辛”，与李清照并称“济南二安”，“词中之龙”。有《稼轩长短句》。

D.陆游，字务观，号放翁，南宋爱国诗人，代表作有《卜算子·咏梅》、《游山西村》、《示儿》、《诉衷情》（当年万里觅封侯）等。是现存诗最多的诗人。

E.杨万里，号诚斋，与尤袤、范成大、陆游合称“中兴四大诗人”。代表作有《小池》《晓出净慈寺送林子方》等。名句“小荷才露尖尖角，早有蜻蜓立上头”。

17.下列有关文学常识表述不正确的选项是（　　）。

A.叶绍翁，号靖逸。代表作有《游园不值》（名句“满园春色关不住，一枝红杏出墙来”）等。

B.朱熹，号晦庵，宋代理学家、教育家。代表作有《观书有感》（半亩方塘一鉴开）、《活水亭观书有感》（昨夜江边春水生）、《劝学诗》、《春日》等。

C.范成大，号石湖居士。代表作有《四时田园杂兴》《州桥》等。

D.岳飞的《满江红》（怒发冲冠）被誉为写愤怒情绪的经典之作。

E.文天祥，字宋瑞，又字履善，号文山，与陆秀夫、张世杰并称为“宋末三杰”。其《过零丁洋》有名句“人生自古谁无死，留取丹心照汗青”。

18.下列有关文学常识表述不正确的选项是（　　）。

A.马致远，元代曲作家。有散曲《天净沙·秋思》，“天净沙”为曲牌名。

B.关汉卿，元初大都（北京）人，元杂剧奠基人、“元曲四大家”之首（另三位为马致远、郑光祖、白朴）。代表作有《南吕·一枝花·不伏老》，“南吕”为曲牌名。

C.张养浩和王冕的诗歌代表作分别是《山坡羊·潼关怀古》和《墨梅》（吾家洗砚池头树）。

D.冯梦龙，字犹龙，号墨憨斋主人、顾曲散人、吴下词奴，明代散文家。代表作有《砚眼》等。

E.于谦，明代政治家。诗歌代表作有《石灰吟》（千锤万凿出深山）、《咏煤炭》（凿开混沌得乌金）。

19.下列有关文学常识表述不正确的选项是（　　）。

A.纳兰性德，字容若，清代诗人。代表作有《长相思》（山一程）、《木兰词·拟古决绝词柬友》（名句“人生若只如初见，何事秋风悲画扇”）等。

B.龚自珍，号定庵。代表作有《己亥杂诗》等。名句“落红不是无情物，化作春泥更护花”“我劝天公重抖擞，不拘一格降人才”等。

C.林则徐，民族英雄。名句“苟利国家生死以，岂因祸福避趋之”。

D.郑燮，号板桥，“扬州八怪”之一，画家。诗歌代表作有《题竹石》（咬定深山不放松）、《墨竹图题诗》（衙斋卧听萧萧竹）等。

E.清代其他著名诗人：袁枚（代表作《遣兴》《马嵬》）、顾炎武（后世称其为“亭林先生”，名句“天下兴亡，匹夫有责”“苍龙日暮还行雨，老树春深更著花”“万事有不平，尔何空自苦”）、魏源（代表作《晓窗》[少闻鸡声眠]）、谭嗣同（代表作《狱中题壁》，名句“我自横刀向天笑，去留肝胆两昆仑”）、黄遵宪（号“人境庐主人”，被誉为“诗界革命导师”，代表作《今别离》）等。

20.关于诗词常识的表述不正确的选项是（　　）。

A.李白的《蜀道难》、杜甫的《茅屋为秋风所破歌》、白居易的《琵琶行》都是古体诗。古体诗又称古诗、古风，句式长短可以不一，韵脚可平可仄，篇幅长短自由。

B.“诗言志”出自《尚书·舜典》，意思是：诗歌是用来表达志意的。

C.“诗者，志之所之也，在心为志，发言为诗，情动于中而形于言”出自《诗·大序》。“不学诗，无以言”出自《论语·季氏》。“无以言”,说不出话来。

D.《毛诗》，西汉时期鲁国的毛亨、赵国的毛苌所辑注的古文《诗》,也即现今流行的《诗经》。

E.《唐诗三百首》成书于清代乾隆年间,蘅塘退士编。《千家诗》为明清时代儿童启蒙读物,王相作注。

二、识记题

(一)写出下面各诗句的上句或下句

1.云淡风轻近午天，________________。(程颢《春日偶成》)

2. ________________,万紫千红总是春。(朱熹《春日》)

3. ________________,花有清香月有阴。(苏轼《春宵》)

4.最是一年春好处,________________。(韩愈《初春小雨》)

5.律回岁晚冰霜少,________________。(张栻《立春偶成》)

6. ________________,春风拂槛露华浓。(李白《清平调词》)

7. ________________,香雾空蒙月转廊。(苏轼《海棠》)

8.沾衣欲湿杏花雨,________________。(僧志南《绝句》)

9.________________,一枝红杏出墙来。(叶绍翁《游园不值》)

10.紫陌红尘拂面来,________________。(刘禹锡《仙都观桃花》)

11.颠狂柳絮随风舞,________________。(杜甫《漫兴》)

12.________________,惟解漫天作雪飞。(韩愈《晚春》)

13.梅子留酸软齿牙,________________。(杨万里《闲居初夏午睡起》)

14.一水护田将绿绕,________________。(王安石《书湖阴先生壁》)

15. ________________,此日中流自在行。(朱熹《观书有感·其二》)

16.梅雪争春未肯降,________________。(卢梅坡《雪梅·其一》)

17.________________,孤云独去闲。(李白《独坐敬亭山》)

18.深林人不知,________________。(王维《竹里馆》)

19.________________,孤客最先闻。(刘禹锡《秋风引》)

20.山空松子落,________________。(韦应物《秋夜寄丘员外》)

21.强欲登高去，____________。（岑参《行军九日思长安故园》）
22.满目山河空念远，______________。（晏殊《浣溪沙》）
23.那堪更被明月，______________。（张先《青门引·春思》）
24.______________，无边丝雨细如愁。（秦观《浣溪沙》）
25.当年不肯嫁春风，______________。（贺铸《芳心苦》）
26.试问闲愁都几许？______________，______________，
______________。（贺铸《青玉案》）
27.______________，何况落红无数。（辛弃疾《摸鱼儿》）
28.________，听取蛙声一片。（辛弃疾《西江月·夜行黄沙道中》）
29.平冈细草鸣黄犊，______________。（辛弃疾《鹧鸪天》）
30.元宵佳节，融和天气，______________？（李清照《永遇乐》）

（二）写出下面各联句的上联或下联

1.残雪压枝犹有桔，冻雷惊笋欲抽芽。
______________，______________。（欧阳修《戏答元珍》）
2.______________，______________。
日暮乡关何处是？烟波江上使人愁。（崔颢《黄鹤楼》）
3.蝴蝶梦中家万里，杜鹃枝上月三更。
______________，______________。（崔涂《春夕旅怀》）
4.______________，______________。
老妻画纸为棋局，稚子敲针作钓钩。（杜甫《江村》）
5.积雨空林烟火迟，蒸藜炊黍饷东菑。
______________，______________。（王维《积雨辋川庄作》）
6.云物凄凉拂曙流，汉家宫阙动高秋。
______________，______________。（赵嘏《长安晚秋》）
7.疏影横斜水清浅，暗香浮动月黄昏。
______________，______________。（林逋《山园小梅》）
8.本为圣明除弊政，敢将衰朽惜残年。

__________，__________。（韩愈《左迁至蓝关示侄孙湘》）

9.曲径通幽处，禅房花木深。

__________，__________。（常建《题破山寺后禅院》）

10.__________，__________。

有弟皆分散，无家问死生。（杜甫《月夜忆舍弟》）

11.渡头余落日，墟里上孤烟。

__________，__________。（王维《辋川闲居赠裴秀才迪》）

12.古木无人径，深山何处钟。

__________，__________。（王维《过香积寺》）

13.行到水穷处，坐看云起时。

__________，__________。（王维《终南别业》）

14.江汉曾为客，相逢每醉还。

__________，__________。（韦应物《淮上喜会梁州故人》）

15.静夜四无邻，荒居旧业贫。

__________，__________。（司空曙《喜外弟卢纶见宿》）

16.__________，__________。

沧江好烟月，门系钓鱼船。（杜牧《旅宿》）

17.山随平野尽，江入大荒流。

__________，__________。（李白《渡荆门送别》）

18.潮平两岸阔，风正一帆悬。

__________，__________。（王湾《次北固山下》）

19.独有宦游人，偏惊物候新。

__________，__________。（杜审言《和晋陵陆丞早春游望》）

20.__________，__________。

情人怨遥夜，竟夕起相思。（张九龄《望月怀远》）

（三）根据给定条件填写诗句

1.白居易《琵琶行》在正面描写琵琶声音美妙后紧接着又侧面

描写弹奏技艺高超的两个句子是:“__________,____________。”

2.杜甫《望岳》诗中抒发诗人昂扬向上、积极进取、俯视万物之豪情的句子是:“ ________,________ 。”

3. 杜甫《月夜》中写妻子在月下思念自己情景的诗句是:“______________________________,_____________________。”

4.王维《渭川田家》中化用《诗经》中的诗句,表达去官归隐愿望的句子是:“ ________,________。”

5.岑参《白雪歌送武判官归京》中用比喻手法描写“胡天”雪下得急、下得大的诗句是:“ ________,________。”

6.高适《燕歌行》(汉家烟尘在东北)中描写战士们奋勇作战、英勇牺牲,军官们却寻欢作乐的诗句是:“________,________。”

7.李白《赠孟浩然》中用《诗经》中的诗句比喻孟浩然品性高洁的诗句是:“ ________,________。”

8.李白《秋登宣城谢朓北楼》描绘了谢朓北楼明丽的秋景的诗句是:“ ________,________。”

9.孟浩然《临洞庭上张丞相》中表示自己要出仕却无人引荐的诗句是:“________,________。”

10.骆宾王《(在狱)咏蝉》中比喻世途艰难、阻力重重的诗句是:“____________,____________ 。”

11.韦应物《寄李儋元锡》中表示自己身体不好,愧对当地灾民的诗句是:“ ________, ________。”

12. 白居易《卖炭翁》中描写卖炭翁外貌形象的诗句是:“_______________________,________________________。”

13. 王禹偁《村行》中用拟人手法描写山谷景象的诗句是:“_______________________,_______________________ 。”

14.欧阳修《生查子·元夕》描写了两度元夜景象,其中描述风景依旧人不见的诗句是:“ ________,________ 。”

15.范仲淹《渔家傲·秋思》中表明自己功业未建、思家难归的诗句是:“____________,____________。”

16.柳永《蝶恋花》(伫倚危楼风细细)中所表现的锲而不舍、执着如一之精神的名句,被王国维称为“古今之成大事业大学问”的第二重境界的诗句是:“________,________。”

17.辛弃疾《青玉案·元夕》中描写词人苦苦寻找、最终找到那位幽居空谷、孤高不群的佳人的诗句是:“ ________,__________,________,________。”

18.宋祁《木兰花·春景》中描写春光烂漫的名句是:“________,__________。”

19.纳兰性德《木兰词·拟古决绝词柬友》中化用汉朝班婕妤被弃之典故的诗句是:“________,________。”

20.林则徐《赴戍登程口占示家人·其二》(力微任重久神疲)中表现诗人为了国家利益不顾自身安危的诗句是:“____________,____________。”

三、推导题

1.根据条件推导出诗人(　　)。

A.他是南朝时期诗人。

B.李白很喜欢他的为人和诗歌作品。

C.他善写山水诗,把描写景物和抒发感情自然地结合起来,表现出对宦途的忧惧和人生的苦闷。曾在今天的安徽境内为官。

D.他被人称为“小谢”,也称“谢宣城”。

2.根据条件推导出作品名称(　　)。

A.作者是“吴中四士”之一。

B.在唐代,他似乎没有诗集传世。从唐至元,他的诗几乎无人看重。最早收录他的诗的本子是宋人郭茂倩的《乐府诗集》。

C.这首诗描写细腻,音节和谐,清丽开宕,富有情韵,在初唐诗风的转变中有重要地位,但受六朝柔靡诗风影响,常露人生无常之感。

D.他的千古绝唱，是一篇脍炙人口的名作，有“孤篇压全唐”之誉；闻一多评价其为“诗中的诗，顶峰中的顶峰”。

3.根据条件推导出诗人（　　）。

A.他曾被贬为龙标尉。

B.他的诗以七绝见长，尤以登第之前赴西北边塞所作的边塞诗最为著名。

C.他的诗气势雄浑，格调高昂，充满了积极向上的精神，如《从军行七首》。

D.他有“诗家夫子王江宁”之誉（亦说“诗家天子王江宁”）。

4.根据条件推导出诗人（　　）。

A.据说他的母亲在怀他时曾梦见圣人，故据此给他取名。

B.白居易给他的赠诗有“诗称国手徒为尔，命压人头不奈何”之句，是自伤，也是对他的规劝。

C.他最为人称道的是咏史诗，兴寄同样大多是借古讽今，不过意境高远，语言优美，又为他人所不及。

D.他在巴、渝、沅、湘一带生活多年，对当地的风土人情和文化很感兴趣，尤其是当地的民歌，他不仅大量采集，而且学习写作，《竹枝词》就是他学习民歌的产物。

5.根据条件推导出诗人（　　）。

A.他出生于唐代，籍贯安徽石台，出身寒微，曾数次上长安应考，不第还山。后朱温表荐他，授翰林学士、主客员外郎。

B.他的部分作品反映唐末军阀混战局面下的社会矛盾和人民的悲惨遭遇，如山中寡妇避征无门。

C.他的《春宫怨》，用宫女的不幸身世象征自己怀才不遇，采用比兴手法，显示了作者艺术手段的高超。

D.他的诗语言通俗，风格清新。因长期置身于九华山怀抱，自号九华山人，吟咏九华山面貌的诗篇甚多，具有鲜明的时代色彩。

6.根据条件推导出诗人（　　）。

A.他少年成名，被视为神童。

B.他的代表作是一首托物言志的五言律诗。

C.他是“初唐四杰”之一，四杰中他的诗作最多。

D.他擅长七言歌行，《帝京篇》为当时罕有的长篇，成为绝唱。曾久戍边城，写有不少边塞诗，如“晚风迷朔气，新瓜照边秋。灶火通军壁，烽烟上戍楼”，见闻亲切。

7.根据条件推导出作品名称（　　）。

A.这是一首投献诗。

B.作品描绘了某地的美丽景象，夸赞当地主政长官的业绩，预祝他高升。

C.据说这部作品曾吸引一少数民族首领，甚至引发了他侵略的野心。

D.作者一辈子抑郁不得志，自称“奉旨填词”。

8.根据条件推导出诗人（　　）。

A.他少年孤贫，屡试不第，终生未仕，一生转徙江湖，靠卖字和朋友接济为生。

B.他人品秀拔，体态轻盈，气貌若不胜衣，望之若神仙中人；往来于鄂、赣、皖、苏、浙间，与诗人词家杨万里、范成大、辛弃疾等交游。

C.他诗词、散文、书法、音乐无不精善，对词的造诣尤深。有诗词、诗论、乐书、字书、杂录等多种著作，是继苏轼之后又一难得的艺术全才。

D.他有意为词，将音律、创作风格和审美理想纳入一定的法度中，形成一种新的词风，格律严整，空灵含蓄；精通音律，有自度曲。

9.根据条件推导出诗人(　　)。

A.他从江西派入手,后学习中、晚唐诗,继承了白居易、王建、张籍等诗人和新乐府的现实主义精神,终于自成一家。

B.他的诗题材广泛,以反映农村社会生活内容的作品成就最高,风格平易浅显、清新妩媚。

C.他的作品在南宋末年即产生了重要影响,当时流传着“家剑南而户石湖”的说法,到清初影响更大。

D.他晚年隐居故乡石湖,号石湖居士,与杨万里、陆游、尤袤合称南宋“中兴四大诗人”。

10.根据条件推导出作品名称(　　)。

A.这篇作品创作于 1927 年春,当时中国革命正面临着严峻的考验。

B.这首词表现了作者对革命严重危机的焦虑与激动,更表现了革命领袖渴求投身于新的改天换地的战斗中的伟大抱负和急切愿望。

C.这首词题目所指的地点,是武汉市著名旅游景点。历史上文人墨客喜欢在此吟咏赋诗,留下了不少传世佳作。

D.这首词跟崔颢的同题七律相比,就思想境界而言,更胜一筹。

四、填空题

1._______辅三秦,风烟望五津。(王勃《送杜少府之任蜀州》)

2._______然回首,那人却在灯火____处。(辛弃疾《青玉案》)

3.又送王孙去,_____ 满别情。(白居易《赋得古原草送别》)

4.水何澹澹,山岛_________ 。(曹操《观沧海》)

5.万籁此都寂,但余钟______声。(常建《题破山寺后禅院》)

6.艰难苦恨______,潦倒新停浊酒杯。(杜甫《登高》)

7.纤纤______素手，______弄______。（《古诗十九首》）

8.明月别枝惊______，______风半夜鸣蝉。（辛弃疾《西江月》）

9.______细草鸣黄犊，斜日寒林______暮鸦。（辛弃疾《鹧鸪天》）

10.应怜______印苍苔，小扣______久不开。（叶绍翁《游园不值》）

11.独坐______里，弹琴复长啸。（王维《竹里馆》）

12.孤雁不______，飞鸣声念群。……野鸦无______，鸣噪自纷纷。（杜甫《孤雁》）

13.东城渐觉风光好，______。______，红杏枝头春意闹。（宋祁《玉楼春》）

14.荡胸生存云，______入归鸟。（杜甫《望岳》）

15.晨兴理______，带月荷锄归。（陶渊明《归园田居·其三》）

16.______旧林，池鱼思故渊。（陶渊明《归园田居·其一》）

17.______出汉塞，归雁入胡天。（王维《使至塞上》）

18.吴楚东南______，乾坤______浮。（杜甫《登岳阳楼》）

19.欲济无舟______，______耻圣明。（孟浩然《望洞庭湖赠张丞相》）

20.此地一为别，______万里征。（李白《送友人》）

21.晴空一鹤排云上，便引诗情到______。（刘禹锡《秋词》）

22.山下兰芽______，松间沙路净无泥。（苏轼《浣溪沙》）

23.僵卧孤村不自哀，尚思为国______。夜______卧听风吹雨，铁马冰河入梦来。（陆游《十一月四日风雨大作》）

24.怀旧空吟闻笛______，到乡翻似______人。（刘禹锡《酬乐天扬州初逢席上见赠》）

25.转朱阁，低______，照无眠。（苏轼《水调歌头》）

26.______川，阴山下，天似______，笼盖四野。（《敕勒歌》）

27.瀚海______百丈冰，愁云______万里______。（岑参《白雪歌送武判官归京》）

28.______文章建安骨，中间小谢又______。（李白《宣州谢朓楼饯别校书叔云》）

29.天街小雨润如______，草色遥看近却无。（韩愈《早春呈水部张十八员外》）

30.春蚕到死丝方尽，______成灰泪始干。（李商隐《无题》）

31.______沉香，消______。鸟雀呼晴，______晓窥______语。（周邦彦《苏幕遮》）

32.故园______何处？归思方______哉。淮南秋雨夜，______闻雁来。（韦应物《闻雁》）

33.晨起动______，客行悲故乡。（温庭筠《商山早行》）

34.薄雾浓云愁永昼，______金兽。（李清照《醉花阴》）

35.年少万______，坐断东南战未休。（辛弃疾《南乡子·登京口北固亭有怀》）

36.轻拢慢捻抹复挑，初为《______》后《六幺》。……别有______暗恨生，此时无声胜有声。（白居易《琵琶行》）

37. 关关______，在河______。______淑女，君子______。（《诗经·关雎》）

38.蒹葭______，白露为______。（《诗经·蒹葭》）

39.只恐双溪______舟，载不动许多愁。（李清照《武陵春·春晚》）

40.马作______飞快，弓如______弦惊。（辛弃疾《破阵子·为陈同甫赋壮词以寄之》）

五、解答题

（一）解释下列诗词名句中画线的词语

1.更深月色半人家，北斗<u>阑干</u>南斗斜。

2.已是黄昏独自愁，更<u>著</u>风和雨。

3.薄雾浓云愁<u>永昼</u>，瑞脑消金兽。

4.八月湖水平，涵虚混太清。

5.窈窕淑女，君子好逑。

6.蒹葭萋萋，白露未晞。

7.所谓伊人，在水之涘。

8.八百里分麾下炙，五十弦翻塞外声。

9.花近高楼伤客心，万方多难此登临。

10.黑云压城城欲摧，甲光向日金鳞开。

11.遥怜小儿女，未解忆长安。

12.但愿人长久，千里共婵娟。

13.渭城朝雨浥轻尘，客舍青青柳色新。

14.无为在歧路，儿女共沾巾。

15.千里黄云白日曛，北风吹雁雪纷纷。

16.结庐在人境，而无车马喧。

17.水何澹澹，山岛竦峙。

18.星汉灿烂，若出其里。

19.老夫聊发少年狂。

20.西北望，射天狼。

21.指点江山，激扬文字。

22.到中流击水，浪遏飞舟。

23.老骥伏枥，志在千里。

24.烈士暮年，壮心不已。

25.离离原上草，一岁一枯荣。

26.故人具鸡黍，邀我至田家。

27.开轩面场圃，把酒话桑麻。

28.万籁此都寂，但余钟磬音。

29.商女不知亡国恨，隔江犹唱后庭花。

30.停车坐爱枫林晚，霜叶红于二月花。

31.问渠那得清如许，为有源头活水来。

32.艰难苦恨繁霜鬓，潦倒新停浊酒杯。

33.杨花榆荚无才思，惟解漫天作雪飞。
34.梅雪争春未肯降，骚人搁笔费评章。
35.青女素娥俱耐冷，月中霜里斗婵娟。
36.古木阴中系短篷，杖藜扶我过桥东。
37.终日不成章，泣涕零如雨。
38.河汉清且浅，相去复几许。
39.明月别枝惊鹊，清风半夜鸣蝉。
40.旧时茅店社林边，路转溪头忽见。
41.峨眉山月半轮秋，影入平羌江水流。
42.此夜月中闻折柳，何人不起故园情。
43.故园东望路漫漫，双袖龙钟泪不干。
44.独怜幽草涧边生，上有黄鹂深树鸣。
45.江山代有才人出，各领风骚数百年。
46.千里莺啼绿映红，水村山郭酒旗风。
47.应怜屐齿印苍苔，小扣柴扉久不开。
48.浮生长恨欢娱少，肯爱千金轻一笑。
49.晓看红湿处，花重锦官城。
50.居高声自远，非是藉秋风。
51.欲穷千里目，更上一层楼。
52.荡胸生层云，决眦入归鸟。
53.会当凌绝顶，一览众山小。
54.感时花溅泪，恨别鸟惊心。
55.白头搔更短，浑欲不胜簪。
56.晨兴理荒秽，带月荷锄归。
57.开荒南野际，守拙归园田。
58.吴楚东南坼，乾坤日夜浮。
59.戎马关山北，凭轩涕泗流。
60.山下兰芽短浸溪，松间沙路净无泥。
61.门前流水尚能西，休将白发唱黄鸡。

62.夜阑卧听风吹雨，铁马冰河入梦来。
63.乍暖还寒时候，最难将息。
64.这次第，怎一个愁字了得。
65.怀旧空吟闻笛赋，到乡翻似烂柯人。
66.人生自古谁无死，留取丹心照汗青。
67.鸟雀呼晴，侵晓窥檐语。
68.淮南秋雨夜，高斋闻雁来。
69.长江悲已滞，万里念将归。
70.匪我愆期，子无良媒。
71.夙兴夜寐，靡有朝矣。
72.女也不爽，士贰其行。
73.今我来思，雨雪霏霏。
74.怨灵修之浩荡兮，终不察夫民心。
75.我有嘉宾，鼓瑟吹笙。
76.越陌度阡，枉用相存。
77.细草微风岸，危樯独夜舟。
78.空闻虎旅传宵柝，无复鸡人报晓筹。
79.都门帐饮无绪，留恋处，兰舟催发。
80.莫听穿林打叶声，何妨吟啸且徐行。
81.人生如梦，一尊还酹江月。
82.关河梦断何处？尘暗旧貂裘。
83.胡未灭，鬓先秋，泪空流。
84.倩何人唤取，红巾翠袖，揾英雄泪。
85.晴空一鹤排云上，便引诗情到碧霄。
86.宣室求贤访逐臣，贾生才调更无伦。
87.何当共剪西窗烛，却话巴山夜雨时。
88.身无彩凤双飞翼，心有灵犀一点通。
89.小山重叠金明灭，鬓云欲渡香腮雪。
90.未老莫还乡，还乡须断肠。

91.吴丝蜀桐张高秋，空山凝云颓不流。
92.李凭中国弹箜篌。
93.雕栏玉砌应犹在，只是朱颜改。
94.帘外雨潺潺，春意阑珊。
95.明月不谙离恨苦，斜光到晓穿朱户。
96.欲寄彩笺兼尺素，山长水阔知何处。
97.狼藉残红，飞絮蒙蒙。
98.衣带渐宽终不悔，为伊消得人憔悴。
99.水面清圆，一一风荷举。
100.红藕香残玉簟秋。轻解罗裳，独上兰舟。
101.待从头，收拾旧山河，朝天阙。
102.淮左名都，竹西佳处。

（二）九宫格、十二宫格

1.请从下面九个字中识别一句五言诗。

春	才	风
飞	送	归
迎	雨	到

2.请从下面九个字中识别一句五言诗。

生	故	照
是	海	明
乡	月	来

3.请从下面九个字中识别一句五言诗。

草	微	雨
鱼	出	岸
燕	细	风

4.请从下面九个字中识别一句五言诗。

知	夜	风
来	雨	节
微	好	时

5.请根据下列十二个字识别一句七言诗。

滚	东	长	逝
不	滚	但	来
送	尽	江	见

6.请根据下列十二个字识别一句七言诗。

河	生	白	黄
有	处	远	上
间	人	云	何

7.请根据下列十二宫格提示识别一句七言诗。

身	最	只	自
此	高	是	缘
山	在	中	当

8.请根据下列十二个字识别一句七言诗。

处	时	无	照
还	秦	我	月
何	江	明	汉

参考答案

一、选择题

1.E(雅是宫廷乐歌,颂是宗庙祭祀的乐歌)　2.B(《楚辞》是杂言句式,而以七言居多)　3.C(《古诗为焦仲卿妻作》)　4.B(《(在狱)咏蝉》为骆宾王的作品)　5.C("诗史",非"史诗")　6.D(闲花落地听无声)　7.E("文起八代之衰"说的是韩愈)　8.B("诗囚",非"诗鬼")　9.E(《题扬州禅智寺》为杜牧的作品)　10.E(词牌只有一部分来源于典故)　11.B(任意两联组成)　12.B(也有婉约风格的,如《江城子·乙卯正月二十日夜记梦》[十年生死两茫茫])　13.E(自缘身在最高层)　14.A("梨花院落溶溶月,柳絮池塘淡淡风"是晏殊的名句)　15.A(当年不肯嫁春风)　16.B("词中老杜"是指周邦彦)　17.A(春色满园关不住)　18.B("南吕"为宫调名)　19.D(咬定青山不放松)　20.C(无以言,不知道怎样说话)

二、识记题

(一)写出下面各诗句的上句或下句

1.傍花随柳过前川　2.等闲识得东风面　3.春宵一刻值千金　4.绝胜烟柳满皇都　5.春到人间草木知　6.云想衣裳花想容　7.东风袅袅泛崇光　8.吹面不寒杨柳风　9.春色满园关不住　10.无人不道看花回　11.轻薄桃花逐水流　12.杨花榆荚无才思　13.芭蕉分绿与窗纱　14.两山排闼送青来　15.向来枉费推移力　16.骚人搁笔费评章　17.众鸟高飞尽　18.明月来相照　19.朝来入庭树　20.幽人应未眠　21.无人送酒来　22.落花风雨更伤春　23.隔墙送过秋千影　24.自在飞花轻似梦　25.无端却被秋风误　26.一川烟草,满城风絮,梅子黄时雨　27.惜春长怕花开早　28.稻花香里说丰年　29.斜日寒林点暮鸦　30.次第岂无风雨

（二）写出下面各联句的上联或下联

1.夜闻啼雁生乡思，病入新年感物华。 2.晴川历历汉阳树，芳草萋萋鹦鹉洲。 3.故园书动经年绝，华发春催两鬓生。 4.自来自去梁上燕，相亲相近水中鸥。 5.漠漠水田飞白鹭，阴阴夏木啭黄鹂。 6.残星几点雁横塞，长笛一声人倚楼。 7.霜禽欲下先偷眼，粉蝶如知合断魂。 8.云横秦岭家何在，雪拥蓝关马不前。9.山光悦鸟性，潭影空人心。 10.露从今夜白，月是故乡明。 11.复值接舆醉，狂歌五柳前。 12.泉声咽危石，日色冷青松。 13.偶然值林叟，谈笑无还期。 14.浮云一别后，流水十年间。15.雨中黄叶树，灯下白头人。 16.远梦归侵晓，家书到隔年。 17.月下飞天镜，云生结海楼。 18.海日生残夜，江春入旧年。 19.云霞出海曙，梅柳渡江春。 20.海上生明月，天涯共此时。

（三）根据给定条件填写诗句

1.东船西舫悄无言，唯见江心秋月白。 2.会当凌绝顶，一览众山小。 3.香雾云鬟湿，清辉玉臂寒。 4.即此羡闲逸，怅然吟式微。 5.忽如一夜春风来，千树万树梨花开。 6.高山安可仰，徒此揖清芬。 7.战士军前半死生，美人帐下犹歌舞。 8.两水夹明镜，双桥落彩虹。 9.欲济无舟楫，端居耻圣明。 10.露重飞难进，风多响易沉。 11.身多疾病思田里，邑有流亡愧俸钱。 12.满面尘灰烟火色，两鬓苍苍十指黑。 13. 万壑有声含晚籁，数峰无语立斜阳。 14.不见去年人，泪湿春衫袖。 15.浊酒一杯家万里，燕然未勒归无计。 16.衣带渐宽终不悔，为伊消得人憔悴。 17.众里寻他千百度，蓦然回首，那人却在，灯火阑珊处。 18.绿杨烟外晓寒轻，红杏枝头春意闹。 19.人生若只如初见，何事秋风悲画扇。20.苟利国家生死以，岂因祸福避趋之。

三、推导题

1.谢朓 2.《春江花月夜》 3.王昌龄 4.刘禹锡 5.杜荀鹤

6.骆宾王 7.《望海潮》 8.姜夔 9.范成大 10.《菩萨蛮·黄鹤楼》

四、填空题

1.城阙 2.蓦/阑珊 3.萋萋 4.竦峙 5.磐 6.繁霜鬓 7.擢/札札/机杼 8.鹊/清 9.平冈/点 10.屐齿/柴扉 11.幽篁 12.饮啄/意绪 13.縠皱波纹迎客棹/绿杨烟外晓寒轻 14.决眦 15.荒秽 16.羁鸟恋 17.征蓬 18.坼/日夜 19.楫/端居 20.孤蓬 21.碧霄 22.短浸溪 23.戍轮台/阑 24.赋/烂柯 25.绮户 26.敕勒/穹庐 27.阑干/惨淡/凝 28.蓬莱/清发 29.酥 30.蜡炬 31.燎/溽暑/侵/檐 32.渺/悠/高斋 33.征铎 34.瑞脑消 35.兜鍪 36.霓裳/幽愁 37.雎鸠/之洲/窈窕/好逑 38.苍苍/霜 39.舴艋 40.的卢/霹雳

五、解答题

(一)解释下列诗词名句中画线的词语

1.阑干:横斜的样子。 2.著:通“着”,遭受。 3.永昼:漫长的白天。 4.太清:天空。 5.好逑:好的配偶。逑,通“仇”,匹配。 6.晞:干。 7.涘(sì):水边。 8.麾下:军旗下,代指部下。 9.客心:客居者之心。 10.摧:毁坏。 11.未解:尚不懂得。 12.婵娟:指月亮。 13.浥:湿。 14.无为:无须,不必。 15.曛:昏暗。 16.结庐:建造房屋。 17.竦峙:高高耸立。 18.星汉:银河。 19.聊:姑且。 20.天狼:星名,一称犬星。 21.激扬文字:写出激浊扬清的文字。 22.遏:阻止。 23.伏枥:趴在马槽边。 24.烈士:有远大抱负之人。 25.离离:青草茂盛的样子。 26.具:置办,准备。 27.桑麻:泛指庄稼。 28.但余:只留下。 29.商女:歌女。 30.坐:因为。 31.渠:它,指方塘之水。 32.新停:刚停止。 33.才思:文思。 34.搁笔:放下笔。 35.青女:主管霜雪的女神。 36.短篷:带篷的小船。 37.章:指布匹上纹理经纬,此指布帛。 38.几许:多少。 39.惊鹊：惊动乌鸦。 40.忽见：忽现。 41.半轮秋：半圆的秋月。 42.折柳：《折杨柳》笛曲。 43.龙钟：涕泪淋漓的样子。 44.独怜：独爱。 45.风骚：指《诗经》的《国风》和屈原的《离骚》。后指诗文写作之事。此指文学上有成就的"才人"的崇高地位和深远影响。 46.山郭：依山的城镇。 47.柴扉：用木柴、树枝编成的门。 48.肯爱：怎肯吝啬。 49.花重：花沾上雨水而变得沉重。 50.藉：凭借。 51.穷：尽，达到极点。 52.决眦：睁大眼眶，极目远望。 53.会当：一定要。 54.感时：感伤时局。 55.浑欲：简直要。 56.晨兴：早晨起来。 57.守拙：守正不阿。 58.坼：分裂，引申为划分。 59.凭轩：靠着楼窗。 60.浸：泡在水里。 61.唱黄鸡：感慨时光的流逝。 62.夜阑：夜深人静之时。阑，残尽。 63.将息：调养休息。 64.次第：光景，情景。 65.翻似：倒好像。柯：斧柄。 66.汗青：书简，史册。 67.侵晓：天快亮的时候。 68.高斋：楼阁上的书房。 69.悲已滞：悲凉淹留，悲凉停滞。 70.愆期：拖延时间。 71.夙兴：早晨起来。 72.不爽：没有过错。贰其行：行为前后不一致。 73.雨雪霏霏：大雪飞扬。 74.浩荡：志意放荡的样子。 75.鼓瑟：奏瑟。 76.枉：枉驾。存：问候，思念。 77.危樯：高竖的桅杆。 78.宵柝：夜间巡逻时用的梆子。 79.无绪：没有心思，心情不好。 80.吟啸：放声吟咏。 81.酹：以酒浇地祭奠。 82.梦断：梦醒。 83.鬓先秋：鬓发早已斑白。 84.倩：请托。揾：擦拭。 85.排云：推开云彩。 86.无伦：无人能比得上。 87.何当：什么时候。却话：回头说。 88.灵犀：旧说犀牛有神异，角中有白纹如线，直通两头。 89.小山：小山眉，或指屏风上的图案。 90.须：必定，肯定。 91.高秋：深秋时节。 92.中国：指京城。 93.玉砌：白玉台阶。朱颜：指旧日宫女。 94.阑珊：衰残，将尽。 95.谙：熟悉。 96.尺素：书信。 97.狼藉：零乱满地。 98.衣带渐宽：人逐渐消瘦。消得：值得。 99.举：擎起。 100.玉簟：精美的席子。 101.朝天阙：朝见皇帝。 102.淮左：淮河东边。

（二）九宫格、十二宫格

1.风雨送春归　2.月是故乡明　3.细草微风岸　4.好雨知时节　5.不尽长江滚滚来　6.黄河远上白云间　7.只缘身在此山中　8.明月何时照我还

飞花令选句

人

1.举杯邀明月,对影成三人。(李白《月下独酌·其一》)
2.浮云游子意,落日故人情。(李白《送友人》)
3.柴门闻犬吠,风雪夜归人。(刘长卿《逢雪宿芙蓉山主人》)
4.暮投石壕村,有吏夜捉人。(杜甫《石壕吏》)
5.射人先射马,擒贼先擒王。(杜甫《前出塞·其六》)
6.戍鼓断人行,秋边一雁声。(杜甫《月夜忆舍弟》)
7.结庐在人境,而无车马喧。(陶渊明《饮酒·其五》)
8.暧暧远人村,依依墟里烟。(陶渊明《归园田居·其一》)
9.空山松子落,幽人应未眠。(韦应物《秋夜寄丘员外》)
10.人归山郭暗,雁下芦洲白。(韦应物《夕次盱眙县》)
11.田家少闲月,五月人倍忙。(白居易《观刈麦》)
12.人家在何许?云外一声鸡。(梅尧臣《鲁山山行》)
13.人闲桂花落,夜静春山空。(王维《鸟鸣涧》)
14.林深人不知,明月来相照。(王维《竹里馆》)
15.野旷天低树,江清月近人。(孟浩然《宿建德江》)
16.故人具鸡黍,邀我至田家。(孟浩然《过故人庄》)
17.落花人独立,微雨燕双飞。(晏几道《临江仙》)
18.何处合成愁?离人心上秋。(吴文英《唐多令》)
19.所谓伊人,在水一方。(《诗经·蒹葭》)
20.对酒当歌,人生几何?(曹操《短歌行》)
21.但使主人能醉客,不知何处是他乡。(李白《客中作》)

22.清明时节雨纷纷，路上行人欲断魂。（杜牧《清明》）
23.残星几点雁横塞，长笛一声人倚楼。（赵嘏《长安秋望》）
24.不知江月待何人，但见长江送流水。（张若虚《春江花月夜》）
25.春潮带雨晚来急，野渡无人舟自横。（韦应物《滁州西涧》）
26.同是天涯沦落人，相逢何必曾相识。（白居易《琵琶行》）
27.劝君更尽一杯酒，西出阳关无故人。（王维《渭城曲》）
28.秦时明月汉时关，万里长征人未还。（王昌龄《出塞》）
29.醉卧沙场君莫笑，古来征战几人回？（王翰《凉州词》）
30.烟消日出人不见，欸乃一声山水绿。（柳宗元《渔翁》）
31.昔人已乘黄鹤去，此地空余黄鹤楼。（崔颢《黄鹤楼》）
32.可怜无定河边骨，犹是春闺梦里人。（陈陶《陇西行》）
33.有梅无雪不精神，有雪无诗俗了人。（卢梅坡《雪梅·其二》）
34.暖风熏得游人醉，直把杭州作汴州。（林升《题临安邸》）
35.月上柳梢头，人约黄昏后。（欧阳修《生查子·元夕》）
36.莫道不消魂，帘卷西风，人比黄花瘦。（李清照《醉花阴》）
37.蓦然回首，那人却在，灯火阑珊处。（辛弃疾《青玉案·元夕》）
38.花褪残红青杏小。燕子飞时，绿水人家绕。（苏轼《蝶恋花》）
39.世事一场大梦，人生几度秋凉？（苏轼《西江月》）
40.春如旧，人空瘦，泪痕红浥鲛绡透。（陆游《钗头凤》）
41.踏遍青山人未老，风景这边独好。（毛泽东《清平乐·会昌》）
42.萧瑟秋风今又是，换了人间。（毛泽东《浪淘沙·北戴河》）

酒

1.把酒酹滔滔，心潮逐浪高。（毛泽东《菩萨蛮·黄鹤楼》）

2.问讯吴刚何所有，吴刚捧出桂花酒。（毛泽东《蝶恋花·答李淑一》）

3.借问酒家何处有，牧童遥指杏花村。（杜牧《清明》）

4.明月几时有，把酒问青天。（苏轼《水调歌头·丙辰中秋》）

5.艰难苦恨繁霜鬓，潦倒新停浊酒杯。（杜甫《登高》）

6.天子呼来不上船，自称臣是酒中仙。（杜甫《饮中八仙歌》）

7.浊酒一杯家万里，燕然未勒归无计。（范仲淹《渔家傲》）

8.三杯两盏淡酒，怎敌他、晚来风急？（李清照《声声慢》）

9.盘飧市远无兼味，樽酒家贫只旧醅。（杜甫《客至》）

10.烟笼寒水月笼沙，夜泊秦淮近酒家。（杜牧《泊秦淮》）

11.劝君更尽一杯酒，西出阳关无故人。（王维《渭城曲 》）

12.一曲新词酒一杯，去年天气旧亭台。（晏殊《浣溪沙》）

13.开轩面场圃，把酒话桑麻。（孟浩然《过故人庄》）

14.桃李春风一杯酒，江湖夜雨十年灯。（黄庭坚《寄黄几复》）

15.绿蚁新醅酒，红泥小火炉。（白居易《问刘十九》）

16.花间一壶酒，独酌无相亲。（李白《月下独酌·其一》）

17.床头一壶酒，能更几回眠。（高适《醉后赠张九旭》）

18.千里莺啼绿映红，水村山郭酒旗风。（杜牧《江南春》）

19.昨夜雨疏风骤，浓睡不消残酒。（李清照《如梦令》）

20.葡萄美酒夜光杯，欲饮琵琶马上催。（《凉州词·其一》）

21.兰陵美酒郁金香，玉碗盛来琥珀光。（李白《客中行》）

22.东篱把酒黄昏后，有暗香盈袖。（ 李清照《醉花阴》）

23.金樽清酒斗十千，玉盘珍羞直万钱。（ 李白《行路难·其一》）

24.莫笑农家腊酒浑，丰年留客足鸡豚。（ 陆游《游山西村》）

25.对酒当歌，人生几何？（曹操《短歌行》）

26.今日听君歌一曲，暂凭杯酒长精神。（刘禹锡《酬乐天扬州初逢席上见赠》）

27.酒酣胸胆尚开张，鬓微霜，又何妨？（苏轼《江城子·密州出猎》）

28.酒困路长惟欲睡，日高人渴漫思茶，敲门试问野人家。（苏轼《浣溪沙》）

29.白日放歌须纵酒，青春作伴好还乡。（杜甫《闻官军收河南河

北》）

30.明月楼高休独倚，酒入愁肠，化作相思泪。（范仲淹《苏幕遮》）

31.今宵酒醒何处？杨柳岸，晓风残月。（柳永《雨霖铃》）

春

1.羌笛何须怨杨柳，春风不度玉门关。（王之涣《凉州词》）
2.爆竹声中一岁除，春风送暖入屠苏。（王安石《元日》）
3.春风不相识，何事入罗帏？（李白《春思》）
4.野火烧不尽，春风吹又生。（白居易《赋得古原草送别》）
5.春风又绿江南岸，明月何时照我还？（王安石《泊船瓜洲》）
6.等闲识得东风面，万紫千红总是春。（朱熹《春日》）
7.好雨知时节，当春乃发生。（杜甫《春夜喜雨》）
8.国破山河在，城春草木深。（杜甫《春望》）
9.小楼一夜听春雨，深巷明朝卖杏花。（陆游《临安春雨初霁》）
10.春潮带雨晚来急，野渡无人舟自横。（韦应物《滁州西涧》）
11.春色满园关不住，一枝红杏出墙来。（叶绍翁《游园不值》）
12.锦江春色来天地，玉垒浮云变古今。（杜甫《登楼》）
13.蜂蝶纷纷过墙去，却疑春色在邻家。（王驾《春晴》）
14.问君能有几多愁，恰似一江春水向东流。（李煜《虞美人》）
15.红豆生南国，春来发几枝。（王维《相思》）
16.春蚕到死丝方尽，蜡炬成灰泪始干。（李商隐《无题》）
17.谁言寸草心，报得三春晖。（孟郊《游子吟》）
18.春眠不觉晓，处处闻啼鸟。（孟浩然《春晓》）
19.暂伴月将影，行乐须及春。（李白《月下独酌·其一》）
20.春花秋月何时了，往事知多少。（李煜《虞美人》）
21.不知细叶谁裁出？二月春风似剪刀。（贺知章《咏柳》）

22.绿杨烟外晓寒轻,红杏枝头春意闹。(宋祁《玉楼春》)

23.风雨送春归,飞雪迎春到。(毛泽东《卜算子·咏梅》)

24.俏也不争春,只把春来报。(毛泽东《卜算子·咏梅》)

25.无意苦争春,一任群芳妒。(陆游《卜算子·咏梅》)

26.日出江花红胜火,春来江水绿如蓝。(白居易《忆江南》)

27.最是一年春好处,绝胜烟柳满皇都。(韩愈《早春呈水部张十八员外》)

28.流水落花春去也,天上人间。(李煜《浪淘沙》)

29.阳春布德泽,万物生光辉。(汉乐府《长歌行》)

30.春风疑不到天涯,二月山城未见花。(欧阳修《戏答元珍》)

31.春种一粒粟,秋收万颗籽。(李绅《悯农》)

32.画图省识东风面,环佩空归夜月魂。(杜甫《咏怀古迹》)

33.云霞出海曙,梅柳渡江春。(杜审言《和晋陵陆丞早春游望》)

34.白雪却嫌春色晚,故穿庭树作飞花。(韩愈《春雪》)

35.春风杨柳万千条,六亿神州尽舜尧。(毛泽东《七律·送瘟神》)

花

1.有约不来过夜半,闲敲棋子落灯花。(赵师秀《约客》)

2.花间一壶酒,独酌无相亲。(李白《月下独酌·其一》)

3.已是悬崖百丈冰,犹有花枝俏。(毛泽东《卜算子·咏梅》)

4.自怜十五馀,颜色桃花红。(李白《长干行》)

5.云想衣裳花想容,春风拂槛露华浓。(李白《清平调·其一》)

6.雨前初见花间蕊,雨后全无叶底花。(王驾《春晴》)

7.忽如一夜春风来,千树万树梨花开。(岑参《白雪歌送武判官归京》)

8.花径不曾缘客扫,蓬门今始为君开。(杜甫《客至》)

9.相见时难别亦难，东风无力百花残。（李商隐《无题》）

10.来日绮窗前，寒梅著花未？（王维《杂诗》）

11.夜来风雨声，花落知多少。（孟浩然《春晓》）

12.故人西辞黄鹤楼，烟花三月下扬州。（李白《黄鹤楼送孟浩然之广陵》）

13.正是江南好风景，落花时节又逢君。（杜甫《江南逢李龟年》）

14.春城无处不飞花，寒食东风御柳斜。（韩翃《寒食》）

15.朱雀桥边野草花，乌衣巷口夕阳斜。（刘禹锡《乌衣巷》）

16.春风桃李花开日，秋雨梧桐叶落时。（白居易《长恨歌》）

17.云鬓半偏新睡觉，花冠不整下堂来。（同上）

18.玉容寂寞泪阑干，梨花一枝春带雨。（同上）

19.浔阳江头夜送客，枫叶荻花秋瑟瑟。（白居易《琵琶行》）

20.间关莺语花底滑，幽咽泉流冰下难。（同上）

21.春江花朝秋月夜，往往取酒还独倾。（同上）

22.去年花里逢君别，今日花开又一年。（韦应物《寄李儋元锡》）

23.曲径通幽处，禅房花木深。（常建《题破山寺后禅院》）

24.商女不知亡国恨，隔江犹唱后庭花。（杜牧《泊秦淮》）

25.名花倾国两相欢，常得君王带笑看。（李白《清平调·其三》）

26.花开堪折直须折，莫待无花空折枝。（杜秋娘《金缕衣》）

27.待到秋来九月八，我花开后百花杀。（黄巢《不第后赋菊》）

28.有三秋桂子，十里荷花。（柳永《望海潮》）

29.沙上并禽池上暝，云破月来花弄影。（张先《天仙子》）

30.无可奈何花落去，似曾相识燕归来。（晏殊《浣溪沙》）

31.燕子来时新社，梨花落后清明。（晏殊《破阵子》）

32.泪眼问花花不语，乱红飞过秋千去。（欧阳修《蝶恋花》）

33.试上超然台上看，半壕春水一城花。（苏轼《望江南》）

34.簌簌衣巾落枣花，村南村北响缫车。（苏轼《浣溪沙》）

35.花褪残红青杏小。燕子飞时，绿水人家绕。（苏轼《蝶恋花》）

36.驿寄梅花，鱼传尺素，砌成此恨无重数。（秦观《踏莎行·郴州旅舍》）

37.花自飘零水自流。一种相思，两处闲愁。（李清照《一剪梅》）

38.莫道不消魂，帘卷西风，人比黄花瘦。（李清照《醉花阴》）

39.城中桃李愁风雨，春在溪头荠菜花。（辛弃疾《鹧鸪天·代人赋》）

40.稻花香里说丰年，听取蛙声一片。（辛弃疾《西江月·夜行黄沙道中》）

41.东风夜放花千树。更吹落，星如雨。（辛弃疾《青玉案·元夕》）

42.待到重阳日，还来就菊花。（孟浩然《过故人庄》）

43.感时花溅泪，恨别鸟惊心。（杜甫《春望》）

44.战地黄花分外香。（毛泽东《采桑子·重阳》）

45.春心莫共花争发，一寸相思一寸灰。（李商隐《无题》）

46.春宵一刻值千金，花有清香月有阴。（苏轼《春宵》）

47.落花人独立，微雨燕双飞。（晏几道《临江仙》）

48.兴尽晚回舟，误入藕花深处。（李清照《如梦令》）

49.花谢花飞飞满天，红消香断有谁怜。（曹雪芹《葬花词》）

注意递进式：

花自飘零水自流

稻花香里说丰年

云鬓花颜金步摇

映日荷花别样红

东风夜放花千树

东风无力百花残

霜叶红于二月花

风

1.夜来风雨声，花落知多少。（孟浩然《春晓》）

2.风劲角弓鸣，将军猎渭城。（王维《观猎》）

3.林暗草惊风，将军夜引弓。（卢纶《塞下曲》）

4.野火烧不尽，春风吹又生。（白居易《赋得古原草送别》）

5.柴门闻犬吠，风雪夜归人。（刘长卿《逢雪宿芙蓉山主人》）

6.随风潜入夜，润物细无声。（杜甫《春夜喜雨》）

7.城阙辅三秦，风烟望五津。（王勃《送杜少府之任蜀州》）

8.我欲乘风归去，又恐琼楼玉宇，高处不胜寒。（苏轼《水调歌头》）

9.相见时难别亦难，东风无力百花残。（李商隐《无题》）

10.风雨送春归，飞雪迎春到。（毛泽东《卜算子·咏梅》）

11.沾衣欲湿杏花雨，吹面不寒杨柳风。（志南《绝句》）

12.小楼昨夜又东风，故国不堪回首月明中。（李煜《虞美人》）

13.细草微风岸，危樯独夜舟。（杜甫《旅夜书怀》）

14.春风杨柳万千条，六亿神州尽舜尧。（毛泽东《七律·送瘟神》）

15.明月别枝惊鹊，清风半夜鸣蝉。（辛弃疾《西江月·夜行黄沙道中》）

16.昨夜西风凋碧树，独上高楼，望尽天涯路。（晏殊《蝶恋花》）

17.莫道不消魂，帘卷西风，人比黄花瘦。（李清照《醉花阴》）

18.夜阑卧听风吹雨，铁马冰河入梦来。（陆游《十一月四日风雨大作》）

19.暖风熏得游人醉，直把杭州作汴州。（林升《题临安邸》）

20.湖光秋月两相和，潭面无风镜未磨。（刘禹锡《望洞庭》）

21.春城无处不飞花，寒食东风御柳斜。（韩翃《寒食》）

22.九曲黄河万里沙，浪淘风簸自天涯。（刘禹锡《浪淘沙》）

23.不知细叶谁裁出，二月春风似剪刀。（贺知章《咏柳》）

24.春风又绿江南岸，明月何时照我还。（王安石《泊船瓜洲》）

25.羌笛何须怨杨柳，春风不度玉门关。（王之涣《出塞》）

26.人面不知何处去，桃花依旧笑春风。（崔护《题都城南庄》）

27.谁家玉笛暗飞声，散入春风满洛城。（李白《春夜洛城闻笛》）

28.等闲识得东风面，万紫千红总是春。（朱熹《春日》）

29.梨花院落溶溶月，柳絮池塘淡淡风。（晏殊《无题》）

30.风休住。蓬舟吹取三山去。（李清照《渔家傲》）

31.唯有门前镜湖水，春风不改旧时波。（贺知章《回乡偶书·其二》）

32.洛阳城里见秋风，欲作家书意万重。（张籍《秋思》）

33.长风几万里，吹度玉门关。（李白《关山月》）

34.水晶帘动微风起，满架蔷薇一院香。（高骈《山亭夏日》）

35.溪云初起日沉阁，山雨欲来风满楼。（许浑《咸阳城东楼 》）

36.昨夜西风凋碧树。独上高楼，望尽天涯路。（晏殊《蝶恋花》）

37.千里黄云白日曛，北风吹雁雪纷纷。（高适《别董大》）

38.千里莺啼绿映红，水村山郭酒旗风。（杜牧《江南春》）

39.三杯两盏淡酒，怎敌他晚来风急。（李清照《声声慢》）

40.北国风光，千里冰封，万里雪飘。（毛泽东《沁园春·雪》）

41.相见时难别亦难，东风无力百花残。（李商隐《无题》）

42.细雨鱼儿出，微风燕子斜。（杜甫《水槛遣心·其一》）

43.已是黄昏独自愁，更著风和雨。（陆游《卜算子· 咏梅》）

雪

1.雪压冬云白絮飞，万花纷谢一时稀。（毛泽东《七律·冬云》）

2.千里冰封，万里雪飘。（毛泽东《沁园春· 雪》）

3.风雨送春归，飞雪迎春到。（毛泽东《卜算子·咏梅》）

4.大雪压青松，青松挺且直。（陈毅《青松》）

5.今我来思，雨雪霏霏。（《诗经·采薇》）

6.遥知不是雪，为有暗香来。（王安石《梅花》）

7.柴门闻犬吠，风雪夜归人。（刘长卿《逢雪宿芙蓉山主人》）

8.惨惨柴门风雪夜，此时有子不如无。（黄景仁《别老母》）

9.轮台东门送君去，去时雪满天山路。（岑参《白雪歌送武判官归京》）

10.北风卷地白草折，胡天八月即飞雪。（同上）

11.纷纷暮雪下辕门，风掣红旗冻不翻。（同上）

12.草枯鹰眼疾，雪尽马蹄轻。（王维《观猎》）

13.地白风色寒，雪花大如手。（李白《嘲王历阳不肯饮酒》）

14.欲渡黄河冰塞川，将登太行雪满山。（李白《行路难·其一》）

15.燕山雪花大如席，片片吹落轩辕台。（李白《北风行》）

16.天山三丈雪，岂是远行时。（李白《独不见》）

17.五月天山雪，无花只有寒。（李白《塞下曲·其一》）

18.白雪关山远，黄云海戍迷。（李白《紫骝马》）

19.孤舟蓑笠翁，独钓寒江雪。（柳宗元《江雪》）

20.烟尘犯雪岭，鼓角动江城。（杜甫《岁暮》）

21.窗含西岭千秋雪，门泊东吴万里船。（杜甫《绝句》）

22.白雪却嫌春色晚，故穿庭树作飞花。（韩愈《春雪》）

23.杨花榆荚无才思，惟解漫天作雪飞。（韩愈《晚春》）

24.云横秦岭家何在，雪拥蓝关马不前。（韩愈《左迁至蓝关示侄孙湘》）

25.不知近水花先发，疑是经冬雪未销。（张谓《早梅》）

26.三春白雪归青冢，万里黄河绕黑山。（柳中庸《征人怨》）

27.千里黄云白日曛，北风吹雁雪纷纷。（高适《别董大》）

28.岁暮阴阳催短景，天涯霜雪霁寒宵。（杜甫《阁夜》）

29.夜深知雪重，时闻折竹声。（白居易《夜雪》）

30.欲将轻骑逐,大雪满弓刀。(卢纶《和张仆射塞下曲·其三》)

31.隔牖风惊竹,开门雪满山。(王维《冬晚对雪忆胡居士家》)

32.一夜秋风紧,开门雪尚飘。(曹雪芹《红楼梦》)

33.乱石穿空,惊涛拍岸,卷起千堆雪。(苏轼《念奴娇·赤壁怀古》)

34.梅须逊雪三分白,雪却输梅一段香。(卢梅坡《雪梅·其一》)

35.有梅无雪不精神,有雪无诗俗了人。(卢梅坡《雪梅·其二》)

36.日暮诗成天又雪,与梅并作十分春。(同上)

37.前村深雪里,昨夜一枝开。(齐己《早梅》)

38.烟霏霏,雪霏霏,雪向梅花枝上堆。(吴淑姬《长相思令·烟霏霏》)

39.晨起开门雪满山,雪晴云淡日光寒。(郑燮《山中雪后》)

40.夜来城外一尺雪,晓驾炭车辗冰辙。(白居易《卖炭翁》)

月

1.床前明月光,疑是地上霜。(李白《静夜思》)

2.野旷天低树,江清月近人。(孟浩然《宿建德江》)

3.明月松间照,清泉石上流。(王维《山居秋暝》)

4.月黑雁飞高,单于夜遁逃。(卢纶《塞下曲》)

5.举杯邀明月,对影成三人。(李白《月下独酌·其一》)

6.小时不识月,呼作白玉盘。(李白《古朗月行》)

7.深林人不知,明月来相照。(王维《竹里馆》)

8.月出惊山鸟,时鸣春涧中。(王维《鸟鸣涧》)

9.人有悲欢离合,月有阴晴圆缺。(苏轼《水调歌头》)

10.秦时明月汉时关,万里长征人未还。(王昌龄《出塞》)

11.露从今夜白,月是故乡明。(杜甫《月夜忆舍弟》)

12.明月别枝惊鹊,清风半夜鸣蝉。(辛弃疾《西江月·夜行黄沙

道中》)

13.可怜九月初三夜,露似珍珠月似弓。(白居易《暮江吟》)

14.春风又绿江南岸,明月何时照我还。(王安石《泊船瓜洲》)

15.人生得意须尽欢,莫使金樽空对月。(李白《将进酒》)

16.明月出天山,苍茫云海间。(李白《关山月》)

17.春花秋月何时了,往事知多少。(李煜《虞美人》)

18.小楼昨夜又东风,故国不堪回首月明中。(同上)

19.春江潮水连海平,海上明月共潮升。(张若虚《春江花月夜》)

20.海上生明月,天涯共此时。(张九龄《望月怀远》)

21.月落乌啼霜满天,江枫渔火对愁眠。(张继《枫桥夜泊》)

22.鸟宿池边树,僧敲月下门。(贾岛《题李凝幽居》)

23.明月楼高休独倚,酒入愁肠,化作相思泪。(范仲淹《苏幕遮》)

24.梨花院落溶溶月,柳絮池塘淡淡风。(晏殊《无题》)

25.月上柳梢头,人约黄昏后。(欧阳修《生查子·元夕》)

26.烟笼寒水月笼沙,夜泊秦淮近酒家。(杜牧《泊秦淮》)

27.星垂平野阔,月涌大江流。(杜甫《旅夜书怀》)

28.野旷天低树,江清月近人。(孟浩然《宿建德江》)

29.月出惊山鸟,时鸣春涧中。(王维《鸟鸣涧》)

30.月明星稀,乌鹊南飞。(曹操《短歌行》)

31.画图省识东风面,环佩空归夜月魂。(杜甫《咏怀古迹》)

32.滟滟随波千万里,何处春江无月明。(张若虚《春江花月夜》)

33.长安一片月,万户捣衣声。(李白《子夜吴歌·秋歌》)

秋

1.独立寒秋,湘江北去,橘子洲头 。(毛泽东《沁园春·长沙》)

2.自古逢秋悲寂寥,我言秋日胜春朝。(刘禹锡《秋词》)

3.红藕香残玉簟秋。(李清照《一剪梅》)

4.春花秋月何时了。(李煜《虞美人》)

5.君问归期未有期,巴山夜雨涨秋池。(李商隐《夜雨寄北》)

6.常恐秋节至,焜黄华叶衰。(汉乐府《长歌行》)

7.空山新雨后,天气晚来秋。(王维《山居秋暝》)

8.洛阳城里见秋风,欲作家书意万重。(张籍《秋思》)

9.人生若只如初见,何事秋风悲画扇。(纳兰性德《木兰词》)

10.秋风秋雨愁煞人。(秋瑾诗句)

11.春风桃李花开日,秋雨梧桐叶落时。(白居易《长恨歌》)

12.西宫南内多秋草,落叶满阶红不扫。(同上)

13.戍鼓断人行,秋边一雁声。(杜甫《月夜忆舍弟》)

14.万里悲秋常作客,百年多病独登台。(杜甫《登高》)

15.八月秋高风怒号,卷我屋上三重茅。(杜甫《茅屋为秋风所破歌》)

16.俄顷风定云墨色,秋天漠漠向昏黑。(同上)

17.塞下秋来风景异,衡阳雁去无留意。(范仲淹《渔家傲·秋思》)

18.八百里分麾下炙,五十弦翻塞外声,沙场秋点兵。(辛弃疾《破阵子》)

19.却道天凉好个秋。(辛弃疾《丑奴儿·书博山道中壁》)

20.楚天千里清秋,水随天去秋无际。(辛弃疾《水龙吟·登建康赏心亭》)

21.胡未灭,鬓先秋 。(陆游《诉衷情》)

22.多情自古伤离别,更那堪,冷落清秋节。(柳永《雨霖铃》)

23.秋风萧瑟,洪波涌起。(曹操《观沧海》)

24.角声满天秋色里,塞上燕脂凝夜紫。(李贺《雁门太守行》)

25.待到秋来九月八,我花开后百花杀。(黄巢《不第后赋菊》)

26.何处秋风至,萧萧送雁群。(刘禹锡《秋风引》)

27.不知明镜里,何处得秋霜。(李白《秋浦歌》)

28.怀君属秋夜，散步咏凉天。（韦应物《秋夜寄丘员外》）

29.白发渔樵江渚上，惯看秋月春风 。（杨慎《临江仙》）

30.秋花惨淡秋草黄，耿耿秋灯秋夜长 。（曹雪芹《秋窗风雨夕》）

31.何处合成愁？离人心上秋。（吴文英《唐多令》）

愁

1.试问闲愁都几许？一川烟草，满城风絮，梅子黄时雨。（贺铸《青玉案》）

2.薄雾浓云愁永昼，瑞脑消金兽。（李清照《醉花阴》）

3.只恐双溪舴艋舟，载不动，许多愁。（李清照《武陵春》）

4.一怀愁绪，几年离索。（陆游《钗头凤》）

5.一种相思，两处闲愁。（李清照《一剪梅》）

6.这次第，怎一个愁字了得。（李清照《声声慢》）

7.槛菊愁烟兰泣露，罗幕轻寒，燕子双飞去。（晏殊《蝶恋花》）

8.少年不识愁滋味，爱上层楼，爱上层楼，为赋新词强说愁。（辛弃疾《丑奴儿·书博山道中壁》）

9.白发三千丈，缘愁似个长。（李白《秋浦歌》）

10.呼儿将出换美酒，与尔同销万古愁。（李白《将进酒》）

11.芭蕉不展丁香结，同向春风各自愁。（李商隐《代赠》）

12.剪不断，理还乱，是离愁。（李煜《乌夜啼》）

13.问君能有几多愁，恰似一江春水向东流。（李煜《虞美人》）

14.明月楼高休独倚，酒入愁肠，化作相思泪。（范仲淹《苏幕遮》）

15.已是黄昏独自愁，更著风和雨。（陆游《卜算子·咏梅》）

16.何处合成愁？离人心上秋。（吴文英《唐多令》）

17.晓镜但愁云鬓改，夜吟应觉月光寒。（李商隐《无题》）

18.伫倚危楼风细细，望及春愁，黯黯生天际。（柳永《蝶恋花》）

19.抽刀断水水更流，举杯消愁愁更愁。（李白《宣州谢朓楼饯别校书叔云》）

20.日暮乡关何处是，烟波江上使人愁。（崔颢《黄鹤楼》）

21.重帏深下莫愁堂，卧后清宵细细长。（李商隐《无题》）

22.月落乌啼霜满天，江枫渔火对愁眠。（张继《枫桥夜泊》）

23.莫道身闲总无事，孤灯夜夜写清愁。（陆游《秋兴》）

24.争知我，倚阑干处，正恁凝愁。（柳永《八声甘州》）

25.落日五湖游，烟波处处愁。（薛莹《秋日湖上》）

26.秋风秋雨愁煞人。（秋瑾诗句）

27.花红易衰似郎意，水流无限似侬愁。（刘禹锡《竹枝词》）

28.生怕闲愁暗恨，多少事，欲说还休 。（李清照《凤凰台上忆吹箫》）

29.凝眸处，从今更数，几段新愁 。（同上）

30.可惜流年，忧愁风雨，树犹如此。（辛弃疾《水龙吟·登建康赏心亭》）

雨

1.怒发冲冠，凭栏处，潇潇雨歇。（岳飞《满江红》）

2.清明时节雨纷纷，路上行人欲断魂。（杜牧《清明》）

3.风雨送春归，飞雪迎春到。（毛泽东《卜算子·咏梅》）

4.春风桃李花开日，秋雨梧桐叶落时。（白居易《长恨歌》）

5.行宫见月伤心色，夜雨闻铃肠断声。（同上）

6.玉容寂寞泪阑干，梨花一枝春带雨。（同上）

7.床头屋漏无干处，雨脚如麻未断绝。（杜甫《茅屋为秋风所破歌》）

8.安得广厦千万间，大庇天下寒士俱欢颜，风雨不动安如山。

（同上）

9.已是黄昏独自愁，更著风和雨。（陆游《卜算子·咏梅》）

10.山河破碎风飘絮，身世浮沉雨打萍。（文天祥《过零丁洋》）

11.寒雨连江夜入吴，平明送客楚山孤。（王昌龄《芙蓉楼送辛渐》）

12.一蓑烟雨任平生。（苏轼《定风波》）

13.细雨斜风作晓寒，淡烟疏柳媚晴滩。（苏轼《浣溪沙》）

14.梧桐更兼细雨，到黄昏，点点滴滴。（李清照《声声慢》）

15.七八个星天外，两三点雨山前。（辛弃疾《西江月·夜行黄沙道中》）

16.细雨鱼儿出，微风燕子斜。（杜甫《水槛遣心·其一》）

17.空山新雨后，天气晚来秋。（王维《山居秋暝》）

18.君问归期未有期，巴山夜雨涨秋池。何当共剪西窗烛，却话巴山夜雨时。（李商隐《夜雨寄北》）

19.好雨知时节，当春乃发生。（杜甫《春夜喜雨》）

20.水光潋滟晴方好，山色空蒙雨亦奇。（苏轼《饮湖上初晴后雨》）

21.寒蝉凄切，对长亭晚，骤雨初歇。（柳永《雨霖铃》）

22.黄梅时节家家雨，青草池塘处处蛙。（赵师秀《约客》）

23.渭城朝雨浥轻尘，客舍青青柳色新。（王维《渭城曲》）

24.夜阑卧听风吹雨，铁马冰河入梦来。（陆游《十一月四日风雨大作》）

25.春潮带雨晚来急，野渡无人舟自横。（韦应物《滁州西涧》）

26.夜来风雨声，花落知多少。（孟浩然《春晓》）

27.黑云翻墨未遮山，白雨跳珠乱入船。（苏轼《六月二十七日望湖楼醉书》）

28.舞榭歌台，风流总被雨打风吹去。（辛弃疾《永遇乐·京口北固亭怀古》）

29.少年听雨歌楼上，红烛昏罗帐。（蒋捷《虞美人·听雨》）

30.雨前初见花间蕊，雨后全无叶底花。（王驾《春晴》）

31.天街小雨润如酥，草色遥看近却无。（韩愈《早春呈水部张十八员外》）

32.大弦嘈嘈如急雨，小弦切切如私语。（白居易《琵琶行》）

33.沾衣欲湿杏花雨，吹面不寒杨柳风。（志南《绝句》）

34.荷尽已无擎雨盖，菊残犹有傲霜枝。（苏轼《赠刘景文》）

35.帘外雨潺潺，春意阑珊。（李煜《浪淘沙》）

36.雨横风狂三月暮，门掩黄昏，无计留春住。（欧阳修《蝶恋花》）

37.南朝四百八十寺，多少楼台烟雨中。（杨万里《江南春》）

38.细雨湿衣看不见，闲花落地听无声。（刘长卿《别严士元》）

39.东边日出西边雨，道是无晴却有晴。（刘禹锡《竹枝词二首·其一》）

40.小楼一夜听春雨，深巷明朝卖杏花。（陆游《临安春雨初霁》）

41.试问闲愁都几许，一川烟草，满城风絮，梅子黄时雨。（贺铸《青玉案》）

42.女娲炼石补天处，石破天惊逗秋雨。（李贺《李凭箜篌引》）

水

1.君不见，黄河之水天上来，奔流到海不复回。（李白《将进酒》）

2.问君能有几多愁，恰似一江春水向东流。（李煜《虞美人》）

3.胜日寻芳泗水滨，无边光景一时新。（朱熹《春日》）

4.春寒赐浴华清池，温泉水滑洗凝脂。（白居易《长恨歌》）

5.蜀江水碧蜀山青，圣主朝朝暮暮情。（同上）

6.江水流春去欲尽，江潭落月复西斜。（张若虚《春江花月夜》）

7.不知江月待何人，但见长江送流水。（同上）

8.鸿雁长飞光不度，鱼龙潜跃水成文。（同上）

9.春江潮水连海平，海上明月共潮生。（同上）

10.泉眼无声惜细流，树阴照水爱晴柔。（杨万里《小池》）

11.孤山寺北贾亭西，水面初平云脚低。（白居易《钱塘湖春行》）

12.花自飘零水自流 。一种相思，两处闲愁。（李清照《一剪梅》）

13.天阶夜色凉如水，坐看牵牛织女星。（杜牧《秋夕》）

14.山重水复疑无路，柳暗花明又一村。（陆游《游山西村》）

15.水何澹澹，山岛竦峙。（曹操《观沧海》）

16.京口瓜洲一水间，钟山只隔数重山。（王安石《泊船瓜洲》）

17.水光潋滟晴方好，山色空蒙雨亦奇。（苏轼《饮湖上初晴后雨》）

18.问渠那得清如许，为有源头活水来。（朱熹《观书有感》）

19.桃花潭水深千尺，不及汪伦送我情。（李白《赠汪伦》）

20.青山横北郭，白水绕东城。（李白《送友人》）

21.巴山楚水凄凉地，二十三年弃置身。（刘禹锡《酬乐天扬州初逢席上见赠》）

22.山映斜阳天接水。（范仲淹《苏幕遮·怀旧》）

23.天门中断楚江开，碧水东流至此回。（李白《望天门山》）

24.山一程，水一程，身向榆关那畔行。（纳兰性德《长相思》）

25.仍怜故乡水，万里送行舟。（李白《渡荆门送别》）

26.千里莺啼绿映红，水村山郭酒旗风。（杜牧《江南春》）

27.所谓伊人，在水一方。（《诗经·蒹葭》）

28.白毛浮绿水，红掌拨清波。（骆宾王《咏鹅》）

29.日出江花红胜火，春来江水绿如蓝。（白居易《忆江南》）

30.竹外桃花三两枝，春江水暖鸭先知。（苏轼《题惠崇春江晚景》）

31.抽刀断水水更流，举杯消愁愁更愁。（李白《宣州谢朓楼饯

别校书叔云》)

32.一水护田将绿绕,两山排闼送青来。(王安石《书湖阴先生壁》)

33.昔闻洞庭水,今上岳阳楼。(杜甫《登岳阳楼》)

34.八月湖水平,涵虚混太清。(孟浩然《望洞庭湖赠张丞相》)

家

1.借问酒家何处有,牧童遥指杏花村。(杜牧《清明》)

2.烟笼寒水月笼沙,夜泊秦淮近酒家。(杜牧《泊秦淮》)

3.浊酒一杯家万里,燕然未勒归无计。(范仲淹《渔家傲》)

4.故人具鸡黍,邀我至田家。(孟浩然《过故人庄》)

5.投身革命即为家,血雨腥风应有涯 。(陈毅《梅岭三章》)

6.莫笑农家腊酒浑,丰年留客足鸡豚。(陆游《游山西村》)

7.杨家有女初长成,养在深闺人未识。(白居易《长恨歌》)

8.少小离家老大回,乡音无改鬓毛衰。(贺知章《回乡偶书·其一》)

9.离别家乡岁月多,近来人事半消磨 。(贺知章《回乡偶书·其二》)

10.烽火连三月,家书抵万金。(杜甫《春望》)

11.盘飧市远无兼味,樽酒家贫只旧醅 。(杜甫《客至》)

12.黄梅时节家家雨,青草池塘处处蛙。(赵师秀《约客》)

13.远上寒山石径斜,白云生处有人家 。(杜牧《山行》)

14.我家洗砚池头树,朵朵花开淡墨痕 。(王冕《墨梅》)

15.王师北定中原日,家祭无忘告乃翁。(陆游《示儿》)

16.云横秦岭家何在,雪拥蓝关马不前。(韩愈《左迁至蓝关示侄孙湘》)

17.旧时王谢堂前燕,飞入寻常百姓家。(刘禹锡《乌衣巷》)

18.从今四海为家日，故垒萧萧芦荻秋。（刘禹锡《西塞山怀古》）
19.四十年来家国，三千里地山河。（ 李煜《破阵子》）
20.自言本是京城女，家在虾蟆陵下住。（白居易《琵琶行》）
21.君家何处住，妾住在横塘。（崔颢《长干曲·君家何处住》）
22.家临九江水，来去九江侧。（崔颢《长干曲·家临九江水》）
23.别梦依依到谢家，小廊回合曲阑斜。（张泌《寄人》）
24.更深月色半人家，北斗阑干南斗斜。（刘方平《月夜》）
25.谁家玉笛暗飞声，散入春风满洛城。（李白《春夜洛城闻笛》）
26.几处早莺争暖树，谁家新燕啄春泥。（白居易《钱塘湖春行》）
27.枯藤老树昏鸦，小桥流水人家。（马致远《天净沙·秋思》）
28.我家襄水曲，遥隔楚云端。（孟浩然《早寒江上有怀》）
29.人家在何许，云外一声鸡。（梅尧臣《鲁山山行》）
30.日高人渴漫思茶，敲门试问野人家。（苏轼《浣溪沙》）
31.洛阳城里见秋风，欲作家书意万重。（张籍《秋思》）
32.田家少闲月，五月人倍忙。（白居易《观刈麦》）

夜

1.人闲桂花落，夜静春山空。（王维《鸟鸣涧》）
2.随风潜入夜，润物细无声。（杜甫《春夜喜雨》）
3.画图省识春风面，环佩空归夜月魂。（杜甫《咏怀古迹》）
4.夜来风雨声，花落知多少。（孟浩然《春晓》）
5.夜来城外一尺雪，晓驾炭车辗冰辙。（白居易《卖炭翁》）
6.可怜九月初三夜，露似真珠月似弓。（白居易《暮江吟》）
7.葡萄美酒夜光杯，欲饮琵琶马上催。（王翰《凉州词》）
8.浔阳江头夜送客，枫叶荻花秋瑟瑟。（白居易《琵琶行》）
9.寒雨连江夜入吴，平明送客楚山孤。（王昌龄《芙蓉楼送辛渐》）

10.晓镜但愁云鬓改，夜吟应觉月光寒。（李商隐《无题》）

11.君问归期未有期，巴山夜雨涨秋池。（李商隐《夜雨寄北》）

12.何当共剪西窗烛，却话巴山夜雨时。（同上）

13.昨夜星辰昨夜风，画楼西畔桂堂东。（李商隐《无题》）

14.我寄愁心与明月，随君直到夜郎西。（李白《闻王昌龄左迁龙标遥有此寄》）

15.角声满天秋色里，塞上燕脂凝夜紫。（李贺《雁门太守行》）

16.夜阑卧听风吹雨，铁马冰河入梦来。（陆游《十一月四日风雨大作》）

17.承欢侍宴无闲暇，春从春游夜专夜。（白居易《长恨歌》）

18.金屋妆成娇侍夜，玉楼宴罢醉和春。（同上）

19.行宫见月伤心色，夜雨闻铃肠断声。（同上）

20.暮投石壕村，有吏夜捉人。（杜甫《石壕吏》）

21.我欲因之梦吴越，一夜飞度镜湖月。（李白《梦游天姥吟留别》）

22.又闻子规啼夜月，愁空山。（李白《蜀道难》）

23.烟笼寒水月笼沙，夜泊秦淮近酒家。（杜牧《泊秦淮》）

24.小楼昨夜又东风，故国不堪回首月明中。（李煜《虞美人》）

25.柴门闻犬吠，风雪夜归人。（刘长卿《逢雪宿芙蓉山主人》）

26.桃李春风一杯酒，江湖夜雨十年灯。（黄庭坚《寄黄几复》）

27.有约不来过夜半，闲敲棋子落灯花。（赵师秀《约客》）

28.月黑雁飞高，单于夜遁逃。（卢纶《和张仆射塞下曲·其三》）

29.露从今夜白，月是故乡明。（杜甫《月夜忆舍弟》）

30.怀君属秋夜，散步咏凉天。（韦应物《秋夜寄丘员外》）

31.海日生残夜，江春入旧年。（王湾《次北固山下》）

32.楼船夜雪瓜州渡，铁马秋风大散关。（陆游《书愤》）

33.小楼一夜听春雨，深巷明朝卖杏花。（陆游《临安春雨初霁》）

34.从今若许闲乘月，拄杖无时夜叩门。（陆游《游山西村》）

35.夜来幽梦忽还乡，小轩窗，正梳妆。（苏轼《江城子·乙卯正月

二十日夜记梦》)

36.明月别枝惊鹊,清风半夜鸣蝉。(辛弃疾《西江月》)

37.东风夜放花千树,更吹落星如雨。(辛弃疾《青玉案·元夕》)

38.昨夜雨疏风骤,浓睡不消残酒。(李清照《如梦令》)

39.一夜秋风紧,开门雪尚飘。(曹雪芹《红楼梦》)

马

1.胡马依北风,越鸟巢南枝。(《古诗十九首·行行重行行》)

2.车辚辚,马萧萧,行人弓箭各在腰。(杜甫《兵车行》)

3.乱花渐欲迷人眼,浅草才能没马蹄。(白居易《钱塘湖春行》)

4.草枯鹰眼疾,雪尽马蹄轻。(王维《观猎》)

5.结庐在人境,而无车马喧。(陶渊明《饮酒·其五》)

6.五花马,千金裘,呼儿将出换美酒。(李白《将进酒》)

7.挥手自兹去,萧萧班马鸣。(李白《送友人》)

8.好山好水看不足,马蹄催趁月明归。(岳飞《池州翠微亭》)

9.云横秦岭家何在?雪拥蓝关马不前。(韩愈《左迁至蓝关示侄孙湘》)

10.山回路转不见君,雪上空留马行处。(岑参《白雪歌送武判官归京》)

11.嗟余听鼓应官去,走马兰台类转蓬。(李商隐《无题》)

12.葡萄美酒夜光杯,欲饮琵琶马上催。(王翰《凉州词》)

13.射人先射马,擒贼先擒王。(杜甫《前出塞》)

14.春风得意马蹄疾,一日看尽长安花。(孟郊《登科后》)

15.还似旧时游上苑,车如流水马如龙,花月正春风。(李煜《望江南》)

16.郎骑竹马来,绕床弄青梅。(李白《长干行》)

17.但使龙城飞将在,不教胡马度阴山。(王昌龄《出塞》)

18.楼船夜雪瓜洲渡,铁马秋风大散关。(陆游《书愤》)

19.世味年来薄似纱,谁令骑马客京华。(陆游《临安春雨初霁》)

20.马作的卢飞快,弓如霹雳弦惊。(辛弃疾《破阵子·为陈同甫赋壮词以寄之》)

21.想当年,金戈铁马,气吞万里如虎。(辛弃疾《永遇乐·京口北固亭怀古》)

22.当年万里觅封侯,匹马戍梁州。(陆游《诉衷情》)

23.朱门沉沉按歌舞,厩马肥死弓断弦。(陆游《关山月》)

24.马上相逢无纸笔,凭君传语报平安。(岑参《逢入京使》)

25.马穿山径菊初黄,信马悠悠野兴长。(王禹偁《村行》)

26.夜阑卧听风吹雨,铁马冰河入梦来。(陆游《十一月四日风雨大作》)

27.竹杖芒鞋轻胜马,谁怕?一蓑烟雨任平生。(苏轼《定风波》)

28.小桥流水人家,古道西风瘦马。(马致远《天净沙·秋思》)

29.九州生气恃风雷,万马齐喑究可哀。(龚自珍《己亥杂诗》)

30.只解沙场为国死,何须马革裹尸还。(徐锡麟《出塞》)

31.主人下马客在船,举酒欲饮无管弦。(白居易《琵琶行》)

32.饮马长城窟,水寒伤马骨。(陈琳《饮马长城窟行》)

云

1.天高云淡,望断南飞雁。(毛泽东《清平乐·六盘山》)

2.四海翻腾云水怒,五洲震荡风雷激。(毛泽东《满江红·和郭沫若同志》)

3.远上寒山石径斜,白云生处有人家。(杜牧《山行》)

4.云想衣裳花想容,春风拂槛露华浓。(李白《清平调·其一》)

5.越人语天姥,云霞明灭或可睹。(李白《梦游天姥留别》)

6.浮云游子意,落日故人情。(李白《送友人》)

7.朝辞白帝彩云间,千里江陵一日还。(李白《早发白帝城》)

8.千里黄云白日曛,北风吹雁雪纷纷。(高适《别董大》)

9.云霞出海曙,梅柳渡江春。(杜审言《和晋陵陆丞早春游望》)

10.只在此山中,云深不知处。(贾岛《寻隐者不遇》)

11.江间波浪兼天涌,塞上风云接地阴。(杜甫《秋兴八首》)

12.牵衣顿足拦道哭,哭声直上干云霄。(杜甫《兵车行》)

13.香雾云鬟湿,清辉玉臂寒。(杜甫《月夜》)

14.云横秦岭家何在,雪拥蓝关马不前。(韩愈《左迁至蓝关示侄孙湘》)

15.晓镜但愁云鬓改,夜吟应觉月光寒。(李商隐《无题》)

16.云鬓花颜金步摇,芙蓉帐暖度春宵。(白居易《长恨歌》)

17.俄顷风定云墨色,秋天漠漠向昏黑。(杜甫《茅屋为秋风所破歌》)

18.黑云压城城欲摧,甲光向日金鳞开。(李贺《雁门太守行》)

19.黑云翻墨未遮山,白雨跳珠乱入船。(苏轼《六月二十七日望湖楼醉书》)

20.曾经沧海难为水,除却巫山不是云。(元稹《离思》)

21.明月出天山,苍茫云海间。(李白《关山月》)

22.气蒸云梦泽,波撼岳阳城。(孟浩然《望洞庭湖》)

23.过桥分夜色,移石动云根。(贾岛《题李凝幽居》)

24.不畏浮云遮望眼,自缘身在最高层。(王安石《登飞来峰》)

25.黄河远上白云间,一片孤城万仞山。(王之涣《凉州词》)

26.云中谁寄锦书来,雁字回时,月满西楼。(李清照《一剪梅》)

27.薄雾浓云愁永昼,瑞脑消金兽。(李清照《醉花阴》)

28.天接云涛连晓雾,星河欲转千帆舞。(李清照《渔家傲》)

29.荡胸生层云,决眦入归鸟。(杜甫《望岳》)

30.野径云俱黑,江船火独明。(杜甫《春夜喜雨》)

31.孤山寺北贾亭西,水面初平云脚低。(白居易《钱塘湖春

行》）

烟

1.日照香炉生紫烟，遥看瀑布挂前川。（李白《望庐山瀑布》）

2.故人西辞黄鹤楼，烟花三月下扬州。（李白《送孟浩然之广陵》）

3.烟笼寒水月笼沙，夜泊秦淮近酒家。（杜牧《泊秦淮》）

4.鹿门月照开烟树，忽到庞公栖隐处。（孟浩然《夜归鹿门歌》）

5.城阙辅三秦，风烟望五津。（王勃《送杜少府之任蜀州》）

6.大漠孤烟直，长河落日圆。（王维《使至塞上》）

7.千嶂里，长烟落日孤城闭。（范仲淹《渔家傲》）

8.暧暧远人村，依依墟里烟。（陶渊明《归园田居·其一》）

9.渡头余落日，墟里上孤烟。（王维《辋川闲居赠裴秀才迪》）

10.绿杨烟外晓寒轻，红杏枝头春意闹。（宋祁《玉楼春》）

11.日暮乡关何处是，烟波江上使人愁。（崔颢《黄鹤楼》）

12.烟销日出不见人，欸乃一声山水绿。（柳宗元《渔翁》）

13.最是一年春好处，绝胜烟柳满皇都。（韩愈《早春呈水部张十八员外》）

14.积雨空林烟火迟，蒸藜炊黍饷东菑。（王维《积雨辋川庄作》）

15.南朝四百八十寺，多少楼台烟雨中。（杜牧《江南春》）

16.汉家烟尘在东北，汉将辞家破残贼。（高适《燕歌行》）

17.落日五湖游，烟波处处愁。（薛莹《秋日湖上》）

18.平林漠漠烟如织，寒山一带伤心碧。（李白《菩萨蛮》）

19.细雨斜风作晓寒，淡烟疏柳媚晴滩。（苏轼《浣溪沙》）

20.一川烟草，满城风絮，梅子黄时雨。（贺铸《青玉案》）

21.日暮汉宫传蜡烛，轻烟散入五侯家。（韩翃《寒食日即事》）

22.庭院深深深几许，杨柳堆烟，帘幕无重数。（欧阳修《蝶恋

花》)

23.六朝旧事随流水,但寒烟衰草凝绿。(王安石《桂枝香·金陵怀古》)

24.绿遍山原白满川,子规声里雨如烟。(翁卷《乡村四月》)

25.秋色连波,波上寒烟翠。(范仲淹《苏幕遮》)

26.槛菊愁烟兰泣露。罗幕轻寒,燕子双飞去。(晏殊《蝶恋花》)

27.山远天高烟水寒,相思枫叶丹。(李煜《长相思》)

28.烟尘犯雪岭,鼓角动江城。(杜甫《岁暮》)

29.喜看稻菽千重浪,遍地英雄下夕烟。(毛泽东《七律·到韶山》)

30.烟雨莽苍苍,龟蛇锁大江。(毛泽东《菩萨蛮·黄鹤楼》)

31.斜阳正在,烟柳断肠处。(辛弃疾《摸鱼儿》)

32.谈笑间,樯橹灰飞烟灭。(苏轼《念奴娇·赤壁怀古》)

楼

1.小楼一夜听春雨,深巷明朝卖杏花。(陆游《临安春雨初霁》)

2.小楼昨夜又东风,故国不堪回首月明中。(李煜《虞美人》)

3.金屋妆成娇侍夜,玉楼宴罢醉和春。(白居易《长恨歌》)

4.昨夜星辰昨夜风,画楼西畔桂堂东。(李商隐《无题》)

5.欲穷千里目,更上一层楼。(王之涣《登鹳雀楼》)

6.山外青山楼外楼,西湖歌舞几时休。(林升《题临安邸》)

7.卷地风来忽吹散,望湖楼下水如天。(苏轼《六月廿七日望湖楼醉书》)

8.独上江楼思渺然,月光如水水如天。(赵嘏《红楼旧感》)

9.梳洗罢,独倚望江楼。(温庭筠《望江南》)

10.伫倚危楼风细细,望极春愁,黯黯生天际。(柳永《蝶恋花》)

11.昨夜西风凋碧树,独上高楼,望尽天涯路。(晏殊《蝶恋花》)

12.昔人已乘黄鹤去,此地空余黄鹤楼。(崔颢《黄鹤楼》)

13.故人西辞黄鹤楼,烟花三月下扬州。(李白《送孟浩然之广陵》)

14.落日楼头,断鸿声里,江南游子。(辛弃疾《水龙吟·登建康赏心亭》)

15.溪云初起日沉阁,山雨欲来风满楼。(许浑《咸阳城东楼》)

16.无言独上西楼,月如钩,寂寞梧桐深院锁清秋。(李煜《相见欢》)

17.谁家今夜扁舟子,何处相思明月楼。(张若虚《春江花月夜》)

18.高楼当此夜,叹息未应闲。(李白《关山月》)

19.玉勒雕鞍游冶处,楼高不见章台路。(欧阳修《蝶恋花》)

20.舞低杨柳楼心月,歌尽桃花扇底风。(晏几道《鹧鸪天》)

21.明月楼高休独倚,酒入愁肠,化作相思泪。(范仲淹《苏幕遮》)

22.楼观岳阳尽,川迥洞庭开。(李白《与夏十二登岳阳楼》)

23.南朝四百八十寺,多少楼台烟雨中。(杜牧《江南春》)

24.昔闻洞庭水,今上岳阳楼。(杜甫《登岳阳楼》)

25.雁字回时,月满西楼。(李清照《一剪梅》)

26.黄沙百战穿金甲,不破楼兰终不还。(王昌龄《从军行》)

27.躲进小楼成一统,管他冬夏与春秋。(鲁迅《自嘲》)

28.船夜雪瓜洲度,铁马秋风大散关。(陆游《书愤》)

29.黄鹤楼中吹玉笛,江城五月落梅花。(李白《黄鹤楼闻笛》)

30.纵豆蔻词工,青楼梦好,难赋深情。(姜夔《扬州慢》)

31.危楼高百尺,手可摘星辰。(李白《夜宿山寺》)

梦

1.别梦依稀咒逝川,故园三十二年前。(毛泽东《七律·到韶山》)

2.别梦依依到谢家，小廊回合曲廊斜。（张泌《寄人》）

3.因思杜陵梦，凫雁满回塘。（温庭筠《商山早行》）

4.三夜频梦君，情亲见君意。（杜甫《梦李白》）

5.却对酒杯浑是梦，试拈诗笔已如神。（苏轼《出狱次前韵二首》）

6.远梦归侵晓，家书到隔年。（杜牧《旅宿》）

7.庄生晓梦迷蝴蝶，望帝春心托杜鹃。（李商隐《锦瑟》）

8.泪湿罗巾梦不成，夜深前殿按歌声。（刘禹锡《春词》）

9.十年一觉扬州梦，赢得青楼薄幸名。（杜牧《遣怀》）

10.江雨霏霏江草齐，六朝如梦鸟空啼。（韦庄《台城》）

11.仿佛梦魂归帝所。闻天语，殷勤问我归何处。（李清照《渔家傲》）

12.天接云涛连晓雾，星河欲转千帆舞，仿佛梦魂归帝所。（李清照《渔家傲》）

13.疑怪昨宵春梦好，元是今朝斗草赢。（晏殊《破阵子·春景》）

14.夜来幽梦忽还乡，小轩窗，正梳妆。（苏轼《江城子》）

15.夜阑卧听风吹雨，铁马冰河入梦来。（陆游《十一月四日风雨大作》）

16.人生如梦，一樽还酹江月。（苏轼《念奴娇·赤壁怀古》）

17.醉里挑灯看剑，梦回吹角连营。（辛弃疾《破阵子·为陈同甫赋壮词以寄之》）

18.关河梦断何处，尘暗旧貂裘。（陆游《诉衷情》）

19.柔情似水，佳期如梦。（秦观《鹊桥仙》）

20.梦里不知身是客，一晌贪欢。（李煜《浪淘沙》）

21.黯乡魂，追旅思。夜夜除非，好梦留人睡。（范仲淹《苏幕遮》）

22.纵豆蔻词工，青楼梦好，难赋深情。（姜夔《扬州慢》）

23.我欲因之梦吴越，一夜飞度镜湖月。（李白《梦游天姥吟留别》）

24.悠悠生死别经年，魂魄不曾来入梦。（白居易《长恨歌》）

25.夜深忽梦少年事，梦啼妆泪红阑干。（白居易《琵琶行》）

26.闲来垂钓碧溪上，忽复乘舟梦日边。（李白《行路难》）

27.可怜无定河边骨，犹是春闺梦里人。（陈陶《陇西行》）

28.不堪盈手赠，还寝梦佳期。（张九龄《望月怀远》）

29.气蒸云梦泽，波撼岳阳城。（孟浩然《临洞庭上张丞相》）

30.水落鱼梁浅，天寒梦泽深。（孟浩然《与诸子登岘山》）

31.啼时惊妾梦，不得到辽西。（金昌绪《春怨》）

32.梦为远别啼难唤，书被催成墨未浓。（李商隐《无题·其一》）

33.神女生涯原是梦，小姑居处本无郎。（李商隐《无题·重帏深下莫愁堂》）

34.风一更，雪一更，聒碎乡心梦不成。（纳兰性德《长相思》）

35.小楫轻舟，梦入芙蓉浦。（周邦彦《苏幕遮》）

36.梦入神山教神妪，老鱼跳波瘦蛟舞。（李贺《李凭箜篌引》）

37.世事一场大梦，人生几度秋凉？（苏轼《西江月》）

38.未觉池塘春草梦，阶前梧叶已秋声。（朱熹《劝学诗》）

醉

1.何当载酒来，共醉重阳节。（孟浩然《秋登兰山寄张五》）

2.我醉君复乐，陶然共忘机。（李白《下终南山过斛斯山人宿置酒》）

3.醒时同交欢，醉后各分散。（李白《月下独酌·其一》）

4.十觞亦不醉，感子故意长。（杜甫《赠卫八处士》）

5.醉卧不知白日暮，有时空望孤云高。（李颀《送陈章甫》）

6.钟鼓馔玉不足贵，但愿长醉不愿醒。（李白《将进酒》）

7.复值接舆醉，狂歌五柳前。（王维《辋川闲居赠裴秀才迪》）

8.童颜若可驻，何惜醉流霞。（孟浩然《清明日宴梅道士山房》）

9.醉月弃轩冕，白首卧松云。（李白《赠孟浩然》）

10.江汉曾为客,相逢每醉还。(韦应物《淮上喜会梁州故人》)

11.生涯岂料承优诏,世事空知学醉歌。(刘长卿《江州重别薛六柳八二员外》)

12.且欲近寻彭泽宰,陶然共醉菊花杯。(崔曙《九日登望仙台呈刘明府容》)

13.醉里挑灯看剑,梦回吹角连营。(辛弃疾《破阵子·为陈同甫赋壮词以寄之》)

14.醉里吴音相媚好,白发谁家翁媪?(辛弃疾《清平乐·村居》)

15.醉卧沙场君莫笑,古来征战几人回?(王翰《凉州词二首·其一》)

16.暖风熏得游人醉,直把杭州作汴州。(林升《题临安邸》)

17.但使主人能醉客,不知何处是他乡。(李白《客中作》)

18.我醉欲眠卿且去,明朝有意抱琴来。(李白《山中与幽人对酌》)

19.桑柘影斜春社散,家家扶得醉人归。(王驾《社日》)

20.金屋妆成娇侍夜,玉楼宴罢醉和春。(白居易《长恨歌》)

21.佳人犹唱醉翁词,四十三年如电抹。(苏轼《木兰花令》)

22.襄阳好风日,留醉与山翁。(王维《汉江临眺》)

23.吴娃双舞醉芙蓉,早晚复相逢。(白居易《忆江南》)

24.常记溪亭日暮,沉醉不知归路。(李清照《如梦令》)

25.年年雪里,常插梅花醉。(李清照《清平乐》)

26.夜来沉醉卸妆迟,梅萼插残枝。(李清照《诉衷情》)

27.故乡何处是,忘了除非醉。(李清照《菩萨蛮》)

28.碧云笼碾玉成尘,留晓梦,惊破一瓯春。(李清照《小重山》)

29.障泥未解玉骢骄,我欲醉眠芳草。(苏轼《西江月·顷在黄州》)

30.醉里且贪欢笑,要愁那得工夫。(辛弃疾《西江月·遣兴》)

31.胭脂泪,相留醉,几时重。(李煜《相见欢》)

雁

1.鸿雁长飞光不度,鱼龙潜跃水成文。(张若虚《春江花月夜》)

2.胡雁哀鸣夜夜飞,胡儿眼泪双双落。(李颀《古从军行》)

3.征蓬出汉塞,归雁入胡天。(王维《使至塞上》)

4.木落雁南渡,北风江上寒。(孟浩然《早寒江上有怀》)

5.相望试登高,心随雁飞灭。(孟浩然《秋登南山寄张五》)

6.阳月南飞雁,传闻至此回。(宋之问《题大庾岭北驿》)

7.大都秋雁少,只是夜猿多。(高适《送郑侍御谪闽中》)

8.长风万里送秋雁,对此可以酣高楼。(李白《宣州谢朓楼饯别校书叔云》)

9.戍鼓断人行,边秋一雁声。(杜甫《月夜忆舍弟》)

10.孤雁不饮啄,飞鸣声念群。(杜甫《孤雁》)

11.月黑雁飞高,单于夜遁逃。(卢纶《和张仆射塞下曲·其三》)

12.吊影分为千里雁,辞根散作九秋蓬。(白居易《望月有感》)

13.何处秋风至,萧萧送雁群。(刘禹锡《秋风引》)

14.人归山郭暗,雁下芦洲白。(韦应物《夕次盱眙县》)

15.淮南秋雨夜,高斋闻雁来。(韦应物《闻雁》)

16.初闻征雁已无蝉,百尺楼台水接天。(李商隐《霜夜》)

17.残星几点雁横塞,长笛一声人倚楼。(赵嘏《长安晚秋》)

18.星辰冷落碧潭水,鸿雁悲鸣红蓼风。(戴复古《月夜舟中》)

19.星河秋一雁,砧杵夜千家。(韩翃《酬程延秋夜即事见赠》)

20.塞下秋来风景异,衡阳雁去无留意。(范仲淹《渔家傲》)

21.夜闻归雁生乡思,病入新年感物华。(欧阳修《戏答元珍》)

22.衡阳犹有雁传书,郴阳和雁无。(秦观《阮郎归》)

23.一春鱼鸟无消息,千里关山劳梦魂。(秦观《鹧鸪天》)

24.雁字回时，月满西楼。（李清照《一剪梅》）

25.雁落平沙，烟笼寒水。（蔡伸《苏武慢》）

26.故园晚，强留诗酒；新雁远，不致寒暄。（史达祖《玉蝴蝶》）

27.惟有两行低雁，知人倚，画楼月。（范成大《霜天晓角·梅》）

28.碧云天，黄花地，西风紧，北雁南飞。（王实甫《西厢记》）

29.天高云淡，望断南飞雁。（毛泽东《清平乐·六盘山》）

附录(三)

中国现当代重要诗人及作品

·徐志摩　诗集:《翡冷翠的一夜》《志摩的诗》《猛虎集》等。代表作:《再别康桥》《偶然》《我等候你》《生活》等。

·胡　适　安徽绩溪人。五四新文化运动及白话文倡导者。诗集:《尝试集》。代表作:《人力车夫》《我的儿子》等。

·闻一多　民主战士。代表作:《红烛》《死水》《静夜》《一句话》《七子之歌》(七子指香港、澳门、台湾、九龙、威海卫、广州湾、旅大)等。

·郭沫若　现代学者、历史学家、文学家、古文字学家,原名郭开贞。诗集:《星空》《女神》。代表作:《天上的街市》《凤凰涅槃》《地球,我的母亲》《炉中煤》等。

·戴望舒　代表作:《雨巷》《我用残损的手掌》《我底记忆》等。

·艾　青　原名蒋海澄。代表作:《我爱这土地》《大堰河——我的保姆》《火把》《向太阳》《光的赞歌》等。

·卞之琳　代表作:《断章》(你站在桥上看风景)、《幸福的花枝》等。

·何其芳　代表作:《预言》《脚步》《慨叹》《季候病》等。

·冯　至　被鲁迅誉为“中国最为杰出的抒情诗人”,翻译家。代表作:《蛇》、《十四行诗》(27首)等。

·臧克家　《诗刊》主编。代表作:《老马》《难民》《烙印》《有的人》等。

·余光中　台湾诗人。代表作:《乡愁》《等你，在雨中》《风铃》《月光光》《永远,等我》《碧潭》等。

·北　岛　朦胧诗代表人物之一。代表作:《波兰来客》《白日梦》《回答》等。

·舒　婷　女诗人。代表作:《致橡树》《会唱歌的鸢尾花》《祖国啊,我亲爱的祖国》《原色》《四月的黄昏》等。

·顾　城　代表作:《避免》《门前》《远和近》《错过》《小巷》《一代人》等。

·海　子　原名查海生,安徽怀宁人。代表作:《以梦为马》《面朝大海,春暖花开》《黑夜的献诗》等。

·冰　心　原名谢婉莹。诗集《繁星》《春水》。代表作:《母亲》《纸船》《成功的花》等。

·席慕蓉　女诗人、散文家、画家。蒙古族人,台湾诗人。诗集:《七里香》。代表作:《一棵开花的树》《七里香》《出塞曲》《抉择》《初相遇》等。

·汪国真　当代著名诗人,"中国最后辉煌的诗人",校园诗人。诗集:《年轻的潮》《年轻的风》《年轻的思绪》《年轻的潇洒》。代表作:《感谢》《热爱生命》《也许》《跨越自己》《向上的路》等。名句:"没有比人更高的山,没有比脚更长的路"(2013 年亚太经合组织领导人峰会上,为习近平主席引用)。

·梁小斌　安徽合肥人。朦胧诗代表诗人。代表作:《中国,我的钥匙丢了》《雪白的墙》《一种力量》《母语》《说"剑"》等。

参考著作：

① 康震.诗经[M].合肥：安徽少年儿童出版社，2012.

② 张立敏.千家诗[M].北京：中华书局，2009.

③ 顾青.唐诗三百首[M].北京：中华书局，2009.

④ 吕明涛，谷学彝.宋词三百首[M].北京：中华书局，2009.